FRANZ KAMPHAUS

Lichtblicke

FRANZ KAMPHAUS

Lichtblicke

JAHRESLESEBUCH

HERAUSGEGEBEN VON
ULRICH SCHÜTZ

HERDER

FREIBURG · BASEL · WIEN

Bischof Reinhard Lettmann
dankbar gewidmet

Umschlaggestaltung: Finken & Bumiller, Stuttgart
Umschlagmotiv: Paul Klee, Bergdorf (herbstlich), 1934, 209.
Ölfarbe auf weißer Grundierung auf Leinwand auf Sperrholz;
71,5 x 54,4 cm.
Sammlung Rosengart, Luzern

Fotos im Innenteil: Wolfgang Müller, Oberried

www.herder.de
Herstellung: Clausen & Bosse, Leck
Gedruckt auf umweltfreundlichem,
chlor- und säurefrei gebleichtem Papier
ISBN 3-451-27047-1

Vorwort

Wer würde das nicht kennen: Es geht nicht mehr, wir finden keine Lösung, wir sehen keinen Ausweg. Auf einmal kommt's, wie eine Erleuchtung: »Mensch, da geht mir ein Licht auf.« Etwas von dieser tröstlichen, befreienden Erfahrung eines Lichtblicks möchte dieses Jahreslesebuch mit Texten des Limburger Bischofs Franz Kamphaus vermitteln.

Diese für jeden Tag ausgewählten Texte gründen in einem lebenslangen Umgang mit dem Wort des Evangeliums. So wie Bischof Kamphaus sich selbst als Hörer des Wortes immer wieder von der unerhörten Neuheit des göttlichen Wortes überraschen, von seinem Trost aufrichten und seinem Feuer anstecken lässt, so vermag er als Verkünder des Wortes nun auch seinerseits seinen Hörerinnen und Hörern, seinen Leserinnen und Lesern das Christuslicht unerhört neu zum Leuchten zu bringen, von dem er bekennt: »Es gehört so zu mir, dieses Christuslicht, sein Wort, sein Leben, sein Geist, dass ich mir das Leben ohne ihn nicht mehr vorstellen kann.«

Die Texte haben ihre Wurzeln aber auch in einem hellwachen Achten auf die Zeichen unserer Zeit und im Gespräch mit den Menschen unserer Zeit. Bischof Kamphaus sucht die Begegnung mit ihnen, besonders mit den Armen, welches Gesicht die Armut heute auch tragen mag. So wundert es nicht, dass seine Sprache durch ihre Lebensnähe aufhorchen lässt, dass Menschen sich mit ihren Lebenserfahrungen verstanden und auf ihre tiefsten Lebenserwartungen hin angesprochen fühlen.

Die außerordentliche Vielfalt der hier zur Sprache kommenden Bibelworte und Themen sind – den Monaten entsprechend – in zwölf Kapitel gebündelt, deren Leitworte gleichzeitig Schwerpunkte der Verkündigung von Bischof Kamphaus signalisieren. Das Inhaltsverzeichnis mit den Überschriften aller 365 Texte sowie das Register am Ende mögen die Orientierung und gegebenenfalls das Auffinden eines gesuchten Motivs erleichtern. Jeder Text ist aber (mit wenigen Ausnahmen) so ausgewählt, dass er für sich gelesen und »Brot für jeden Tag« werden kann. Die Beschränkung auf jeweils eine Buchseite bedingte nicht selten –

meist kürzende – Eingriffe in den ursprünglichen Text, die der Herausgeber ebenso wie die Auswahl der Abschnitte und die Formulierung der Überschriften in Abstimmung mit dem Autor vorgenommen hat.

Neben der thematischen Vielfalt sind auch Unterschiede in der Reflexions- und Sprachebene zu bemerken. Die Texte, ursprünglich meist gesprochenes Wort, haben einen unterschiedlichen »Sitz im Leben«: überwiegend Predigten in Gottesdiensten, aber daneben auch Hirtenbriefe an die Katholiken im Bistum, Bibelarbeiten bei evangelischen Kirchentagen, Radioansprachen »für alle«, vielbeachtete Zeitungsartikel in führenden Presseorganen oder Vorträge vor einem besonderen Publikum. Die Ziffern am Ende der Texte informieren in Verbindung mit dem Quellenverzeichnis über die Veröffentlichungen, denen die Texte jeweils entnommen sind. In ihnen spiegelt sich die Spannung zwischen dem »Innersten« und dem »Äußersten« des menschlichen Lebens, zwischen »Mystik« und »Politik«, deren innere Einheit Bischof Kamphaus immer neu zur Geltung zu bringen sucht. So trifft auf alle Texte dieses Jahreslesebuches zu, was von den Hirtenbriefen des Bischofs gesagt wurde: Sie seien zu lesen »als mystagogische Texte, die in das Gottgeheimnis der Welt und das Weltgeheimnis Gottes einweisen wollen« (Gotthard Fuchs in seiner tiefschürfenden Einführung in die Art und Weise des Bischofs, zu denken, zu glauben und zu leben, in: »Den Glauben erden«, vgl. 4,23).

Bischof Franz Kamphaus gehört nicht zu denen, die die Kalamitäten der Welt schönreden. Er stellt sich den Schattenseiten des Lebens und weicht auch dem Dunkel in der Kirche nicht aus, überzeugt, dass der Welt ein Licht aufgegangen ist, »um allen zu leuchten, die in Finsternis sitzen und im Schatten des Todes« (Lk 1,79). Jesus Christus hat das Licht unserer Welt erblickt, damit wir ihn als das Licht der Welt erblicken. Alle, denen er als das wahre Licht aufgegangen ist, als der rettende Lichtblick, vermögen dann auch ihrerseits Lichtblicke für andere zu werden.

Ulrich Schütz

Inhalt

JANUAR

Gott allein genügt

Er trägt das All

Im selben Augenblick, in dem wir zur Weltgesellschaft aufbrechen, scheint sich unsere Religiosität zurückzuziehen. Sie gehört – denken viele – ganz in den Privatbereich, sie ist etwas fürs Herz.

Die Weihnachtsbotschaft rührt uns an bis in den innersten Winkel unserer Seele. Aber sie weitet zugleich unseren Horizont bis zum Äußersten, bis an die Grenzen der Erde und darüber hinaus. Der da weihnachtlich zur Welt kommt, lässt sich nicht in den Stall von Betlehem einsperren. Er hat mit dem Ganzen zu tun. Das ist die Weihnachtsbotschaft des Hebräerbriefes (1,1–6). Zwei Wörter kehren darin immer wieder: Er (Christus) und das All. »Er trägt das All ...« (3), er trägt den Globus:

Er, nicht etwas nur steht am Anfang des Ganzen. Die Mitte der Welt ist nicht blinde Energie, nicht gesichtsloses Schicksal, nicht namenlose Materie, nicht irgend etwas Überirdisches, sondern eine gelebte und bis in den Tod durchlittene Menschengeschichte. Sie ist Gottes Geschichte mit uns. Gott – in Person – mit Herz! Er hat für uns ein klares Profil: Jesus Christus.

Er trägt *das All*. Christen geben eine Antwort nicht nur für einen Standort oder eine Familie oder gar nur für die eigene Seele. Es geht uns ums Ganze, es geht uns ums All. Den Himmel, den Kosmos überlassen wir nicht den Engeln und Spatzen, auch nicht den Ufologen und findigen Medienmachern, sondern Christus, den Gott »zum Erben des Alls eingesetzt« hat (2). Das ist Globalisierung – christlich! Sie ist uns mit Jesus Christus in die Wiege gelegt.

Er *trägt* das All. Seit Jahrhunderten schon wird Christus dargestellt mit dem Globus in der Hand – das Jesuskind mit der Weltkugel. Wir brauchen uns nicht als Atlas zu gebärden, das kann nur böse enden. Wenn wir die Welt selbst in die Hand nehmen wollen – wir würden uns maßlos überheben. Er trägt das All! Nehmen wir das als Herausforderung an, uns als Christen aktiv in die Entwicklung zur Weltgesellschaft einzumischen? *16,23f*

Kinder und Erben

Kinder Gottes«, das Wort ist nicht von gestern, es gilt für heute und für morgen. Es deutet an, dass Gott uns immer voraus ist und bleibt. Wir empfangen das Leben von ihm, wir brauchen es nicht selbst zu schaffen. Gott sieht uns an, das gibt uns Ansehen. »Ich bin geliebt, also bin ich!« In diesem Vertrauen rufen wir: »Abba, Vater!« (Röm 8,15) Wir haben es nicht nötig, uns mit Zähnen und Klauen gegen einen Über-Vater-Gott emanzipieren zu müssen. Die sich vom Geist Gottes leiten lassen, sind von solchen Rechtfertigungszwängen befreit. Wo dieser Geist weht, da ist Luft zum Atmen, zum Aufatmen.

Kinder Gottes, ja! Aber damit ist nicht alles gesagt. Die Erde ist nicht Gottes Kindergarten. Gott hält seine Kinder nicht abhängig, er lässt sie in seiner Nähe frei werden, mündig. »Ihr habt nicht einen Geist empfangen, der euch zu Sklaven macht ..., ihr habt den Geist empfangen, der euch zu Söhnen (und Töchtern) macht« (15). Hier ist nicht von Kindsköpfen die Rede, sondern von »Erben Gottes und Miterben Christi« (17). Erben sind die, denen ich alles an-vertraue, was mir am Herzen liegt.

»Wir sind Miterben Christi«, mit allen Hypotheken: »wenn wir mit ihm leiden, um mit ihm auch verherrlicht zu werden« (17). Gottes Geist bindet uns ein in die Solidarität mit dem Leiden Jesu, dem Leiden an der Schöpfung. Ein Geist, der sich um diese Seite der Realität drückt, der einen Bogen macht um die dunkle Seite unserer Erfahrungen, der nicht gerade im Tal des Todes das Banner der Hoffnung aufrichtet, kann Gottes Geist nicht sein.

Wenn Gott uns so sieht, als erwachsene Söhne und Töchter, als Erben, muss man das nicht spüren in der Kirche? Wir können und dürfen doch nicht wie Sklavenhalter verfahren. Wir dürfen auch nicht so tun, als seien wir immer noch im Kindergarten. Und Gott will nicht, dass einige Erbhöfe verwalten und andere abhängig halten. Alle sind wir »Erben Gottes und Miterben Christi«. Für Getaufte gibt es nur mehr geschwisterliche Instanzen (vgl. auch Mt 23,9), ohne Autoritätshörigkeit, ohne Unterwürfigkeit und Ängstlichkeit. Gottes Geist stärkt uns den Rücken zum aufrechten Gang, in der Kirche und in der Welt. *20,166ff*

Gott geht in die Knie

Haben Sie das schon bedacht? Wenn eine Mutter, ein Vater mit ihrem Kind spielen, dann bleiben sie nicht stehen und schauen von oben herab zu. Sie gehen in die Knie, in Augenhöhe mit dem Kind. Und sie basteln eigens Laute und Wörter, die das Kind versteht.

Warum machen sie das eigentlich? Das ist doch lächerlich, denkt mancher, Kinderei! Hat das Kind nicht viel mehr davon, wenn es die Eltern in ihrer vollen Größe vor sich sieht, wenn es ihren mächtigen Schutz erfährt, wenn der Vater die Hand drüber hält ... ? Gut! Doch, wenn das Kind glücklich spielt oder im Unglück weint, dann gehen wir in die Knie. Wir lassen uns auf seine Situation ein. Wir möchten ihm unmittelbar in die Augen schauen, ihm ganz nahe sein. Wir werden klein, damit das Kind ganz groß wird.

So macht Gott das mit uns. Allmacht und Erhabenheit sind für ihn nicht alles. Er ist so frei und geht in die Knie, dorthin, wo wir sind. Er erlebt das Leben aus unserer Perspektive. »Ihr werdet ein Kind finden, das, in Windeln gewickelt, in einer Krippe liegt« (Lk 2,12). Windeln und Futtertrog sind die Zeichen, an denen man ihn erkennt. Ein bedürftiges Kind ist nicht unbedingt ein überwältigender Gottesbeweis, für viele eher eine Zumutung. Und doch, näher war Gott uns nie. Er kommt nicht als strahlender Held zur Welt, sondern als Kind wie unsereins. Wir, die wir nach dem Besonderen schielen, werden zurückgewiesen auf unser gewöhnliches Leben. Im Gewöhnlichen ist er zu finden, der ganz und gar Ungewöhnliche, eben dort, wo wir sind.

»Ich weiß nicht, ob der Himmel niederkniet, wenn man zu schwach ist, um hinauf zu kommen« (Christine Lavant). Christen glauben an diesen Kniefall Gottes. Ist das nicht unter seinem Niveau, unter seiner Würde? Die Theologen der frühen Kirche wiederholen immer neu diesen Satz, der in der modernen Psychologie seine Bestätigung findet: Nichts kann geheilt und erlöst werden, was nicht angenommen ist. Das ist das Geheimnis der Menschwerdung. *16,25f*

Aus Gott geboren

»Allen aber, die ihn aufnahmen, gab er Macht, Kinder Gottes zu werden, allen, die an seinen Namen glauben, die nicht aus dem Blut, nicht aus dem Willen des Fleisches, nicht aus dem Willen des Mannes, sondern aus Gott geboren sind« (Joh 1,12–14).

Die Alternative ist klar, das ist ein anderes Leben: Nicht, nicht, nicht. Dreimal dieses »nicht«: nicht aus der eigenen Tat; nicht aus den eigenen Trieben und Antrieben; nicht aus der naturwüchsigen Kraft. Vielmehr: der Mensch, der sich Gott verdankt; der weiß, dass er von Anfang an ein Empfangener ist und bleibt. Wer dies als *die* Wahrheit seines Lebens erkennt und bekennt, der ist davon befreit, sich selbst »bringen« zu müssen, der ist wie neu geboren, »aus Gott geboren«.

Anfang der Geschichte des Wortes Gottes in uns. Es ist nicht nur (das zunächst und vor allem!) in Betlehem zur Welt gekommen. Es möchte in uns und durch uns zur Welt kommen. So singen wir's: »Treuer Immanuel, werd auch in mir nun geboren ...« »Dich, wahren Gott, ich finde, in meinem Fleisch und Blut ...« Gottes Geburt in uns! Wir ein Geburtsort Gottes! Kann man Größeres vom Menschen sagen?

Gott wartet im Grunde unseres Herzens. Schade nur, dass wir so wenig dort zu Hause sind, uns nicht aushalten und vor uns selbst laufen gehen. Wie schwer ist es, »in sich« zu gehen und »zu sich« zu kommen. Wie anders aber können wir Gott begegnen?

Hören wir seinen Lockruf in uns? »Gott, du bist mir innerlicher als ich mir selber bin«, sagt Augustinus. So groß das Ziel der Gottesgeburt ist, so mühsam ist der Weg – ein ›Schlauch‹ wie beim Embryo, das zur Welt möchte. Man darf sich die inneren und äußeren Widerstände des Wachstums nicht ersparen. Herbergssuche und Exil, Krippe und Kreuz erinnern an die Wehen und Geburtsschmerzen, unter denen Gottes Wort zur Welt kommt. Aber wenn es geschieht, wenn es uns in Fleisch und Blut übergeht: »Die aus Gott Geborenen sind die Säulen der Welt und die Pfeiler der Kirche«, sagt der Mystiker Johannes Tauler. Die Welt wartet auf sie und die Kirche nicht weniger. *10,21ff*

Sternstunde

Das Evangelium (Mt 2,1–12) erzählt von drei Männern, die eine Sternstunde erlebt haben, eine Sternstunde ihres Lebens und darüber hinaus: eine Sternstunde der Menschheit. Noch heute erzählen wir davon.

Die drei Männer werden Sterndeuter genannt, Astrologen. Ihre Konfession ist unbekannt. Sie kennen sich in den Gesetzen des Kosmos aus, haben einen Blick für die kosmischen Zusammenhänge. Ein Stern ist ihnen aufgefallen, der Besonderes verheißt. Dem gehen sie nach, bewegt von der Frage: »Wo ist der neugeborene König der Juden?« (2) Das ist die einzige Frage, die die Sterndeuter bewegt. Ihr Weg steht im Zeichen alter Verheißungen, dass am Ende der Tage die Völker von den vier Winden nach Jerusalem kommen, um Gott anzubeten und ihm ihre Schätze zu bringen. Diese Zeit ist angebrochen. Die Völker stehen fragend vor den Toren Jerusalems.

Die Sterndeuter als Vertreter der Völker empfangen die Botschaft, die ihnen das Ziel weist. Auch wenn von Jerusalem niemand mitgeht, sie wissen, wo sie dran sind mit ihrem Stern: »Und der Stern, den sie hatten aufgehen sehen, zog vor ihnen her bis zu dem Ort, wo das Kind war; dort blieb er stehen« (9).

Dort ist die Mission des Sterns beendet. Ein neues Licht geht ihnen auf. Der wahre Stern ist nicht am Himmel zu finden, sondern auf der Erde, in unserem Fleisch und Blut. Der Messias kommt nicht als machtvolle Erscheinung vom Himmel herab, er kommt als Mensch zu Menschen. Er stellt sich ganz auf unsere Seite, so unscheinbar und alltäglich, dass er fast übersehen worden wäre, hätte Gott nicht ein Zeichen gegeben in dieser Sternstunde der Menschheit auf den hin, der Himmel und Erde in Bewegung bringt. Die Sterndeuter kommen an der unscheinbaren Erscheinung Gottes nicht zu Fall, sondern fallen vor ihm nieder.

18,93.96f

Anbetung der Völker

»Als sie den Stern sahen, wurden sie von sehr großer Freude erfüllt« (Mt 2,10). Die Sterndeuter geraten »außer sich vor Freude«. Der Stern hatte sie auf dem langen Weg vom Osten über Jerusalem nach Betlehem geleitet, über manche Grenze weg; nun führt er »sogar über die bewachteste und gefährlichste aller Grenzen: Er führt über uns selbst hinaus« (Eberhard Jüngel).

»Sie gingen in das Haus und sahen das Kind und Maria, seine Mutter; da fielen sie nieder und huldigten ihm« (11). Sie gehen vor dem Messias in die Knie. Sie werfen sich nieder und huldigen ihm. Sie geben zu erkennen, wer sie sind und wer er ist, dass sie Menschen und er der Christus ist, der Sohn Gottes. Sie vertrauen sich ihm an, sie überlassen sich ihm.

Der Mensch findet nur zu sich selbst, indem er über sich selbst hinausgeht. Er ist ein Versprechen, das er selbst nicht einlösen kann. Mancher Europäer wird heute fragen: Warum machen sich die Sterndeuter, Vertreter der Völker, überhaupt auf den Weg zu Christus? Sollten sie nicht bleiben, wo sie sind, bei dem bleiben, was sie sind und haben? Sollten wir nicht allenfalls helfen, dass sie sich in ihren Verhältnissen entwickeln? Vielleicht ahnen sie stärker als heute die meisten Europäer, dass es nicht damit getan ist, dass Menschen zu sich selbst kommen. Sie sind darauf angelegt, dass sie über sich selbst hinauskommen.

Die Sterndeuter als die Vertreter der Völker stehen in ihrer Gottesverehrung nicht mit leeren Händen da: »Dann holten sie ihre Schätze hervor und brachten ihm Gold, Weihrauch und Myrrhe als Gaben dar« (11). Sie haben etwas einzubringen in die Begegnung mit Christus, gar nicht so wenig. Haben wir nicht im Laufe der Zeit viel zu sehr reglementiert, was vor ihm hoffähig ist, was sie – die Völker – mitbringen dürfen und was nicht? *18,97ff*

Eine neue Art von Herrschaft

Vielleicht kennen Sie Bilder, die das Jesuskind mit der Weltkugel in den Händen darstellen. Oder Sie haben die »Drei Könige aus dem Morgenland« vor Augen, die am Ziel ihres Weges ihre Kronen abnehmen und sie vor dem Kind in der Krippe niederlegen.

Eine neue Art von Herrschaft kommt in Betlehem zur Welt. Mit diesem Kind fängt grundsätzlich Neues an. Selbst Gott ist nicht mehr der alte ... Er regiert nicht – wie man es sich bis dahin vorgestellt hat – mit eisernem Zepter von oben herab, unnahbar. Er ist ganz dicht an der Seite der Menschen, er lebt mitten unter uns. Das ist riskant, lebensgefährlich. Er zerbricht den Stock des Treibers, indem er sich vor Pilatus den Rohrstock in die gefesselten Hände stecken lässt. Den Soldatenmantel vernichtet er, indem er ihn sich zum Spott umhängen lässt und mit seinem eigenen Blut tränkt. Das Joch zerbricht er, indem er das Kreuz auf seine Schultern nimmt.

Der Stock des Treibers, der zerbrochen werden soll, sitzt auch in uns: Immer mehr, immer besser, immer schneller, koste es, was es wolle. Ideologien brauchen den Treiber, Programme brauchen den Treiber, Systeme brauchen den Treiber, den Einpeitscher. Nur Gott braucht den Treiber nicht. Er ist nicht ein Programm geworden, nicht eine Idee, nicht ein System irgendwo in der Ferne, nein, er ist Mensch geworden ganz dicht bei uns. Verletzlich wie ein Kind, ein Kind, das uns anrührt, uns ans Herz geht und unsere besten Kräfte lockt. Man kann nicht vom Kind in Betlehem sprechen, ohne zu bedenken, welchen Weg Jesus gegangen ist. Er ist sich treu geblieben, entwaffnend in seiner Wehrlosigkeit. So gesehen ist er im Grunde seines Herzens Kind geblieben.

Kinder erwarten den Heiland. Und er kommt tatsächlich und steht vor ihnen mit offenen Händen. Ein Kind, ruft: »Guckt mal, die Hände sind ja leer.« »Ist doch klar«, meint ein anderes, »unser Vater sagt immer, der Glaube bringt nichts ...« Darauf das dritte Kind: »Er bringt sich selbst.«

14,26f.29

Die Liebe schenkt sich

Was ist die Quintessenz des Christentums? Es gibt eine authentische Antwort. Jesus hat sie uns gegeben: Du sollst den Herrn, deinen Gott, lieben, du sollst deinen Nächsten lieben (vgl. Mt 22, 37.39). Daran hängt alles wie die Tür in der Angel. Wer liebt, ist ein Christ. Das ist nicht neu, werden viele sagen. Christentum verbindet sich für uns alle mit Liebe, Nächstenliebe oder – wie wir heute sagen – Mitmenschlichkeit, Solidarität. Ist das alles? Für viele ja; für viele hört das Christentum mit Solidarität und Mitmenschlichkeit auf. Für Jesus nicht! Bei ihm heißt es an erster Stelle: »Du sollst den Herrn, deinen Gott, lieben ... «

Gut, werden viele sagen, das ist doch im Grunde dasselbe. Gottesliebe ist nur ein anderes Wort für Nächstenliebe. Gott begegnen wir im Nächsten, wo denn sonst? Den Nächsten lieben und Gott lieben, das ist eins. Aber offenbar ist hier nicht nur eins gesagt, sondern zweierlei. Jesus hat nicht nur einen Satz gesagt, sondern zwei: »Du sollst den Herrn, deinen Gott, lieben ...« »Du sollst deinen Nächsten lieben ...« Beides gehört zusammen, aber es ist nicht dasselbe.

Kann man den Zusammenhang einsichtig machen? Zwei Menschen, die sich lieben, können sich fragen: Wie kommt das eigentlich, dass wir uns verstehen, dass wir einander vertrauen und lieben? Das ist ja nicht selbstverständlich, ganz und gar nicht. Es lässt sich nicht machen, mit Geld nicht und nicht mit guten Worten. Es lässt sich auch nicht erzwingen, weder mit dem Willen noch mit Gewalt. Es ist Geschenk, Gnade; der eine ist mit dem anderen beschenkt. Die Liebe hat sich ihnen geschenkt. Sie kommt nicht aus uns, sondern zu uns. Sie ist uns angeboten, wir können sie nur aufnehmen. Sie kommt aus einer Quelle jenseits unseres Wollens und Verfügens als Gabe zu uns. Dann will sie jedoch geschützt werden und wird zur Aufgabe. Die Quelle dieser Liebe nennen wir Gott.

Christentum bedeutet Nächstenliebe: »Du sollst deinen Nächsten lieben wie dich selbst.« Aber wenn uns an dieser Nächstenliebe gelegen ist, dann sind wir gut beraten, den ersten Satz nicht zu vergessen: »Du sollst den Herrn, deinen Gott, lieben.« *10,103ff*

Alles, was wir brauchen

All you need is love«, sangen die Beatles. Sie haben recht: Alles, was wir brauchen, ist Liebe. Aber woher bekommen wir sie? Man kann sie nicht im Laden kaufen wie irgendein Ding, sie ist unbezahlbar. Mit dem Unbezahlbaren aber haben wir heute offenkundig unsere Probleme. Immer mehr Leute meinen, alles sei käuflich und das Käufliche sei alles. Das ist ein großer Irrtum. »Alles, was ihr braucht, ist Liebe ...«, und die ist nicht zu kaufen, für kein Geld in der Welt. Wie aber kommen wir zur Liebe?

Viele denken: Man muss den Leuten einfach ins Gewissen reden, das Ganze ist eine Sache der Moral. Sie setzen auf den Appell: Ihr müsst, ihr sollt! Ob das so einfach ist? Liebe geht nicht auf Kommando. Man kann Blinden nicht zurufen: »Macht doch die Augen auf!« Der Appell bringt's nicht. Liebe ist nur durch Liebe zu wecken.

Ein islamischer Mystiker fragt seine Schüler: »Worin besteht das rechte Verhalten des Menschen Gott gegenüber?« Sie antworten: »Darin, dass man Gott liebt.« Der Meister schüttelt den Kopf: »Nicht darin, dass ihr denkt, wir lieben Gott«, sagt er. »Wer denkt, er liebe Gott, der steht noch unter dem Zwang. So sollt ihr sprechen: Ich glaube fest, dass Gott mich liebt. Das ist das rechte Verhalten des Menschen Gott gegenüber.« Wer der Liebe Gottes glauben kann, der ist an der Quelle. Denn »Gott ist die Liebe« (1 Joh 4,16). Er ist zunächst und vor allem nicht ein Forderer, sondern der große Förderer unserer Liebe.

»Er hat uns zuerst geliebt« (19). Das ist der Grundsatz unseres Glaubens, eine Art Vorzeichen vor der Klammer. Plus oder minus – das betrifft alles. »Er hat uns zuerst geliebt.« Vor unserer Entscheidung für Gott steht seine Entscheidung für uns. Es ist nicht so, als müssten wir erst durch Studium und Askese Bedingungen schaffen, um von Gott geliebt zu werden. »Er hat uns zuerst geliebt.« Das steht vor allem.

Gott schreibt uns unverbrüchlich ins Herz: Du bist geliebt. Du hast bei mir einen festen Platz, du bist nicht nur in der äußersten Ecke geduldet, sondern in meinem Herzen. *20,59f*

Der Gott, an den wir glauben

Es ist deutlich zu spüren, dass »Gott« heute für viele ein Fremdwort geworden ist, vielleicht ganz in Vergessenheit geraten oder einfach kein Thema mehr. In der Öffentlichkeit wird er allenfalls noch bei feierlichen Anlässen erwähnt, im übrigen ist er tabu. Unsere Welt wird wie selbstverständlich ohne Gott, gott-los geplant und gestaltet.

Ist Gott nicht auch im Bewusstsein und in der Praxis der Kirche an den Rande geraten? Wir sprechen über viele, zweifellos wichtige aktuelle Themen. Aber sie können uns so sehr in Anspruch nehmen, dass wir das Ganze dabei aus den Augen verlieren. Dann reden wir schließlich vom Inventar und vergessen das Haus, in dem die Möbel stehen. Oder wir reden über das Haus, als sei dieses selber auch ein Möbelstück. Wir machen Gott zu einem Gegenstand der kirchlichen Inneneinrichtung und vergessen, dass er der ist, »in dem wir leben, uns bewegen und sind« (Apg 17,28).

Eigentlich können wir gar nicht »über« ihn reden. Wir können allenfalls zu ihm rufen, stammelnd von ihm sprechen – unter ihm stehend, so wie man in einer Kirche unter dem Gewölbe steht und nur im Ausschreiten des Kirchenschiffes den Raum selber erfahren kann.

Sie denken vielleicht, die Sache sei doch ganz einfach: »Wir glauben ja alle an einen Gott …« – An welchen Gott glauben wir? Wen meinen wir, wenn wir »Gott« sagen? Diese Frage liegt auch für uns Christen nicht hinter uns, sie steht vor uns. Sie ist nicht erledigt, sondern aufgegeben. Wir müssen das Wort Gott mit unserem Leben durchbuchstabieren. Es kommt darauf an, dass wir dabei die richtigen Buchstaben wählen und sie richtig zusammensetzen, damit nicht »Götze« erscheint, wo Gott stehen sollte.

In der Gottesfrage geht es nicht um blutleere Spekulationen; es geht um uns, es geht darum, wie groß oder klein wir Menschen von uns selbst und von unserer Welt denken. Unser Menschsein, unsere Menschlichkeit steht auf dem Spiel: Sage mir, an welchen Gott du glaubst, und ich sage dir, wer du bist. *5,15f*

Liebe deine Geschichte

Wir besitzen das Leben nicht wie eine Armbanduhr oder wie ein Grundstück. Wir sind in unser Leben hinein aufgewacht. Wir haben nicht die geringste Erinnerung an diesen Augenblick; alle anderen um uns wussten damals früher als wir selbst, dass es uns gibt. Nur weil uns Mutter und Vater immer wieder bei unserem Namen gerufen haben, sind wir mit der Zeit bei uns selber angekommen.

Wir sind ins Leben »gerufen«, sagt die Bibel. Noch vor den Eltern hat der Schöpfer des Himmels und der Erde uns aus dem Nichts ins Dasein gerufen: Komm, ich möchte, dass du lebst; ich freue mich auf dich; es soll die Welt nicht ohne dich geben!

Am Anfang von allem und an unser aller Ursprung steht nicht irgendetwas, sondern Gott in seiner schöpferischen Liebe. Er hat jede und jeden von uns beim Namen gerufen. Das ist der Grund unserer besonderen Würde, darum sind wir in besonderer Mission unterwegs. Wir sind weder Zufallsprodukte noch Blindgänger. Jeder ist ein Original, keiner eine Kopie. Mit jedem hat Gott Besonderes vor. Das zu wissen kann unseren Tagen mehr Leben geben, ob wir jung sind oder hochbetagt, erfolgreich oder ein Pechvogel, unbefangen oder durch eine tiefe Verletzung gezeichnet. »Liebe deine Geschichte«, sagt Leo Tolstoi, »sie ist der Weg, den Gott mit dir gegangen ist.«

Das Geheimnis der eigenen Lebensgeschichte zu entdecken und zur Entfaltung zu bringen ist unser Auftrag – das Abenteuer unseres christlichen Lebens. Es geht weit über das hinaus, was wir planen und ins Werk setzen können.

Vor dem Hintergrund der abgrundtiefen Verachtung und Verletzung der Menschenwürde durch die totalitären Systeme des zurückliegenden Jahrhunderts hat das Zweite Vatikanische Konzil nachdrücklich »die hohe Berufung des Menschen« bezeugt und »erklärt, dass etwas wie ein göttlicher Same in ihn eingesenkt ist« (GS 3). Die Berufung durch Gott und die darin gegebene Ermächtigung zum Leben geht allen Berufungen in der Kirche voraus. Die Kirche ist dazu da, diese Berufung zur Entfaltung zu bringen. *4,81f*

Kein reines Vergnügen

Wer es mit Gott zu tun bekommt, der kann sich auf einiges gefasst machen. Prophet zu sein ist jedenfalls nicht das reine Vergnügen. Wer Näheres darüber wissen möchte, der lese das Buch Jeremia. Seine Konfessionen sind erschütternd (20,7-18). »Verflucht der Tag, an dem ich geboren wurde; der Tag, an dem meine Mutter mich gebar, sei nicht gesegnet ...« Was ist das für ein Leben? Jeremia hat sich mit Unverstand, Verleumdung, Ablehnung und Spott herumzuschlagen. Meist steht er allein da, nur auf seinen Auftrag gestellt, von der erdrückenden Mehrheit ins Abseits gestoßen, als Vaterlandsverräter missverstanden und verfolgt. Er hätte sich viel lieber den Lachenden und Sorglosen zugesellt. Aber Gott hält ihn da fest, wo er ihm hingestellt hat, treu und unerbittlich.

Da kann man schon erschrecken, zurückschrecken vor der Berufung. Jeremia will nicht, er sträubt sich mit Händen und Füßen: »Ach, mein Gott und Herr, ich kann doch nicht reden, ich bin ja noch so jung« (6). Gott lässt den Einwand nicht gelten. Die Berufung dient ja nicht etwa nur der eigenen Erbauung: »Sag nicht: Ich bin noch so jung. Wohin ich dich auch sende, dahin sollst du gehen, und was ich dir auftrage, das sollst du verkünden« (7). Das klingt hart, autoritär, unmenschlich. Wo bleibt das der eigene Lebensentwurf, wo bleiben Selbstverwirklichung und Selbstbestimmung? Ist das nicht totale Fremdbestimmung? Hat Gott da nicht einem jungen Menschen den Lebensentwurf verdorben?

Aber wenn wir nur bei uns selbst stehen bleiben? Wenn Gott schließlich nur noch als Sinnkonstrukt zur Absicherung des eigenen Lebenskonzeptes herhalten muss? Dann sind wir mit dem Glauben bald am Ende, dann ist von Gott keine Spur da. Wird das Leben nicht erst sinnvoll, wenn es die eigenen Bedürfnisse übersteigt? Spannend wird's doch erst dort, wo Gott uns herausruft, über uns selbst hinaus. Nicht, um seinen Vorsprung auszuspielen und uns wie ein Despot auszusaugen, nicht, um aus uns Marionetten zu machen oder Funktionäre, sondern damit wir durch ihn zu uns selbst finden und zu den Schwestern und Brüdern, zu denen er uns vor allem ruft, zu den Armen und Kranken, zu den Heimatlosen und Notleidenden. *7,195f*

Ursprung und Ziel

Das Leben selbst ist mehr Gabe als Werk, mehr Geschenk als Tat. Es ist weit mehr zu empfangen, als zu machen. Das hat seinen Grund. Gott ist der Grund des Lebens. Er ist der Urheber des Lebens. »Von ihm stammt alles« (1 Kor 8,5f). Das ist eine klare Sprache. Das geht an die Grundfesten unserer Existenz. Verstehen wir uns so?

Es gibt eine grundsätzlich andere Lebenseinstellung. Da heißt es: Leben, das ist meine Sache. Wenn ich schon zu Anfang nicht gefragt bin, ob ich sein möchte – jetzt jedenfalls ist das Leben allein meine Sache. Ich allein verfüge darüber. So produziert man sich schließlich selbst. Sich selbst produzieren, das bedeutet: sich selbst schaffen, sich selbst machen wollen, selbstherrlich, eigenmächtig, autonom. Dann treten die so genannten Macher auf den Plan, die sich selbst als Herren über Leben und Tod aufspielen. »Solche Götter und Herren gibt es viele …« (5) Sie meinen, das Leben stehe zu ihrer Disposition.

Viele sind heute sorgfältig darauf bedacht, die Umwelt zu schützen und vor Verschmutzung zu bewahren. Gott sei Dank! Aber es geht nicht nur um unsere Felder und Wälder, es geht viel mehr noch darum, dass wir in den Grundfragen unserer Existenz für eine klare Atmosphäre eintreten. Sonst kurieren wir nur an Symptomen.

Es stimmt von Grund auf etwas nicht, wenn der Mensch nicht mehr weiß, wo sein Ursprung ist und wem er sich verdankt. Wer seine Herkunft vergisst, den wird es die Zukunft kosten. Der versteht auf einmal die Welt nicht mehr. Und er versteht schließlich sich selbst nicht mehr, weil er Ursprung und Ziel seines Lebens aus den Augen verloren hat.

»Wir haben nur einen Gott, den Vater. Von ihm stammt alles, und wir leben auf ihn hin« (6). Wer das von sich sagen kann, der ist der Macht der Götter und Götzen, der Herren und Herrschaften entrissen. Es gibt eine Freiheit, die nur der erfährt, der allein Gott seinen Vater nennt. Sie bricht die Angst vor der Zukunft, weil sie weiß: Er kommt auf uns zu. Die Herren und Herrschaften der Welt gehen, unser Herr kommt.

10,61ff

Lobpreis Gottes

Das Lob Gottes steht am Anfang unseres Glaubens. Der Glaube hat Musik, hat Klang und Farbe. Er ist weit davon entfernt, nur Gedanke zu sein. Er wird im Herzen geboren, nicht im Kopf. Und wenn das Herz davon ergriffen ist, dann öffnet sich der Mund, und wir singen.

Oft denken wir: Der Glaube ist eine Fülle von Lehrsätzen. Da muss man viel nachdenken, Gott zu erklären versuchen. Sicher hat die Lehre Bedeutung in unserem Glauben. Aber am Anfang unseres Glaubens stehen nicht Lehrsätze, sondern Psalmen, Gesang. Das alles ist nicht etwa nur Ausschmückung der Liturgie, das ist die Sache selbst. Unser Glaube hat Klang und Farbe, nicht nur Papier und Druckerschwärze.

»Das Wort Christi wohne mit seinem ganzen Reichtum bei euch ... Singt Gott in eurem Herzen Psalmen, Hymnen und Lieder, wie sie der Geist eingibt, denn ihr seid in Gottes Gnade« (Kol 3,16). Lobpreis Gottes! Können wir das heute noch? Spielt das in unserem Leben eine Rolle? Wenn wir nach Gott fragen, dann in der Regel so: ›Herrgott, warum muss mir das passieren?‹ ›Wie habe ich das verdient?‹ Glaube an Gott: Was habe ich davon? Was springt dabei heraus? Gottesdienst: Was bringt er mir? Komme ich auf meine Kosten? – Bei alledem ist von Lobpreis keine Spur mehr zu finden. Da regiert der Zweck. Da geht's nicht eigentlich um Gott, sondern um unseren eigenen Nutzen.

Lobpreis Gottes, der kann nur gelingen, wenn wir nicht mehr nach Zweck und Nutzen fragen, wenn wir nicht bei uns selbst stehen bleiben, sondern von uns selbst absehen und auf Gott hinschauen, wenn wir über uns selbst hinausgehen, wenn wir – wie in der Liebe – zu Gott hingerissen sind.

Im Gloria singen wir: »Wir rühmen dich und danken dir, denn groß ist deine Herrlichkeit.« Wir sagen Gott nicht Dank, weil wir etwas davon haben. Wir sagen Gott Dank ohne Hintergedanken, ohne ihn funktional für uns zu vereinnahmen. Wir sagen Gott Dank, weil er so ist, wie er ist. Liebe kommt erst dort an ihr Ziel, wo ich den anderen nicht mehr wegen etwas, sondern um seiner selbst willen liebe; wo ich mich einfach darüber freue, dass er ist, dass es ihn gibt. *10,79ff*

Eine unerschöpfliche Melodie

Nehmt Gottes Melodie in euch auf! So werdet ihr alle zu einem Chor, und in eurer Eintracht, in eurer zusammenklingenden Liebe ertönt durch euch hindurch das Lied Christi« (Ignatius von Antiochien an die Epheser). Gott ist wie eine unerschöpfliche Melodie, die in uns zum Klingen kommen will. Die Saiten sind in uns angelegt, wir können sie schwingen lassen.

Gott hat für jeden von uns eine eigene Stimme vorgesehen, eine unverwechselbare Lebensmelodie. Wenn jeder seinen Part hört und in sich aufnimmt, dann kommt es zu einem herrlichen Zusammenklang. Es soll ein Chor entstehen, in den jeder sein Lebenslied einbringt. So kann durch uns das Lied Jesu Christi erklingen.

Gesang, Chor, Gottes Melodie, daran soll man die Christen erkennen. Ist das zu harmonisch? Es geht um mehr. Hier wird ein anderer Ton angeschlagen, nicht die übliche alte Leier. Die kennen wir zu Genüge. Wenn Kirchenleute heute zusammensitzen, sprechen sie in aller Regel die meiste Zeit darüber, wie schwierig doch alles ist und wie es bergab geht und dass im Grunde Rom an allem schuld ist. Es gibt eine negative Genüsslichkeit in unseren Reihen, die sich auf den Schattenseiten ergeht und sich dabei noch äußerst progressiv dünkt: je progressiver, desto hoffnungsloser.

»Aus der Perspektive der Armen betrachtet ist solche Hoffnungslosigkeit eine Art von Luxus für die, die nicht in die wahren Kämpfe vor Ort verwickelt sind« (Dorothee Sölle). Die können wir uns nur in unserer Wohlstandskirche leisten, sie ist den jungen, armen Kirchen im Süden ganz fremd. Sie ist mit Argumenten kaum zu besiegen. Aber man könnte ja wie der junge David im Falle des depressiven Sauls zur Harfe greifen, um die Schwermut zu vertreiben. Er hat die Lieder angestimmt, die bis heute Tag für Tag in der Kirche erklingen. In diese Gotteslieder, die Psalmen, wollen und sollen wir einstimmen. Das weitet den Raum in uns und eröffnet Perspektiven. *16,56ff*

Die Freude an Gott

Freude – wer möchte sich nicht von Herzen freuen? Wer möchte nicht, dass die Belastungen von ihm abfallen, dass sich der Krampf löst und er frei wird und seines Lebens und Glaubens froh! Aber wie denn? Was kann man da machen? Die Freude ist nicht zu machen, noch weniger als das Wetter. Die Freude kommt nicht auf Befehl. Sie stellt sich ein. Sie macht sich von selbst bemerkbar, sie spricht für sich. Wer sich von ihr ergreifen lässt, der strahlt – wie die Sonne, wenn sie lacht.

Hat die Freude etwas mit Gott zu tun? Allerdings: »Die Freude an Gott ist eure Stärke ...« (Neh 8,10). Wie soll man das verstehen? Eine tiefsinnige und zugleich humorvolle Fabel erzählt von einem Vogel. Er liegt auf dem Rücken, die Beine starr gegen den Himmel gestreckt. Ein anderer Vogel sieht das und fragt verwundert: »Was ist denn mit dir los? Warum liegst du auf dem Rücken und streckst die Beine so starr nach oben?« Der antwortet: »Ich trage den Himmel mit meinen Füßen. Wenn ich sie zurückziehe, stürzt der Himmel ein.« In diesem Augenblick löst sich in der Nähe ein Blatt vom Baum und fällt raschelnd zu Boden. Erschrocken dreht sich der Vogel um und fliegt – so schnell er kann – davon.

Sich getragen wissen oder nicht – das ist ein himmelweiter Unterschied. Wer weiß, dass der Himmel trägt, der kann sich ihm über- lassen, und er ist ganz frei in seinem Element und seines Lebens froh. Wer sich nicht getragen weiß, der bildet sich schließlich ein, er müsse die Welt und den ganzen Himmel tragen. Es gibt die überanstrengten Weltverbesserer (auch in der Kirche), die alles machen wollen, mit verbissenen Gesichtern, ohne eine Spur von Freude. Sie meinen, sie müssten die Welt retten, und vergessen dabei, dass sie längst gerettet ist. Gott hält sie in seinen Händen und uns dazu.

Und das sollte kein Grund zur Freude sein? *Der* Grund! Da liegt unsere Stärke. Nirgendwo sonst! Vielleicht ist das gerade unsere Schwäche, dass wir uns von der Freude an Gott zu wenig erfassen lassen, dass wir gar nicht wissen, wo unsere Stärke ist. *14,73ff*

Damit wir dich preisen

Im Alten Testament gibt es diese wenig bekannte Erzählung über Daniel. Er ist in Babylon. Und Babylon steht für ein in sich geschlossenes, totalitäres System. »Jeder, der an irgendeinen Gott oder Menschen außer an dich, König, eine Bitte richtet, der soll in die Löwengrube geworfen werden« (Dan 6,8). Mit anderen Worten: Alles nur noch König! Der König ist alles! Der König ist Gott, und vor ihm haben alle in die Knie zu gehen. Daniel tut's nicht. Da »ging er in sein Haus. In seinem Obergemach waren die Fenster nach Jerusalem hin offen. Dort kniete er dreimal am Tag nieder und richtete sein Gebet und seinen Lobpreis an seinen Gott« (11).

Das geschlossene System Babylon und Daniels Obergemach mit dem offenen Fenster nach Jerusalem, der Stadt des lebendigen Gottes. Unsere Welt – las ich – hat keine Fenster mehr. Wohin wir schauen, durch das Mikroskop oder durch das Fernrohr, auf den Bildschirm oder in die Bilanzen – wir begegnen schließlich nur noch uns selbst. Gott kommt nicht mehr vor. Wir sitzen wie in einem riesigen Spiegelsaal, ohne ein Fenster zur Ewigkeit; wir spiegeln uns selbst. Aber was geschieht, wenn wir uns nur mit uns selbst begnügen, mit den Dingen, der Welt? Wer nicht weiß, woher er kommt und wohin er geht, der landet sehr schnell dort, wohin er gar nicht wollte.

Wir sind dazu da, die Fenster offenzuhalten im Obergemach, den Durchblick freizuhalten auf Gott hin. Es wäre fatal, wenn wir schließlich auch in der Kirche zu einem geschlossenen System werden, in dem alles funktioniert, aber die Fenster nicht mehr offen sind, zur Ewigkeit. Darum erinnert uns das Gebet der Kirche: »Gott, du hast uns erschaffen, damit wir dich preisen.« Das Gebet ist wie der Atem des Glaubens. Oft genug sind wir außer Atem, in Atemnot. Wenn wir nicht mehr wissen, was uns atmen lässt, wenn wir die Fenster nicht mehr offen halten, dann Glaube, gute Nacht! Im Gebet geht es um Sein oder Nichtsein des Glaubens.

16,129

Gebet und Arbeit

Von Daniel heißt es, dass er »dreimal am Tag niederkniete und sein Gebet und seinen Lobpreis an seinen Gott richtete, ganz so, wie er es gewohnt war« (Dan 6,11). Er hatte das Niederknien und den Blick durch die offenen Fenster im Obergemach eingeübt in guten Tagen. Nun, im Ernstfall des Lebens angesichts der tödlichen Bedrohung, findet er darin Halt und Gelassenheit. Haben wir solche Gewohnheiten, einen Ort des Gebetes, Gebetszeiten, einen Rhythmus des Betens?

»Gib, dass wir dich mit ungeteiltem Herzen anbeten ...« Wer anbetet, geht in die Knie, wie Daniel! Wer vor Gott in die Knie geht, braucht es vor nichts und niemandem sonst zu tun. Das eröffnet eine Freiheit, die nur der erahnen kann, der Gott anbetet. »Brot ist wichtig, Freiheit ist wichtiger, am wichtigsten ungebrochene Treue und unverratene Anbetung« (Alfred Delp).

Mancher wird argwöhnen: Wird hier nicht zum Rückzug in eine private Innerlichkeit geblasen? Wo bleibt der Einsatz für die Menschen? Im Gebet der Kirche heißt es »Gib, dass wir dich mit ungeteiltem Herzen anbeten *und* die Menschen lieben, wie du sie liebst.« Anbetung und die Tat der Liebe gehören zusammen, wie für den Vogel die beiden Flügel, wie für uns die beiden Augen oder die Hände, mit denen wir zupacken und die wir falten können. Wer sich auf eine Verabredung mit Gott einlässt, bei dem gerät das Leben in Bewegung. Er wird anderen beistehen, weil er mit Gott verabredet ist.

Ora et labora! Die Arbeit hat sich heute sozusagen über alles ausgebreitet: Wir sprechen von Fabrikarbeit und Trauerarbeit, von Geistesarbeit und Maschinenarbeit, neuerdings auch von generativer Arbeit (Zeugen und Gebären, Aufziehen der Kinder). Das »Labora« ist bei uns alles, das »Ora« dagegen scheint wie vergessen und verschwunden. Wir arbeiten, wir wühlen die Erde um und greifen den Himmel über uns an. Wem dient das alles?

»Herr, unser Gott, du hast uns erschaffen, damit wir dich preisen. Gib dass wir dich mit ungeteiltem Herzen anbeten und die Menschen lieben, wie du sie liebst.« *16,129f*

Himmelsstürmer

Das kann passieren: Menschen wollen den Himmel stürmen und fallen dabei aus allen Wolken. Sie setzen zum Höhenflug an wie Ikaros und zerschellen am Boden.

Auf den ersten Seiten der Bibel steht eine erregende Geschichte: die Erzählung vom Turmbau zu Babel (Gen 11,1–9). Die Menschen tun sich zusammen zu einem Riesenunternehmen. Sie wollen einen Turm bauen, immer höher hinaus, koste es, was es wolle. Was sie zu diesem Turmbau treibt? Das sprechen sie offen aus: »Auf, bauen wir uns eine Stadt und einen Turm mit einer Spitze bis zum Himmel, und machen wir uns damit einen Namen, dann werden wir uns nicht über die ganze Erde zerstreuen« (11,4). Also: einen Namen wollen sie sich machen, sich in Stein verewigen. Sie wollen durch eigene Leistung ihre Identität schaffen. Diesem Ziel muss alles dienen. Die ganze Welt wird Material zur eigenen Selbstdarstellung.

Der Riesenturm, wie ein Symbol überragender Macht, ist in Wirklichkeit nichts anderes als ein Machwerk der Angst. Weil die Macher sich fürchten, unterzugehen und niemand zu sein, müssen sie alles dransetzen, um durch immer größere Leistungen doch noch jemand zu werden. Absolut ungesichert, wollen sie selbst das Absolute erzwingen und sich verewigen. Sie wollen machen, was nicht zu machen ist.

Was hier als Gemeinschaftswerk der Menschen geplant ist, läuft durch die Menschheitsgeschichte in unzähligen Konkurrenzunternehmen weiter: Der eine will höhere Türme bauen als der andere, um ja bestehen zu können, um ja nicht unterzugehen. Der Wille zur Macht treibt die Türme immer höher hinaus. Das ist ein ganz und gar ruinöses Unternehmen. Der Versuch, sich selbst zu produzieren und durch eigene Leistung seine Identität zu schaffen, verkennt die Realitäten, ist Raubbau am Leben und endet im Chaos. Die Menschen, die »einen Turm mit einer Spitze zum Himmel« bauen wollen, verlieren Gott aus den Augen und die anderen Menschen dazu. Man versteht sich nicht mehr. Die ausgezogen sind, sich einen Namen zu machen, enden namenlos in der Zerstreuung. *9,129f*

Gesegnet

Nach dem Chaos von Babylon setzt Gott neu an. Er beruft Abraham und beginnt mit ihm die Geschichte des Gottesvolkes. Warum geht er diesen Weg? Interessiert ihn der Rest der Menschheit nicht mehr? Bei der Berufung Abrahams markiert Gott klar und deutlich das Ziel der Erwählung: »In dir sollen gesegnet werden alle Geschlechter auf Erden« (Gen 12,3). Israel soll zum Segen für alle Völker werden. Diese Verheißung wird in der Vätergeschichte fünfmal wiederholt. Die Völkerverheißung ist das Ziel der Berufung Abrahams und Israels. Es geht nicht nur um das Glück dieses Volkes oder gar einzelner Personen. Es geht um die ganze Menschheit. In der Erwählung Abrahams und des Gottesvolkes bleibt die Perspektive universal.

Segen ist das zentrale Wort dieser Verse 3 und 4. Fünfmal steht es da. Das hebräische »barach« bedeutet ursprünglich, jemanden mit heilschaffender, wohltuender Kraft begaben. Das ist das erste, womit Gott den Menschen nach der Erschaffung ausstattet: Er segnet sie (1,28). Mit dem Segen verbindet sich der Auftrag: »Seid fruchtbar und mehret euch und füllet die Erde und macht sie euch untertan.« So bei Abraham: »Ich will dich zum großen Volk machen ... und dir einen großen Namen machen« (12,2). Das ist die Freisetzung zu einem Leben, das die Größe Gottes widerspiegelt.

Segen heißt: Ich empfange, was ich nicht erarbeitet habe. Ich muss mich nicht mit mir und meiner Leistung begnügen. Ich darf mehr erhoffen. Das schenkt Gelassenheit. Das nimmt mir den Druck und Krampf, mich selbst durch meine Leistung rechtfertigen zu müssen. Gesegnet sein heißt, aus der schöpferischen Kraft Gottes leben und diese Kraft wirksam werden lassen. Wer so auf Gott vertraut und von ihm getragen ist, der braucht nicht selber Gott sein zu wollen. Er muss nicht den Autor der Welt spielen, in der Pose des großen Machers. Er muss nicht den Globus schultern, womit bekanntlich selbst Herkules Probleme bekam. Der Gotteskomplex löst sich. Der Mensch darf Mensch bleiben und sich von Gott segnen lassen. Als Gesegneter kann er für andere zum Segen werden: »Mensch, du bist ein wahrer Segen!«

Aufbrüche

Die Geschichte Abrahams reicht über dreitausend Jahre zurück. Jahrhundert um Jahrhundert haben die Glaubenden Israels von ihm erzählt und so zu sich selbst gefunden vor Gott und zwischen den Völkern. Historische Gestalt und geschichtliche Deutung sind in einem kostbaren Erzählteppich zusammen gewoben.

Wir alle, ob Christen oder Juden oder Moslems, stammen aus dem Schoß Abrahams und bleiben darin geborgen. Denn entweder sind wir Söhne und Töchter Isaaks und Jakobs, oder wir sind Söhne und Töchter Ismaels, oder wir sind Söhne und Töchter Jesu Christi – allesamt aus dem Stammbaum dieser gesegneten Stifterfigur Abraham. Isaak und Ismael sind seine Söhne – Sohn der Sara der eine, Sohn der Hagar der andere. Und nicht zufällig lässt der Evangelist Matthäus den Stammbaum Jesu mit Abraham beginnen. Das Neue Testament ist voller Zeugnisse für diese abrahamische Herkunft der Christinnen und Christen. Nicht zufällig hat der Koran mit so vielen anderen Geschichten der hebräischen Bibel auch die von Abraham sich zu Herzen genommen, und »Ibrahim« ist ein muslimischer Ehrenname geworden. Christen und Moslems stammen aus dem ver-heißungsvollen Wurzelgrund Israels, sie verdanken sich den Gottesentdeckungen des Abraham, Isaak, Ismael und Jakob, des Jesus von Nazaret.

Abraham und Sara sind Gestalten des Aufbruchs in das uns allen verheißene Land, »das ich dir zeigen will« (Gen 12,1). Zu Beginn des dritten Jahrtausends steckt die Menschheit in gewaltigen Aufbrüchen: Globalisierungsdynamik und Flüchtlingselend, Mobilität und Fortschritt – nur vier plakative Stichwörter für all die Aufbrüche, die uns heute als Söhne und Töchter Abrahams herausfordern. Abraham erinnert uns an unsere eigene nomadische Herkunft, an die Flüchtlingserfahrungen des Ursprungs. Es gibt Aufbrüche, die aus der Not geboren sind und die Not ständig mit sich schleppen. Es gibt Aufbrüche, die aus Freiheit und Glaubenskraft geboren sind, den Mut, dem Ruf des ganz Anderen zu folgen. Abraham und Sara stehen für beides. Gerade deshalb könnten wir sie heute ganz neu als unsere Stammeltern im Glauben entdecken und in ihnen den Lockruf Gottes zum Aufbruch vernehmen.

Hören wir seine Stimme?

Selbstfindung bedeutet heute in der Regel, in sich hineinzuhorchen und der eigenen Lebensgeschichte nachzuspüren, um so mit sich selbst identisch zu werden. Diese Selbstvergewisserung ist zweifellos von unschätzbarem Wert. Demgegenüber wird in der Abrahamsgeschichte ein Mensch herausgerufen aus allem, was sein Leben bisher ausgemacht hat. Eine Herausforderung! Beides muss sich nicht widersprechen. In der Berufung kommt beides zusammen: der Ruf von außen und die Stimme der Sehnsucht aus dem eigenen Herzen.

Was Gott uns zunächst sagt, sind wir selbst. Jeder von uns ist ein Wort Gottes. Wir können und dürfen das Risiko der eigenen Verantwortung für uns selbst nicht umgehen. Die eigene Einsicht und der eigene Wille sind kein Übel, das durch den Gehorsam gebrochen werden müsste. Sie haben ihren unersetzlichen Wert gerade auch im Vollzug des Glaubens. Darum ist christlicher Gehorsam nicht blind, sondern sehend. Blinder Gehorsam mag vordergründig als der bequemere Weg erscheinen, er ist in Wirklichkeit nicht zu verantworten. Er lässt die eigene Verantwortung los und ist damit im wahrsten Sinne des Wortes verantwortungslos.

Gott lässt uns mit seinem Wort nicht in unseren eigenen vier Wänden. Er ruft uns wie Abraham: »Zieh weg aus deinem Land, von deiner Verwandtschaft und aus deinem Vaterhaus in das Land, das ich dir zeigen werde« (Gen 12,1). Jesu Weg und Wort, maßgeblich in der Urkunde unseres Glaubens bezeugt, sind wie ein einziger Ruf, dass wir nicht bei uns stehen bleiben, sondern aus uns herausgehen. Das ist ein oft schmerzlicher Lebensprozess, in dem wir versuchen, uns um Gottes willen zu lassen und auf Jesu Wort zu hören, das auch aus den anderen Menschen zu uns spricht, nicht zuletzt aus den Schreien derer, die unter die Räuber gefallen sind.

Gottes Wort ist uns ganz nahe: »Ich stehe vor der Tür und klopfe an. Wer meine Stimme hört und die Tür öffnet, bei dem werde ich eintreten, und wir werden Mahl halten, ich mit ihm und er mit mir« (Offb 3,20). Hören wir seine Stimme? *9,132f*

Er allein ist Gott

Der Name ist Programm: Elija – das heißt zu Deutsch: Mein Gott ist Jahwe. Er allein ist Gott. Das ist Elijas Lebensprogramm. Dafür ist er unerschrocken und leidenschaftlich eingetreten, oft genug allein gegen alle: »Ich allein bin übrig geblieben, und nun trachten sie auch mir nach dem Leben« (1 Kön 19,10).

Das Volk denkt: Nichts gegen Jahwe – aber er allein? Man will's mit ihm nicht verderben (der offizielle Gottesdienst läuft weiter); aber andere Götter sind doch auch nicht zu verachten, mal nehmen wir den, mal den. Baal steht dabei allemal hoch im Kurs. Er steht für Fruchtbarkeit. Heute sagen wir: Fortschritt, Wachstum, Potenz, Power, knallhart und eiskalt. Wachstum auf Teufel komm heraus. Und dann kommt der Teufel auf einmal heraus, zeigt sein wahres Gesicht in der Zerstörung der Schöpfung und des Menschen. Die Umweltkrise ist eine Krise des Menschen, der vergessen hat, wem er die Schöpfung verdankt. Sie ist im letzten eine Gotteskrise. Es ist ein Riesenunterschied, ob ich mich von Gott her Mensch und Welt zuwende, oder ob ich das auf eigene Faust tue.

»Wie lange noch schwankt ihr nach zwei Seiten?«, ruft Elija dem Volk zu (18,21). Man kann doch nicht zu allem Ja und Amen sagen. Unterscheidung tut not und Entschiedenheit. Dies ist uns Christen allemal buchstäblich ins Stammbuch geschrieben, bei der Taufe! Da geht es um Pro und Contra, um Ja oder Nein. Wozu stehe ich, in guten und in bösen Tagen? Nur wenn ich weiß, wo ich stehe, kann ich auch widerstehen und widersagen, Widerstand leisten. Dazu brauche ich einen Standpunkt.

Jahwe allein ist Gott! Das ist wie beim Magnet: Die Eisenspäne sind auf den Magnetkern ausgerichtet. Gott ist dieser Magnet in der Kirche. Er ist anziehend. Das sind doch nicht wir. Das ist doch nicht die Kirche mit ihren Strukturen. Eine Kirche, in der dieser Magnet nicht mehr zu spüren ist, erübrigt sich. *16,91f*

Am toten Punkt

Wer ist Jahwe, der wahre Gott? Wie zeigt er sich? Wie ist er zu sehen? Elija hat gedacht, diese Frage sei für ihn erledigt, er habe sie bereits hinter sich. Aber sie steht vor ihm, sie ist ihm neu aufgegeben. Er muss Gott neu lernen, den Namen Jahwe durchbuchstabieren in den Tiefen seines Lebens.

Zeit seines Lebens hatte er sich ganz für Jahwe eingesetzt und den fremden Göttern den Kampf angesagt. Zeit seines Lebens hatte er sich mit den Mächtigen herumgeschlagen und mit dem lavierenden Volk. Er hatte ins Gewissen geredet und geworben, immer von neuem. Und der Erfolg ist gleich Null. Israel ändert sich nicht. Ich habe das Äußerste versucht, alles umsonst. Kümmert Gott das alles nicht? »Nun ist es genug, Herr. Nimm mein Leben; denn ich bin nicht besser als meine Väter« (1 Kön 19,4). Mit anderen Worten: Mir reicht's! Oder besser: Ich hab's satt! Elija ist lebensmüde, mehr noch: gottesmüde!

Sind uns solche Erfahrungen fremd? Sicher, die Bedrohung geht uns in unseren Breiten nicht unmittelbar an den Kragen, aber lebens- und glaubensgefährlich ist die Anfechtung doch. Man kann leicht sagen: »Erfolg ist keiner der Namen Gottes« (Martin Buber). Man kann es theologisch und asketisch gut begründen. Aber dann bleibt doch ein Rest, den wir nicht verdrängen, sondern uns eingestehen sollten: Wir dienen einer guten Sache und arbeiten nicht für die eigene Tasche. Wir möchten, dass Gott Raum gewinnt, und scheinbar ist das Gegenteil der Fall. Da brechen Fragen auf, bohren ganz tief in uns: Ist Gott wirklich mit uns? Hat er uns im Stich gelassen? Warum ändert er nicht, was uns resignieren lässt und zum Verzweifeln bringt? Ob man sich nicht etwas vormacht, wenn man ihm vertraut?

Elija ist am Ende, am toten Punkt. Wer je dahin gekommen ist, weiß, was das heißt: Zusammenbruch, Scheitern, am Boden. Und das nicht nur als Lebenserfahrung, sondern ausdrücklich als Glaubenserfahrung. Elija will Schluss machen mit Gott und der Welt und mit seinem Leben: Nur weg von all den nervenden Auseinandersetzungen, weit weg! Ja nichts mehr davon sehen, ja nichts mehr davon hören. Er sieht nur noch Wüste.

1,53ff

Ein Engel rührte ihn an

Man kann Gott nicht davonlaufen; man kann ihm nicht entkommen. Und wenn man sich auch noch so weit weg von ihm wähnt, er ist nahe: »Wohin könnte ich fliehen vor deinem Geist, wohin mich vor deinem Angesicht flüchten?« (Ps 139,7).

Wer so am Boden liegt wie Elija, kommt nicht allein wieder auf die Beine. »Doch ein Engel rührte ihn an und sprach: Steh auf und iss!« (1 Kön 19,5). Wo alles trostlos ist, erfährt Elija Trost. Der Engel rührt ihn an, spricht ihn an, ohne besondere Umstände, erst recht ohne jeden Vorwurf, einfach so. Er ist nicht mehr allein, durch den Boten Gottes kommt er wieder zu sich. Und dort, wo nichts zu holen ist, mitten in der Wüste, stehen Brot und Wasser bereit. Keine Delikatessen, auch keine geistlichen Delikatessen, sondern das, was unbedingt zum Leben nötig ist, was Leib und Seele zusammenhält.

›Mensch, du bist ein Engel!‹ Das können wir füreinander sein. Gott möchte uns als seine Boten gewinnen, damit wir einander in Krisen, in Situationen der Lebens- und Gottesmüdigkeit das geben, was wir zum Leben brauchen, ganz unauffällig, jedenfalls nicht spirituell überzogen, eher hausbacken: »Brot, das in glühender Asche gebacken war, und einen Krug mit Wasser« (6). Das gibt Kraft und weckt die Lebensgeister. Gott teilt sich mit in dem, was Menschen füreinander tun, ganz irdisch, leibhaftig und alltäglich. So nötig wie Brot und Wasser brauchen wir jemanden, der uns anrührt und das erlösende Wort sagt. Und das nicht nur einmal. Das ist wirklich ein Engel, der in solchen Krisen, in denen alles wie Blei in den Gliedern liegt und zentnerschwer nach unten drückt, zum wiederholten Mal kommt und zum Aufstehen und Essen lockt, zu neuer Hoffnung. Denn noch ist der weite Wüstenweg nicht zu Ende, noch ist das ganze Ausmaß der Wüstenzeit nicht durchschritten, »vierzig Tage und vierzig Nächte« (8). Nicht nur die Tage werden genannt, sondern ausdrücklich auch die Nächte, die ahnen lassen, welche Tiefen in den Nachtwanderungen zu durchmessen sind. Das geht nicht ohne einen Engel und seine handfeste Stärkung: »Sonst ist der Weg zu weit für dich« (7).

1,56f

Anders als erwartet

Nach vierzig Tagen Wüstenwanderung, kommt Elija Gott neu auf die Spur, und zwar am Horeb/Sinai, dem Gottesberg. Wird die heimliche Sehnsucht des Propheten nun endlich erfüllt? Zeigt Gott, was er kann? Er offenbart sich von einer ganz anderen Seite. Er kommt nicht mit Pauken und Trompeten. Er schlägt nicht gewaltsam mit dem Schwert drein, um zu ändern, was Elija resignieren und verzweifeln lässt. Er ruft ihn zunächst aus der Höhle heraus: »Komm heraus und stell dich auf den Berg vor den Herrn!« (1 Kön 19,11). Und nun bekommt der Prophet alle gängigen Szenarien einer machtvollen Theophanie vorgeführt: Gewittersturm – Erdbeben – feuriger Vulkan. Wie im Refrain heißt es dreimal lapidar: »Doch der Herr war nicht da« (vgl. 11f).

Also ist auch Gott nicht mehr der alte? Wie zeigt er sich denn? »Nach dem Feuer kam ein sanftes, leises Säuseln« (13). Die Einheitsübersetzung ist wie viele andere Übersetzungen an dieser entscheidenden Stelle sehr ungenau. Es wird kein weiteres Naturphänomen von sanfterer Art beschrieben, sondern paradox zum Ausdruck gebracht, was im Grunde gar nicht zu fassen ist: »eine Stimme zarter Stille« oder »eine Stimme lautloser Stille«. Martin Buber übersetzt: »Stimme verschwebenden Schweigens«. Elija erfährt die Gegenwart Gottes nicht erschlagend oder überwältigend, sondern eher wie ein beredtes Schweigen.

Elija erfährt Gott ganz anders als erwartet, unscheinbar nahe. Er ist einfach da, wie Liebe und Treue in den entscheidenden Situationen einfach da sind, unwahrscheinlich stärkend und ermutigend zum Leben. Ist Gott in dieser Weise seiner Präsenz nicht weit unter seinem Niveau? Wo bleibt seine Allmacht? Er offenbart sich im Laufe der Geschichte nicht durch ständige Machterweiterung, sondern durch wachsenden Machtverzicht. Gott ist nicht allmächtig, weil er vordergründig alles kann, was er will, sondern weil er auch noch die Macht der Vergeltung durch die Macht der Liebe verwandeln kann, weil er auch denen zugewandt bleibt, die es nicht mehr erwarten. Solche verwandelnde Liebe ist die größere Macht, weil sie neue Energien freisetzt, neue Wege aufstößt, eine neue Schöpfung entstehen lässt. *1,58f*

Prioritäten

»Zuerst« – das ist ein wichtiges Wort. Das bedeutet Priorität, Spitze, absolute Spitze. Man muss wissen, was man zuerst und was man zuletzt tut. Die Priorität, die Jesus im Evangelium setzt, heißt: »Euch aber muss es zuerst um Gottes Reich und um seine Gerechtigkeit gehen; dann wird euch alles andere dazugegeben« (Mt 6,33).

Gott, Gottes Reich – zuerst? Für viele Menschen steht das Wort – wenn überhaupt, dann – zuletzt, irgendwo am Schluss. Weder regt es sie auf, noch reißt es sie von den Stühlen. So ist das heute: Eine vage Gottgläubigkeit lässt man sich gefallen. Aber dort, wo das Wort Jesu Konsequenzen verlangt, da wird ihm die Gefolgschaft aufgekündigt. In diesem gesellschaftlichen Gegenwind stehen wir. Halten wir ihm stand? Da muss man wissen, was man zuerst und was man zuletzt tut.

Man kann nicht gleichzeitig auf verschiedenen Hochzeiten tanzen. »Niemand kann zwei Herren dienen ... Ihr könnt nicht beiden dienen, Gott und dem Mammon« (Mt 6,24). Wer ja sagt zu Gott, der muss auch nein sagen können. Man kann nicht zu allem Ja und Amen sagen, Entschiedenheit tut not.

Das ist wie mit einem Kompass. Alles hängt davon ab, in welchem Kraftfeld er steht. Wenn er ins Magnetfeld des Mammon gerät, dann bewegt er sich zwar heftig, überschlägt sich geradezu; und doch führt er in die Irre. Den Pol, der unserer Lebensfahrt Richtung gibt, beschreibt Jesus sehr einfach und sehr genau so: »Euch aber muss es zuerst um Gottes Reich und um seine Gerechtigkeit gehen; dann wird euch alles andere dazugegeben.« – Könnte es sein, dass darin die Abweichung liegt: Uns geht es zuerst um »alles andere«. Und das wollen wir uns nach Kräften selbst besorgen. Je mehr wir darin aufgehen, umgeben wir uns mit einem Gespinst von Besorgungs-Aktivitäten, auch in der Kirche.

Wenn unser Kompass im Kraftfeld des Herrn steht, dann ist er frei zu jener wegweisenden Aufgabe, für die er geschaffen ist. Dann ändert sich alles, es ordnet sich von diesem Magnetfeld her. *16,72f*

Was uns von Anfang an prägt

Mehr als in anderen Zeiten scheint Gott in unserer Zeit fern. Mehr als in anderen Kulturen scheint unsere Kultur heute gottverlassen. In unserem alltäglichen Leben brauchen wir Gott nicht, wir kommen ganz gut ohne ihn aus. Er ist nicht nötig, um das Geheimnis von Blitz und Donner, Erdbeben und Sonnenfinsternis zu entschlüsseln. Wir brauchen Gott nicht, um die Erde zu verändern. Unsere Maschinen und Hände tun das, und wie! Wir brauchen Gott nicht für unser tägliches Brot. Im Überfluss ist alles da – zumindest in unseren Breiten. Mögen Menschen in anderen Völkern noch zu Gott beten, bei uns ist das doch eigentlich nicht mehr nötig, denken viele. Man kann ganz gut ohne Gott leben.

Wie können wir in einer »gottfernen« Zeit eine Beziehung zu Gott aufnehmen? Er drängt sich uns nicht auf, er bleibt Geheimnis. Dennoch können wir Spuren Gottes in unserem Leben entdecken, wir können uns an ihn herantasten. Vielleicht weniger durch Naturphänomene, als im Raum unserer Person. Etwa so: In unserer Welt fügt sich nicht einfach eins zum anderen. Vieles bleibt offen, widersprüchlich. Unser Leben geht nicht auf in dem, was wir von ihm denken, nicht in den Begriffen, nicht in den Zielen. Es ist mehr, als wir von ihm wissen und zu ihm beitragen können. Es ist jeden Tag neu verwunderlich, dass wir leben.

Was wir sind, woraus wir geworden sind und was endlich aus uns werden wird, versteht sich nicht von selbst. Wir können uns oft genug selbst nicht verstehen. Unser Leben ist mehrdeutig; es bedeutet mehr, als wir durch seine Deutung wahrnehmen können. Keiner verfügt darüber, welche Erfahrungen ihm zugemutet werden und ob sein Leben gelingt. Keiner verfügt darüber, was ihm gegeben oder verweigert wird. Keiner kann sein Leben selbst schaffen. Wir sind allemal Empfangene. Das prägt uns von Anfang an.

Der Glaube beginnt mit der Einsicht, dass der Grund unseres Lebens nicht bei uns selbst liegt, sondern in Gott. Das Wunder beginnt nicht erst an den Grenzen unseres Daseins, sondern in seiner Mitte. Es ist Gottes Gnade, dass wir sind. *1,101f*

Die Chance der Krise

Wer spricht das Urteil über unsere Zeit? Kann man sagen, dass die hinter uns liegenden Jahre wirklich gute Zeiten gewesen sind? Wir haben die Kaufkraft stark entwickelt. Und am Ende denken wir, alles sei zu kaufen – und schlimmer noch, das Käufliche sei alles. Fast ist man versucht zu sagen: Je mehr wir haben, desto ärmer sind wir geworden.

Wir sind arm an Gütern, die nicht zu kaufen sind. Zeit ist knapp. Wer hat schon Zeit, Zeit füreinander? Treue und verlässliche Beziehungen sind knapp, Beziehungen, die über den Tag hinaus gelten, die ein Leben lang tragen; die werden immer seltener. Sinn ist knapp. Was soll das Leben? Was hat das Ganze für einen Sinn? Früher wussten die Menschen eine Antwort darauf, die sie trug. Heute sind viele, gerade junge Menschen, in dieser Sache ratlos und steigen aus. Sie haben gelernt, wie man zu Geld kommt, nicht aber, wie man zu Sinn kommt. Und dann sind sie schließlich am Ende mit ihrem Leben, bevor sie eigentlich angefangen haben.

Gute Zeiten? Am Ende kommt das große Erwachen, über Nacht. Wir merken, dass wir im Regen stehen, im sauren Regen. Zunächst scheint es so, als sei alles beim alten geblieben: Die Sonne scheint, und die Bäume blühen. Dann kommt auf einmal der große Kahlschlag! Es stellt sich heraus: So gut waren die guten Zeiten gar nicht. Sie haben die Atmosphäre vergiftet.

Vielleicht sind die so genannten schlechten Zeiten doch gar nicht so schlecht. Vor einigen Wochen saß ich mit Freunden zusammen. Wir fragten uns: Was hat mich am nachhaltigsten geprägt? Die allermeisten im Kreis verdankten ihre stärksten, lebensbestimmenden Eindrücke Krisenzeiten, schmerzlichen, einschneidenden Erlebnissen. Eine Krise kann die Stunde der Wahrheit sein, die Stunde des Anrufs: Es kann nicht einfach so weitergehen wie bisher. Das kann befreiend sein, endlich zu sehen, was zu tun und was zu lassen oder zu verlassen ist.

Der Mensch lässt sich nicht mit den Produkten der Erde abspeisen. Er ist zu groß, als dass er an sich selbst oder an den Dingen der Welt genug finden würde. In allem ist etwas zu wenig. Gott allein genügt.

10,176ff

Vieles spricht dagegen

Die Fragen, die Paulus (in Röm 8,31–39) stellt, lassen sich aus unserer Situation heraus schnell beantworten, aber ganz anders: »Wer ist gegen uns?« (31). – Ganze Heere von Sprechern und Schreibern! »Wer kann die Auserwählten Gottes anklagen?« (33). – Jeder meint heute, er könne es. »Wer kann sie verurteilen?« (34). – Das geschieht am laufenden Band. Wer von uns erlebt das nicht? Und die Anklagen gegen Christentum und Kirche sind ja nicht alle aus der Luft gegriffen.

Nicht nur der Glaubende hat Rechenschaft zu geben. Warum muss eigentlich der Ungläubige, warum muss der, der gleichgültig in den Tag hinein lebt, sich nicht rechtfertigen? Man muss auch das »ohne Gott« verantworten, mit allen Konsequenzen für die Entwicklung unserer Gesellschaft und der Welt. So einfach ist das nicht! Mit einem »Ich glaub' nix, mir fehlt nix« ist es nicht getan. Das bleibt weit unter dem Niveau unserer menschlichen Verantwortung.

Doch vielleicht sind es nicht einmal so sehr die Kritiker vom Dienst, aus welcher Branche auch immer, die uns zu schaffen machen. Vielleicht sind es viel mehr die alltäglichen Erfahrungen, die uns an Gottes Liebe zweifeln lassen: Not und Bedrängnis, Angst, Leiden und Tod (vgl. 35); die Nachrichten von immer neuen Unmenschlichkeiten sinnloser Lebenszerstörung, die uns an der Mensch-heit verzweifeln lassen. Und nicht nur an ihr! Das schreit doch zum Himmel. Das schreit gegen den Himmel. Nichts kann »uns scheiden von der Liebe Gottes« (39)? Vieles!

Vieles spricht dagegen. Eins spricht dafür. Einer spricht dafür: »Christus Jesus, der gestorben ist, mehr noch: der auferweckt worden ist, sitzt zur Rechten Gottes und tritt für uns ein« (34). Leiden und Tod werden nicht bagatellisiert, sondern relativiert. Sie werden zur Geschichte Jesu in Beziehung gesetzt. Er selbst hat Blut geschwitzt. Er lässt uns nicht hängen, auch nicht am Kreuz. Er lässt uns in der letzten Instanz nicht allein. *20,96ff*

Er ist das Ja

Das ist ein Wort: eindeutig, klar, unmissverständlich: »Das Ja ist in ihm (Christus) verwirklicht. Er ist das Ja zu allem, was Gott verheißen hat …« (2 Kor 1,18–22).

Das lässt sich hören. Schluss mit dem ewigen Hinterfragen, Miesmachen, Verneinen. Ja ist gesagt! Wir hören es gern und sagen Amen dazu. Oder? Vorsicht, der Text könnte uns auf die falsche Fährte locken. Man kann nicht zu allem Ja und Amen sagen, in der Welt nicht und in der Kirche nicht!

Paulus hat nicht zu allem Ja und Amen gesagt, partout nicht! Er hat, sehr zum Missfallen der Korinther, in ganz bestimmter Weise nein gesagt: Er ist nicht nach Korinth gekommen. Das ist es ja, was die Korinther so auf die Palme gebracht hat. Paulus hat nicht zu allem Ja und Amen gesagt, hier nicht, und in anderen Fällen nicht.

Gott sagt nicht zu allem Ja und Amen. Er sagt auch Nein. Es gibt das anklagende, richtende Wort Gottes. Hat nicht das göttliche Ja auch ein Nein als Kehrseite bei sich? Gottes Wort geht durch Mark und Bein, scheidet die Geister. Sein Ja ist kein billiges Ja, das es allen recht machen will, partout nicht!

Sosehr das alles wahr und gar nicht zu leugnen ist und sosehr Paulus selbst es weiß und vorbringt, dort, wo es ums Letzte geht – um die Frage, wovon wir wirklich leben –, da steht dieses Ja Gottes, eindeutig, endgültig, ohne Vorbedingungen.

Kein Ja und Nein (kein Jein!). Kein Ja – aber … Kein Naja, wir wollen mal sehen … Nicht: einmal so – einmal so …

Das Wort Gottes an die Welt und in die Welt hinein heißt Ja und nicht Nein. Das ist das Vorzeichen vor der Klammer, die Voraussetzung des Glaubens, besser: die Voraus-setzung Gottes, das Voraus Gottes! Vor aller Entscheidung des Menschen für oder gegen Gott steht Gottes Entscheidung für Mensch und Welt. Sie ist gefallen, ein für allemal. Gott steht im Wort. Er kann und will hinter das einmal gesprochene Ja nicht zurück. *10,64f*

FEBRUAR

Arm sein vor Gott

Ein armer Gott?

Nach der griechischen Sage verspricht Dionysos dem König Midas von Phrygien: »Ich erfülle dir einen Wunsch.« Der König überlegt nicht lange: »Lass alles, was ich berühre, zu Gold werden.« Gesagt – getan. Midas ist gespannt und versucht's mit dem Göttergeschenk. Er berührt einige Dinge, und im Nu funkelt es rund um ihn herum von purem Gold.

Überglücklich setzt sich der König zum Mahl, greift nach Brot und Braten – und er hat ein Stück Gold in der Hand. Er führt den Becher zum Mund, und der Wein wird zu Gold. Midas ist wie vom Schlag getroffen in seinem Glücksrausch. Er erkennt, wohin er in seiner Gier nach Reichtum gekommen ist: Er verhungert und verdurstet. – Reichtum, der verhungern lässt, der das Leben erstarren lässt. Gibt es das nicht auch bei uns?

Unser Gottesgeschenk ereignet sich im Kontrast zur Midas-Sage gerade umgekehrt. Ihr kennt doch die Liebe Jesu Christi, sagt Paulus. Ihr kennt doch das Gottesgeschenk: »Er, der reich war, wurde euret- wegen arm« (2 Kor 8,9). Gott und arm – wie soll man das zusam-menbringen? Das wirft unsere gängigen Vorstellungen über den Haufen. Wir denken: ›Reiche können Arme mitversorgen, solange sie reich bleiben.‹ Auch der »ewigreiche Gott« kann nach der Logik unserer Ökonomie Menschen nur helfen, solange er selbst reich bleibt. Aber ein Gott, der arm wird, der bringt uns nicht weiter! So denken wir.

Gott denkt anders und handelt anders. Er geht an sein eigenes Grundkapital, er greift in die Substanz ein, in die göttliche Substanz. So sieht das aus: Stall – Krippe – Flüchtlingskind, verkannt – verfolgt – verraten – verlassen. Der Weg zwischen Betlehem und Golgota ist nicht mit Samtteppichen ausgelegt. Gott wird nicht nur pro forma arm.

Was heißt eigentlich reich? Gott definiert neu, was Reichtum ist. Christus ist nicht für sich reich, sondern für andere (»euretwegen«). Er ist darin reich, dass er sich mit allem, was sein ist, verschenkt. Das geht an die Substanz. Denn er gibt nicht etwas, sondern sich. Aber er verliert dabei nicht. Er bezeugt die göttliche Logik der Liebe: Der Gewinn liegt im Geben. Nicht die sind letztlich reich, die viel haben, sondern die viel geben.

16,8f

Den Armen das Evangelium verkünden

Jesus beginnt damit nach dem Zeugnis des Lukas seine erste Predigt: »Der Geist des Herrn ruht auf mir, denn der Herr hat mich gesalbt. Er hat mich gesandt, den Armen das Evangelium zu verkündigen« (Lk 4,18). Das steht am Anfang des Wirkens Jesu; das ist sein Wort, gedeckt durch sein Leben. Können wir es ohne weiteres für uns in Anspruch nehmen? Können wir dem Anspruch dieses Wortes standhalten?

Sind wir arm? Unsere Kirche hier ist reich. Wir haben doch alles. Wirklich? Was haben wir denn? Vieles, was wir vor einigen Jahren noch wie selbstverständlich zu besitzen meinten, ist wie Sand zwischen den Fingern zerronnen. Haben wir noch die Kraft, junge Menschen zu begeistern, Signale zu setzen für den Weg in das kommende Jahrtausend?

Also, stimmt das am Ende gar nicht, dass wir so reich sind? Das Wort des Sehers Johannes an eine der ersten Christengemeinden gibt uns zu denken: »Du behauptest: Ich bin reich und wohlhabend, und nichts fehlt mir. Du weißt aber nicht, dass gerade du elend und erbärmlich bist, arm, blind und nackt« (Offb 3,17). Das kann es offenbar geben: Eine Kirche, die meint, sie hätte alles, und dabei ist sie so verblendet, dass sie ihre Armut und Blöße nicht wahrnimmt. Wissen wir vielleicht gar nicht, wie arm wir sind mit all unseren Reichtümern und Habseligkeiten?

Verpassen wir vielleicht die Chance, die Armut als Weg des Evangeliums heute neu zu entdecken, weil wir uns viel zu wichtig nehmen? »Nichts ist schwer, sind wir nur leicht.« – Ist das nur ein frommer Trick? Oder könnte uns das Wort die Augen öffnen? Ich möchte keiner leichtfertigen Verharmlosung der kirchlichen und gesellschaftlichen Kalamitäten das Wort reden. Dazu besteht weiß Gott kein Anlass. Die Frage ist nur, wie wir uns ihnen stellen. Sind wir noch leicht, sind wir noch »arm« genug dazu? Nehmen wir uns nicht viel zu wichtig? Kommen wir wie Goliat daher, mit allen möglichen Mitteln gepanzert, statt dass wir wie David unsere Blöße zeigen, unsere Armut? »Ich aber komme im Namen des Herrn ...« Die Armut könnte an den Tag bringen, dass allein Gott unser Reichtum ist.

9,157f

Jesus und die Armen

Jesu Seligpreisung der Armen steht im Zusammenhang des Alten Testamentes, vor allem der prophetischen Tradition. Sie geht davon aus, dass Gott allein der Besitzer des Landes ist, in dem Israel lebt. Das Land ist allen Israeliten geschenkt. Die Armen sind um diese Verheißung Gottes betrogen worden. Sie haben darum einen besonderen Anspruch auf den Rechtsschutz Gottes. Der Arme vertraut darauf, dass Jahwe ihm sein Recht verschafft.

Als Jesus zu predigen beginnt, hat er diese alttestamentliche Tradition im Kopf und die Armut in Palästina vor Augen. Von Verelendung und Krankheit ist in den zeitgenössischen Quellen die Rede. Hohe Steuern und Zölle trafen besonders die kleinen Leute. Die wirtschaftliche Ausbeutung entsprang nicht zuletzt unterschiedlichsten Herrschaftsinteressen (Herodianer, römische Besatzungsmacht). Das bekamen die Leute auf dem Land noch mehr zu spüren als die in der Stadt. Auf dem Land waren die Ärmsten der Armen: Bettler, Tagelöhner (oft ohne Arbeit), sozial und wirtschaftlich Entwurzelte, Kranke und Verkrüppelte, allesamt vom Gesetzesstudium und damit von religiöser Anerkennung und Bildung ausgeschlossen. Von Gott und der Welt verlassen, zu kurz gekommen und an den Rand gedrängt, waren sie sprichwörtlich »die Armen vom Lande«.

In dieser Situation und unter solchen Menschen tritt Jesus auf, selbst ein Sohn kleiner Leute. Er ist dem Stall näher gewesen als dem Palast. Er wird zu Anfang in eine Krippe gelegt, die anderen gehört. Er wird am Ende in ein Grab gelegt, das einem anderen gehört. Das ist sein Weg. »Die Füchse haben ihre Höhlen und die Vögel ihre Nester; der Menschensohn aber hat keinen Ort, wo er sein Haupt hinlegen kann« (Mt 8,20). Er hat nicht den Armen gespielt, er ist selbst arm gewesen. Er musste sich nicht krampfhaft mit den Armen solidarisieren, er war einer von ihnen. *1,162ff*

Den Armen gilt die Gottesherrschaft

Jesus ist Arm und Reich gegenüber nicht neutral gewesen. Sicher: Seine Sendung galt allen Menschen. Aber die Armen standen ihm besonders nahe. Er hat zu ihnen anders gesprochen als zu den Reichen. Seine Sprache ist eindeutig: hier verheißungsvoll (»Selig ...«), dort warnend, drohend (»Weh euch ...«).

Was heißt das, wenn den Armen die Gottesherrschaft zugesprochen wird? Zu leicht wird das als Vertröstung auf den Sankt-Nimmerleins-Tag verstanden. Das entspricht nicht dem Verhalten Jesu. Anders als die Apokalyptik, in der die Gegenwart als heillos gilt und Gottes Heil allein für die Zukunft erwartet wird, ist für Jesus das Hier und Jetzt von der heilvollen Nähe Gottes bestimmt. Er spricht zwar auch vom Reich Gottes als einer zukünftigen Realität, doch ist für ihn diese Zukunft an die Gegenwart gebunden. In ihr ist die Nähe des Reiches wahrzunehmen: »Blinde sehen wieder, und Lahme gehen; Aussätzige werden rein, und Taube hören; Tote stehen auf, und den Armen wird das Evangelium verkündet« (Mt 11, 5). Das ist nicht bildlich zu verstehen: Wie die Blinden, die Jesus heilte, tatsächlich blind waren und die Aussätzigen vom Aussatz befallen, so sind die Armen Menschen, denen das Lebensnotwendige fehlt. Sie kommen jetzt zu ihrem Recht. Sie haben Zukunft bei Gott, sie sind Bürger der Gottesherrschaft. Jesus vertröstet sie nicht auf spätere Zeiten, jenseits von Welt und Geschichte. Er beginnt mit dem, was kommt, zeichenhaft. Gottes Herrschaft lässt nicht länger auf sich warten.

Die kommende und bereits in die Gegenwart einbrechende Gottesherrschaft schafft eine neue Wertordnung. Die Maßstäbe der gängigen Ordnung werden durchbrochen: Die nach diesen Maßstäben Deplazierten und Deklassierten werden seliggepriesen. Die Herren und Herrschaften der Welt, die sich wie Herrgötter gebärden, haben in der Herrschaft Gottes keinen Platz. Die verheißene und ansatzweise schon verwirklichte Zukunft Gottes für die Armen ist darum das Wehe über die Reichen. Die Seligpreisung der Armen ist das Gericht über die Reichen und der Ruf zu ihrer Umkehr, also Gericht im Sinne der Richtigstellung.

1,164f

Die Gefahren des Reichtums

Kein Theologe des Neuen Testaments hat sich so ausführlich mit dem Problem von Armut und Reichtum in der Kirche (und damit indirekt auch in der Welt) auseinandergesetzt wie Lukas. Darin spiegelt sich eine kirchliche Entwicklung, in der zunehmend auch Wohlhabende und Besitzende zur Gemeinde gehörten. Ob es da Spannungen gegeben hat wegen der sozialen und finanziellen Unterschiede? Auffällig ist jedenfalls, wie oft Lukas die Gefahren des Reichtums beschwört.

In der Tat: Wer viel besitzt, wird in Gefahr sein, sich in sein Vermögen zu verlieben. Das gewinnt eine Eigendynamik nach Immer-Mehr. Das verführt dazu, sein Herz daran zu hängen und auf keinen Fall mehr davon zu lassen. Wer wüsste das nicht von sich selbst? Wer sähe das nicht in unserer Haben-Gesellschaft? Wer viel besitzt, muss es auch sichern – zur Not mit Gewalt. Wer das Heil von Geld und Vermögen erwartet, wird sich entsprechend rüsten müssen – zur Verteidigung seines Besitzstandes.

Dabei muss es nicht unbedingt Geld sein und materieller Reichtum. Es gibt auch einen intellektuellen Kapitalismus, der nicht minder aufgerüstet daherkommt. Wissen, Macht und Geld – das sind drei Großmächte, die einen eigenartigen Hang zur Absolutsetzung in sich haben. Wer darauf baut, muss bis ins Innerste seines Herzens »auf Abwehr« eingestellt sein. Hier liegt eine Quelle der Rechthaberei, des Unfriedens und der Gewalttätigkeit. Deshalb ist der Reichtum allgemein ein Problem, besonders aber in der christlichen Gemeinde.

Genau deshalb schildert nur Lukas die Jünger zur Zeit Jesu als solche, die freiwillig alles verlassen haben (5,11.28; 12,33; 14,33). Deshalb nimmt er den »reichen Jüngling« als abschreckendes Beispiel für einen Wohlhabenden, der aufgrund seines Besitzes zur Nachfolge unfähig ist (18,18–30). Deshalb schildert er die Pharisäer als geldgierig (16,14). Immer hat er dabei die Reichen in seiner Gemeinde im Auge. Wenn die Jünger früher freiwillig alles verlassen haben, so sollten die Reichen jetzt wenigstens freiwillig teilen und sich einen Schatz zulegen, der nicht zerschmilzt. Und dieser Schatz sind die Armen, mit denen sie teilen. *15,88ff*

Was ist mit den Wohlhabenden?

Von den Evangelisten ist vor allem Lukas von der Spannung arm – reich bewegt. Er schreibt sein Evangelium für Christen, die nicht mehr im jüdischen Milieu den Glauben zu leben versuchen, sondern griechisch-römisch (hellenistisch) geprägt sind. In seiner Gemeinde gibt es weniger Bettelarme, wohl aber Besitzende und Reiche. Das verursacht nicht geringe soziale und religiöse Spannungen.

Was bedeutet die Seligpreisung der Armen für eine in diesem Sinne »etablierte« Gemeinde? Ist der Weheruf das letzte Wort über die Reichen? Sicher, soweit sie sich selbst genug sind und meinen, sich mit ihrem eigenen Vermögen sichern zu können (vgl. Lk 12,15.21). Das Leben verfehlt, wer es sich selbst beschaffen will. Er ist jetzt schon bedient.

Aber was ist mit den Wohlhabenden, die zur Gemeinde gehören und das Leben von Christus erwarten? Die Gefahr ist nicht gering, dass sie das Wort des Heils »in den Sorgen, dem Reichtum und den Genüssen des Lebens ersticken« (8,14). Doch der Evangelist warnt nicht nur vor Habgier (12,15) und Geld (16,14), er zeigt den Besitzenden, wie sie ihr Vermögen einsetzen können: »Wenn du mittags oder abends ein Essen gibst, so lade nicht deine Freunde oder deine Brüder, deine Verwandten oder reiche Nachbarn ein; sonst laden auch sie dich ein, und damit ist dir wieder alles vergolten. Nein, wenn du ein Essen gibst, dann lade Arme, Krüppel, Lahme und Blinde ein. Du wirst selig sein, denn sie können es dir nicht vergelten; es wird dir vergolten werden bei der Auferstehung der Gerechten« (14,12–14).

Das ist nicht eine Verhaltensregel, eine bestimmte Konvention. Das geht gegen alle Konvention. Die Reichen bleiben nicht länger unter sich. Sie kommen heraus aus dem Teufelskreis des »Wie du mir, so ich dir«. Der Gastgeber behandelt seine Gäste nicht mehr nach dem Nutzen, den er von ihnen hat, sondern als Menschen. *1,166f*

Selig, die arm sind vor Gott

Matthäus schreibt sein Evangelium in den Jahren nach 70, als die christliche Gemeinde sich immer deutlicher vom Judentum absetzt und ihre eigenen Konturen gewinnt. Es ist bemerkenswert, wie er die Kirche beschreibt. Das Bild ist nicht idealistisch verbrämt, sondern sehr realistisch. Sie ist nicht mit dem Gottesreich zu verwechseln, sie ist eine sehr gemischte Gesellschaft. Unkraut und Weizen wachsen in ihr bis zur Ernte, bis zum Tag des Gerichts (13,24–30. 36–43); das Netz, das ins Meer geworfen wird, bringt gute und faule Fische ans Land (13,47–50), und im Hochzeitssaal finden sich »Böse und Gute« (21,10). Die Bösen sind nicht draußen vor den Toren, sondern mitten drin. Die Kirche ist gefährdet, weil in ihr der Name Jesu missbraucht wird, um ein Verhalten zu decken, das Jesu Forderung der besseren Gerechtigkeit nicht entspricht (»Hütet euch vor den falschen Propheten ... Nicht jeder, der zu mir sagt: Herr, Herr ...«, 7,15.21ff).

Matthäus hat ganz realistisch seine Kirche vor Augen. Wie ist der Anspruch Jesu, der als prophetischer Wanderprediger von Ort zu Ort gezogen ist, durchzuhalten, wenn die Gemeinde feste Strukturen gewinnt und sich als Ortskirche etabliert, wenn Menschen sich nicht etwa nur in charismatischem Aufbruch begeistern lassen, sondern die Entscheidung ein Leben lang durchzutragen haben, Menschen mit ihrer Familie, mit ihrem Beruf, einem festen Wohnsitz?

In dieser Situation kann Matthäus die Proklamation Jesu (»Selig die Armen ...«) nicht einfach wiederholen. Er annulliert nicht Jesu Proklamation der neuen Ordnung Gottes, in der die Armen zu ihrem Recht kommen. Aber er schärft ihre Konsequenzen ein: Grundhaltungen (Tugenden), die den Jünger charakterisieren und ihn für Gottes Reich qualifizieren. Das äußere Tun macht's nicht, das innere Wesen entscheidet. Gottes Anspruch muss den Jünger bis ins Herz prägen. Die Armut wird zu einer geistlichen Grundhaltung. »Selig, die arm sind vor Gott ...«, das ist wie eine Überschrift über die matthäischen Seligpreisungen. Man könnte auch sagen: Selig sind, die ihr Herz noch zu verschenken haben, deren Hoffnung noch Flügel hat, deren Liebe noch hungrig ist.

1,168f

Der Geist der Armut

Armut ist nicht allein eine Sache der Brieftasche und des Brutto-Sozialproduktes. Arm vor Gott ist der, der die Grenzen seiner Geschöpflichkeit wahrnimmt, der nicht daran verzweifelt oder sich darüber hinwegzutäuschen versucht, sondern sie annimmt, mehr noch: der sich darin von Gott angenommen weiß. Arm sein vor Gott meint: Ich darf der sein, der ich bin, in meinen Grenzen. Ich muss nicht mehr sein oder darstellen, als ich bin. Wert und Anerkennung muss ich mir nicht selbst verschaffen; ich brauche sie mir nicht von anderen zu erbetteln oder zu erzwingen. Sie sind mir von Gott geschenkt. Ich bin ihm trotz meiner Erbärmlichkeiten liebenswert genug. Darum darf ich ich selbst sein.

»Selig, die arm sind vor Gott«, das heißt: Selig die Empfänglichen. Damit sind die gemeint, die hier noch nicht alles haben, die offen genug sind, um sich etwas schenken zu lassen, die so arm sind, dass Gott ihr Reichtum werden kann. Diese Art Armut ist eine Herausforderung an unser Bewusstsein. Der neuzeitliche Mensch erträgt sie nur noch sehr schwer. Er möchte sie überspringen, indem er sich selbst zum »Gott« macht. Die Macher, die alles im Griff zu haben meinen, verdrängen die Armut unserer Geschöpflichkeit und Endlichkeit.

Die geistige Grundhaltung ist von großer Bedeutung. Wenn es so weit kommen könnte, dass die Armut beseitigt wäre und alle genug zum Leben haben, könnten wir dann den Punkt abhaken und sagen: »Das hat sich erledigt. Das können wir aus der christlichen Verkündigung streichen«? Das kann doch ganz und gar nicht gemeint sein. Gemeint ist doch wohl, dass der Geist der Armut aus dieser Welt nicht verschwinden darf: das, was den heiligen Franziskus dazu trieb, aus einer sehr etablierten Stellung auszusteigen und ein anderes Leben zu suchen. Wer unabhängig von dem ist, was zu haben ist, der gewinnt eine große Freiheit und Unabhängigkeit. Wie wir ja umgekehrt immer wieder feststellen, dass jemand in dem Augenblick, wo er in das Etabliertenstadium hinübergeht, sich in seiner ganzen psychischen Struktur schnell verändern kann in eine Richtung, in der er diese Freiheit und Unabhängigkeit verliert.

1,170f

Die Lebens-Frage

Ein reicher Mann kommt zu Jesus (Mk 10,17–27). Ein sympathischer Mann: Er hält sich an die Gebote, ohne sich damit zufriedenzugeben. Er ist unterwegs, er sucht, er stellt die Lebens-Frage: »Was muss ich tun, um das ewige Leben zu gewinnen?« (17)

Der Mann will gewinnen (wie wir alle), er will kein Verlierer sein. Und er möchte nicht irgendetwas gewinnen – ein Spiel oder Rendite, auch nicht nur Profil. Es muss im Leben mehr als all das geben. Um dieses Mehr geht es ihm. Er geht aufs Ganze. Er ist auf das *ewige* Leben bedacht. Ewiges Leben, das heißt doch: etwas, das so zu mir gehört, dass ich es nie verlieren und es mir nie genommen werden kann, das mich ganz macht; nicht nur etwas an mir, sondern ich selbst, meine Zukunft. Gesundheit, Ansehen, Schönheit, Erfolg, das wird mir irgendwann genommen. Was trägt darüber hinaus? Die Frage nach dem ewigen Leben ist die Frage nach Gott, der uns über unsere Ganzen hin trägt, der die Toten lebendig macht.

Ewiges Leben – der reiche Mann denkt, dass er es schon durch rechtes Tun erwerben könne. »Was muss ich tun ... ?« Ist es nicht richtig, so zu fragen? Wenn so jemand zu uns käme, wüssten wir nicht im Handumdrehen eine Fülle von Dingen, die er anpacken könnte: caritative, politische, kulturelle, religiöse Aufgaben?

Jesus reagiert anders, unverständlich schroff, fast abweisend: »Warum nennst du mich gut? Niemand ist gut außer Gott, dem Einen« (18). Es ist, als wenn Jesus von sich weg weist. Das ist typisch für ihn. Er fixiert den anderen nicht auf sich. Er macht sich selbst nicht wichtig. In seinem Verhalten kommt zum Ausdruck, was er sagt: Gott allein!

Jesus will dem reichen Mann sagen: Das ewige Leben ist nicht das, was wir haben und machen. Ewig leben heißt: aus Gott leben. Die Grundfrage lautet nicht: Was muss ich tun, damit es gut wird? Die Grunderfahrung unseres Lebens darf sein: Gott ist gut. Er ist mit uns gut, weil er ist. »Niemand ist gut außer Gott, dem Einen.« Ein Wort, das unmittelbar ins Herz treffen kann. Das ist es, was uns trägt und halten kann, wovon wir wirklich leben und was uns niemals genommen wird.

1,88f

Das Eine, das noch fehlt

Sie kennen den Vers von Erich Kästner: »Es gibt nichts Gutes, außer man tut es.« Ein typisch neuzeitlicher Satz: alles machen. Das Gute als Werk des Menschen. Das hat gewiss seine Wahrheit. Und doch erhebt die Geschichte Jesu Einspruch: Gott allein ist gut. Das Gute ist da, längst bevor wir ans Werk gehen. Wenn klar ist, dass es nicht unsere Leistung ist, sondern ein Geschenk des Himmels, Gabe Gottes, dann kann und muss auf diesem Hintergrund von den Geboten Gottes gesprochen werden. Die erfahrene Güte ruft danach, Gutes zu tun, dem Willen Gottes gemäß zu leben. Das hat der reiche Mann im Evangelium (Mk 10,17–27) getan. Alle Achtung! Jesus erkennt das an. Und doch ist mit den Geboten nicht alles getan. »Eines fehlt dir noch ...« (21). Auf dieses »Eine« kommt es offenkundig an. Es ist wie ein Vorzeichen vor der Klammer. Plus oder minus – je nachdem, es betrifft jedes Zeichen und jede Zahl in der Klammer. So ist das mit diesem »Einen« vor der Klammer unseres Tuns.

Das Leben ist anders, je nachdem ob ich von Angst beherrscht bin oder Vertrauen empfangen und schenken darf. Es ist eine mörderische Sache, wenn man Angst davor hat, auf etwas zu vertrauen als auf die eigene Tat (»Was muss ich tun?«). Das Vorzeichen vor der Klammer des Lebens könnte anders aussehen. Der Reiche könnte Jesus vertrauen. Das fehlt ihm. Wenn er dieses Vertrauen hätte, bräuchte er keine Angst um sich selbst zu haben. Er könnte alles, was er hat, loslassen. Aber die Angst ist stärker als das Vertrauen.

Der reiche Mann fragt: »Was muss ich tun ...?« (17) Die tiefer gehende Frage hat er noch nicht entdeckt: Was muss ich lassen? So könnte er den erlösenden Unterschied lernen: Gott allein ist Gott, und wir sind Menschen. Er hat Angst, auf etwas anderes zu vertrauen als auf sein eigenes Tun, und seine fromme Leistung (Gebote). Er hat Angst, sein Tun, seine Habe, sein Vermögen loszulassen. »Eines fehlt dir ...« – die Gelassenheit, die sich Gott lässt und darum alles andere lassen kann. So ist das Leben zu gewinnen, das ewige Leben. »Wer sein Leben retten will, wird es verlieren; wer aber sein Leben um meinetwillen verliert, wird es gewinnen« (Mt 16,25).

1,89ff

Wer sein Vermögen hergibt

Von Anfang bis Ende geht es der Erzählung vom reichen Mann (Mk 10,17–27) darum, Gottes Gegenwart zu entdecken und ernst zu nehmen: »Niemand ist gut außer Gott, dem Einen« (18) und »Für Gott ist alles möglich« (27). Darin liegt die Chance zur Lebenswende.

Sie begegnet dem Reichen in Jesus, in seinem Ruf: »Komm und folge mir nach!« (21). Das ist der Ruf zum Leben. Keiner ist da abgeschoben, keiner ist auf seinen Besitzstand festgelegt. Keiner ist – vor Gott – fix und fertig. Jesus traut ihm zu, dass er alles lassen kann, was nur Lebens-Mittel ist. Er lockt ihn von Haben-Wollen zum Sein. Die Chance ist gegeben, in diesem Augenblick: »Da blickte ihn Jesus an und gewann ihn lieb« (21). Man könnte auch übersetzen: Er umarmte, er küsste ihn. Damit ist alles gesagt. Darin liegt *die* Chance des Lebens, in dieser Zuwendung Gottes. Doch der Reiche hat alle Hände voll. Er kann die Umarmung nicht erwidern. Der reiche Mann kann sich nicht von seinen Hab-Seligkeiten trennen. »Er hatte ein großes Vermögen« (22). Daran hängt er. Er hat Angst, es zu lassen.

Die Radikalität der Erzählung liegt im Anspruch des Glaubens. Armut ist zunächst nicht ein asketisches Prinzip, sondern Ausdruck des Glaubens: Ich kann mich auf Gott verlassen, darum kann ich gelassen alles andere lassen. Wer sein Vermögen hergibt, gewinnt das Leben. Das ist die größte Hypothek, die auf dem Reichtum liegt: Er steht dem Glauben im Weg. Es ist die Zuversicht der Erzählung, dass der, der sich glaubend auf Jesus einlässt, die Freiheit gewinnt, sein Vermögen und sich selbst zu lassen.

Mit dem Reich Gottes ist es – erzählt das Gleichnis – wie mit einem Schatz. Er liegt im Acker vergraben. Jemand entdeckt ihn und in seiner Freude geht er hin und verkauft alles, was er hat, für den Schatz (vgl. Mt 13,44). Der reiche Mann ist auf den Schatz gestoßen, er ist Jesus begegnet. Statt dass er mit Freuden alles gibt, zieht er mit seiner Habe traurig davon (Mk 10,22), den Weg zum Tod, nicht zum Leben. Eine Tragödie: Er will das Leben gewinnen, und er verliert es, weil er es festhält. Er verpasst die Chance zur Lebenswende. Die traurige Geschichte von einer missglückten Jüngerberufung. *1,91ff*

Das Nadelöhr zum Reich Gottes

Was ist mit dem Nadelöhr zum Reich Gottes, vor dem der Reiche steht wie ein Kamel (Mk 10,25)? Immer wieder hat man versucht, dieses Wort zu entschärfen, alle Ecken und Kanten zu glätten, bis auch das fetteste Kamel durch das Nadelöhr kommt: »Und in der Tat! Das Vieh ging durch, obzwar sich quetschend wie ein Lurch!« (Christian Morgenstern).

Über Armut als »innere Haltung« ist man sich in der Regel auffällig schnell einig. Sobald man nicht mehr nur sitzend nachdenkt oder sich innerlich geistlich zu lassen versucht, sondern »Nachfolge« beim Wort nimmt, sich also buchstäblich auf den Weg macht und erste leibhaftige Schritte zur Armut hin tut, beginnen die Fragen, die Widerstände und Einsprüche: »So kann das doch nicht gemeint sein! Wo kommen wir denn hin, wenn wir die Aussagen des Evangeliums wörtlich nehmen?« Und schon sind wir dabei, Jesus über unsere Leisten zu schlagen, statt dass wir uns ihm anpassen.

Theoretisch ist heute in der Kirche vieles klar. Wir haben ein erstaunliches Wissen in der Auslegung der Schrift. Kaum eine Generation hat so viel über das Neue Testament gewusst wie wir. Aber unser Kopf ist viel weiter als unser Herz. Unser Engagement erschöpft sich zumeist im Wissen. Wenn es an die Konsequenzen geht, ist uns der Atem ausgegangen.

»Da sah Jesus seine Jünger an und sagte zu ihnen: Wie schwer ist es für Menschen, die viel besitzen, in das Reich Gottes zu kommen!« (23). Die Jünger sind bestürzt. Man kann es ihnen nachempfinden. Sie merken: Der Glaube hat Konsequenzen, er geht ans Vermögen. Entscheidungen sind fällig. Halbherziges Lavieren führt zu nichts: »Niemand kann zwei Herren dienen ... Ihr könnt nicht beiden dienen, Gott und dem Mammon« (Mt 6,24). Der Dienst ist nicht zu teilen. Entweder Gottesdienst oder Mammonsdienst. Entweder Gottes Herrschaft – oder: Geld regiert die Welt. Man kann nicht zugleich auf verschiedenen Hochzeiten tanzen.

Kaum etwas kennzeichnet unsere Situation so sehr wie der Mangel an Leidenschaft. Wir finden immer einen Grund, nicht radikal zu sein. In der Nachsicht mit uns selbst sind wir grenzenlos. Was übrig bleibt? Ein Glaube ohne Ärgernis, eine »kommode Religion« (Georg Büchner).

1,93ff

Die Würde der Schwachen

In Homers Kampf gegen Troja wird Philoktet, noch bevor die Griechen die Stadt erreichen, von einer Schlange gebissen. Der Anblick und Gestank seiner eitrigen Wunde ist den anderen Helden so unerträglich, dass sie ihn auf einer abgelegenen Insel aussetzen. Kampfesmut und Entschlossenheit zum Sieg sollen durch Zeichen von Schwäche nicht gemindert werden – Krankheitsverdrängung vor dreitausend Jahren. Nach fast zehnjährigem Kampf erfahren die Griechen durch ein Orakel, dass sie ohne die Waffen des Philoktet Troja nicht erobern werden. Odysseus und Neoptolomos werden ausgesandt, dem schwerverwundeten Helden den Bogen zu entwenden. Als sie ihn sehen, erkennt Neoptolomos: Es hat keinen Sinn, ihm den Bogen wegzunehmen, wenn wir ihn nicht auf unserem Schiff mitnehmen. Der Kranke gehört zu den Gesunden ins Boot.

Die Wahrheit, die in dieser Geschichte wie in einem Keim angelegt ist, findet sich – ganz anders ausgeprägt – bei den Propheten Israels: Der leidende Gottesknecht ist der Retter des Volkes. Jesus von Nazaret tritt bewusst in diese Tradition. Er lässt die Behinderten und Schwachen nicht am Rande oder draußen vor, er holt sie in die Mitte. Die von der Gesellschaft abgeschrieben sind, befreit er vom Stigma der Schuld und der dämonischen Besessenheit. Er erklärt die Kranken zum Ort der Gottesbegegnung (»Ich war krank, und ihr habt mich besucht«). Diese revolutionäre Wahrheit hat er nicht nur gelehrt, er hat sie selber erlitten und ist dafür gestorben.

Was wäre, wenn es Jesus von Nazaret nicht gegeben hätte? Um es deutlich zu sagen: Die Würde und Einmaligkeit des Menschen als Person, gerade auch die Würde der behinderten, kranken und schwachen Menschen, wäre wohl nicht ans Licht gekommen. Ich weiß, dass das neuzeitliche Programm der Freiheit und Menschenrechte sich oft gegen das Christentum durchsetzen musste. Und doch: Ohne Jesus von Nazaret gäbe es wohl kein universalisierbares Bewusstsein von Freiheit, Gleichheit und Geschwisterlichkeit, von Menschenrecht und Menschenpflicht. Ein vermeintlich aufgeklärtes Reden von Humanität und Toleranz vergisst, dass diese Grundlagen unserer Gesellschaft ohne das Christentum nicht in der Welt wären.

Verhandelbarer Wert – unantastbare Würde

Behinderte sind der Ernstfall, in dem sich der Grundsatz der Unantastbarkeit der Menschenwürde zu bewähren hat. Wohlgemerkt: Der Mensch hat Würde, nicht Wert. Zwischen Würde und Wert liegen Welten. Wert ist der Bestimmungsgrund des Preises: »Was ist das wert?« Wir kennen Messwerte, Grenzwerte oder Geldwerte. Sie unterliegen der Definition des Menschen, sie sind verhandelbar. Der Begriff Würde ist ein Gegenbegriff dazu. Die Würde des Menschen bedeutet, dass der Mensch sich nicht selbst bewerten kann, er ist der Bewertung durch Menschen entzogen. Wer über die Würde anderer Menschen bestimmen will, verstößt gegen den Gleichheits- und Gerechtigkeitsgrundsatz. Er macht sich zum Supermenschen über andere und verwechselt sich schließlich mit Gott. Der Mensch maßt sich an, das Schicksal anderer Menschen zu bestimmen. Gegen diesen »Gotteskomplex« schützt letztlich allein der Gottesglaube. Er entlarvt den Allmachtswahn von Menschen und zwingt uns dadurch, uns selbst gegenüber mit unseren Möglichkeiten und Grenzen realistisch zu sein.

Jeder Mensch und alle Menschen sind Gottes Ebenbild. Dieser Grundsatz ist durch die jüdisch-christliche Tradition der Menschheitsgeschichte eingestiftet. Darin liegt die Würde des Menschen begründet, darum ist sie unantastbar. Weil der Mensch Gott gehört, ist er dem Zugriff des Menschen entzogen. Für Christen ist das daran festgemacht, dass Gott mit der Menschwerdung seines Sohnes Jesus Christus gleichsam in unserer Haut steckt.

Wenn die Menschenwürde nur auf Absprachen beruhte oder auf einer Art Gesellschaftsvertrag, dann wäre es schlecht um sie bestellt. Wenn uns Gott nicht mehr würdigt, wer denn dann? Was bleibt dann von unserer Würde? Ist sie ein Produkt der Entwicklung, der Umwelt, der Verhältnisse? Wer die Umwelt manipulieren kann, wird dann auch den Menschen und seine Würde manipulieren. Dann ist es aus mit der Unantastbarkeit. Dann wird angetastet, vor und nach der Geburt, bis zum Lebensende, rücksichtslos. Unsere Gesellschaftsordnung lebt von Voraussetzungen, die sie selbst nicht herstellen kann. Ohne den Himmel über uns verlieren wir den Boden unter uns.

Menschen mit genetischem Gütesiegel?

In der modernen Medizin und Gentechnik sind große Heilungsmöglichkeiten eröffnet. Aber die pränatale Diagnostik verleitet Ärzte und Eltern zugleich immer mehr dazu, nach den möglichen »Schwächen« des Ungeborenen zu fahnden. Die »Zumutbarkeit« eines genetischen Defektes oder einer erkannten Behinderung für die Eltern wird zum Urteil auf Leben und Tod für das ungeborene Kind. Wer garantiert, dass die vollständige Erfassung des menschlichen Erbgutes diesen Prozess der Selektion nicht beschleunigt? Längst lebt der alte Traum vom perfekten Menschen wieder auf, vom Menschen mit genetischem Gütesiegel. Dieser Traum wird auf Kosten der nicht so perfekten geträumt. Dazu gehören im Grunde wir alle.

Eine Gesellschaft der Starken, die die Schwächen und Behinderungen ausblendet, nimmt einen wesentlichen Teil der Wirklichkeit nicht wahr. Behinderte können zumeist die Mängel ihres Lebens nicht verbergen. Sie zeigen uns wie in einem Spiegel, dass der Mensch Grenzen hat und dass er verdrängt und lügt, wenn er nur Stärke demonstriert.

In Christa Wolfs Kassandra sagt die Seherin den Eroberern von Troja: »Wenn ihr aufhören könnt, zu siegen, wird diese eure Stadt bestehen.« An die Wagenlenker gewandt, fügt sie hinzu: »Ich weiß von keinem Sieger, der es konnte.« Kann man in dieser Welt nur als Sieger leben? Gibt es keine andere Lebensmöglichkeit als die auf Kosten anderer eroberte und erkämpfte? Ist Siegen alles und Bedürftigkeit nichts als Schwäche? Das kann doch nicht wahr sein. Dann würde unsere pathische Begabung verkümmern: die Fähigkeit, sich zu verdanken, das Leben anzunehmen, Grenzen zuzugeben, das Leben auch im Fragment und in seiner Gebrochenheit als sinnvoll zu betrachten. Wir sind doch nicht nur als Macher gerechtfertigt.

Mit einer Spur von Hoffnung sagt Kassandra: »Ich glaube, dass wir unsere Natur nicht kennen. Dass ich nicht alles weiß. So mag es in der Zukunft Menschen geben, die ihren Sieg in Leben umzuwandeln wissen.« Diesen Menschen gibt es. Christen glauben, dass er der Sohn Gottes ist: Jesus von Nazaret. Sein Siegeszeichen ist nicht der Lorbeerkranz, sondern die Dornenkrone. Er hat seinen Sieg in Leben verwandelt.

Worum dreht sich's bei dir?

Solidarität wird gern in konzentrischen Kreisen gedacht. Den innersten Kreis bilden die engsten Angehörigen, die Familie. Danach kommen Freunde und Gemeinschaften, dann die Gesellschaft, die Nation und irgendwann die ganze Welt. Am äußersten Rand angesiedelt, hat die weltweite Solidarität einen schlechten Stand. Die Samaritergeschichte (Lk 10,25–37) durchkreuzt solche Vorstellungen. Zu Beginn fragt der Gesetzeslehrer Jesus: »Wer ist mein Nächster?« (29). Und zum Schluss fragt Jesus: »Was meinst du: Wer von diesen dreien hat sich als der Nächste dessen erwiesen, der von den Räubern überfallen wurde?« (36). Dazwischen liegt ein weiter Weg, nicht nur die Kilometer zwischen Jerusalem und Jericho. Unterwegs geschieht eine Wende, wird die Eingangsfrage auf den Kopf gestellt.

»Wer ist mein Nächster?« Da ordnet sich alles wie im Bild der konzentrischen Kreise. Da heißt es zum Beispiel: Jeder ist sich selbst der Nächste, von diesem Mittelpunkt aus werden alle anderen eingeordnet (*mein* Nächster!). Zum Schluss ist die Richtung umgekehrt: »Wer hat sich als Nächster dessen erwiesen, der von den Räubern überfallen wurde?« Mit anderen Worten: Der Bezugspunkt, von dem aus die Frage nach dem Nächsten zu beantworten ist, ist der unter die Räuber Gefallene. Es kommt nicht darauf an, in welchen vorgegebenen und festgefügten Kreisen man sich bewegt, sondern ob und wie man sich in einer bestimmten Situation als Nächster in Anspruch nehmen lässt.

Es ist wie eine kopernikanische Wende. In einer bestimmten Weise leben wir ja alle noch vor Kopernikus. Nicht nur deshalb, weil wir dem Augenschein nach immer noch davon ausgehen, dass die Sonne auf- und untergeht und sich um die Erde dreht, sondern in einem viel schwerer wiegenden Sinn: Wir denken zumeist, wir selbst seien der Mittelpunkt, um uns müssten sich die Welt und die Menschen drehen. Auch das ist eine Illusion. Christsein ist auf diesem Hintergrund etwas Umwälzendes. Es besteht darin, sich nicht mehr als den Mittelpunkt zu betrachten. Der andere, der unter die Räuber gefallen ist, ist der springende Punkt, um den sich alles dreht. Und die Frage, die an jeden von uns gerichtet ist, lautet ganz einfach: Worum dreht sich's bei dir?

Die Fremden nicht um ihr Recht bringen

Mein Vater war ein heimatloser Aramäer. Er zog nach Ägypten, lebte dort als Fremder« (Dtn 26,5). So beginnt das Gebet, mit dem die Israeliten vor den Altar treten. Sie wohnen inzwischen im Land der Verheißung und haben Heimat von Gottes Gnaden gefunden, doch sie haben nicht vergessen, woher sie kommen und aus welcher Geschichte sie leben.

Den Flüchtlingen und »Wanderern« gegenüber gilt unbedingte Gastfreundschaft, die Gastgeber sind zum Schutz der Gastfreunde verpflichtet. Eine Zerstörung der Gastfreundschaft galt in Israel als ein ungeheures Verbrechen (Ri 19,30). Die Gewährung des Gastrechtes wurde als Bewährung der Gottesfurcht den Menschen gegenüber angesehen.

Für diejenigen Fremden und Flüchtlinge, die auf Dauer im Lande blieben, wurden besondere Schutzbestimmungen aufgestellt (vgl. Ex 22,20–26); Gott springt für die Fremden gleichsam in die Bresche des ihnen fehlenden verwandtschaftlichen Schutzsystems. Nach allgemein orientalischer Vorstellung ist die Gottheit Rechtsbeistand für Witwen, Waisen und Arme. Diese Trias wurde in Israel erweitert auf die Fremden. Die Achtung und der Schutz der Fremden ist ein besonderes Merkmal des Volkes Gottes.

Die Erinnerung an die Fremden im Zusammenhang Ex 23 betont, dass den Fremden gerade auch im Rechtsverfahren Gerechtigkeit geschuldet ist. Auch wenn es Fremden nicht erlaubt war, in der Rechtsgemeinde mitzuwirken, so durften sie dennoch nicht um ihr Recht gebracht werden. Das wird mit der eigenen Erfahrung Israels im Lande Ägypten begründet: »Fremde sollt ihr nicht bedrängen, weil ihr selbst das Leben von Fremden kennt, denn ihr seid im Land Ägypten Fremde gewesen« (Ex 23,9). Wörtlich heißt es: »Denn ihr kennt die Seele der Fremden.« Die Erinnerung an die eigene Vergangenheit soll das Handeln bestimmen.

Was das positiv heißt, ist später im dritten Buch Mose, im Buch Levitikus, fortentwickelt: »Ihr sollt die Fremden lieben wie euch selbst« (Lev 19,34), es gelte: »Gleiches Recht für euch und für die Fremden, die bei euch leben« (15,15f). *1,123ff*

Zusammenarbeit mit den Armen

Christliches Verhalten gegenüber den Armen und Notleidenden hat sich von der Tradition her wesentlich am Gleichnis des Barmherzigen Samariters orientiert. Genügt das? Wird da die Barmherzigkeit nicht auf die private, persönliche Hilfeleistung beschränkt? Werden damit die Unrechtsstrukturen unserer Welt nicht vertuscht und ungewollt stabilisiert? Es genügt nicht mehr, den unter die Räuber Gefallenen zu verbinden. Auf dem Rückweg von Jericho nach Jerusalem würde ihm genau dasselbe wieder passieren. So wichtig der Dienst des Samariters weiterhin ist, es geht auch darum, die Strukturen der »Räuberei« freizulegen und zu ändern. Es geht also um eine entsprechende Politik.

Die Armen haben selbst den Schlüssel zur Lösung ihrer Lebensprobleme in der Hand. Es kommt darauf an, dass sie ihre eigenen Kräfte entfalten können. Sie entwickeln sich, nicht wir entwickeln sie. Fremdhilfe, auf Dauer gestellt, lähmt die Eigeninitiative. Wir dürfen die Armen nicht als Patienten behandeln, die ständig am Tropf hängen und scheinbar nur so überleben können. Sie müssen »Subjekt ihrer eigenen Geschichte« werden. Das gilt auch und gerade für die Frauen, deren Rolle im Prozess der Entwicklung viel zu wenig bedacht ist.

Selbsthilfe als offener Lernprozess reicht weit über rein ökonomische Entwicklungsziele hinaus. Nicht technokratische Lösungsmodelle zeigen den Weg aus der Armut, sondern basisnahe Maßnahmen, die zur Eigeninitiative einladen. Für die Armen etwas zu tun ist wichtig. Mit ihnen zu handeln ist wichtiger. Das ist der Weg von der Entwicklungshilfe zur Zusammenarbeit.

So wird das gängige Vorurteil überwunden, Arme seien nicht produktiv und könnten sich nicht selber helfen, weil sie arm sind. Arme können arbeiten. Arme können sparen. Arme können erfinderisch sein. Auch die Ärmsten können sich helfen. Das zu betonen heißt nicht, sie zu idealisieren oder ihre Rolle klassenkämpferisch zu überhöhen. Sie können uns enttäuschen und ihre eigene Sache verraten. Sie sind nicht Heilige (und die Reichen sind nicht von vornherein vom Teufel!). Sie sind Menschen wie wir alle. *19,94f*

Eine Kirche mit Nord-Süd-Gefälle?

Besitz kann leicht dazu verführen, sich von anderen bedienen zu lassen und sie zu beherrschen. Die Gefahr, dass Besitz Menschen trennt, ihnen verschiedenes Gewicht verleiht, ist nicht zu verkennen. Sie verhindert Geschwisterlichkeit in den Gemeinden, sie schafft Distanz zwischen armen und reichen Bistümern, sie steht nicht zuletzt auch der Wahrheitsfindung im Weg, wenn die Gewichtung der Argumente von der finanziellen Potenz der Argumentierenden mitbestimmt ist.

Sie zeigt sich vor allem in der Diskrepanz zwischen der reichen Kirche des Nordens und der armen Kirche des Südens. Das Nord-Süd-Gefälle ist ja nicht etwa nur eine gesellschaftliche und politische Frage, sondern ein vorrangiges kirchliches Problem. Es betrifft die »eine katholische und apostolische Kirche«, die beide Regionen zusammenschließt. Wie lassen sich die offensichtlichen Gegensätze zwischen Reich und Arm mit der lebendigen Einheit der Kirche vereinbaren? »Wir dürfen im Dienste an der einen Kirche nicht zulassen, dass das kirchliche Leben in der westlichen Welt immer mehr den Anschein einer Religion des Wohlstandes und der Sattheit erweckt und dass es in anderen Teilen der Welt wie eine Volksreligion der Unglücklichen wirkt, deren Brotlosigkeit sie buchstäblich von unserer eucharistischen Tischgemeinschaft ausschließt ... Die Eine-Welt-Kirche darf schließlich nicht in sich selbst noch einmal die sozialen Gegensätze unserer Welt einfach widerspiegeln ... Hier müssen gerade wir in unserem Land handeln und helfen und teilen ... Die Kosten, die uns dafür abverlangt werden, sind nicht ein nachträgliches Almosen, sie sind eigentlich die Unkosten unserer Katholizität, die Unkosten unseres Volk-Gottes-Seins« (Gemeinsame Synode [Würzburg], Unsere Hoffnung, IV 3).

Ein Rabbi sitzt im Tempel. Er hat eine Erleuchtung. Es wird ihm mit einem Mal klar: Du musst den Armen helfen. Er kommt aus dem Tempel heraus und trifft einen Armen vor der Tür. Er geht auf ihn zu, will ihn umarmen und ruft: »Ich liebe dich; sag mir, was dir fehlt!« Darauf der Arme: »Wie kannst du sagen, dass du mich liebst, wenn du nicht weißt, was mir fehlt?«

1,173f

Vom Versucher provoziert

Die Versuchungsgeschichte fasst wie in einem Brennpunkt die Wahrheit über Jesus zusammen. Vom Geist Gottes in die Wüste getrieben, muss er sich dort dem Satan stellen: »Wenn du Gottes Sohn bist ...«, so lautet die wiederholte Herausforderung (Mt 4,3.6). Jesus ist nicht in irgendeiner Sache um Auskunft gebeten, er selbst ist gefragt. In seiner Antwort holt er die göttliche Besiegelung bei der Taufe (»geliebter Sohn«) in eigener, freier Entscheidung ein. Bevor er zu den Menschen geht, kommt er zu sich selbst. Wie denn?

Er geht den Weg, den der Vater ihm gewiesen hat; er ist der Messias in Niedrigkeit, nicht in Herrlichkeit. Vom Versucher provoziert, zeigt sich, wovon Jesus lebt und wofür er lebt: Er lebt vom Vater und für ihn. So geschieht sein Leben »für uns«. Jesus lebt »nicht nur vom Brot«, das er sich selbst macht. Er lebt nicht eigenmächtig aus sich selbst, »sondern von jedem Wort, das aus Gottes Mund kommt« (4). Er ist ganz dem Vater zugewandt. Er weiß sich von ihm getragen und braucht keine zusätzliche Sicherheit. Er widersteht der Versuchung, sich in einem spektakulären Tempelsturz selbst zu produzieren (5–7). Er geht Schritt für Schritt den Weg in die Tiefe, seinen Weg, der vom Vater ausgeht.

Das ist kein Weg in Glanz und Gloria, sondern in Ohnmacht und Leid. Es ist eine diabolische Versuchung (ein Teufelspakt!), eigenmächtig mit »allen Reichen der Welt« (8) Gottes Sache zum Sieg verhelfen zu wollen. Gottes Herrschaft ist von anderer Art. Jesus weiß, wem er sich verdankt und wessen Königtum er verpflichtet ist. Gott allein ist der Herr, ihm allein gebührt die Anbetung (10). Indem er sich so ganz Gott überlässt, findet er in Freiheit zu sich selbst. Die Anbetung Gottes ist Grund dieser Freiheit.

Die dreifache Versuchung ist ein dreifacher Angriff auf den Gehorsam Jesu: Griffe er nach Brot (Besitz), Sicherheit und Macht, würde er sich dem Vater versagen. Er wählt die Armut und damit den Gehorsam, oder besser: Der Gehorsam lässt ihn die Armut wählen. In der äußersten Anfechtung erweist er sich als der, der er ist: der »geliebte Sohn« des Vaters. Indem er sich gehorsam ihm lässt, kommt er zu sich selbst.

19,128f

Wovon lebt der Mensch? (1)

Die Evangelien erzählen, wie Jesus vom Geist Gottes in die Wüste geführt und vom Teufel versucht wird. »Als er vierzig Tage und vierzig Nächte gefastet hatte, bekam er Hunger ...« (Mt 4,1f). Vierzig Tage und vierzig Nächte ohne Nahrung! So auf sich selbst zurückgeworfen, so am Ende der physischen Substanz, so an der Grenze des Lebens spitzt sich alles zu auf die eine Frage: Wovon lebt der Mensch? Der Hunger Jesu sitzt tief, kommt aus einem urgründigen Verlangen. Er ist nicht nur darauf aus, satt zu werden, sondern Erfüllung zu finden.

Erfüllung – das ist gut gesagt. Aber was heißt das schon, wenn man Hunger hat, wenn man an Verhungernde denkt? Da bleibt einem doch das Wort »Erfüllung« im Munde stecken. Entziehen wir uns damit nicht der vitalen Not?

Jesus hat nicht nur zum Schein gehungert. Er hat die Not am eigenen Leibe erlitten. Ohne Brot in der Wüste kommt er in größte Versuchung, den leiblichen Hunger und seine Sättigung für das alles beherrschende Ziel im Leben anzusehen, nur noch zu denken: Der Mensch will leben, und um zu leben, muss er essen; nur noch zu meinen, der Mensch sei glücklich, wenn er nach Herzenslust essen kann. Jesus war versucht, zu denken, das tiefste Mitleid mit der Not des Menschen zeige sich darin, ihn satt zu machen; seine göttliche Sendung bestehe gerade darin.

Das ist *die* Versuchung, im Menschen nur noch eine bedürftige, geschundene, hilflose Kreatur zu sehen, die nichts als Brot will und sich dann zurücksehnt in den animalischen Frieden. Eine teuflische Versuchung! Denn es ist teuflisch zu meinen, das Brot allein habe es in sich, den Menschen zu sättigen. »Der Mensch lebt nicht allein vom Brot ...«, das vom Bäcker kommt, nicht allein vom Brötchen zum Frühstück und vom Kotelett zum Mittag. Der Hunger nach solchem Brot ist nur für wenige Stunden zu sättigen, er erwacht neu mit periodischer Gesetzmäßigkeit. Der Mensch kann seine Bedürftigkeit für Stunden zudecken. Wenn er dann gegessen und geschlafen hat, wird er fragen: »Was nun? Ist das alles? Das soll alles sein?« *14,171f*

Wovon lebt der Mensch? (2)

Wovon leben wir? Wir leben vom Brot. »Unser tägliches Brot gib uns heute ...« Leben wir nur vom Brot? »Der Geschmack des Brotes, das du teilst, ist unvergleichlich.« Warum? Es ist der Geschmack der Hingabe, der Liebe. Da geben wir nicht etwas, sondern uns selbst. Das geteilte Brot sagt ohne Worte: Ich will, dass es dich gibt, dass du lebst. Der Mensch lebt vom Brot der Liebe.

Der Mensch ist zu groß, als dass er in sich selbst und in dem, was die Erde ihm bietet, seine Erfüllung findet. In allem ist etwas zu wenig. Gemessen an der menschlichen Sehnsucht ist das, was die Erde bietet, wie die Steine in der Wüste. Die können uns letztlich nicht sättigen. Es wäre teuflisch, die Steine zu Brot zu erklären, das Vorläufige als das Endgültige auszugeben. Bisweilen spüren wir das ganz deutlich; dann liegt es uns wie ein Stein im Magen, gerade dann, wenn wir zu viel gegessen haben.

»Befiehl, dass aus diesen Steinen Brot wird« (Mt 4,3). Jesus lehnt ab: »Der Mensch lebt nicht allein vom Brot, sondern von jedem Wort, das aus Gottes Mund kommt« (4) Er lebt davon, dass Gott ihn meint, ihn liebt und ihn anspricht. Gott allein genügt. Der Mensch wird nicht ärmer, sondern reicher, nicht hungriger, sondern wirklich erfüllt, wenn er sich von Gott ernähren lässt. Dann gerät er nicht tiefer in die Wüste, sondern schließlich aus ihr heraus. Was ihm im tiefsten mangelt, ist Gott. Deshalb gibt es kein größeres Erbarmen, als den Hunger des Menschen in Gott zu stillen.

»Befiehl, dass aus diesen Steinen Brot wird.« Nein, sagt Jesus. Er geht einen anderen Weg, den Weg des Weizenkorns. Das fällt in die Erde und stirbt. So wird es zum Brot für unser ausgehungertes Dasein. So gibt er sein Leben hin in der Passion. »Mich dürstet«, sagt er am Kreuz. Er hungert nicht nur nach Brot und dürstet nicht nur nach Wasser, sondern nach Gott: »Mein Gott, mein Gott, warum hast du mich verlassen ...« Er gibt nicht etwas, er gibt sich selbst für das Leben der Welt. So wird er zum Brot, von dem wir leben. »Das Brot, das ich euch geben werde, ist mein Fleisch für das Leben der Welt« (Joh 6,51). Geteiltes Brot, Brot der Liebe, Gottes Brot! Davon lebt der Mensch.

14,172f

Können wir uns auf Gott verlassen?

In der Geschichte von der Versuchung Jesu geht es um entscheidende Lebensfragen, zuletzt um die Frage: Können wir uns auf Gott verlassen? »Stürz dich hinab oben vom Tempel«, will der Teufel Jesus einreden (vgl. Lk 4,9–11). »Du musst dich doch auf den Schutz der Engel verlassen können. Wie willst du es wagen, im Namen Gottes zu sprechen und dein Leben einzusetzen, wenn du keinen handfesten Beweis hast, dass Gott dich trägt?«

Jesus lehnt ab. Gott lässt sich nicht als Beweismittel missbrauchen. Man kann mit ihm nicht experimentieren, man kann sich nicht absichern wollen. Solch garantierter Glaube wäre in Wirklichkeit Unglaube. Wer es mit Gott nur mal versuchen will, der versucht ihn.

Es ist wie bei Menschen, die sich lieben. Da sagt der eine zum anderen: Ich möchte ganz dein Eigen sein. Immer will ich mich für dich einsetzen, immer will ich zuerst fragen: Was ist gut für dich? – Das alles wird von Grund auf verkehrt, wenn der andere mich einfach als sein Eigentum betrachtet; wenn er das freie Versprechen, ihm zu gehören, in ein Verfügungsrecht verkehrt. Dann belügt er sich selbst, indem er meine Liebe, die ich ihm nur in Freiheit schenken kann, wie eine platte Gegebenheit verrechnet.

Genau das hat der Teufel im Sinn. Er gibt sich ganz fromm, er führt Gottes Wort im Mund (10f). Man kann das, was Gott den Menschen sein und sagen möchte, auf diabolische Weise verdrehen, unter vollständiger Beibehaltung des Wortlauts. Das ist die satanische Versuchung der Frommen: Die Spannung von Vertrauen und Dankbarkeit, von Liebe und Freiheit wird aufgelöst, der Glauben zu einem Faktor eigener Kalkulation verkehrt, aus dem man Besitzansprüche herleitet.

Was habe ich von Gott? Wofür ist er gut? Nützt er mir? In solchen Fragen geht es uns nicht um Gott, sondern um uns selbst. Solange wir so fragen, glauben wir eigentlich nicht. Glaube beginnt dort, wo wir von uns absehen und nach Gott fragen, wo wir nicht nur nach ihm fragen, sondern uns von ihm fragen lassen: Willst du dich mir überlassen?

14,153f

Auf der Höhe

Das Evangelium von der Verklärung Jesu (Lk 9,28–36) lässt sich wie eine Christus-Ikone anschauen. Jesus ist auf dem Berg. Er steht drüber, »auf der Höhe«. Er ist betend da oben. So steht er zu Gott. Und da lässt Gott sein Angesicht über ihm leuchten, Inbegriff seiner Nähe. So steht Gott zu Jesus. In der Tat: kein Allerweltsgott, kein Allerweltsgeschehen, kein Allerweltsmensch. Vielmehr: dieser besondere Mensch auf diesem besonderen Weg, ganz auf der Höhe.

Jesus, das ist bezeichnend, ist nicht allein. Er ist mit drei Jüngern gekommen. Sein Weg soll ihr Weg werden. Zu ihnen treten Mose und Elija. Ihr Name steht für das jüdische Bundesgesetz und alle Propheten. Jesus beginnt nicht bei Null. Er steht in der Gottesgeschichte Israels. Sein Gott ist auch der Gott des Mose und des Elija, sehr konkret gegenwärtig in der Geschichte seines Volkes. Er ist der Gott, der von der Herrschaft der Pharaonen und Götzen befreit, der gesprochen hat und spricht durch die Propheten. Er ist der Gott, der sich im Bund an dieses Volk gebunden hat. Er ist es, der nun Jesus zu seinem erwählten Sohn proklamiert. »Auf ihn sollt ihr hören« (35). Das bekommen die Jünger gesagt, das bekommen Mose und Elija gesagt. Das gilt uns.

Mose und Elija sind Symbolgestalten der Leidensgeschichte Israels, der Leidensgeschichte der Propheten und Gerechten (von Abel an). Sie stehen ein für die Glaubenserfahrungen vieler Jahrhunderte bis heute: Der Weg Gottes mit den Menschen ist ein Weg der Konflikte, der Leiden, des Exils. So umstritten ist seine Gegenwart, so erniedrigt ist sein Volk, so gefährdet sind seine Zeugen. So ist es kein Zufall, dass Jesus von Mose und Elija erfährt, was ihm selbst bevorsteht. Sie sprechen von seinem Heimgang, seinem Exodus. Wer dächte da nicht an die Befreiung aus dem Sklavenhaus Ägypten, aus der Herrschaft der Pharaonen? Wer erinnerte sich nicht an den langen Marsch durch die Wüste ins Gelobte Land, Symbol aller Gotteswege, Symbol aller Glaubenswege bis heute!

5,24

Tabor und Golgota

Verklärung: Für einen Moment leuchtet das Ziel auf. Jesus im Lichtglanz Gottes und bei ihm Mose und Elija. Aber oben auf dem Berg sprechen sie davon, dass es bergab gehen wird, bis zum Kreuz (vgl. Lk 9,31). Mitten im Ereignis der Verklärung erscheint ein anderer Berg am Horizont: Golgota. Tabor und Golgota liegen dicht beieinander. Die Verklärung ist nicht eine vorübergehende Hochstimmung. Sie steht mitten im Leben Jesu, geerdet im Kreuz, verwurzelt in der Haltung dessen, der aus sich herausgehen wird bis zum Äußersten, für uns und für alle. Erst am Ende, in der Voll-Endung, wird endgültig Verklärung sein – für ihn, für uns und für alle.

Der Gott, dessen Licht im Angesicht Jesu aufleuchtet (2 Kor 4,6), geht mit in der Geschichte seines Volkes, in der Geschichte seines Sohnes, mitten durch Wüsten, bis in die letzten Niederungen des Exils, des Verrats und des Todes. Exodus, Exitus – im Durchgang und Mitgehen erst schafft er österliche Verklärung, Gelobtes Land rundum.

Die anwesenden Jünger verstehen von alldem nichts. Typisch dafür ist die Reaktion des Petrus. Wie verständlich, dass er diesen glanzvollen Zustand festhalten möchte: »Hier ist gut sein« (33). In der Tat. Nichts schöner als das. Gelobtes Land hier und jetzt und in Ewigkeit. Petrus will Ostern ohne das Kreuz, das Gelobte Land ohne den Marsch durch die Wüste. Wie verständlich ist diese Sehnsucht, drüber zu stehen. Wieviel Widerstand auf dem Weg bergab, in die harte konfliktreiche Realität unten. Petrus will es nicht. Wer wollte es?

Und trotzdem: »Auf ihn sollt ihr hören« (35). Auf ihn allein, auf niemanden sonst. Sein Weg ist der einzig wahre. Nur er führt endgültig zur Verklärung. Das muss den Jüngern, das muss uns eigens von Gott gesagt werden. Das käme uns von uns aus nicht in den Kopf. Unsere Wünsche gehen in andere Richtung, hoch hinauf! Nein, nur auf diesen Jesus sollt ihr hören, seinen Exodus mitgehen. Wahrlich kein Allerweltsweg! Vielmehr: Glaube an sein Wort wider alles eigene Wunschdenken, Mut in die Nachfolge jenseits aller Höhenflüge, Hoffnung wider alle Hoffnung.

5,24f

Gottes Allmacht und Allgegenwart

Auf dem Berg der Verklärung möchte Petrus bleiben. Er möchte um jeden Preis einen strahlenden Herrn, einen glanzvollen Gott. Er träumt von einem Gott auf dem Berg, der mit der Niedrigkeit des Menschen im Grunde nichts mehr zu tun hat. Er soll groß und herrlich sein, allmächtig und alles auf einen Schlag selig verwandeln. Ist das nicht eine Vorstellung, die wir in uns selbst vorfinden? Von Kindesbeinen an, seit den seligen Zeiten, da wir zu Vater und Mutter aufblickten, als wären sie Gott? Steckt in dem Bild des allmächtig gegenwärtigen Gottes nicht etwas von dieser kindhaften Seligkeit? Aber wir müssen erwachsen werden, wir müssen in den Alltag, wir müssen sterben. Nur durch die Wüste hindurch erreichen wir das Land der verlorenen und doch nie vergessenen Seligkeit.

Gott ist nicht nur glanzvoll da, sondern auch im Dunkel. Er lässt sich hineinziehen in die Leidens- und Todesgeschichten seines Volkes. Gottes Allmacht offenbart sich in dieser seiner Weg-Treue, sie zeigt sich in der Ohnmacht seiner Liebe. Alle Eigenschaften dieses Gottes offenbaren sich ganz erst in den Exodus-Geschichten seines Volkes. Wenn wir seine Allgegenwart bekennen, meinen wir nicht ein magisches Überall (und Nirgends). Wir halten uns vielmehr an den Gott, der in jeder Lebens- und Sterbenslage gegenwärtig und anrufbar ist. Auch in den Niederungen, auch im Tod. Wahrhaftig: kein Allerweltsgott mit weltferner Strahlkraft, kein allmächtiger Zauberer, sondern der Gott Israels, der Gott Jesu Christi.

Auf Tabor schlafen die Jünger. Erst Ostern gehen ihnen die Augen auf. Schweigend kommen sie unten am Berg an »in jenen Tagen« (Lk 9,36). Erst Pfingsten werden sie mündig sein und selbst sagen können, was sie gehört und gesehen haben. »In seiner Verklärung erkennen wir, was Gesetz und Propheten bezeugen: dass wir durch das Leiden mit Christus zur Auferstehung gelangen.« Das Danklied der Präfation (am Sonntag der Verklärung) ist das Lied des Petrus und der Jünger nach Ostern – derer, die nicht mehr schlafen und schweigen, sondern aufgeweckt sind und erkennen. Aber was ist das für ein Weg bis dahin! *5,25f*

Autorität im Namen des Kreuzes

Am Anfang des Weges Jesu steht die diabolische Versuchung »auf einem sehr hohen Berg«. Das Angebot: »Alle Reiche der Welt mit ihrer Pracht« (Mt 4,8). Jesus lehnt ab. Am Ende seines Weges, wiederum »auf dem Berg«, ist ihm »alle Macht gegeben im Himmel und auf der Erde« (28,18). Ist es dieselbe Macht, die er anfangs ausgeschlagen hat? Sind es dieselben »Reiche der Welt«, deren Herrschaft er schließlich doch (nur mit einiger Verzögerung) antritt? Hat der Vater nur auf das Gehorsamsopfer seines Sohnes gewartet, um ihn dann – nachdem der Tribut gezahlt ist – in eben die Herrschaft einzusetzen, die dieser zunächst zum Teufel gewünscht hat?

Zwischen dem Berg der Versuchung und dem Berg der Erhöhung liegt Golgota. Es ist ein langer Weg, bis bekannt werden kann: »Jesus Christus ist der Herr«. Er durchmisst die ganze Distanz zwischen Gottesgestalt und Knechtsgestalt, zwischen Gott und dem Tod am Kreuz. Dieser Weg in die Niedrigkeit ist Gottes Weg zur Herrschaft (vgl. Phil 2, 5–11). Der Gekreuzigte ist der Herr. Der die Erhöhung nicht für sich will, der empfängt sie als Geschenk. Der das namenlose, versklavte menschliche Dasein durchlebt, durchleidet und durchstirbt, er erhält den Namen, der alle Namen überragt.

Die Herrschaft Christi hat ihre Vorgeschichte. Durch sie ist sie geprägt, durch sie gewinnt sie ihre Autorität. Sie ist von anderer Art als die Herrschaft, die vom Teufel zu holen ist. Die übliche alte Herrschaft erscheint nicht etwa nur in neuem Gewand. Damit ist's aus, seit der Erniedrigte der Erhöhte ist. Die alten Herren werden nicht etwa nur durch einen neuen, vergleichsweise besseren ersetzt. Es wird nicht lediglich ein Herrschaftswechsel inszeniert, die bisherige Herrschaftsstruktur wird durchkreuzt. Nur im Namen des Kreuzes kann man von der Autorität Christi sprechen.

Das Kreuz ist durch die Erhöhung nicht erledigt, sondern bestätigt. Die Wunden sind das entscheidende Merkmal, an dem man den zur Herrschaft Erhöhten erkennt. Das von der Lanze durchbohrte Herz gewinnt die Welt. In ihm liegt die Autorität Christi begründet. *19,138ff*

Wunden

Zeige deine Wunden« – das ist ein zentrales Wort unseres Glaubens. Das Alte Testament spricht immer wieder davon, dass Gott die Wunden seines Volkes kennt und daran leidet. Israel kann seine ganze Not und seinen ganzen Schmerz vor ihn tragen. Ijob tut das so offen und eindringlich wie kaum ein anderer. Er wird der Wunden wegen von seiner Familie und seinen Freunden gemieden.

Die Leidverdrängung hat eine lange Tradition. Die Propheten protestieren in Israel dagegen, Leid und Elend zuzudecken. Im vierten Lied vom Gottesknecht stellt der Prophet Jesaja seinen Zeitgenossen den leidenden Menschen vor Augen: »Wie einer, vor dem man das Gesicht verhüllt, war er verachtet; wir schätzten ihn nicht. Aber er hat unsere Krankheit getragen und unsere Schmerzen auf sich geladen. Wir meinten, er sei von Gott geschlagen, von ihm getroffen und gebeugt. Doch ... der Herr fand Gefallen an seinem zerschlagenen Knecht, er rettete den, der sein Leben als Sühneopfer hingab« (Jes 53,3f.10).

Dieses Wort kann uns wie den Aposteln helfen, die Tragweite des Lebens und Sterbens und der Auferstehung Jesu zu verstehen. Jesus ist den Verwundeten nachgegangen, er hatte ihnen gegenüber keine Berührungsangst. Er hat sich ihrer Wunden angenommen, sie am eigenen Leib mitgetragen, bis zum bitteren Ende. Er hat die wunden Stellen der Menschheit durchlitten. Er heilt, indem er sich selbst verwunden lässt. Er ist der »verwundete Arzt«, wie ihn die frühe Christenheit nennt.

Die Wunden sind ihm eingeprägt. Sie gehören zu ihm, auch nach der Auferstehung. Er verbirgt und verleugnet sie nicht. Er fordert geradezu auf, sie zu sehen und zu berühren: »Thomas, streck deine Finger aus – hier sind meine Hände! Streck deine Hand aus, und leg sie in meine Seite, und sei nicht ungläubig, sondern gläubig!« (Joh 20,27). Der Weg zum Glauben führt über die Wunden. Sie sind nicht Zeichen der Abwesenheit Gottes, sie werden zum Ort der Gottesbegegnung. Hier können wir, wenn wir nicht fliehen, Gott erlernen. Wunden annehmen können ist in Wahrheit Gnade.

16,36f

MÄRZ

Seht den Menschen

Tiefenschärfe

Wenn man beim Fotografieren die Kamera auf nah einstellt, kommt der Vordergrund ganz scharf ins Bild. Wer über die entsprechende Optik verfügt, kann die feinsten Gewebe aufnehmen. Aber der Hintergrund verschwimmt. Der Vordergrund ist klar, aber die hintergründige Tiefenschärfe ist weg.

Ähnlich ist das heute mit dem gängigen Lebensgefühl und der Lebensperspektive. Wir sind fast nur noch auf nah eingestellt, nicht mehr auf unendlich. Der irdische Part des Lebens ist übrig geblieben, mehr nicht. Um so wichtiger wird er dann. Gesundheit ist für die allermeisten das allerhöchste Gut. In Gesundheit leben ist alles in unserer Erlebnisgesellschaft – immer mehr, immer besser, immer intensiver, allemal ganz auf die engen Grenzen der eigenen Interessen und Bedürfnisse ausgerichtet. Darin steckt nicht nur die berechtigte Zukunftssorge um Leib und Leben mit ihrer humanisierenden Kraft und Phantasie. Dahinter steckt auch die panische Angst, ohne eigene Vor- und Nachsorge und ohne künstliche Sicherungen ins Nichts zu fallen. Was für ein Leben! Es wird halbiert. Der Tod wird verdrängt, die Macht des Bösen verharmlost. Man ist ganz gefangen von der Sonnenseite, und vor der Schattenseite verschließt man die Augen. Unser Leben ist endlich. Der Tod mit all seinen tödlichen Mächten sitzt als Realität im Leben. Brauchen wir dafür noch neue Beweise?

Das kennzeichnet den christlichen Glauben: Er verdrängt die Abgründe unseres Daseins nicht, weder die Gewalttätigkeit noch den Tod; er setzt sich mutig damit auseinander. Dafür steht das Kreuz. Jesu Wunden und sein schrecklicher Tod werden nicht verleugnet, sondern öffentlich vorgezeigt. Am tiefsten Punkt unserer Existenz, im Abgrund des Todes geschieht der Durchbruch – nicht als unsere Erfindung, als unsere äußerste Fortschrittstat, sondern aus Gottes schöpferischer Treue. Über Jesu Grab ist kein Gras gewachsen. Der das Leben in allen seinen Höhen und Tiefen durchlebte und erlitt, der es hingab für die Menschen, er wird von Gott mit neuem Leben beschenkt, das dem Tod gewachsen ist.

16,41f

Gottes verborgene Wege

In unserer Lebenswelt kommt Gott namentlich kaum vor. Es läuft alles ohne ausdrückliche Berufung auf ihn. Nicht wenige sprechen deshalb vom Tod Gottes. Das Gefühl der Verborgenheit oder Abwesenheit Gottes ist weit verbreitet – bis in den Raum der Kirche und in die Alltagserfahrungen von uns Christen hinein.

Wir Christen sind nicht einfach »im Besitz Gottes«, so dass wir uns ins Licht gerückt und andere in den Schatten gestellt sähen. Wir glauben selbst an jenen Gott, der im Verborgenen offenbar ist und dessen Wege uns oft genug unbegreiflich sind. Wir kennen und teilen durchaus auf dem Weg unseres Glaubens die Fragen und Anfechtungen derer, die nicht oder anders glauben. Dies besonders zu unterstreichen ist auch deshalb wichtig, weil wir allzu oft den Eindruck erwecken, wir hätten Gott gleichsam in Erbpacht und seien irgendwie fertig mit ihm. Wo derart glatt und »reibungslos« von einem bekannten Gott gesprochen wird, wenden sich viele Zeitgenossen ab. Sie spüren, dass dies nie der wahre Gott sein würde.

Auch eine andere christliche Fehlhaltung trägt zur Abkehr vieler und zum Verlust des Gottesglaubens bei: Es ist jene leichtfertige Rede vom verborgenen Gott, durch die der Eindruck erweckt wird, Gott spiele mit uns Katz und Maus. Aus dem lebendigen und erlösenden Gott der Menschen wird dann eine Sphinx, ein dunkles Rätsel oder gar ein unberechenbarer böser Gott, der z. B. mit Lust und Laune Leiden als Druck- und Erziehungsmittel einsetzt. Wer so von Gott redet und denkt, hat von dem Gott Israels und dem Gott Jesu Christi nichts verstanden. Er trägt, ohne es zu wollen, zum Verlust Gottes bei.

Was wir Christen in Wahrheit meinen, wenn wir vom verborgenen und abwesenden Gott sprechen, wird nirgends so deutlich wie auf dem Leidensweg Jesu Christi und in den Leidensgeschichten all derer, die ihm prophetisch vorangingen und folgen, bis in unsere Tage. Es sind wirklich Gottes verborgene Wege selbst. Wer glaubt, geht sie mit.

5,53f

Passionsgeschichte

In der langen Geschichte der leidenden Gerechten steht Jesus von Nazaret. Er ist, wie der Hauptmann unter dem Kreuz bekennt, »der Gerechte« schlechthin (Lk 23,47). Von Pilatus wird mehrfach betont, dass Jesus unschuldig ist (vgl. Lk 23,4.14f.22). An Jesu Leidensweg und in seiner Voll-Endung wird ein für alle Mal offenbar, wie verborgen Gottes Wege ihre Ziele suchen und finden. Denn am Ende steht neues, bleibendes Leben für ihn und für alle, die ihm glauben. Spätestens von Ostern und Pfingsten her wird klar, dass das Leiden an sich niemals ein Wert oder gar ein Selbstzweck ist. Gottes Plan zielt vielmehr in allem, auch in der tiefsten Verborgenheit, auf die Fülle des Lebens.

Alle Wege Gottes – so betont Lukas – führen über Jerusalem: Ort des Leidens und der Auferweckung, Ort der Aufnahme Jesu und der Geistsendung, Drehscheibe der Mission bis nach Rom und »an die Enden der Erde« (Apg 1,8). So tritt die Geschichte Gottes mit den Menschen bei Jesu Einzug nach Jerusalem in ihre entscheidende Phase.

Jesus kommt als der längst ersehnte Friedensbringer. Was der Prophet Sacharja nach der Katastrophe des Exils und in der Situation des Neuaufbaus erhoffte und was die Hirten der Weihnachtsgeschichte wie im Traum zugesungen bekommen, das ist nun endlich erfüllt: Ehre, Anerkennung und Lob sei Gott, Friede und Recht auf Erden für alle. Aber wie umstritten ist dieser Gottesfriede (der Einspruch der Pharisäer zeigt es)! Um welchen Preis ist er im Kommen! Wie verborgen und erbärmlich gar setzt er sich durch! Die Geschichte Jesu bis zuletzt ist der Kommentar dazu. Aber trotz vieler Widerstände bleibt Jesus dem Auftrag Gottes treu. Wo es naheläge, Schadenfreude zu haben oder zurückzuschlagen, greift der Friedensbringer helfend ein: Sofort heilt er das abgeschlagene Ohr des Knechtes wieder an (Lk 22,51); er bittet um Vergebung für seine Feinde (Lk 23,34) und lässt sich sterbend noch, das Abendgebet des Frommen auf den Lippen, in Gottes Gegenwart fallen (Lk 23,46). Konsequent geht er Gottes verborgenen Weg. Er zahlt den Preis für Gottes Frieden. Billiger ist dieser Friede auf Erden nicht zu haben. *5,54f*

Gotteslamm und Sündenbock

Einen ungerechten, unehrenhaften Tod auf sich zu nehmen, schuldlos und ohne sich zu wehren? Gibt es überhaupt jemanden, der verrückt genug ist, das zu tun? Die prophetische Theologie bejaht diese Frage, und sie nennt die Figur des scheinbar Verrückten den »Gottesknecht«.

Das »Muss« gehöre, so lässt Büchner Danton sagen, »zu den Verdammungsworten, auf die wir getauft sind«. Gemeint ist damit das tragische Verhängnis der Gewalt, durch das der Mensch sich gleichsam unschuldig schuldig macht. Der christliche Glaube dagegen zählt das »Muss« zu den Heilsworten. Allerdings verändert es in diesem Zusammenhang seinen Charakter. Es meint die Notwendigkeit des unschuldigen Leidens, das auf einem freiwilligen Gewaltverzicht beruht und Schuld ausgleicht. Symbolisch verdichtet sich das im Motiv des Gotteslammes. Den Anlass dafür bot das vierte Gottesknechtslied (Jes 52,13 – 53,12), auf das die christliche Theologie sehr früh zurückgriff, um dem ruhm- und scheinbar sinnlosen Tod Jesu wider allen Augenschein doch einen Sinn abzutrotzen. Welchen? Vom Jesaja-Text her kann die Antwort nur lauten: Obschon unschuldig verurteilt und hingerichtet, hat Jesus sein Leiden und seinen Tod freiwillig auf sich genommen, stellvertretend für die Schuldigen, die den Tod verdient hätten. Einfacher ausgedrückt: Er hat sich zum »Sündenbock« stempeln lassen.

Dass diese Entscheidung einen bewussten Gewaltverzicht einschließt, macht vor allem das Matthäus-Evangelium klar: Als Petrus die Verhaftung Jesu mit der blanken Waffe zu verhindern sucht, gebietet ihm dieser Einhalt: »Steck dein Schwert in die Scheide; denn alle, die zum Schwert greifen, werden durch das Schwert umkommen. Oder glaubst du nicht, mein Vater würde mir sogleich mehr als zwölf Legionen Engel schicken, wenn ich ihn darum bitte? Wie würde dann aber die Schrift erfüllt, nach der es so geschehen muss?« (Mt 26,52–54). Hier hat das »Muss« unzweifelhaft einen heilsbedeutsamen Sinn und folglich auch der Gewaltverzicht: ohne ihn kein Leiden und Sterben Jesu, ohne Leiden und Sterben Jesu kein Heil. *17*

Auf den schauen, den sie durchbohrt haben

In keiner Religion der Welt stehen die Opfer menschlicher Gewalt so im Mittelpunkt wie im Christentum, und mitten unter ihnen der gekreuzigte Jude aus Nazaret. Der christliche Glaube eröffnet einen Raum, in dem wir das Ausmaß der Gewalttätigkeit überhaupt erst wahrnehmen, beim Namen nennen und bekämpfen können. Unsere Geschichte ist voll von mörderischer Gewalt, von Kain bis Auschwitz und Tschetschenien. Allesamt leben wir jenseits von Eden, sind Söhne und Töchter Kains. Wer gedacht hat, durch die Aufklärung seien wir endlich vernünftig geworden, den hat das 20. Jahrhundert bitter enttäuscht. Wir stehen in einem verfluchten Zusammenhang von Konkurrenz und Rivalität, Gewalttätigkeit und Krieg, der sich von einer auf die andere Generation vererbt. Deshalb sprechen wir von Erbsünde. Wir sind nicht nur Wohltäter, sondern immer auch Übeltäter, haben »Böses getan und Gutes unterlassen«.

Wir können uns so ehrlich anschauen, weil wir darauf vertrauen dürfen, dass Gott uns trotz unserer Schuld nicht verwirft, uns auf unser Versagen nicht festnagelt. Wir müssen nicht verschleiern und verdrängen, was ist. Wir brauchen nicht wegschauen, wir können hinschauen. »Sie werden auf den schauen, den sie durchbohrt haben« (Joh 19,37).

Das Kreuz Jesu bringt das ganze Ausmaß der Gewalttätigkeit in uns und um uns ans Licht. Wer sich mörderischer Gewalt entgegenstellt wie er, kommt unter die Räder. Erlöst werden wir nicht durch die Macht der Mächtigen, sondern durch die Teilnahme Gottes an unserer Ohnmacht, durch sein Mitleiden und seine Treue bis in den Tod. Gott hält sich die Wunden der Kreatur nicht vom Leibe, er trägt sie selbst; und er hat die Kraft, sie zu verwandeln – so wahr Jesus als erster von den Toten auferweckt ist. Der Kern der Allmacht Gottes ist seine Liebe. Ohne die Zivilisierung der Macht gibt es keine Zivilisation der Liebe. *4,37*

Christliche Gewaltanschauung

Alle Evangelien stimmen in diesem Punkt überein: Jesus, der Sohn, entscheidet sich frei für den Tod am Kreuz. Aber er tut das in dem Bewusstsein, darin dem Willen Gottes, des Vaters, gehorsam zu sein. Eben diese einhellige Überzeugung der neutestamentlichen Autoren und einer breiten christlichen Tradition stößt heute viele Menschen ab und empört sie. Sie sehen darin ein perverses Wechselspiel zwischen einem sadistischen »Vater« und einem masochistischen »Sohn«. Beide hätten, wenngleich auf unterschiedliche Weise, am Leiden ihre Lust. Und das soll als Heilsgeschehen verstanden und gewürdigt werden? Eine schlimmere Verirrung und Zumutung lässt sich kaum denken. Verrät sich hier nicht eine verschwiegene, abgründige Leidenschaft für die Gewalt? Und erklärt diese nicht auch schlüssig die Blutspur, die das Christentum in der Geschichte hinterlassen hat? Jüngst wurde behauptet, der christliche Glaube könne ohne Blut nicht existieren, und darum wäre sein Verschwinden der beste Dienst an der Menschheit. Handelt es sich also bei in christlichem Namen ausgeübter Gewalt um kein Missverständnis und keinen Missbrauch des Glaubens, sondern um seine unausweichliche Konsequenz? Ist der Glaube selbst die Krankheit, die er zu heilen vorgibt?! Fragen über Fragen, die auf eine Schlüsselfrage hinauslaufen: Was bedeutet das Kreuz Jesu Christi?

Christen verehren das Kreuz als Zeichen der Erlösung des Menschen durch Gott. Es wäre unsinnig, zugleich anzunehmen, der Kreuzestod Jesu stünde im Widerspruch zum Willen Gottes. Gott und Jesus bejahen das Kreuz, weil es unter den gegebenen Bedingungen etwas Wichtiges sichtbar macht. Jesus ist schuldlos und wehrlos. Nichts rechtfertigt seinen gewaltsamen Tod. Genau deshalb führt das Kreuz nicht nur die Folge einer Gewalttat vor Augen, sondern mehr noch ihre Grundlosigkeit und damit die Abgründigkeit menschlicher Gewaltbereitschaft. »Christentum ist wesentlich Gewaltanschauung« (G. Fuchs). Nicht aus voyeuristischer Lust, Gewalt zu sehen oder das Leiden, das sie anrichtet, sondern weil Gott durch das Kreuz sehen lässt, was im Menschen steckt.

17

Gewaltverzicht

Gott will kein Blut sehen, der Geruch gewaltsamen Todes ist ihm widerwärtig. Als Freund des Lebens kann er auch am Tod Jesu keine Freude haben. Gott liebt seine Schöpfung, nicht eine Welt, in der gerechte und gewaltfreie Menschen »aufs Kreuz gelegt« werden. Er spielt das böse Spiel dieser Welt nicht mit. Denn wer in diesem Spiel siegen will, muss Gewalt mit übermächtiger Gewalt beantworten. Indem Jesus auf Gewalt verzichtet, verzichtet er zugleich darauf, nach den üblichen Regeln zu siegen. Sein Zeichen ist die Dornenkrone, nicht der Lorbeerkranz.

Aus dem Geist der Gewaltlosigkeit heraus zu leben, erwartet er auch von denen, die ihm folgen. Eine christliche Antwort auf Gewalt ist darum die Bereitschaft zum Martyrium. Unzählig oft ist sie gerade im letzten Jahrhundert gegeben. Aber das Martyrium sucht man nicht. Nichts ist unchristlicher, als wenn um des Glaubens willen »Heilige Kriege« geführt werden und Ströme von Blut fließen. Die Entscheidung für das Martyrium kann immer nur das eigene Leben betreffen. Sie ist keine moralische Pflicht, sondern ein Zeugnis für den Glauben. Der Märtyrer verzichtet aus dem Glauben heraus auf das Recht zur Notwehr. Analog dazu gibt es immer wieder auch unter Nichtchristen Menschen, die für ihre Überzeugung zu sterben bereit sind, aber nicht im bewaffneten Kampf. Niemand hat das Recht, den Gewaltverzicht anderer zu fordern, wenn es um ihr Leben geht. Doch der Abscheu gegenüber Gewalt und Blutvergießen muss auch die noch prägen, die im Notfall zur Gewalt greifen.

Der Geist der Gewaltlosigkeit, aus dem Jesus gelebt und gewirkt hat, immunisiert gegen den Virus der Lust an der Gewalt. Er kann in einer von Gewalt durchdrungenen Welt nicht davor bewahren, in Situationen zu geraten, die zum Schutz vor Leib und Leben nach Gegengewalt rufen. Wohl aber hält er das Gespür dafür wach, dass auch solche hindernde und schützende Gewalt als das kleinere Übel ein Übel bleibt, ein schmerzlicher Makel an der Gestalt der Welt. 17

Wie Jesus die Bergpredigt gelebt hat

Wir können Jesu Wort nur dann richtig verstehen, wenn wir ihn selbst im Auge haben. Seine Weisung hängt an seiner Person. Ihr Sinn wird entstellt, wenn man einzelne Sätze als Parolen missbraucht und damit den eigenen Karren ausstattet, unabhängig vom Bekenntnis zu Jesus Christus. Die Bergpredigt ist nicht nur ein abgegrenztes Kapitel der Botschaft Jesu, er hat sie gelebt.

Im Leben Jesu offenbart sich Gott den Menschen gegenüber als ganz und gar entgegenkommend. Er hat Grenzen überschritten zu den Heiden, zu den Sündern und Sünderinnen, zu den Aussätzigen und den verlorenen Söhnen. So ist er, so ist Gott: grenzenlos in der Vergebung (»sieben mal siebzigmal«), entwaffnend in der Liebe. Dabei ist er geblieben bis zum letzten. Als er die Macht der Mächtigen am eigenen Leib zu spüren bekam, umgab er sich weder mit Schwertern noch mit Engeln (vgl. Mt 26,51f). Er ging wehrlos auf die Angreifer zu, bar aller Macht. Machtlos ist er am Kreuz gestorben. So hat er durch seinen Tod und seine Auferstehung die Gewalttätigkeit aus den Angeln gehoben und die große Wende herbeigeführt.

Der Konflikt, der in die Passion führt, ist nicht irgendeine Auseinandersetzung, die per Malheur mit dem Tod endet. Es ist der Konflikt zwischen »alter« und »neuer« Schöpfung (Gal 6,15; 2 Kor 5,17), zwischen dem sich selbst verfallenen Leben, das sich mit Macht behaupten will, und dem »Sein für die anderen«. Diesem Konflikt ist Jesus nicht ausgewichen. Er hat sich ihm mit Entschiedenheit gestellt. Das Kreuz ist Zeichen dieses Konfliktes. Es ist das Zeichen, wie Gott sich der gewalttätigen Selbstbehauptung, die den Unfrieden in der Welt gebiert, stellt und ihn überwindet.

Es ist nicht Sache Jesu und seiner Jünger, Streit zu führen. Aber es kann um seinetwillen zu Konflikten und zum Leid kommen. Damit ist sogar zu rechnen. Das sind – blickt man auf Jesus – die unvermeidlichen Folgen eines konsequenten Lebens für andere. Der Friede ist nicht selbstverständlich und alles andere als harmlos: »Habt Salz in euch, und haltet Frieden untereinander« (Mk 9,50). *1,153ff*

Halbstark

Die Erfolgreichen bestimmen in unserer Erfolgs- und Spaßgesellschaft das Bild, die strahlenden Aufsteiger und Siegertypen. Schwachpunkte dürfen nicht sein, sie werden ausgeblendet. Alles lernen wir, nur nicht, wie man verliert, wie man mit Wunden fertig wird.

Es geht nicht an, dass wir die Wirklichkeit halbieren und nur die Sonnenseite vorzeigen. Die wunden Stellen und die Schattenseite sind die andere Hälfte unseres Lebens. Wenn wir nur die halbe Wirklichkeit wahrhaben können oder wollen, sind wir im Grunde auch nur halbstark. Die halbe Wahrheit ist eine ganze Lüge. Halb-stark ist ganz schwach.

Können wir die Schwachpunkte, die Wunden der Kirche offen eingestehen? Zweitausend Jahre Christentum sind nicht nur Segen, sondern auch Last. Sie haben nicht nur Licht in die Welt gebracht, sondern auch Schatten geworfen, lange Schatten. Wir denken nur allzu oft: Gott ist stark, mächtig, einflussreich, und darum muss es auch die Kirche sein. Wenn wir stark sind, ist Gott stark; wenn wir einflussreich sind, ist Gott einflussreich; wenn wir mächtig sind, ist Gott mächtig. Wir wollen ja nur das Beste für Gott ... Ist das die Logik des Evangeliums?

So oft das auch mit kühnen theologischen Spekulationen begründet wird, gespeist ist es letztlich von der Angst, sich die eigene Schwäche einzugestehen. Eine selbstgerechte Kirche kann nicht zur Anwältin der Armen und Bedrängten werden, sie steht sich dabei immer selbst im Weg.

Mit bewundernswertem Mut ist der Papst seit langem schon bemüht, ausdrücklich beim Namen zu nennen und zu bekennen, was alles durch Vertreter der Kirche geschehen ist: »Oft haben die Christen das Evangelium verleugnet und der Logik der Gewalt nachgegeben.« Der Papst hat (am 12.3.2000 im Petersdom) um Vergebung gebeten »für all jene, die Unrecht getan haben, indem sie auf Reichtum und Macht setzten und mit Verachtung die ›Kleinen‹ straften, die dir so am Herzen liegen ...« Damit ist *unsere* Aufgabe in dieser Sache nicht erledigt, sondern angestoßen. Evangelisierung setzt Umkehr voraus, die Bekehrung der Kirche und jedes Einzelnen, der zu gehört.

16,34ff

Zuvorkommend

Im Mittelpunkt des Gleichnisses vom verlorenen Sohn (vgl. Lk 15, 11–32) steht der Vater. Er sieht den heimkehrenden Sohn schon von Ferne und läuft ihm entgegen. Welcher Patriarch damals (und heute) wäre wohl derart zuvorkommend! Keinerlei moralisierende Mahnungen, keine frommen Sprüche, keine herablassende Besserwisserei. Statt dessen tiefes Mitleid, Erbarmen. Alles, was der mütterliche Vater in Gang setzt, ist Ausdruck dieser zärtlichen Haltung: »Dieser mein Sohn war tot, und nun lebt er« (24).

Im Verhalten dieses Vaters erläutert Jesus sein eigenes Verhalten. Auch er geht »voller Erbarmen« auf die Zöllner und Sünder, die Dirnen und Unreinen zu und setzt sich mit ihnen an einen Tisch. In seinem Tun wird offenbar, wer Gott ist. In seinem Tun geht die Sonne des Vaters auf über Guten und Bösen. Da bricht mitten in unsere Welt etwas Neues ein. Ja, der Gott, der hier zur Welt kommt, ist in der Tat ganz anders als alle Welt. Er kommt entgegen, wo andere sitzen blieben. Er schenkt den Freiraum neuer Anerkennung, wo andere verurteilen. Er freut sich einfach über die Heimkehr des Verlorenen, wo andere rechnen und sich besser dünken.

Gott, der Gott Jesu Christi, ist anders. Aber diese Andersartigkeit ist nicht die eines dunklen Rätsels, so dass wir sagen könnten: »Frag nicht, sondern glaube.« Nein, Gott ist überraschend anders, weil er vorbehaltloses Entgegenkommen ist. Er offenbart sich als ein leidenschaftlicher »Liebhaber des Lebens« (Weish 11,23), der sich unglaublich freuen kann, wenn Menschen endlich wieder aufblühen und zum Leben kommen.

Wie in einer Doppelstrophe wird in dem Gleichnis der Satz des Vaters wiederholt: »Dieser mein Sohn (dein Bruder) war tot und lebt wieder; er war verloren und ist wiedergefunden« (24.32). Es sind österliche Worte. So können wir die österliche Bußzeit begreifen als die Zeit, da wir in uns gehen, um uns von dem wiederfinden zu lassen, der nichts als vorbehaltlose Liebe sein will. So können wir diese Zeit geprägt sehen von dem Bild des mütterlichen Vaters, der uns sehnsüchtig erwartet und entgegenkommt und zu uns sagt: Du, mein Sohn, meine Tochter, warst tot, und endlich lebst du wieder. *5,41f*

Seht, mein Knecht

Gottesknecht – das ist für uns ein Fremdwort. Wer will schon noch Knecht sein? Knechtschaft – da wollen wir ja gerade heraus! Fragt sich nur: Wie? Wenn wir herauswollen, dürfen wir uns nichts vormachen darüber, wie tief wir drinsitzen.

Israel hat sehr tief dringesessen, in der Knechtschaft in Babylon. Es hat die Heimat verloren (das Land), die Stadt Jerusalem mit dem Tempel, das Königtum und seine Geschichte. Seine nationale und religiöse Identität ist in Frage gestellt. Es erlebt, wie die Menschen in der neuen Umgebung hinter ganz anderen Göttern herlaufen. Die Babylonier können mit ihren Göttern (Marduk und Ischtar) einen Staat machen: übermenschliche Potenzen, die naturwüchsige Vitalität und Überlegenheit demonstrieren. Zeigt sich darin nicht auch die uralte religiöse Legitimation von Macht und Gewalt, mit Lärm und Spektakel auf der Straße gefeiert? Wie müssen sich die geschlagenen Israeliten bei den in Babylon inszenierten Prozessionen klein und verloren vorgekommen sein! Ihr Gott ist nicht zum Vorzeigen, er ist kein Demonstrationsobjekt auf der Straße. So leben sie in jeder Hinsicht im Exil. Sie wissen, was Resignation und Mutlosigkeit heißt.

In dieser Situation ergeht die Verheißung des Gottesknechtes: »Seht, das ist mein Knecht ...« (Jes 42,1). Er ist nicht nur Gottes Eigentum, für ihn ausgesondert und von ihm mit Beschlag belegt, sondern von Gott selbst befähigt, mit seinem Geist ausgerüstet: »Ich habe meinen Geist auf ihn gelegt« (1). So wird er Gottes Werkzeug zur Rettung der Menschen. Seine Bedeutung lässt sich daran ermessen, dass sein Auftrag sich auf die gesamte Menschheit erstreckt, auf die »Erde« (4), auf die »Völker« (6).

Der Knecht verdankt seine Existenz nicht eigener Leistung, sondern der schöpferischen Initiative Jahwes. »Ich, der Herr, habe dich aus Gerechtigkeit gerufen« (6). Durch Jahwe ist er angesprochen und auf die Beine gestellt. Er nimmt ihn an der Hand: »Ich fasse dich an der Hand« (6). Jahwe steht zu ihm, er ist an seiner Seite, er steht ihm bei. »Ich habe dich geschaffen und dazu bestimmt, der Bund für mein Volk und das Licht für die Völker zu sein« (6).

1,62ff

Er bringt das Recht

Der Gottesknecht ist dazu gesandt, das Recht zu bringen. Dreimal wird das betont (vgl. Jes 42,1–4). Recht ist verstanden als die Lebensordnung der Gottesherrschaft, als Heilsordnung Jahwes für die erlöste Menschheit. Wie der Knecht seinen Auftrag erfüllt, ist mit Hilfe von Verneinungen beschrieben. Sie markieren den Kontrast zum Stil der »Großen« in Israels Geschichte und in Babylon: So nicht!

Der Gottesknecht »schreit nicht und lärmt nicht« (2). Er kommt nicht mit Riesenstiefeln daher, noch mit der Übermacht des Schreckens. Er tönt nicht großspurig und marktschreierisch auf der Straße. Er bedarf keiner Propagandawagen, keines aufwendigen Spektakels, er ist nicht auf Selbstdarstellung aus. Wie beiläufig, eher indirekt wird stattdessen angedeutet: Er ist bei denen, für die er eintritt. Im Mitleiden bringt er Gottes Recht für den Menschen zur Geltung. Er verharrt nicht in verbalem Protest oder in einer herablassenden Helferrolle; er schafft dadurch Recht, dass er Leben und Geschick der Schwachen und Ohnmächtigen teilt.

Sein Tun widerspricht dem harten Gesetz der Welt, wonach das Zerbrochene und Verlöschende sterben muss. Statt Recht des Stärkeren – Recht des Schwachen. Gegenüber dem Kult der Stärke, der alles Schwache und Behinderte, Gebrechliche und Kranke am liebsten als Ballast wegwirft, ein Ja zum Leben auch der Schwachen und Gefährdeten. Nicht der Wille des Mächtigen definiert, was als Recht zu gelten hat. Gott liegt daran, dass auch der Schwache zu seinem Recht kommt. Wo das Recht des Stärkeren regiert, da werden die Menschenrechte mit Füßen getreten. Der Mensch, ja Gott selbst kommt dort zu seinem Recht, wo Schwache leben können.

Das ist uns gesagt, die wir in einer Gesellschaft leben, die Jugendlichkeit, Potenz und Stärke vergöttert und für gebrechliche Menschen kaum noch Platz lässt, in der sich die Meinung ausbreitet, behinderte Kinder dürften gar nicht mehr zur Welt kommen. Gott ist gerade nicht nur bei den Starken und Gesunden zu suchen. *1,64f*

Ein Lichtblick

Vom Gottesknecht heißt es: »Das geknickte Rohr zerbricht er nicht, und den glimmenden Docht löscht er nicht aus« (Jes 42,3). Was damit gemeint ist, wird klar, wenn man die negative Formulierung des Satzes zur positiven Seite hin ergänzt. Dann füllt der Gottesknecht die erlöschende Lampe wieder auf, damit sie leuchtet. Und das beschädigte Rohr richtet er wieder auf. Das ist denen gesagt, die im Exil sind und denken: Uns ist doch nicht mehr zu helfen, wir gehen vollends zugrunde.

Ganz unten fängt er an. Er erbarmt sich über die Geknickten, über die, die einen Knacks bekommen haben. Er steht denen bei, die auf der Schattenseite des Lebens verkümmern, bei denen es finster aussieht. Er sagt nicht: Stoße, was fallen will!, sondern: Richte das geknickte Rohr wieder auf! Gott tut es auch. *Er* sieht uns immer noch mit anderen Augen, mit einem Herzen, das zurechtbringt, zusammenführt, wieder aufrichtet.

Vielleicht denken manche: Mein Leben ist nur noch wie ein Ton, der langsam verklingt. Es liegt kein Glanz mehr drüber. Nichts strahlt, es springt kein Funke über. *Er* wird den glimmenden Docht nicht auslöschen. Wir sind im Auslöschen groß: einen Menschen auslöschen, das Bild von ihm in unserer Erinnerung auslöschen. Gott denkt und handelt anders, durch seinen Knecht. Der ist »das Licht für die Völker«, er wird »blinde Augen öffnen« (6f). Er ist ein »Lichtblick«. Mit ihm geht uns ein Licht auf. Er holt die ans Licht, die im Dunkeln sitzen (7). Er holt die Gefangenen aus ihrem Kerker, damit sie in Freiheit leben können.

Wer ist der Gottesknecht? Darüber ist viel nachgedacht und geschrieben worden. Mal sieht man im Gottesknecht eine Einzelgestalt (den Propheten), mal die Verkörperung des ganzen Volkes Israel. Für und gegen jede dieser Deutungen gibt es gute Argumente. Doch wird man sehr wohl danach fragen müssen, welches Licht von Jesaja 42 her auf den Menschensohn Jesus Christus fällt. Er ist *der* Knecht Gottes. Er ist der »heruntergekommene« Gott. Transzendenz nach unten. *1,65f*

Das Brot teilen

Jeder Mensch braucht Brot. Nur – allein kann er seinen Hunger nicht stillen. Wir beten nicht: »Mein Brot gib mir«, sondern »Unser Brot gib uns«. Gott hat sich das nicht so gedacht, wie wir es manchmal bei den Fischen beobachten: Wir stehen am Teich und werfen Brotstückchen ins Wasser. Die Fische kommen, und einer schnappt's dem anderen weg. Wir haben unseren Spaß an diesem traurigen Spiel. Traurig zumal, wenn wir bedenken, dass sich darin unser eigenes Verhalten widerspiegelt.

Eigentlich ist es unter unserem Niveau, wenn wir nur an den eigenen Hunger denken und – koste es, was es wolle – zuschnappen. Essen ist nicht nur Nahrungsaufnahme des Einzelnen, es ist ein gemeinsames Geschehen und stiftet Gemeinschaft: *unser* tägliches Brot. Wer nur *seinen* Hunger stillen will und Lazarus vor der Tür gar nicht wahrnimmt, der kann eigentlich nicht als Mensch essen, erst recht nicht als Christ.

Unser Brot – »Frucht der Erde und der menschlichen Arbeit«. Das Korn wird gesät, geerntet, gemahlen. Viele Menschen wirken zusammen, bis dieses Stück Brot in meiner Hand liegt. Ein ganzes Netz von Beziehungen steckt darin: verborgene Tränen, die aus Ungerechtigkeit und Ausbeutung kommen, aber auch die Verheißung eines geschwisterlichen Miteinanders – menschliches Elend und menschliche Größe, in diesem Stück Brot in meiner Hand. Nun hab ich's in der Hand, was daraus wird. Wenn ich das Brot auf Kosten anderer esse, kann es dann eine »gesegnete Mahlzeit« sein? Die kann es nur werden, wenn ich das Brot teile. Geteiltes Brot ist *unser* Brot, ist Gottes Brot. Der Kirchenvater Basilius sagt: »Dem Hungernden gehört das Brot, das bei dir zu Hause verdirbt. Dem Barfüßigen gehören die Schuhe, auf die sich unter deinem Bett Schimmel setzt. Dem Nackten gehört die Kleidung, die in deinem Kleiderschrank hängt. Dem Elenden gehört das Geld, das in deiner Schatulle an Wert verliert.« Das ist eine klare Sprache. Die können wir nur verstehen, wenn wir nicht nur etwas vom Überfluss abgeben, sondern teilen auf Kosten der eigenen Substanz. Hat nicht bei uns vieles deswegen einen bitteren Nachgeschmack, weil wir zuerst selbst satt sein wollen, statt zu teilen? *14,169f*

Ein Fasten, wie Gott es liebt

Schauen wir noch hin, wenn das Fernsehen uns in die Gesichter der Armen sehen lässt, in die leeren Augen verhungernder Kinder? Was können wir da schon tun?

Das Evangelium erzählt, wie Jesus in der Wüste fastet und vom Teufel versucht wird: »Befiehl diesem Stein, zu Brot zu werden.« Jesus widersteht der teuflischen Versuchung, mit einem Zauberwort das Problem des Hungers aus der Welt zu schaffen. Er, der Sohn Gottes, setzt auf die Möglichkeit des Menschen, sich zu ändern und dadurch Veränderungen in der Welt herbeizuführen.

Viele fasten heute, um gesund zu bleiben oder besser auszusehen. Christliches Fasten greift weiter aus. Es erschöpft sich nicht in privaten Frömmigkeitsübungen. Es ist immer auch eine soziale Tat, die verhindern kann, dass wir uns in den kleinen Maßstäben unserer eigenen Bedürfnisse einrichten. Es stellt uns an die Seite der Armen und Entrechteten. So sagt der Prophet Jesaja (58,6f):

»Das ist ein Fasten, wie ich es liebe: die Fesseln des Unrechts zu lösen, die Stricke des Jochs zu entfernen, die Versklavten freizulassen, jedes Joch zu zerbrechen, an die Hungernden dein Brot auszuteilen, die obdachlosen Armen ins Haus aufzunehmen.« Wie können wir dem Anspruch dieses Prophetenwortes entsprechen?

Jesus ist Grund und Ziel unseres Einsatzes für eine gerechtere Welt. Er widerstand der teuflischen Versuchung zu schnellen Lösungen, er setzte auf die Bekehrung der Menschen. Er lehrt uns, die Realitäten mit den Augen der Opfer zu sehen; er weckt den Hunger und Durst nach »Gerechtigkeit für alle«; er schenkt die Verheißung »eines neuen Himmels und einer neuen Erde, in denen die Gerechtigkeit wohnt« (2 Petr 3,13). Darauf hoffen wir, darum beten, daran dürfen und müssen wir mitarbeiten. *20,176ff*

Mitfühlen

Es ist und bleibt für uns befremdlich: Gerettet und erlöst werden wir nicht durch die Macht der Mächtigen, sondern durch die Teilnahme Gottes an unserer Ohnmacht und an unserem Leiden. Damit wird die Ohnmacht nicht verherrlicht. Hier ist auch nicht von einer schlappen Unfähigkeit die Rede, sondern von Gottes abgründig unerschöpflicher Liebeskraft. Sie tut den ersten Schritt. Die Liebe, die mit dem Geliebten eins wird, ist die Erlösung.

Wir leben in einer strukturell apathischen Gesellschaft. Leidenssituationen werden nach Möglichkeit abgespalten und nur in Therapieräumen behandelt. Nicht zuletzt die Priester sind in Gefahr, bloß zu funktionieren und über Erbarmen, Schwäche und Mitfühlen bestenfalls zu predigen, ohne sie selbst zu erfahren und mit anderen darüber zu sprechen.

Genau darauf aber legt der Hebräerbrief größten Wert: auf Einfühlung, auf Mitleidenschaft, auf emotionales Dabeisein. »Wir haben ja nicht einen Hohenpriester, der nicht mitfühlen könnte mit unserer Schwäche« (4,15). Da ist kein Priester abstrakt verstandener Macht und Vollmacht gefragt. Das Gütezeichen ist seine »Schwachheit«, sein gelebter Gehorsam. In einer betriebsam sich und andere verwaltenden Kirche gilt es, diese christozentrische Gegenkultur, diese Zivilisation des Erbarmens zu bezeugen, mit geistlicher Einfühlungskraft, in stellvertretender Mitleidensfähigkeit. Unser Platz ist an der Seite der Müden und Abgeschlafften, der Versuchten und Gefährdeten.

Nichts kann verwandelt werden, was nicht angenommen ist. Das wird in Jesus deutlich. Nichts kann geheilt werden, nichts kann erlöst werden, was nicht angenommen wird. Können wir unsere Schwäche, die Misere unserer derzeitigen Kirche uns offen eingestehen? Nur dann kann sie verwandelt werden. Dann zeigt sich auf einmal, worin unsere Stärke liegt. Vielleicht ist das, was sich heute so stark gibt, doch gar nicht so stark, vielleicht ist die Schwäche der vermeintlich Schwachen gar nicht so schwach. »Wenn ich schwach bin, bin ich stark« (2 Kor 12,10).

16,78ff

Wie geht Gott mit dem Bösen um?

Wer unser Gott ist, offenbart sich ganz wesentlich in der Art, wie wir – in Gesellschaft und Kirche – mit dem Bösen umgehen. Christen sind ja nicht die einzigen, die sich um das Böse Gedanken machen. Justiz und Erziehung, Literatur, Kunst und Therapie, Politik und Wissenschaft können sich ebenso wenig der Frage entziehen, was unter uns »gut« und was »böse« heißen soll und warum wir uns gegenseitig so fundamental bedrohen, um das Glück unseres Lebens betrügen und am Leben behindern. Gerade weil der Kampf gegen das Böse kein Monopol der Kirche ist, stellt sich die Frage: Was ist das Böse, wenn wir auf Gott angewiesen sind, um damit fertig zu werden? Und wer ist Gott, dass wir auf ihn angewiesen sind, um mit dem Bösen fertig zu werden? Wie geht Gott damit um? Gott richtet – sagt unser Glaube und bekennt damit, dass kein Vergehen so geheim und keine Bosheit so subtil ist, dass sie nicht von ihm zur Rechenschaft gezogen würde. Das Wort vom Gericht gehört unveräußerlich zu unserm Glaubensbekenntnis.

Gott ist der Anwalt des Abel, wo immer er auf dieser Erde unter den Schlägen seines Bruders Kain verblutet. Aber – und hier offenbart sich die Paradoxie der biblischen Rede von Gott – der Gott, der den Abel rächt, erbarmt sich auch des Kain (Gen 4,10–15). Der Gott, dessen Gesetz die Gerechten von den Sündern trennt, »lässt seine Sonne aufgehen über Bösen und Guten, und er lässt regnen über Gerechte und Ungerechte« (Mt 5,45). Darum nimmt sich Jesus die Freiheit, mit Zöllnern und Dirnen zu essen. So weiß er sich als der Sohn, und so ruft er uns auf, »vollkommen zu sein, wie der Vater im Himmel vollkommen ist« (Mt 5,48). Gott richtet, aber sein letztes Wort ist ein überwältigendes, unbegründbares, »unvernünftiges« Erbarmen. Mitten in der Gerichtsrede fällt er sich selber ins Wort: »Wie könnte ich dich preisgeben, Efraim, wie dich ausliefern, Israel? Mein Herz kehrt sich um in mir, Erbarmen überwältigt mich. Ich will meinen glühenden Zorn nicht vollstrecken, will Efraim nicht wieder verderben. Denn Gott bin ich und nicht ein Mensch, heilig in deiner Mitte, nicht dein Verderber« (Hos 11,8f). *5,45*

Gerecht und barmherzig

Die Frau, die im Evangelium (Joh 8,1–11) als Ehebrecherin und damit als Gesetzesbrecherin gefasst wird, ist des Todes schuldig; aber Jesus verurteilt sie nicht. Er handelt wie Gott, der »nicht den Tod des Sünders will, sondern dass er umkehre und lebe« (Ez 18,23). So macht er offenbar, wer unser Gott ist.

Wie Gott unbestechlich gerecht und doch unendlich barmherzig sein kann, ist ein Paradox – sein Paradox. Darum darf uns nicht wundern, dass die Kirche in ihrer Verkündigung und auch in ihrer Bußpraxis diese Spannung nicht immer aufrechtzuerhalten vermochte. Viele werfen ihr heute vor, sie habe zu lange den Gott des Gesetzes allein gepredigt und den Gott des Erbarmens vergessen. Oder sie habe den Eindruck erweckt, Gottes Erbarmen sei an Bedingungen geknüpft, obwohl es doch bedingungslos ist, reines Gnadengeschenk. Andere werfen ihr vor, sie könne selber nicht mehr zwischen Gut und Böse unterscheiden und fürchte sich, in dieser aufgeklärten Welt vom Gericht Gottes zu sprechen.

Beides macht sichtbar, wie schwer es ist, Gottes paradoxen Umgangsstil im Leben der Kirche durchzuhalten, »vollkommen zu sein wie unser Vater im Himmel« (Mt 5,48). Darum dürfen wir nicht verschweigen, »dass die Botschaft vom Gericht Gottes auch von der Gefahr des ewigen Verderbens spricht. Sie verbietet uns, von vornherein mit einer Versöhnung und Entsühnung für alle und für alles zu rechnen, was wir tun oder unterlassen. Gerade so greift diese Botschaft immer wieder verändernd in unser Leben ein und bringt Ernst und Dramatik in unsere geschichtliche Verantwortung« (Gemeinsame Synode [Würzburg], Unsere Hoffnung, I 4). Andererseits gibt es bei uns noch immer viel falsche Verzagtheit, falsche Furcht vor Gott, ein falsches Bedürfnis, sich selbst zu beschuldigen. »Wenn uns das Herz verurteilt, so dürfen wir uns doch vor Gott beruhigen, denn Gott ist größer als unser Herz, und er weiß alles« (1 Joh 3,20). *5,46f*

Ihr habt nicht gewollt

Als Jesus näher kam und die Stadt sah, weinte er über sie und sagte: Wenn doch auch du an diesem Tag erkannt hättest, was dir zum Frieden dient. Jetzt aber bleibt es vor deinen Augen verborgen« (Lk 19,41f). Jesus steht an der Stadtgrenze von Jerusalem. Endlich! Schon lange ist er zielstrebig dahin unterwegs, nach Jerusalem, in den Tempel. »Als die Zeit herankam, in der er (in den Himmel) aufgenommen werden sollte, richtete er sein Angesicht fest darauf, nach Jerusalem zu wandern« (9,51). Er nimmt seinen Auftrag wie eine Herausforderung ins Visier. Jetzt endlich ist er da, fast am Ziel, am Ende und der Voll-Endung seines Weges.

Da fällt sein Blick auf die Stadt – und er weint darüber, dass sie sich zugrunde richtet. Kein Wort der Anklage oder der Drohung – Mitgefühl und Klage. Jesus sieht den Zusammenbruch Jerusalems kommen. Mit der Hellsicht des prophetischen Menschen sieht er, was kommt: Belagerung, Elend und Zerstörung. Auch der Tempel wird in Flammen aufgehen – ein für alle Mal. Jerusalem wird nie mehr sein, was es war.

»Jerusalem, Jerusalem ... Wie oft wollte ich deine Kinder um mich sammeln, so wie eine Henne ihre Küken unter ihre Flügel nimmt; aber ihr habt nicht gewollt« (13,34). Ein mütterlicher Schmerz. Friede wäre möglich. Der Friedensbote Gottes ist da. Mit Hosianna hat er die Stadtgrenze schon überschritten. Aber er ist bei den Führenden nicht willkommen. Es ist alles zu spät. Was die Wende zum Frieden hätte bringen können, ist »vor deinen Augen verborgen« – er selbst nämlich, der den Frieden Gottes bringt. Jesus klagt und trauert über Jerusalem, das wie mit Blindheit geschlagen ist.

»Jerusalem, Jerusalem, du tötest die Propheten und steinigst die Boten, die zu dir gesandt sind« (34). Die Stadt lehnt den Propheten aus Nazaret ab und damit seine eigene Zukunft »in Frieden und Freiheit«. Es bringt ihn ans Kreuz und schafft sich damit selbst den totalen Zusammenbruch. Dieses Jerusalem ist überall, wo für Menschen gilt: »Ihr habt nicht gewollt.« *15,94f*

Zum Weinen

Als Jesus die Stadt sah, weinte er über sie« (Lk 19,41). Der Evangelist schildert Jesu traurigen letzten Blick auf Jerusalem im vollen Wissen um den Fortgang der Geschichte: vier Jahre fürchterlicher Krieg und schließlich die völlige Niederlage und Zerstörung Jerusalems durch die Römer im Jahre 70 – das Ende Israels in seiner damaligen Gestalt. Lukas lässt Jesus vorausschauen auf das kommende Unheil, auf das er selbst mit der frühen Kirche zurückschaut: »Eine große Not wird über das Land hereinbrechen. Der Zorn (Gottes) wird über dieses Volk kommen. Mit scharfem Schwert wird man sie erschlagen, als Gefangene wird man sie in alle Länder verschleppen, und Jerusalem wird von den Heiden zertreten werden ...« (21,23f).

Man hört noch aus diesen Worten den Schock über das Zusammenbrechen der Stadt und über die Grausamkeit des Krieges. Das alles hätte nicht sein müssen, so sagt der Evangelist im Rückblick, wenn Jerusalem nur den Frieden Jesu akzeptiert hätte. Aber jetzt »musste« es so kommen. Es ist die traurige Konsequenz aus dem Verhalten Jesus gegenüber: Er ist nicht nur in Jerusalem, sondern *durch* Jerusalem gestorben. »Die Zeit der Gnade« ist nicht genutzt. Scheitern und Chaos sind die Folge. Deshalb sagt Jesus, schon auf dem Kreuzweg, den Frauen Jerusalems, die sein Los beklagen: »Weint nicht über mich; weint über euch und eure Kinder!« (23,28).

Für den Evangelisten ist Jerusalem der Ort der Kreuzigung Jesu, aber auch seiner Aufnahme zu Gott und der Geistsendung: Beginn der Weltmission und Ursprungsort der Weltkirche. Am Ende der Apostelgeschichte ist das Evangelium des Friedens bis nach Rom gelangt, bis in die Mitte der damaligen politischen Welt. An die Stelle des Tempels in Jerusalem ist die Weltkirche getreten, die Geistgemeinschaft aus allen Völkern. Wird sie den Frieden Christi aufnehmen und weitergeben? Wird sie aus dem Schicksal Jerusalems für sich selbst lernen? *15,95f*

Warum hängt das Kreuz in meinem Zimmer? (1)

Können Sie jemandem erklären, weshalb Sie ein Kreuz in Ihrem Zimmer hängen haben?«, fragte mich ein junger Mann. Da geht's nicht allgemein um das Kreuz, sondern um »mein« Kreuz, um mein Leben, um das, was mich im Leben trägt.

Die erste Antwort: Das Kreuz ist der Hoffnungsbaum! Wie es anders zugehen kann, sagt die Geschichte von dem Mann, den der Anblick seines eigenen Schattens so sehr ängstigte, dass er beschloss, ihn hinter sich zu lassen und ihm davonzulaufen. Aber der Schatten folgte ihm mühelos. Da sagte der Mann zu sich: Ich muss schneller laufen. Also lief er schneller und schneller, solange, bis er tot zu Boden sank. – Flucht vor dem Schatten. Das kennen wir doch, wenn wir uns selbst kennen. Weg von der Schattenseite, den dunklen Punkten, den verpfuschten Lebensentscheidungen. Ja nichts mehr davon hören und sehen, ja nicht mehr davon reden! Man kann dem Schatten nicht entkommen.

Es gibt einen anderen Weg: Wäre der Mann in den Schatten eines Baumes getreten, so wäre er seinen eigenen Schatten losgeworden. Aber darauf kam er nicht. – Oft wird das Leben halbiert. Wir sind gefangen von der Sonnenseite, und vor der Schattenseite machen wir die Augen zu. Die christliche Hoffnung ist auf das ganze menschliche Leben ausgerichtet. Hier wird nichts verdeckt oder verdrängt, sondern das Leben wird angenommen, wie es ist: Freude und Leid, Geglücktes und Misslungenes, Erfolg und Scheitern, Leben und Sterben.

Wer immer ich bin und wie immer ich belastet und beladen bin mit dem ganzen unerledigten Wust meines Lebens, mit dem Schuldigwerden gegenüber anderen, mit dem Versagen – ich darf in den bergenden Schatten des Kreuzes treten. Ich muss die Schuld nicht anderen zuschieben. Ich kann dazu stehen, aufrecht, befreit. Das ist Hoffnung, die trägt, auch im Scheitern. Der Gekreuzigte ist der Inbegriff der Versöhnung.

Das Kreuz ist Zeichen der Vergebung, Zeichen der Hoffnung, die mich trägt. *16,93f.95*

Warum hängt das Kreuz in meinem Zimmer? (2)

Die zweite Antwort. Das Kreuz sagt mir: Gott ist mir auch im Leiden nahe, und er ist den Leidenden nahe.

Viele denken: Das Leid ist ein Zeichen der Abwesenheit Gottes. Gott hat mich verlassen. Nein, er lässt mich nicht allein, auch nicht im ungelöstesten und unlösbarsten aller menschlichen Probleme, im Leiden. Er hat keine Theorie darüber entworfen, er leidet mit. Am christlichen Glauben überzeugt mich vor allem dies: Der Gott, an den wir glauben, geht an den offenen Wunden nicht vorbei, er trägt sie selbst, und er hat die Kraft, sie zu verwandeln. Das Zeichen des Glaubens ist nicht der strahlende Held mit dem Lorbeerkranz, sondern der gekreuzigte Gottessohn mit der Dornenkrone. Seine Wunden und der schreckliche Tod werden nicht verleugnet, sondern öffentlich vorgezeigt als Sinnbild seiner schöpferischen Lebenshingabe.

Das Kreuz steht dort, wo Menschen über Leichen gehen und andere kaputt machen oder erledigen, wo unsere Lebenspläne durchkreuzt werden, wo das Bild vom guten Vater im Himmel verdunkelt wird und wir fragen: Warum, Gott? Warum ich, warum er, warum sie, warum jetzt? Warum, o Gott, warum? Da, wo es einem das Herz zerreißt, wo es zum Heulen ist, dort steht das Kreuz, mitten in der Lebensrealität. Nicht als ein frommer Gebrauchsartikel, sondern als ein Stück unseres Lebens. Wo immer ich ein Kruzifix sehe, höre ich diesen Schrei nach Gott, und ich spüre, dass Christus Gottes Nähe in die Abgründe der Gottverlassenheit gebracht hat.

Das Christentum zeichnet sich dadurch aus, dass es den Tod nicht verdrängt, sondern sich mutig damit auseinandersetzt. Christen setzen ihr Vertrauen auf jenen Sohn Gottes, der durch seinen Tod die Welt erlöst hat. Und auch das ist zu sagen: Unser Gott steht auf der Seite der Opfer, der Zu-kurz-Gekommenen, der Schwachen und Armen. *16,94f*

Loslassen und hingeben

Wer sein Leben retten will, der wird es verlieren; wer aber sein Leben verliert um meinetwillen, der wird es gewinnen« (Mt 16,25). – Wir wollen etwas haben vom Leben, wir wollen immer mehr haben vom Leben. Das Haben-Wollen und das Festhalten sind eine Grundtendenz in uns; die haben wir in den letzten Jahrzehnten kräftig entwickelt. Im Haben- und Behaltenwollen sind wir Meister. Das bringen wir uns wie selbstverständlich bei, ohne Kurse und Seminare. Hast du was, dann bist du was ... Aber wer nur das ist, was er hat?! Haben ist nicht Sein. Das Leben ist so nicht zu gewinnen. Reichtum und Leere liegen dicht beieinander. »Wer sein Leben retten will, wird es verlieren.« Die Illusion, sich das Leben selbst verschaffen zu können, verkennt die eigene Realität, ist Raubbau am Leben und endet im Tod.

Nur der gewinnt das Leben, der die Hingabe des Lebens wagt. Es gibt Grunderfahrungen, die uns eine Ahnung von der Wahrheit dieses Wortes vermitteln. Wir können nur leben, wenn wir den Atem nicht festhalten, sondern ihn lassen. Wenn wir einatmen und den Atem festhalten wollen, bekommen wir einen roten Kopf und fallen um. Wir müssen den Atem ausströmen lassen, bis dahin, dass wir das Leben ausatmen ... Eine Grundgebärde des ganzen Lebens. Nur so können wir das Leben neu empfangen. Wenn wir uns hineingeben in die Gebärde des Ausatmens, dann kann neues Leben werden. Wenn wir geben, teilen (unser Leben teilen, den Besitz teilen), dann verlieren wir nicht, wir gewinnen.

Wer garantiert uns das? Wir können das Leben lassen im Vertrauen darauf, dass es bei Gott ankommt. Er nimmt diese Gebärde auf, in der wir uns verströmen bis zum letzten Atemzug. Er tut das im Namen Jesu Christi. Der hat sein Leben verströmt bis zum Tod am Kreuz. Dieses Leben hat Gott angenommen, dem hat er in der Auferweckung Recht gegeben. In dem Maße, wie wir es wagen, aus uns selbst herauszugehen und uns zu verschenken, lassen wir jetzt schon den Tod hinter uns. Das Leben selbst retten zu wollen, das ist hoffnungslos, endet im Tod. Leben verschenken, das hat Zukunft, im Zeichen des Kreuzes. *16,95f*

Ist das Schwäche?

Ist das stark, was wir in der Leidensgeschichte des Evangeliums hören? Ein Gottessohn, der qualvoll am Kreuz stirbt – das ist doch schwach. »Gott, mein Gott ...« Das ist doch weit unter deinem Niveau! Oder? Was ist stark – und was ist schwach?

Jesus ist nicht der stahlgehärtete Siegertyp, der unberührt an den Leidensgeschichten der Menschen vorbeigeht oder über sie weg. Er geht die dunklen Wege der Ohnmacht und Niederlagen mit bis zum toten Punkt. Er verzichtet im Ölgarten auf das Schwert. Er geht freiwillig in ein Gerichtsverfahren, das ihm keine Chance lässt. Er lässt sich lieber niederschlagen und aufs Kreuz legen, als dass er andere niederschlägt.

Die Leute sagen: Wenn du der Sohn Gottes bist, dann gib uns doch ein Zeichen deiner Stärke; wenn du der Sohn Gottes bist, dann steig herab vom Kreuz; wenn du der Sohn Gottes bist, dann verwandle die Steine in Brot, dann stürz dich vom Felsen, denn es passiert dir doch nichts. Welch ein Irrtum! Diesem Sohn Gottes passiert fast alles, was einem Menschen zustoßen kann.

Ist das Schwäche? Von außen betrachtet mag das so scheinen, in Wahrheit liegt da Gottes Stärke und verwandelnde Kraft. Sie bewegt etwas, sie verändert die Verhältnisse von Grund auf. Die Stärke, die sich die Starken gegenseitig zusprechen, einander weitergeben oder entreißen, erhält den Status quo: hier Mächtige, dort Ohnmächtige. Jesus dagegen lässt uns Gott gerade in der Ohnmacht entdecken, am toten Punkt: »Wenn ich schwach bin, bin ich stark!« Seine verwandelnde Macht umfängt nicht nur die Starken, sondern auch und gerade die Schwachen. Gott ist nicht allmächtig, weil er vordergründig alles kann, was er will, sondern weil er auch noch die Macht der Vergeltung durch die Macht der Liebe verwandeln kann. Solche verwandelnde Liebe ist die größere Macht, weil sie neue Energien freisetzt, neue Wege aufstößt, eine neue Schöpfung entstehen lässt. Martin Luther King hat das schon richtig verstanden: »Macht mit mir, was ihr wollt, ich werde euch dennoch lieben.« Ist das schwach? Das ist stark! *16,32f*

Karwoche: Weg vom Tod zum Leben

Die Woche zwischen Palmsonntag und Ostersonntag ist geprägt von jener Spannung, in der Jesus in der Gewissheit von Gottes Treue mitten in tödlichen Verhältnissen jene Feindesliebe lebte, die mit ihm in die Welt gekommen ist.

Wir brauchen die acht Tage der Karwoche, um Szene für Szene durchzugehen und dabei zu erfahren, wie sehr es unsere eigene Geschichte ist, die wir in der Gestalt Jesu schon erlöst sehen dürfen. Seine Sehnsucht nach Frieden und Gerechtigkeit, mit der er in Jerusalem einzog, ist auch unsere. Sein Mut, am Gründonnerstag Brot und Wein zu teilen und sich zu verausgaben an seine Jünger, ist kostbarstes Erbe und lebendige Gegenwart unter uns: Brot teilen, Leben teilen, einander die Füße waschen, »Sakrament der Liebe Gottes« werden. Dass er sein Leben hingab, um den verfluchten Teufelskreis von Gewalt und Gegengewalt zu durchbrechen, macht den Sterbetag Jesu, den Karfreitag, zu einem Feiertag für uns. Jedes Sterben, das natürliche und das unnatürliche, vor allem der Tod durch Gewalt, Hunger und Unrecht, gehören mit dem Tod auf Golgota zusammen.

Abgründig öffnet der Karsamstag den Blick in die Schrecken des Todes: Christus steigt hinab in das Reich der Toten, um auch alle jene, die vor uns gelebt haben, aus dem Tod herauszureißen und heimzuholen in das Leben Gottes, das den Tod hinter sich hat. Wir glauben, dass der Tod im Tod Jesu Christi verschlungen ist.

Das ist die Botschaft der Osternacht: Mitten im Tode sind wir vom Leben umfangen. Im Einstieg und Hindurchgehen durch die Nacht bricht das Licht auf in der Osterkerze. Lumen Christi!

Die ganze Karwoche gestaltet sich als ein großer Spannungsbogen, in dem der Weg vom Leben zum Tod umgekehrt wird: Vom Tod zum Leben – durch Ihn und mit Ihm und in Ihm. Er bahnt uns den Weg aus der Knechtschaft in die Freiheit. *11,15ff*

Seht den Menschen!

Sie zogen ihn aus ... Und verteilten seine Kleider unter sich«, so heißt es in der Leidensgeschichte (Mt 27,28.35). Das ist die nackte Wahrheit – nicht in einer abstrakten Formel, sondern leibhaftig in Person: Jesus. »Sie zogen ihn aus ...« Mancher wird denken: ›Davon spricht man doch nicht.‹

Wer möchte sich schon eine Blöße geben? Aber wenn man ganz bloß dasteht? Wenn man gewaltsam ausgezogen und vorgeführt wird? Das ist erniedrigend und verletzend zugleich. Bis dahin ist es gekommen mit Jesus auf seinem Weg zu den Menschen. Das ist die nackte Wahrheit – über ihn und über uns. Der Karfreitag bringt sie an den Tag.

Das Verhalten derer, die Jesus den Prozess machen, auch derer, die scheinbar unbeteiligt gaffen, ist eine einzige Schamlosigkeit. Schämen müssen sich die, die hinter Panzer und Uniform, allemal gut bekleidet, zu ihrem Nutzen und Spaß andere ausziehen, und alle, die dabei tatenlos zuschauen, mit vermeintlich reiner Weste, heute wie damals.

Jesus ist ausgezogen worden, vor aller Augen. »Ecce homo – Seht da den Menschen!« Das ist die Wahrheit über uns: Nackt kommen wir zur Welt, nackt verlassen wir sie im Tod. »Sie erkannten, dass sie nackt waren«, heißt es nach dem Sündenfall von Adam und Eva (Gen 3,7). Was wir haben und uns umhängen, lässt uns nur allzu leicht vergessen, was wir sind: nackt. Die übergezogenen Würden sind nicht von Bestand. Aber können wir ohne sie leben? Die nackte Wahrheit ist schwer zu ertragen.

Die Christen haben sich Jahrhunderte hindurch gescheut, Jesus am Kreuz darzustellen. Eine solch entwürdigende Hinrichtung ist nicht gerade einladend. Wer versteht die »Torheit« des Kreuzes (1 Kor 1)? Als die Christen dann doch versuchten, Jesus am Schandpfahl darzustellen, umkleideten sie ihn mit langen Gewändern und einer kostbaren Krone. Die nackte Wahrheit der Erniedrigung bis zum Tod am Kreuz verschwand unter den königlichen Insignien der Erhöhung und Auferstehung. Auch als man in der Spätgotik zur realistischen Darstellung (etwa der des Isenheimer Altars) durchdrang, ließ man dem Gekreuzigten das Lendentuch. Hätte man ihn ganz entblößt, es wäre ein Skandal. Eben das ist das Kreuz. *20,28f*

Auf dem letzten Platz

Jesus ist heruntergestiegen, auf die unterste Stufe, auf den letzten Platz. Er bückt sich tief nach unten, tiefer als die Jünger stehen oder sitzen. Er wäscht ihnen die Füße. Mit herablassender Geste? Die Liebe lässt sich nicht herab, sie ist schon unten. Wir erwarten Jesus irgendwo oben in der Luft und finden ihn unten auf dem Boden. Er ist nicht auf dem ersten, sondern auf dem letzten Platz. Er hat sich gebeugt unter die Last der anderen, unter unsere Last. Er hat das Unterste nicht unerledigt gelassen. Er hat es ertragen, bis zum bitteren Ende, bis zum Tod am Kreuz.

Ertragen – dieses Wort hat heute keinen guten Klang. Veränderung ist Trumpf. Natürlich soll das, was sich zum Besseren wenden lässt, geändert werden. Aber es gibt Verhältnisse in uns und um uns, in unserer Gesellschaft, die kaum zu ändern, gar unabänderlich sind. Da muss man sich tief bücken und die Last auf sich nehmen. Das bringt jedenfalls eher eine Wende zum Besseren, als wenn man nur die anderen und die anonymen Strukturen verteufelt.

Toleranz ist für den modernen Menschen eines der höchsten Güter. Die sich darauf berufen, wissen zumeist nicht, was das Wort meint. Keineswegs nur, den anderen laufen zu lassen nach dem bekannten Motto: Jeder soll sehen, wie er zurechtkommt. ›Toleranz‹ kommt aus dem altchristlichen Sprachgebrauch. Das Wort ist vom Hohenlied der Liebe inspiriert: »Die Liebe (er)trägt alles« (1 Kor 13,7). Es ist nicht damit getan, den anderen sich selbst zu überlassen. Es geht darum, ihm unter die Arme zu greifen, damit er auf die Beine kommt und aufrecht gehen kann.

Die Erzählung von der Fußwaschung endet mit einer Seligpreisung. »Selig seid ihr, wenn ihr das wisst und danach handelt« (Joh 13,17). Wir meinen vielleicht, die Position auf unterster Ebene sei alles andere als beseligend. Und doch: Wir werden erfahren, dass das nicht die schlechtesten Stunden in unserem Leben sind, in denen wir, statt von oben herab, von unten zum anderen schauen und seine Last mittragen. Wir ahnen wohl, dass wir so uns als Christen erweisen. *20,12f*

Abendmahl

Das gibt zu denken, es ist uns ins Gedächtnis geschrieben: Die letzte Zusammenkunft Jesu mit den Jüngern vor seinem Tod ist ein Mahl. Ein gemeinsames Essen schafft Gemeinschaft. So auch das Abendmahl. Es schafft Verbindung und Verbindlichkeit, es stiftet den Neuen Bund. Die Erinnerung daran wird bewahrt, Worte und Handlungen, Gesten werden festgehalten, prägen sich dem Gedächtnis ein: »Tut dies zu meinem Gedächtnis!« Die Jünger tragen dafür Verantwortung. Sie werden in diese Tradition eingeweiht, sie sollen sie weitertragen.

Um diese verbindliche Tradition geht es Paulus (vgl. 1 Kor 11,23–29). Nur an wenigen Stellen erzählt er. In aller Regel legt er den Glauben dar, er argumentiert, setzt sich mit anderen auseinander. An dieser zentralen Stelle tritt er für einen Augenblick aus der Reflexion heraus und erzählt in knappen Sätzen das Abendmahlsgeschehen.

»Er brach das Brot« (24). Das Brotbrechen – so wird das Abendmahl von Anfang an bezeichnet. Die Jünger erkennen den Auferstandenen »beim Brotbrechen« (Lk 24,35). Klingt das nicht fast gewaltsam? Das Brot wird gebrochen, geteilt. Wie das Weizenkorn in die Erde fällt und zerbricht, damit neues Korn wächst, wie die Körner gemahlen werden, damit Brot wird, so wird das Brot gebrochen. Wollen wir es essen, müssen wir es teilen. Das ist wie ein Zeichen: Das »Brot des Lebens« wird gebrochen, damit es uns zuteil wird: »Das ist mein Leib für euch«, sagt Jesus, so bin ich für euch. Das Brot des Lebens kommt uns zugute, indem es gebrochen wird. Jesus geht seinen Weg zu Ende und zerbricht.

Und der Kelch: »Dieser Kelch ist der Neue Bund in meinem Blut« (25). Auch der Wein ist ein Zeichen: Die Traube wird gekeltert (zerbrochen), damit Wein wird. Die Seite des Gekreuzigten wird geöffnet, es fließt Blut. »Der Neue Bund in meinem Blut ...« Christus bindet sich an uns, und diese Bindung zerbricht nicht im Tod, sie hält den Tod aus, sie wird durch die Hingabe des Lebens besiegelt. Bis zum letzten, bis aufs Blut hält er diesen Neuen Bund mit uns durch. *20,14ff*

Flüchtling aus dem Lager des Siegers

Gewinnen ist alles. Jeder möchte das große Los ziehen, jeder will gewinnen. Und die verlieren, die auf der Strecke bleiben? Was ist mit den Verlierern? Gibt es sie gar nicht mehr unter uns? Kann man in unserer Welt nur als Gewinner bestehen? Ist Bedürftigkeit nichts als Schwäche? Das Leben ist auch im Fragment und in seiner Gebrochenheit sinnvoll. Wir sind doch nicht nur als Aufsteiger gerechtfertigt. Wer nur aufs Siegen aus ist, kann nicht mehr verlieren.

Am Ende verlieren wir alle – unser Leben. Das ist ein schmerzlicher Prozess, er hat seine Vorboten mitten im Leben. Es kann ein sehr qualvoller Prozess sein, der zum Himmel schreien lässt: »Mein Gott, mein Gott, warum hast du mich verlassen?« Wer nur gewinnen kann, wer nur aufs Siegen aus ist, ist dem Verlieren hilflos ausgesetzt. Dann bleibt schließlich als so genannte Hilfe nur noch die tödliche Spritze – siehe Holland! Töten als Hilfe, »Sterbehilfe«. Welche Perversion!

Gewinnen ist alles – verlieren ist die absolute Katastrophe, das Nichts. Wo bleibt da die Gerechtigkeit? Die Jüdin Simone Weil, eine durch und durch geistliche Frau an der Schwelle des Christentums schreibt in den Zeiten des Zweiten Weltkrieges: »Weiß man, wodurch das Gleichgewicht der Gesellschaft gestört ist, so muss man sein Möglichstes tun, um zu der leichten Schale ein Gewicht hinzuzufügen ... Man muss immer bereit sein, sich auf die Gegenseite zu schlagen, wie die Gerechtigkeit, diese Flüchtlingin aus dem Lager des Siegers.«

Jesus ist der Flüchtling aus dem Lager des Siegers. »Er war wie Gott, hielt aber nicht daran fest, Gott gleich zu sein, sondern entäußerte sich und wurde wie ein Sklave ...« (Phil 2,6f). Er war bereit, sich auf die Gegenseite zu schlagen. Er hat sein ganzes Gewicht, sein göttliches Gewicht in die Waagschale geworfen, in die leichte Schale der Verlierer. Das ist die Gerechtigkeit, die aus Gott kommt, unsere Rechtfertigung. Durch seine Wunden sind wir geheilt.

Verwundete Austern lassen aus blutigen Wunden eine Perle entstehen. Den Schmerz, der sie zerreißt, verwandeln sie in ein Juwel. In den Wunden wachsen Perlen.

Hinabgestiegen zu den Toten

Hinabgestiegen in das Reich des Todes ...« Bis dahin ist Jesus heruntergekommen, bis zu den Toten. Er hat ihr Los geteilt. Wie er einer von uns geworden ist, so ist er einer von ihnen geworden. Er hat sich mit den Toten verbündet. Die Heilstat seines Kreuzes gilt bei weitem nicht nur den Lebenden, sie schließt auch alle ein, die vorher oder nachher gestorben sind.

Als Toter ist Jesus zu den Toten hinabgestiegen. Und doch ist er nicht einfach nur solidarisch einer von ihnen. Solidarität ist viel, aber nicht alles. Als Toter unter Toten – wenn das alles wäre, wir bräuchten nicht darüber zu reden. Von Jesus und seinem Abstieg in das Reich des Todes ist mehr zu sagen. In ihm ist Gott zu den Toten gekommen, Gott selbst in Person. »Da er die Seinen liebte, liebte er sie bis zur Vollendung ...« (Joh 13,1). Sein Tod ist der äußerste Akt dieser gottmenschlichen Liebe. Sie ist stärker als der Tod. Sie ist das Lebendigste, das es gibt. Sie ist das Leben der Toten. Die Schattenexistenzen im Reich des Todes werden Bürgerinnen und Bürger im Reich Gottes.

»Hinabgestiegen in das Reich des Todes ...« Dieser Glaubenssatz ist mir lange Zeit sehr fern und fremd gewesen. Je älter ich werde, desto mehr ist »das Reich des Todes« nicht mehr irgendeine mythische Vorstellung, sondern ganz konkret bevölkert: mein Vater, meine Mutter, Geschwister, Angehörige, die zu mir gehören wie ich zu ihnen, Freunde ... Und ich stelle mir vor, Jesus ist zu ihnen allen hinabgestiegen, zu den vielen vor uns, zu Adam, Noah, Abraham, Mose ... Zu den vielen, die spurlos verschwunden sind, an die niemand denkt, zu den vergessensten Toten.

Die Ostkirche hat das in ihren Ikonen dargestellt, wie Jesus hinabsteigt in die Bauchhöhle der (Mutter) Erde und Adam und Eva aus ihren Gräbern herausreißt ins Leben. Im Herzen der Erde explodiert seine österliche Kraft, gegen die nun kein Todeskraut mehr gewachsen ist. Und die ganze Menschheit mitsamt der Schöpfung ist mitgerissen von ihm. Da er gar die Mächte des Todes entwaffnet, kommt er uns, den noch Lebenden, mit entwaffnender Güte entgegen, damit wir in ihm sterben und leben können. *14,179f*

Es sind noch Lieder zu singen jenseits des Todes

Wir haben am Ostertag den Karfreitag nicht vergessen. Wir haben das Bild dessen vor Augen, der am Fuße des Berges steht, mit dem Kreuz seines Lebens beladen, dem Kreuz der Geschichte, mit dem Kreuz der ganzen Welt. Er schleppt sich den Berg hinauf, beladen mit dem Elend, der Not und der Krankheit der Welt. Schließlich oben auf der Spitze des Berges Golgota angelangt, nimmt man ihm das Kreuz vom Nacken und nagelt ihn daran fest. »Gekreuzigt wurde er für uns ...«

Ist das das Ende vom Lied? Es sind noch Lieder zu singen jenseits des Todes, nicht Lieder, die den Fortschritt besingen, sondern Lieder, die Gott rühmen. Er hat gehandelt. Der Gekreuzigte ist nicht in den Schoß der Erde versunken. Über sein Grab ist kein Gras gewachsen. Der Stein, mit dem man dieses Grab verschließen wollte, kam ins Rollen. Gott hat Jesus auferweckt. Nicht nur irgendetwas von ihm lebt weiter, nicht nur seine Ideen, seine Ideale, nicht nur das, was er gesagt und getan hat, er selbst lebt in Person. In seinem Namen hoffen wir, dass mit ihm auch uns Leben geschenkt ist über den Tod hinaus. Er ruft uns beim Namen und meint uns in Person, auch die, die nicht viel geleistet haben, die am Rande standen, die die letzten Stufen nicht erklimmen konnten. Das ist der Grund, weshalb wir hier und heute Ostern feiern: das Fest unserer Hoffnung.

Wir beklagen heute an allen Ecken und Enden die Anonymität und Gesichtslosigkeit in unserer Gesellschaft. Sie haben ihren Grund. Wenn am Ende nichts anderes von uns übrig bleiben soll als eine gesichtslose Stufe im Fortschrittsprozess, dann muss man sich nicht wundem, dass das seine Auswirkungen hat auf die Gestaltung des Lebens.

Ostern ist die Mitte unseres Glaubens. Darum können wir gar nicht anders, als immer neu Ostern zu feiern. Jeder Sonntag ist ein kleiner Ostertag. Darum liegt der Kirche so viel daran, uns jeden Sonntag zu dieser Osterfeier einzuladen. Sie ist die Feier unserer Hoffnung. Die schulden wir der Welt vor allem anderen. Wir dienen ihr nicht mit einem verwässerten »liberalen« Christentum. Das können wir uns und anderen ersparen. Wir sind gefragt, was uns im Leben und im Tod trägt. *10,30ff; 16,43f*

APRIL

Vom Tod zum Leben

Alles andere als selbstverständlich

Das Grab ist leer …« Das ist für uns keine Überraschung. Wir wissen längst, was die Engel verkündigen: »Er ist auferstanden.« Das kennen wir, wie das Halleluja, das dann fällig ist. Als wäre Ostern selbstverständlich. Alles andere als das. Es versteht sich gerade nicht von selbst, auch nicht von uns her, sondern allein von Gott her.

Von selbst und von uns her versteht sich der Tod. Damit müssen wir rechnen. Er liegt in unserer Erfahrung, wir können ihn uns zufügen. Aber die Auferstehung spottet jeder Erfahrung. Es geht nicht um Reanimierung und nicht um Reinkarnation! Jesus ist in den Todesgraben hinuntergestiegen, aber er ist nicht zur alten Seite zurückgekehrt; er ist zur anderen Seite hochgestiegen, wo es keinen Tod mehr gibt.

Das ist nicht zu fassen, das geht über unseren Horizont. Und darum kommen die Fragen, die Einsprüche: ›Wie soll ich mir das vorstellen? Ich sehe nichts davon, dass die Macht des Todes gebrochen ist. Die Gräber, vor denen ich stehe, sind nicht leer. Das grausame Spiel von Gewalt und Leid und Tod geht weiter – auch nach Ostern.‹ Das sind die handfesten Realitäten, die sind nicht aus der Welt zu schaffen. Oder doch?

Sicher nicht von uns aus. Wir Menschen können Jesus nicht lebendig machen oder lebendig halten. Hätte Gott ihn nicht dem Tode entrissen, er wäre arm dran – und wir wären es auch. Jesus lebt aus der Kraft Gottes, »der die Toten lebendig macht und das, was nicht ist, ins Dasein ruft« (Röm 4,17). Das ist der Grund unserer Hoffnung. Gottes Tat steht vor allem Auf und Ab unseres Glaubens, trotz unserer Fragen und Einsprüche.

Und die Realitäten des Todes, die uns bedrängen? Sie kennen die Situation: Sie sind nachts mit dem Auto unterwegs, in fremder Gegend, und auf einmal wissen Sie nicht mehr, wo Sie sind. Da taucht plötzlich ein Zeichen im Scheinwerferlicht auf. Sie sehen es und schon sind Sie weiter. Aber der Augenblick, indem Sie es entziffern konnten, genügt. Sie wissen, wo Sie sind und woran Sie sind. Ostern ist ein solches Zeichen und mehr. Wir wissen, wer uns am Ende unserer dunklen Straßen erwartet.

14,42ff

Der Stein kam ins Rollen

Ostern geht es zuerst und zuletzt nicht um das, was wir Menschen aus Jesus machen, sondern um das, was Gott gemacht hat. »Das ist der Tag, den Gott gemacht ...« Darum ist es auch nicht damit getan, dass wir Fragen an ihn haben. Er hat Fragen an uns. Die stehen da, mitten im Osterevangelium: »Was sucht ihr den Lebenden bei den Toten?« Das ist seine Frage an uns. Wo suchen wir Jesus? Suchen wir ihn vielleicht am falschen Platz, im Grab?

Wo sind wir mit unserem Glauben? Ist er nur noch Balsam, mit dem wir aus Gründen der Pietät guten Geruch verbreiten möchten? Dient er gerade noch dazu, von Weihnachten über Ostern und Pfingsten, von Taufe über Erstkommunion und Hochzeit bis hin zur Beerdigung das Leben etwas feierlicher zu gestalten? Versuchen wir, eine tote Gestalt zu konservieren, als ob noch Leben da wäre, als ob nicht bereits die Würmer an den Restbeständen nagten? Wahren wir Jesus nur noch ein frommes Andenken? »Was sucht ihr den Lebenden bei den Toten?«

So ist nicht nur jeder Einzelne von uns gefragt, so sind wir als Kirche gefragt. Sucht sie Jesus am richtigen Platz, bei den Lebenden? Wieviel in der Kirche ist Mumiendienst, pietätvolle Pflege alter Formen, die längst gestorben sind? Wo sind wir auf dem Weg zum Grabe, statt dass wir Zeugnis vom Lebendigen geben. »Was sucht ihr den Lebenden bei den Toten?« Diese Frage Gottes an uns darf in der Kirche nicht zum Schweigen kommen.

Meinen wir, wir müssten Jesus zum Leben erwecken oder lebendig halten? Wer sind wir denn! Wir müssen weder Jesus retten noch auch die Kirche, sie sind gerettet. Das ist nicht unser Werk, das ist Gottes Vorgabe. Er hat gehandelt. Jesus Christus lebt. Was uns aufgetragen ist: dass wir den Lebendigen suchen, am richtigen Platz, nicht bei den Toten. Er, der Herr des Lebens, ist uns allemal voraus. In dieser Gewissheit dürfen wir Ostern feiern: »Das ist der Tag, den Gott gemacht.« Da fällt einem ein Stein vom Herzen – weil der Stein vor dem Grab ins Rollen kam. Wir dürfen aufatmen. *14,44f*

Beim Namen gerufen

Maria Magdalena steht vor dem Grab und weint (vgl. Joh 20, 11–18). ›Frauen weinen, ein Mann weint nicht ...‹ Das sagen wir manchmal so. Maria Magdalena weint, die Jünger weinen nicht – sie sind gar nicht da: »Da verließen ihn alle und flohen« (Mk 14,50). Sie haben sich aus Angst in Sicherheit gebracht. Wie immer man die Erzählung der Evangelien wendet: Letztendlich sind die Männer weg, und Frauen sind da.

»Frau, warum weinst du?«, fragen die Engel. Die Tränen haben ihren Grund. Maria hat Jesus verloren, und nun ist auch noch der Leichnam verschwunden. Jesus war ihr »Ein und Alles«. Damit ist's aus. Soll man da nicht weinen? Viele von uns können nachempfinden, was das heißt, wenn man seine Hoffnungen begraben hat. Das ist zum Heulen, weiß Gott.

Maria Magdalena sucht Jesus. Sie sucht den Leichnam im Grab: »Man hat meinen Herrn weggenommen, und ich weiß nicht, wohin man ihn gelegt hat.« Sie sucht Jesus in der Vergangenheit, bei den Toten. Aber dort ist er nicht zu finden. Niemand findet Jesus, wenn er sich nicht von ihm finden lässt.

»Maria«, sagt Jesus (16): dieses eine Wort, das von Herzen kommt und zu Herzen geht. Das ist alles. Keine Belehrung, keine feierliche Erklärung in Sachen Auferstehung, schon gar nicht ein Appell, sondern ganz einfach: »Maria«, du, dich rufe ich beim Namen, du bist mein. Da gehen ihr die Augen auf. Sie ist gefunden von dem, den sie sucht. So ereignet sich Ostern.

Bertolt Brecht meint in seinem ›großen Dankchoral‹ sarkastisch: »Lobet von Herzen das schlechte Gedächtnis des Himmels! / Und dass er nicht / Weiß euren Nam' noch Gesicht. / Niemand weiß, dass ihr noch da seid.«

Nein. Er weiß, dass wir noch da sind, weinend oft genug, im Tal der Tränen. Er kennt unser Gesicht. Er ruft uns beim Namen von jenseits der Todesgrenze. Er wird alle Tränen von unseren Augen abwischen. Das lässt hoffen – in einer Hoffnung, die sich durch nichts beirren lässt, auch nicht durch den Tod.

14,37ff

Nicht zu fassen

In der Geschichte von Maria Magdalena am Grab (Joh 20,11–18) wird zweimal gesagt, dass Maria sich umdreht. Sie vollzieht die große Wende vom Tod zum Leben. Sie sucht – rückwärts gewandt – den Leichnam, und sie findet – vor sich stehend – den Auferstandenen. Da dreht sich alles um. Da gerät der Mensch außer sich. Er kommt heraus aus der blinden Suche nach dem Verlorenen, heraus aus der Fixierung auf das Grab, heraus aus der lähmenden Herrschaft des Todes.

Das ist nicht zu fassen ... Ostern, der Auferstandene – nicht zu fassen: »Halte mich nicht fest«, sagt Jesus (17). Er ist nicht zu fassen. Ganz der alte? Eben nicht! Es geht nicht einfach so weiter wie vorher. Neues hat sich ereignet. Kaum zu glauben, nicht zu begreifen. Man kann sich »nur« ergreifen lassen – wie in der Liebe. Da sagt der eine zum anderen: Ich möchte ganz dein sein. – Das wird von Grund auf verkehrt, wenn dieser den anderen einfach haben will; wenn er das freie Versprechen, ihm zu gehören, in ein Verfügungsrecht verkehrt. Liebe ist nicht zu haben. Der Glaube ist nicht zu haben.

Letztlich ist Ostern unsagbar. Man kann versuchen, ringsum in den Spuren zu lesen. So wird es uns auch selber gehen, wenn wir Ostern in unserer eigenen Lebensgeschichte auf die Spur kommen möchten. Unsere Wege werden unsere Wege bleiben, unsere Schwächen unsere Schwächen. Unsere Tage werden nicht zu Träumen werden, sondern zu bestehen sein, alltäglich. Und niemand von uns muss sagen oder demonstrieren, was kein Mensch in dieser Welt, auch nicht die Apostel, auch nicht Maria Magdalena, in der Hand vorzeigen können. Aber vielleicht können wir eine Ahnung geben von dem, was nicht zu fassen ist. Vielleicht kann mitten in allen alltäglichen Dingen und über alles hinaus die Gewissheit wachsen: Du bist bei deinem Namen gerufen, von jenseits der Todesgrenze, und du kannst antworten. Das dürfen wir weitersagen, im Namen Jesu Christi. Das kann bittere Tränen wandeln, in Freudentränen. Hoffnung über alle Hoffnung, für jeden von uns und für die ganze Welt. *14,39ff*

Der Tod sitzt in der Todesfalle

Franz Kafka erzählt diese kleine Fabel: »Ach«, sagte die Maus, »die Welt wird enger mit jedem Tag. Zuerst war sie so breit, dass ich Angst hatte; ich lief weiter und war glücklich, dass ich endlich rechts und links in der Ferne Mauern sah; aber diese langen Mauern eilen so schnell aufeinander zu, dass ich schon im letzten Zimmer bin, und dort im Winkel steht die Falle, in die ich laufe.« – »Du musst nur die Laufrichtung ändern«, sagte die Katze und fraß sie.

Ein Bild unseres Lebens? Erst liegt es vor uns wie unbegrenzt, voller Möglichkeiten. Aber dann werden mit den Jahren die Mauern sichtbar; sie treiben uns schließlich in die Enge. Am Ende steht die Todesfalle. »Wer könnte uns den Stein vom Eingang des Grabes wegwälzen?« (Mk 16,3), fragen die Frauen auf dem Weg zum Grab. »Er war sehr groß« (4), wird ausdrücklich bemerkt, unüberwindlich wie die hohen Mauern, in denen sich die Maus totläuft.

Am Nullpunkt menschlicher Existenz, dort, wo wir mit unseren Fähigkeiten buchstäblich am Ende sind, da beginnt Gott. Der Stein kam ins Rollen. Die Mauern stürzten ein. Die Todesfalle wurde aufgebrochen – durch Jesus Christus. Wo Menschen dem Tode nahe oder verfallen waren und all ihre Hoffnung begraben hatten, da schuf er Leben. Er spürte die Mächte des Todes auf, mitten im Leben – und geriet deshalb in Konflikt mit ihnen. Der Tod ist ihm nicht erspart geblieben – sein furchtbarer Tod! Unbegreiflich: Der Anführer des Lebens – tot! Der von sich gesagt hat: »Ich bin das Leben« – tot! Das muss doch das Ende sein, das absolute Ende.

Wenn Gott nicht wäre! In Jesu Sterben hat Gott sich mit dem Tod angelegt. Er hat ihm nicht nur den Nacken geboten, sondern auch die Stirn. So hat er den Tod getötet. Der Anführer des Lebens: tot – und er lebt! »Er ist auferstanden.« Das ist der Grund unserer Hoffnung.

Die Situation der Parabel von Kafka ändert sich: Da treibt nicht mehr ein Mensch oder die ganze Welt der Falle zu und wird von der Katze verschlungen, der Tod ist in die Ecke getrieben. Er sitzt in der Todesfalle. »Der Tod ist verschlungen vom Sieg.« *10,36ff; 16,61ff*

Befreiung aus der Knechtschaft

Die Lesung vom Durchzug durch das Rote Meer darf zu Ostern nie ausfallen« – so steht es in den Richtlinien für die Osternacht. Warum ist diese alte Geschichte so wichtig, wenn wir Ostern feiern?

Die Erzählung verbindet uns mit Israel, dem Volk Jesu. Die Befreiung aus der Knechtschaft Ägyptens ist eines der Urdaten des alttestamentlichen Gottesvolkes. Bis zum heutigen Tag wird beim jüdischen Pesach-Mahl die Geschichte vom gefährlichen Aufbruch erzählt, von der wunderbaren Befreiung und vom langen Marsch durch die Wüste ins Gelobte Land, mit Mose an der Spitze. Nie sollen die Juden vergessen, woher sie kommen und was sie hinter sich haben. Seit Jahrtausenden lebt Israel aus dieser Befreiungsgeschichte: Vom Ägypten der Pharaonen bis zum Deutschland Hitlers und zum Russland Stalins. Es hat seine Befreiung aus Ägypten nie anders verstanden denn als Tat Gottes, als Wunder. Der Jubel darüber ist groß: »Ich singe dem Herrn ein Lied, denn er ist hoch und erhaben, Rosse und Wagen warf er ins Meer ...« (Ex 15,1).

Können wir einfach in dieses alte Befreiungslied einstimmen: »Rosse und Wagen warf er ins Meer ...«? Wenn's nur die Rosse und Wagen wären, das ganze Kriegsmaterial der ägyptischen Supermacht – wer würde sich darüber nicht freuen! Aber auch die Reiter, die Soldaten sind umgekommen. Können wir darüber in Triumph ausbrechen?

Israels Befreiung aus der Knechtschaft Ägyptens sammelt sich für uns in der Geschichte des einen Israeliten Jesus von Nazaret, der Gottes Sohn ist. Er hat die alte Befreiungsgeschichte eingelöst. Auf seine Weise! Auch er wurde ein Opfer von Gewalt und Unterdrückung. Auch ihm stand das Wasser bis zum Hals. Aber er ist weder den Soldaten der mörderischen Mächte wunderbar entkommen, noch erst recht hat Gott vom hohen Thron herab mit Blitz und Donner und mit himmlischen Heerscharen eingegriffen. In seiner Befreiungsgeschichte ertrank niemand in dunklen Wasserfluten; die Wogen schlugen über ihm zusammen. Keiner kam zu Tode, nur er selbst! Keiner starb seinetwegen, er starb für die anderen: »für euch und alle«. Das ist die Wende vom Tod zum Leben.

10,41f

Anführer des neuen Lebens

Jesus ist der Anführer eines neuen Lebens. Wie ist das zu verstehen? Auferweckung ist keine Verlängerung des Lebens, kein »Weiterleben«. Es werden nicht nur die Pferde gewechselt, und dann geht's weiter im alten Trott. Auferweckung ist auch nicht das ewige »Stirb und Werde«. Dieser Kreislauf wird durchbrochen. Gott setzt mit der Auferstehung Jesu einen neuen Anfang. Der Lauf der alten Schöpfung ist überholt, eine neue Schöpfung beginnt, im Zeichen des Lebens.

Jesus ist der Anführer eines neuen Lebens. Ihm dürfen wir folgen. Wir müssen nicht mehr Komplizen des Todes sein, wir dürfen Komplizen (Verbündete) des Auferstandenen sein. Sind wir es? Das hätte Konsequenzen. Dann werden wir uns nicht mit den Mächten des Todes einlassen oder abfinden. Dann werden wir entlarven, was Menschen ums Leben bringt. Dann werden wir uns allem widersetzen, was Leben und Schöpfung kaputtmacht.

Ostern zu feiern ist anspruchsvoll. Jesus ist nicht gestorben und auferstanden, damit wir vorübergehend in Hochstimmung geraten. Er will in uns leben. Er möchte, dass wir von diesem Leben Zeugnis geben: »Nun aber geht und sagt ...« (Mk 16,7). Jesus vermag mehr, als das Leben zu dekorieren und den Tod mit Kränzen und schönen Reden zu verbrämen. Er kann uns dem Tod entreißen. Mit ihm ist unser Weg keine Sackgasse mehr, in der wir uns festrennen, nicht mehr nur ein Unterwegs zum Friedhof, sondern in der Kraft Gottes ein Unterwegs vom Tod zum Leben.

Das geht über das Menschenmögliche hinaus. Das spottet jeder Erfahrung. Von den Frauen wird gesagt: »Da verließen sie das Grab und flohen; denn Schrecken und Entsetzen hatte sie gepackt« (8). Das ist alles andere als eine vorübergehende Festtagsstimmung. Wo Gott so unmittelbar am Werk ist, da verschlägt es den Menschen die Sprache. Sie sind entsetzt. Ostern ist gezeichnet vom Erschrecken darüber, dass mit der Auferweckung die Skala menschlicher Erwartungen gänzlich auf den Kopf gestellt ist. *10,39f; 16,63f*

An den Wunden identifiziert

Oft stellen wir uns Ostern ziemlich harmlos vor. Dann denken wir: Karfreitag ist der Tod dran und Ostern das Leben, damit ist der Tod erledigt. Und da wir immer schon von Ostern wissen, ist der Karfreitag im Grunde nicht mehr so ganz ernst zu nehmen, eine Art Panne. Ostern ist alles wieder auf rechten Kurs gebracht. So nicht!

Der Tod ist nie einfach erledigt. Die Wunden Jesu, die Zeichen seiner Hingabe, werden für immer die Merkmale sein, an denen er identifiziert wird. Die Jünger erkennen ihn nicht an seinen Reichtümern, an seinem Besitz, sondern an den Wunden. Er ist davon gezeichnet, auch als Auferstandener. Die Wunden sind nicht einfach weg, sie sind tief eingegraben in seine Existenz. Ostern kommt sein ganzes für uns gelebtes und durchlittenes Dasein zum Ziel. Die Jünger erkennen den Herrn nicht an dem, was er hat, sondern an dem, was er gegeben hat. Nicht irgendein Leben kommt zum Ziel, sondern dieses Leben dieses Jesus von Nazaret. Unverwechselbar dadurch, dass er sein Leben nicht für sich, sondern für uns gelebt hat, dass er seinen Tod nicht für sich, sondern für uns gestorben ist. Ostern liegt in der Konsequenz dieses Lebens und Sterbens. Ihm hat Gott in der Auferstehung Recht gegeben.

Ostern ist nicht etwa nur eine Theorie über das Ende. Sicher, die Osterbotschaft weist in die Zukunft. Aber diese Zukunft hat schon begonnen. Sie kann beginnen, mitten in unserem Leben. Wer tatsächlich auf diesen Jesus setzt und auf seinen Weg vom Tod zum Leben, für den ändert sich etwas, nicht erst später (im Jenseits), sondern schon jetzt. Er wird sich zum Beispiel nicht mehr vom Besitz fesseln lassen. Er wird anfangen zu teilen, von seinem Leben mitzuteilen. Das kann weh tun. Da stirbt wohl auch etwas in uns. Aber nur wer so zu sterben versteht, wird lernen zu leben und zu lieben. Er wird nicht schweigen, wenn er Unrecht sieht und Unmenschlichkeit. Er wird dagegen aufstehen, im Namen dessen, der auferstand vom Tod zum Leben. Wo der Tod seine Herrschaft verliert, da beginnt die Freiheit zu lieben und zu leben. *10,34f*

Tastender Glaube

Auferstehung: ein Wunschtraum, eine Projektion? Ein Urbild, das in unserer Seele schlummert? Bei alledem blieben wir schließlich und endlich doch mit uns, mit unserer Einbildungskraft allein. Ist das alles? Oder kommt mir ein anderer entgegen? Der ganz Andere?

Thomas erfährt in seiner Osterbegegnung, dass er es neu mit Jesus zu tun hat. Der ist nicht einfach wieder da wie vor dem Tod, es geht nicht so weiter wie vorher. Aber er erscheint auch nicht wie ein ätherischer Lichtstrahl. Die Erzählung setzt sich klar ab von jeder Art von Esoterik, die den Leib abspaltet und ihn durch ein strahlendes Lichtkleid ersetzen möchte.

Der Christus, dem Thomas begegnet, hat seine irdische Geschichte nicht abgestreift und wie ein Kleid in den Schrank gehängt. Was er erlebt und erlitten hat, sitzt ihm nicht nur in den Kleidern. Es hat ihn unauslöschlich gezeichnet, es kennzeichnet ihn. Die Auferstehung haftet im Fleisch. Sie bricht genau dort ein, wo der Tod sitzt. Wo denn sonst?!

Nicht von ungefähr sind es die Wunden Jesu, auf die Thomas seinen Finger legt. Sie gehen tief. Würden sie übersprungen, der Glaube wäre flach und oberflächlich. Es sind ja gerade die Wunden, die uns das Leben schwer machen: die wahnsinnigen Kriege, das erlittene Unrecht, Krankheit, Scheitern, das offene Grab. Da kann man an Gott irre werden, an Gott und der Welt verzweifeln: Warum, Gott? Warum das alles?

Am christlichen Glauben überzeugt mich nichts so sehr wie diese Wahrheit: Unser Gott geht an den offenen Wunden nicht vorbei, er trägt sie selbst. Und er hat die Kraft, sie zu wandeln. Daran ist er zu erkennen. Am Ende schaut Thomas nicht nur die Wunden; an ihnen, ja in ihnen geht's ihm auf: »Mein Herr und mein Gott!« (28).

Tasten, berühren, greifen – hat Thomas den Auferstandenen damit im Griff? Den Auferstandenen können wir nicht wie ein Ding in den Griff bekommen. Da tut sich eine neue Dimension auf, das ist nicht mehr zu fassen. Thomas tastet sich vor, will greifen und fassen, aber dann wird er ergriffen vom Unfassbaren und Unbegreiflichen: »Mein Herr und mein Gott« – Du, mein Ein und Alles. *20,78f*

Unterwegs

Zwei Jünger sind unterwegs. Geschlagene Leute! Sie lassen den Kopf hängen und sehen die Sonne nicht mehr. Von Ostern keine Spur. Sie gehen weg von dort, wo das Kreuz stand, weg von dort, wo ihre Zukunftspläne platzten, wo sie ihre Hoffnung begraben haben. Mit anderen Worten: Sie verlassen die Gemeinde, sie treten aus.

Die Geschichte mit Jesus ist für sie passé. Sie wissen zwar noch zu erzählen, was er alles gesagt und getan hat, aber sie können nur traurig davon erzählen. Sie haben mit all ihrem Wissen Jesus nicht. Was sie von den anderen Jüngern sagen, das trifft auch für sie zu: »Ihn selbst aber sahen sie nicht« (24).

Was den beiden Jüngern das Herz so schwer macht? Sie sagen es frei heraus: Sie haben auf Jesus gesetzt, von ihm das Heil erwartet (21). Und nun ist er schmählich gescheitert am Kreuz. Das ist der Punkt, über den sie nicht wegkommen, der tote Punkt. Wer so elend endet, kann doch nicht auf Seiten Gottes stehen. Ohnmacht in der Gotteserfahrung, im kirchlichen Alltag, im persönlichen Leben. Oft genug sind wir dann mit Gott und der Kirche oder auch mit uns selbst überkreuz und machen uns schließlich aus dem Staub: weg, weit weg.

Während die zwei niedergeschlagen und enttäuscht ihren Weg gehen, »kam Jesus hinzu und ging mit ihnen« (15). Keine umwerfende Erscheinung, kein spektakulärer Auftritt, sie erkennen ihn zunächst gar nicht. Sie sind wie mit Blindheit geschlagen – wie unsereins oft genug. Sie müssen ihn neu kennenlernen. Der unbekannte Dritte fragt, hört zu, bringt zum Nachdenken. Er verweist auf die Heilige Schrift, erschließt ihnen von dorther neue Perspektiven in ihrer Ratlosigkeit: Muss das nicht so sein?

Wer so wie Jesus gegen das Leiden kämpft, der bekommt es am eigenen Leib mit dem Leiden zu tun. Der Arzt wird selbst verwundet. So will Gott die Wunden der Menschheit heilen, indem er sie selbst durchleidet. Der Gott, an den wir glauben, geht nicht an den Wunden der Welt vorbei, er trägt sie selbst und hat gerade dadurch die Kraft, sie zu heilen.

20,87f

Bleib doch bei uns

Jesus geht den langen Weg der beiden Jünger mit, durch das Tal ihrer Hoffnungslosigkeit. Es ist tröstlich zu wissen, dass man Jesus nicht erst am Ende des Weges trifft, sondern schon unterwegs. Der Abend bricht an. »Bleib doch bei uns ...« (Lk 24,29), drängen die beiden Jünger; man kann's nur allzu gut verstehen. Der Abend ist mehr als eine Tageszeit. Die Dunkelheit bricht ein. Wer die Nacht des Lebens kennt, wer erfahren hat, dass es finster aussieht, wer weiß, dass die Zeit zu Ende geht, der ahnt, was hier gemeint ist. Dann eingeladen zu sein ins Haus, an den Tisch – das ist wie ein Geschenk des Himmels. »Da ging er mit ihnen hinein, um bei ihnen zu bleiben« (29).

Und er, der Fremde, »nahm das Brot, sprach den Lobpreis, brach das Brot und gab es ihnen« (30). Da fällt es ihnen wie Schuppen von den Augen, und sie erkennen ihn. Jesus schenkt sich ihnen in der Mahlgemeinschaft. Zweimal wird's gesagt, dass jeder es merkt: Das Brotbrechen, das Teilen des Lebens ist das Geschehen, in dem Jesus erkannt wird. Da gehen die Augen auf und das Herz. Da wandelt sich im Namen Jesu nicht nur das Brot. Da wandeln sich die müden, bleiernen Herzen zu brennenden Herzen: »Brannte uns nicht das Herz in der Brust ...« (32).

Haus, Tischgemeinschaft: Da könnte man sich häuslich niederlassen. Aber Emmaus ist nur eine Station auf dem Wege. Wenn man angesteckt ist und wenn das Herz brennt, dann gibt es nichts Wichtigeres, als aufzubrechen. »Noch in derselben Stunde brachen sie auf ...« (33). Sie eilen zu den anderen. Und was sie dort hören, können sie selbst bezeugen: »Der Herr ist wirklich auferstanden« (34), er lebt! Licht in der Nacht! Ungeahnte Horizonte tun sich den Wanderern auf für ihren Lebensweg.

Man kann sich heute leicht aus dem Staub machen; aber dann fragt man sich schließlich, warum zum Teufel man überhaupt aufbricht und unterwegs ist. Jeder mag darauf achten, dass ihm das Wort nicht ausgeht, das seinem Leben Richtung gibt, dass ihm das Brot unterwegs nicht ausgeht, das gebrochene Brot, von dem wir leben. Das ist das Erkennungszeichen für Jesus. *20,88f*

Farbe bekennen

Christen können sich nicht damit begnügen, »irgendetwas« zu glauben. Wir sind nicht mit allen Wassern gewaschen, sondern mit einem ganz bestimmten Wasser: dem der Taufe auf den Tod und die Auferstehung Christi. Die Farblosigkeit eines religiösen »Wischiwaschi« ist nur zu überwinden, indem wir Farbe bekennen. Dazu sind wir mit Paulus herausgefordert.

Der Apostel fragt in äußerster Zuspitzung: Was wäre, wenn ...? Das kann die Situation klären. Was wäre, wenn Christus nicht auferweckt ist? Die Antwort: Dann ist es aus mit unserer Verkündigung: Sie ist leer, hohles Wortgeklingel (1 Kor 15,14). Dann ist es aus mit unserer Zeugenschaft: Die ist »falsch«, Lug und Betrug (15). Dann ist es überhaupt aus mit unserem Glauben: Er ist »sinnlos«, »nutzlos« (14.17).

Der Versuch, Jesus in die allgemeinen Todesgrenzen einzusperren und ihn schließlich noch psychologisch, sozial oder politisch plausibel zu machen, als Angebot (versteht sich), um ja niemandem zu nahe zu treten, das ist ein hoffnungsloses Unterfangen. Dann ist es besser, meint Paulus, man macht sich nichts vor und lebt ohne Hoffnung als mit einer eingebildeten Hoffnung. Damit wären wir »erbärmlicher dran als alle anderen Menschen« (19).

Man wird erinnert an Jean Pauls »Rede des toten Christus vom Weltgebäude herab, dass kein Gott sei«. Die unheimliche Vision des Atheismus: Was wäre, wenn Gott nicht wäre? »Wir sind alle Waisen, sind ohne Vater ... jeder ist allein ... ich bin nur neben mir ... jedes Ich ist sein eigener Schöpfer ... und sein eigener Würgeengel ... es kommt kein Morgen ...«

In der Auferweckung Jesu Christi geht es zuerst und zuletzt um Gott. Wir verraten Gott, wenn wir dem Tod mehr zutrauen als ihm. Dann wäre er nicht Gott. Der Tod ist endlich, sterblich. Er ist nicht göttlich, er ist unser geschöpflicher Tod. Er stirbt, wie wir sterben. »Der letzte Feind, der entmachtet wird, ist der Tod« (26). Jesu Auferweckung ist der Todesstoß für den Tod.

20,101f

Ewiges Leben

Ostern ist Bekenntnis zum Leben, nicht nur allgemein zum Leben, sondern zu einem bestimmten Leben: »Ich glaube an die Auferstehung der Toten und das ewige Leben.« Ewiges Leben – wie soll man sich das vorstellen?

Vor einiger Zeit kam ein Mann zu mir, sehr einflussreich in den Medien, ernsthaft religiös. Es ging ihm um Lebensfragen, um die Frage nach dem ewigen Leben: ›Wie soll man das verstehen? Sind wir nur einmal auf der Erde? Warum nicht mehrmals? Vielleicht kommen wir von neuem in anderen Lebewesen, in anderen Menschen zur Welt, vielleicht werden wir von neuem geboren im ewigen Kreislauf des Lebens?‹ Reinkarnation. Ist das nicht auch eine Art ewiges Leben?

Die Vorstellung vom Menschen in der Reinkarnationslehre ist sonderbar. Da geht man von einem Leben ins andere wie in ein anderes Zimmer. Die Tapeten werden gewechselt. Was ist mit dem Zimmer, das ich verlasse? Steht es dann leer? Was ist mit dem Leib? Ist er nur Übungsgelände? Wird er zurückgelassen wie eine ausgebrannte Rakete? Ist er gleichgültig, zählt er nicht mit? Geht es schließlich nur darum, ihn loszuwerden, um von ihm »befreit« und »erlöst« als reiner Geist zu existieren?

Die Skepsis gegenüber allem Leiblichen, gegenüber allem Materiellen sitzt der Reinkarnationslehre seit alters her tief in den Knochen (sofern sie Knochen zulässt und sie nicht längst vergeistigt hat). Das Christentum ist nicht selten anfällig gewesen für solche Vorstellungen. Sie sind ihm aber von seinem Ursprung her völlig fremd. Es ist ein großer Unterschied, ob ich nur einen Leib *habe*, den ich gegen einen anderen auswechseln kann, oder ob ich Leib *bin*. Der Mensch ist Leib. Das Heil ist nicht nur in der Seele zu suchen, die sich schließlich absetzt und aus dem Staube macht. Der Staub der Erde, der Leib ist in die Vollendung einbezogen: »Ich glaube an die Auferstehung des Fleisches« – deutlicher kann man es nicht sagen! Darum spielt der Leib in der Begegnung Jesu mit den Osterzeugen eine große Rolle. Jesus hat seine leibhaftige Lebensgeschichte nicht abgestreift, sie ist da. Seine ganze Geschichte gehört zu ihm, zu seiner Identität. Sie ist in die Auferstehung einbezogen.

20,116f

Kein ewiges »Stirb und Werde«

Es gilt heute in gewissen Kreisen als sehr modern und religiös zugleich, in fernöstliche transzendentale Meditation zu versinken und eine Reinkarnation im neuen Zeitalter des Wassermanns zu erwarten. Mit dem Osterglauben hat das nichts zu tun. Man kann nicht die Auferstehung des Fleisches bekennen und sich zugleich in irgendeine religiöse Kuschelecke absetzen und der Welt Ade sagen. Hier scheiden sich die Geister. Sie scheiden sich noch schärfer, wenn es um die Einmaligkeit jedes einzelnen Menschen geht.

In der Reinkarnationslehre denkt man es sich so: Wie die Natur vergeht, vergeht auch der Mensch. Und wie die Natur zu neuem Leben erwacht, so auch der Mensch. Er ist eingebunden in den ewigen Kreislauf des »Stirb und Werde«. Das Leben ist wie ein Spiel, das jederzeit neu beginnen kann; man probiert's halt noch mal. Wenn der erste Versuch nicht gelingt, warum dann nicht ein zweites, drittes, x-tes Leben?

Das kommt vielen Tendenzen in unserer Gesellschaft sehr entgegen: Alles ist ersetzbar, alles kann ausgewechselt werden, schließlich sogar die Beziehungen, etwa in der Ehe. Dann schwindet der Sinn dafür, sich in Freiheit zu binden und einmal getroffenen Entscheidungen treu zu bleiben. Schließlich wird dann auch das Leben auswechselbar.

Ist das ein Leben? Wer bin ich, wenn ich schon x-mal irgendein anderer gewesen sein kann, wenn mein Leben die Neuauflage eines anderen ist? Jeder Mensch ist einmalig. Die Zeit, die uns zu leben geschenkt ist, kommt nicht wieder. Sie ist durch den Tod befristet, der Ernstfall. Man kann nicht auf Probe leben, und man kann erst recht nicht auf Probe sterben.

Ostern heißt nicht, dass es endlos so weitergeht mit unserem Leben: weiterleben, weitermachen, weiter, weiter, immer so weiter ... Ostern heißt: neuer Mensch und neue Welt. Der Kreislauf des ewigen »Stirb und Werde« ist durchbrochen durch Jesu Leben und Sterben. Er hat der Geschichte eine Richtung gegeben. Sie dreht sich nicht im Kreis, sie hat einen Anfang und ein Ziel. Sie ist unwiederholbar, einmalig. Jesus hat sie in Gott verankert. Ostern heißt endgültig bei Gott sein und in ihm leben.

20,117ff

Geheilt durch seine Wunden

Es ist ein uralter Traum der Menschheit, unverwundbar zu sein. Sagen erzählen davon. Jeder von uns kennt das Nibelungenlied: Siegfried, der große Held, tötet den Drachen. Er badet sich in dessen Blut und wird dadurch unverwundbar. Kein Schwert kann ihm etwas anhaben. Doch während er sich im Drachenblut badet, fällt ein Lindenblatt auf seine Schulter. Das ist die schwache Stelle, die eine wunde Stelle.

Wir können dem Tod nicht entgehen – eine Grundwahrheit unserer menschlichen Existenz. Wie werden wir damit fertig? Nichts fällt dem Menschen so schwer, als dass er sich seine Endlichkeit und Sterblichkeit eingesteht. Was wird nicht alles getan, diese Wahrheit zu überspielen! Die wunde Stelle bleibt. Alle Mittel werden in Bewegung gesetzt, um auch sie noch zu schließen, aber es gelingt nicht.

Gott ist zu unserem Heil einen anderen Weg gegangen. Er wird Mensch und lässt sich verwunden, um die Menschen von ihrem Wahn der Unverwundbarkeit zu erlösen. Seine Todeswunden sind das Sinnbild seiner schöpferischen Lebenshingabe. Wir träumen vielleicht von einem Super-Siegfried, von einem Super-Achill. Der ist er nicht. Er ist verletzlich, er zeigt seine offenen Flanken. Er hat sich den Wunden ausgesetzt, am eigenen Leib. Er hat sich lieber verwunden lassen, als andere zu verwunden. Das Kreuz, *das* Zeichen der Christenheit, zeigt in aller Öffentlichkeit, wie tief er verwundet worden ist. Es stellt uns vor Augen, dass wir seine Wunden nicht zu verstecken brauchen, sondern sie offen vorzeigen können. Durch sie ist er zum Ursprung unseres Heiles geworden, zum Heiland der Welt. *14,50ff*

Unser Wohnort

O Israel, / Erstling im Morgengraukampf / wo alle Geburt mit Blut / auf der Dämmerung geschrieben steht. / O das spitze Messer des Hahnenschreis / der Menschheit ins Herz gestochen, / o die Wunde zwischen Nacht und Tag / die unser Wohnort ist!«

»Jakob« heißt dieses Gedicht von Nelly Sachs. Es bringt nicht nur die Geschichte des Stammvaters, sondern auch Israels Geschichte überhaupt zur Sprache. Welches Volk hätte gerade angesichts der Ereignisse unseres Jahrhunderts ein größeres Recht, von der Wunde zu sprechen, »die unser Wohnort ist«?

Die christliche Tradition erkennt in Jakob/Israel ein Bild für Christus: Sein Wohnort ist die Wunde, die Wunde »zwischen Nacht und Tag«, zwischen der Sonnenfinsternis des Karfreitags und dem Aufgang der Sonne am Ostermorgen. Die Christenheit hat in dieser Wunde ihren Ursprung und Ort. Die Kirche ist, so sagen die Väter unseres Glaubens, aus Jesu Seitenwunde geboren. Da also kommen wir her, aus einer Wunde. Christen sind Menschen, die das »Fenster der Verwundbarkeit« nicht verleugnen.

Es ist menschlich, Wunden zu haben und verwundbar zu sein. Wunden können feinfühliger machen und hellsichtig. Gott bewahre uns vor der Hornhaut der »unheilbar Gesunden«, vor jenem »Menschentyp, vor dem selbst der Geist Gottes ratlos steht und keinen Eingang findet, weil alles mit bürgerlichen Sicherheiten und Versicherungen verstellt ist« (Alfred Delp). Wo wirklich gelebt und gearbeitet, geliebt und Verantwortung wahrgenommen wird, da entstehen Wunden. Nur wer in der Lage ist, sich mit seinen wunden Punkten und offenen Flanken mitzuteilen, wird auf dem Weg der Heilung vorankommen. Er wird an den Wunden anderer mittragen und an ihrer Heilung mitwirken, im Namen Jesu Christi, des verwundeten Arztes.

Die Wunde, »die unser Wohnort ist«. Ein riskanter Wohnort! Denn der Hahnenschrei, wie ein spitzes Messer »der Menschheit ins Herz gestochen«, kann nicht nur den Tag ankündigen, sondern auch den Verrat. Nur von der Wunde her wird er zum Weckruf, dass die Sonne aufgeht.

14,53f

So tief hat Jesus angesetzt

Wie kann mn das Leben verlängern? Danach fragen, daran arbeiten heute viele. Eine andere Frage ist nicht weniger wichtig: Wie kann man das Leben vertiefen? Vertiefen – das zeigt nach unten. Unsere Vorstellungen gehen in der Regel in die entgegengesetzte Richtung. Wir möchten »hoch hinaus«, »obenauf« sein, immer auf der Höhe, Spitzenreiter und Spitzenverdiener. Oben – das heißt Erfolg, Macht oder auch einfach »High-life«.

Ist das das Leben? Wir wissen: Es ist kein reines Honigschlecken, oft ein mühsames Sich-Abrackern mit den alltäglichen Verhältnissen in uns und um uns, grau in grau. Jeder sieht zu, einigermaßen über die Runden zu kommen. Und allemal steht am Ende der Tod. That's life.

Jesus ist nicht darüber weggegangen wie ein junger Gott. »High-life« – das war ihm fremd. Er hat sich weder das Leben noch das Sterben leicht gemacht. Er ist nicht alt geworden, und doch hat er nicht versucht, sein Leben zu verlängern. Er ist in die Tiefe gegangen. Er ließ das Unterste nicht unerledigt. Er war denen nahe, die am Boden sind, einfach »down«. Er hat denen Luft zum Atmen gegeben, die ganz tief drinsitzen im Gefängnis ihrer angstgeplagten Selbstverschließung.

Paulus (vgl. Röm 6,3–11) denkt an Leute, die so mit sich selbst beschäftigt sind, dass sie nur noch sich und ihre frommen Werke kennen. Darin suchen sie das Heil. ›Das ist doch kein Leben‹, sagt Paulus (6), ›das ist eine einzige Schinderei (»Sklaven der Sünde«). Ihr rackert euch ab nach allen Regeln der (frommen) Kunst und kommt dabei auf keinen grünen Zweig. Immer mehr »bringen« müssen, immer mehr »kriegen« wollen. Das ist vom Teufel, mit einem Wort: Sünde (im Singular!). Das ist von gestern (»alter Mensch«). Das hat keine Zukunft, das führt zum Tod.‹

Die Auseinandersetzung mit diesem mörderischen System hat Jesus ans Kreuz gebracht und ins Grab. So tief ist er heruntergekommen. So tief hat er angesetzt, um Sünde und Tod auszuhebeln. Jesus hat das Leben geliebt. Aber er hat sich nicht verzweifelt daran geklammert, er konnte es lassen, hingeben für alle. Und er hat gerade so das Leben eröffnet, das dem Tod gewachsen ist. »Der Tod hat keine Macht mehr über ihn« (9).

20,90ff

Taufe und Tiefe

Wisst ihr denn nicht, dass ihr getauft seid?«, fragt Paulus (vgl. Röm 6,3–11). Das wissen wir schon. Aber was heißt das? Bleiben wir beim Wort: Taufen kommt von »tief«, tief eintauchen (ins Wasser), in die Tiefe gehen. Das ist der Weg Jesu. Die Taufe verbindet uns mit ihm. Sein Weg ist mit allen Konsequenzen in unsere Lebensgeschichte eingezeichnet, mit Tod, Grab und Auferstehung.

Taufe heißt: in die Tiefe gehen. Wo das Wasser flach ist, ist es warm. Wo es tief ist, ist es kalt. Wer sich freischwimmen will, muss den Sprung ins tiefe Wasser wagen. Taufe heißt: mit Jesus in die Tiefe gehen. Doch nicht, um sich darin zu verlieren und sich vom Sog in den Abgrund reißen zu lassen. Nein, wir sind »aus der Taufe gehoben«. Da geht die Bewegung nach oben. Das ist, wie wenn man wieder auftaucht, den Kopf über Wasser bekommt. Eine Auferstehung! Da sind wir wie neu geboren, ein anderer Mensch.

Die österliche Wiedergeburt, die wir an uns geschehen lassen und mit anderen durchmachen, ist nicht ohne Härten; die Schöpfung des »neuen Menschen« (4) ist mit der Kreuzigung des alten verbunden: »Unser alter Mensch wurde mitgekreuzigt« (6). Nicht dadurch wird der Mensch neu, dass er sich an den Grenzen und Tiefen des eigenen Lebens vorbeimogelt; mitten im Alltag soll das neue Leben herauskommen.

Die Tränen sind das Grundwasser der Seele, sagt Augustinus. Grundwasser ist lebenswichtig. Werden das Wasser aus der eigenen Tiefe und das Wasser der Taufe zueinander kommen? Vieles in der Welt und in unserem Leben ist zum Heulen. Das betrifft unseren Glauben! Und weiter: Die gleiche Träne, die unseren Schmerz anzeigt, stellt sich auch ein, wenn wir uns riesig freuen. Das betrifft unsere Taufe! Die Träne als Zeichen des Schmerzes und der Freude lässt uns Tiefe und Höhe zusammenhalten, Karfreitag und Ostern. *20,92f*

Gottes Voraus-setzung

Erinnern wir uns an die Taufe: Da wird das Ja Gottes zum Menschen ›besiegelt‹. Da erhalten wir als ›Angeld‹ dieses Ja, das in Jesus Christus verwirklicht ist (vgl. 2 Kor 1,18-22). Da wird es festgemacht. Die Begriffe aus der Rechtssprache betonen: Die Grundlage ist verbindlich gegeben. Das ist der Ausgangspunkt. Davon können wir ausgehen.

Das lässt uns für die Kirche hoffen, die Gemeinschaft der Getauften. Sie lebt von der Voraus-setzung Gottes. Aber eben: Davon lebt sie auch! Darum dürfen wir Ja zu ihr sagen, obwohl es so viel Verneinungswürdiges in ihr gibt. Darum ist sie uns Grund genug zur Dankbarkeit und Freude. Darum dürfen wir singen und feiern, ohne Zynismus, obwohl keineswegs alles gut ist, so wie es ist.

Das lässt uns auch hoffen für die Welt. Wir dürfen Ja sagen zu dieser Welt, obwohl es in ihr so viel Verneinenswertes gibt. Wir brauchen die Ungerechtigkeiten nicht zu verschleiern, die tatsächlich herrschen und die zum Himmel schreien, weil sie die Schöpfung Gottes oft übermächtig entstellen. Gott hat Ja zur Welt gesagt. Darum kann sie uns verborgener Anlass zu Dankbarkeit und Freude werden. Die zerrissene Welt, sie ist zustimmungswürdig.

Bleibt am Ende doch nur Bestätigung, blanke Zustimmung? Ist das zu Verneinende nicht so ganz ernst zu nehmen? Und ob! Sehr ernst sogar. So ernst, wie Gott es nimmt. Gottes Ja ist nicht so allgemein gesagt, es hat eine ganz bestimmte Gestalt, es hat ein Gesicht: Jesus Christus. »In ihm ist das Ja verwirklicht ...« Jesus Christus, das leibhaftige Ja Gottes in Person. Das Ja Gottes ist das Wort vom Kreuz.

Sein Ja überspielt das zu Verneinende nicht. Er steht auch nicht abseits und zeigt nicht mit dem Finger darauf: Schaut euch das an. – Er trägt daran, buchstäblich! Er lässt es nicht unerledigt, er arbeitet es auf. So sehr hat er uns und die Welt bejaht. Er gibt es nicht auf: nicht mit der Kirche, nicht mit der Welt, nicht mit uns selbst. Darum brauchen wir nicht aufzugeben! *10,65ff*

Taufe als Lebensaufgabe

Wir sind alle getauft, zumeist als Kinder. War's das schon? Keineswegs! Die Taufe stellt sich uns als Lebensaufgabe. Wann uns Gott aufgeht in den Umbrüchen und Aufbrüchen unseres Lebens und der Geschichte, wann wir Jesus entdecken als Herrn und Heiland unseres persönlichen Lebens, das haben wir nicht in der Hand. Doch wir können uns dafür bereithalten.

Wenn wir in der Osternacht das Taufversprechen erneuern, werden wir gefragt, wofür und wogegen wir sind: Pro und Contra, Zusage und Absage. Der Christ darf nicht zu allem Ja und Amen sagen, ebenso wenig wie Jesus in den Versuchungen seines Lebens. Wir sind getauft im Namen des Vaters und des Sohnes und des Heiligen Geistes:

– Wer Gott als seinen Vater bekennt, den Schöpfer des Himmels und der Erde, braucht nichts und niemanden zu fürchten, auch keine wirtschaftliche und politische Macht, keine öffentliche Meinung. Er gewinnt den Mut, allen zu trotzen, die sich wie Herrgötter gebärden.

– Wer Jesus Christus als den Heiland und Erlöser der Welt bekennt, braucht auf keinen anderen Messias zu warten. Er weiß, in Jesus ist der Unterschied zwischen Gott und Mensch grundgelegt. Wir brauchen nicht länger wie Gott sein zu wollen, Gott sei Dank! Von Gottes Gnaden können wir endlich Mensch werden und Mensch bleiben.

– Wer den Geist Jesu als den Heiligen Geist bekennt, der lebendig macht, widersetzt sich dem Ungeist, der in der Luft liegt und sie verpestet. Er lernt zu unterscheiden zwischen dem, was Leben fördert und Leben vernichtet. Er durchschaut das Scheinheilige und das Scheintote. Er lässt sich nicht belügen und belügt sich nicht selbst.

Christen sind keine Notare des Zeitgeistes. Wo führt uns unser Glaube dazu, dass wir uns dem allgemeinen Geschmack, dem Urteil und der Meinung der Mehrheit widersetzen? Gibt es einen aus unserem Glaubensbekenntnis gespeisten christlichen Widerstand? Wozu stehe ich, auch wenn es schwer fällt? Wem halte ich die Treue durch Anfechtungen und Zweifel hindurch? *4,68f*

Oster-Lamm

Oster-Lamm! Eigenartig – Ostern verbinden wir seit eh und je mit dem Lamm. Gemeint ist nicht das kleine Lämmchen vom Bäcker, mit Schokolade überzogen: Ach, wie süß, sagen wir. Nein, den Auferstandenen verbinden wir mit einem leibhaftigen Lamm aus Fleisch und Blut. Die Bibel deutet das Leben Jesu im prophetischen Bild vom Gottesknecht und Sündenbock: »Er wurde misshandelt und niedergedrückt ... ein Lamm, das man zum Schlachten führt« (Jes 53,7).

Der Einbildungskraft des christlichen Glaubens war es schon früh ganz wichtig, dass Jesus zwischen den Tieren zur Welt kam, zwischen Ochs und Esel. »Er lebte bei den (wilden) Tieren«, sagt der Evangelist Markus (1,13) kurz und bündig von seinen vierzig Tagen Wüstenzeit. Auf einem Esel reitet er in Jerusalem ein (Mk 11,1–11). Wie könnte es auch anders sein, als dass der Schöpfer aller Kreatur seinen Geschöpfen verbunden ist. Das Stöhnen der Schöpfung geht nicht spurlos an ihm vorbei (vgl. Röm 8,18ff).

Wenn wir heute vom »Lamm Gottes« sprechen, »das die Sünde der Welt hinweg nimmt« (Joh 1,29), dann bleibt uns das Wort fast im Mund stecken. Wir können doch die Bilder von den BSE-Rindern und den Scrapie-Schafen nicht ausblenden. Die Seuche unter den Tieren offenbart eine Krankheit unter den Menschen, der Wahnsinn der Rinder ist ein Wahnsinn unserer Gesellschaft. Die industrielle Vermarktung der Tiere zeigt: Wirtschaftsinteressen gehen über alles, auch über Leichen, über Berge von Leichen.

Tiere sind nicht nur Material und Lebensmittel, sie haben ihren Eigenwert. Damit werden sie nicht hochgejubelt. Heute wird man bisweilen das Gefühl nicht los, dass es mehr Tierfreunde gibt als Menschenfreunde. Es gibt eine Naturromantik, die mit dem christlichen Glauben nichts zu tun hat. Mensch und Natur bedürfen der Erlösung. Gott erlöst die Schöpfung, nicht nur den Menschen. Das feiern wir Ostern. »Geht hinaus in die ganze Welt und verkündet das Evangelium allen Geschöpfen« (Mk 16,15). Das ist der Auftrag von Ostern. Franz von Assisi hat den Vögeln gepredigt und den Wolf umarmt. Es geht nicht nur um den Menschen, es geht um die ganze Welt und um alle Geschöpfe, um die Solidarität aller Kreatur.

Für immer verschlossen?

Ein Buch mit sieben Siegeln ...« Wir wissen, was das heißt, als geflügeltes Wort und mehr noch aus Erfahrung. Nicht selten erscheint uns das ganze Leben wie ein Buch mit sieben Siegeln. Vieles ist rätselhaft, unverständlich.

»Wer ist würdig, die Buchrolle zu öffnen und ihre Siegel zu lösen?« (Offb 5,2). Käme doch einer, der sie aufbrechen kann. Wir würden nur allzu gern in diesem Buch lesen. Wir möchten wissen, was die Welt im Innersten zusammenhält, warum wir so sind, wie wir sind, warum die Last des Lebens nicht leichter ist. Wir würden auch gern etwas tun, um uns und die Welt zu ändern, um herauszukommen aus den vielen schlimmen Kreisläufen von Hass und Gewalt. Wenn wir nur durchblickten!

Die Aufklärung ist davon ausgegangen, dass wir die Welt lesen können wie ein aufgeschlagenes Buch. Und die neuzeitlichen Ideologien haben das für sich in Anspruch genommen. Die Wissenschaften haben im Gefolge der Aufklärung vieles entziffert in diesem Buch, bis zur Stunde. Sogar unsere Erbmuster sind lesbar geworden. Aber je mehr wir wissen, desto unfasslicher wird uns die Welt. Bei allem Wissen im Detail weiß am Ende kaum noch jemand, was das Ganze ist und soll. Bei allem Wissen sind wir uns in den entscheidenden Lebensfragen immer weniger gewiss.

Es mag uns gehen wie dem Seher der Offenbarung: Er ist traurig darüber, dass keiner die sieben Siegel aufbrechen kann, die das Buch der Welt und unseres Lebens verschlossen halten. Er weint: Bleibt denn alles ein dunkles Geheimnis, das nie enthüllt werden kann? Oder gehen die Siegel auf?

Manches löst sich von selbst, die Siegel nicht. Sie lösen sich auch nicht durch uns. Die Macher machen's nicht: »Niemand im Himmel, auf der Erde und unter der Erde konnte das Buch öffnen und es lesen« (3). Niemand von uns! Wer denn? Das geschlachtete Lamm ist würdig, »das Buch zu nehmen und seine Siegel zu öffnen« (9). Es hat die Siegel durchlitten, aufgelitten. Durch das geschlachtete Lamm ist das Buch lesbar geworden. Das Geheimnis der Welt ist nicht bestimmt von der Liebe zur Macht, sondern von der Macht der Liebe. Das ist wie eine Erlösung. Das ist die Erlösung!

14,47ff

Lamm und Löwe

Der Seher der Offenbarung schaut ein Buch, verschlossen mit sieben Siegeln: das dunkle Geheimnis der Geschichte, die Rätsel unseres Lebens. Bleiben sie für immer verschlossen, ewig unlösbar? Er weint. »Da sagte einer von den Ältesten zu mir: Weine nicht! Gesiegt hat der Löwe aus dem Stamm Juda, der Spross aus der Wurzel Davids; er kann das Buch und seine sieben Siegel öffnen« (Offb 5,5).

Der Löwe also ist's. Das mag uns einleuchten: der Löwe als Symbol, als Inbegriff der Kraft, der Macht und Gewalt. Viele Staaten und Länder haben den Löwen in ihrem Wappen. Viele setzen auf den Löwen als Triebkraft der Geschichte, versuchen, ihren Löwenanteil zu bekommen. Ist das der Sinn der Welt- und Lebensgeschichte?

Auch Israel hat nicht selten allein auf den Löwen gesetzt. Bis »der Löwe aus dem Stamm Juda, der Spross aus der Wurzel Davids« kam. Durch ihn bekommt der Löwe ein anderes Gesicht. Er wird – wie im Kontrast – durch ein anderes Tier umgestaltet, maßgeblich und verbindlich für das Volk Gottes: Der siegreiche Löwe ist das geschlachtete Lamm.

Das Lamm wird den Löwen vorgeworfen (wie Daniel). Es kommt nicht ungeschoren davon, es wird geschlachtet, dem Rachen des Todes ausgesetzt. Doch es geht in den Abgründen der Löwengrube nicht unter. Es erhebt sich. Er, der Gekreuzigte, steht auf zu neuem Leben. In ihm ist das Geheimnis unseres Lebens erschlossen.

Die Osterbotschaft sagt uns dieses beides: Der Löwe ist das Lamm. Von ihm her erschließt sich der Sinn der Welt- und unserer Lebensgeschichte. Wir sind »erkauft mit seinem Blut, aus allen Stämmen und Sprachen, aus allen Nationen und Völkern« (9). Und: Das Lamm ist der Löwe. Es ist nicht ein Zeichen der Schwäche, sondern der Stärke. Das geschlachtete Lamm, der gekreuzigte Jesus Christus empfängt »Macht, Reichtum und Weisheit, Kraft und Ehre, Herrlichkeit und Lob« (12). Es ist gut, das zu wissen, mehr noch: dessen gewiss zu ein. Er, der ganz Reine, der sich ganz für die anderen gab, er hält letztlich die Macht in den Händen. Bei ihm ist sie in guten, in besten Händen. *14,48ff*

Heilsame Unterbrechung

Fast unbemerkt ist aus dem christlichen Sonntag als dem ersten Tag der Woche das »Wochenende« geworden. Wir wünschen uns »ein schönes Wochenende« oder sprechen gar – ganz widersinnig – vom Osterwochenende, wo Ostern gerade für den Anfang steht. Sie denken vielleicht: ›Das ist doch ganz egal, Sonntag oder Wochenende. Hauptsache, der freie Tag!‹ Ob das wirklich so egal ist? Der Unterschied ist größer, als mancher ahnt.

Wochenende sagt: Wir sind am Ende. Wir ruhen uns aus, um fit zu bleiben. Gut und schön. Aber, geht's nur darum? Dann stünde der freie Tag ja letztendlich im Dienst des Schaffens: Um betriebsfähig zu bleiben, erholen wir uns. Alles dreht sich um Arbeit und Verdienst.

Nein, sagt uns der Sonntag. Der »Tag des Herrn« steht an erster Stelle. Er ist der Schlüssel zum Leben. Wir leben nicht, um zu arbeiten, sondern wir arbeiten, um zu leben. Das ist ein Riesenunterschied. Für viele ist heute der Verdienst fast alles, er soll gar den Sinn der eigenen Existenz begründen. Der Sonntag durchkreuzt diese Fiktion vom selbstgemachten Sinn. Er ist eine geradezu therapeutische Unterbrechung. Er lässt uns aufatmen, nicht nur von der Last der Arbeit, sondern von der Last des Lebens überhaupt. Wir müssen nicht den gnadenlosen Versuch unternehmen, uns selbst zu legitimieren. Das hat Gott längst besorgt. Wir leben von seiner Gnade, das ist unsere Rechtfertigung. Wie zeigt sich das?

Heilsame Unterbrechungen sind lebensnotwendig. Der Sonntagsgottesdienst lädt dazu ein, die gängige Perspektive zu wechseln und das Leben mit den Augen des Evangeliums zu sehen. Man kann das nicht dem Zufall überlassen oder von Lust und Laune abhängig machen. Wenn es sich im Leben niederschlagen soll, dann bedarf das der Beständigkeit und Treue. Nicht jeder Gottesdienst ist gut gestaltet. Nicht jeder Kuss ist der Kuss des Hochzeitstages. Aber wenn er einfach unterbliebe, weil man nicht mehr in Hochstimmung ist? Wenn die Liebe zur Beliebigkeit verkommt, dann ist's aus mit ihr. So auch mit der Liebe zu Gott, mit der Einübung in den Blick Jesu. *16,45f*

Unbezahlbar

Dinge gibt's, die sind unbezahlbar: das Leben, der Atem, die Stimme (Sprache!), die Liebe, das Vertrauen oder auch die Sonne, der Sonntag. Der Sonntag ist unbezahlbar; wir sind frei, wir tun, was uns Spaß macht. Da ist nichts zu verdienen, der Tag ist einfach unbezahlbar. Und es ist schlimm, wenn Leute ohne einen triftigen Grund meinen, sie müssten auch am Sonntag noch etwas verdienen. Dann geht der Geschmack für das Unbezahlbare verloren.

Nicht nur Dinge – Menschen gibt's, die sind unbezahlbar: »Mensch, du bist unbezahlbar ...« Eigentlich gilt das für jeden Menschen. Aber manchmal geht uns das ganz neu wieder auf: Die Mutter ist unbezahlbar. Mutter wird man nicht durch Verdienst, nicht durch Leistung. Denken wir an die ehrenamtlichen Dienste in den Gemeinden. Würde man die Einzelnen fragen: »Was müssen Sie dafür haben?«, wären sie fast beleidigt und würden protestieren. – »Mensch, du bist unbezahlbar ...«

Das gilt vor allem im Blick auf Jesus: »Du bist unbezahlbar!« Was er getan hat, das ist nicht zu bezahlen, für kein Geld in der Welt. Wir sind nicht durch einen vergänglichen Preis losgekauft, nicht um Silber oder Gold, sondern mit dem »kostbaren Blut Christi ...« (vgl. 1 Petr 1,18f). Er hat nicht etwas, er hat sich selbst für uns gegeben. Er ist einfach unbezahlbar, ein Geschenk des Himmels. Wer so beschenkt wird, der hat allen Grund zu feiern und zu danken.

Wir merken: Es ist völlig unangemessen zu fragen: Was springt dabei heraus? Was hab' ich davon? – So unangemessen, wie wenn ich einem anderen Menschen begegne, mit ihm Freundschaft schließen will und gleich frage: Was hab' ich davon? Rentiert sich's? Stattdessen: Ich freue mich, dass du du bist; ich freue mich über dich.

Das ist der Grund des Sonntags. Wir feiern den unbezahlbaren Jesus Christus. Das ist das erste. Das ist Thema eins des christlichen Lebens. Das steht am Anfang unseres Lebens. Dem gehört der erste Tag der Woche, der Sonntag: Das ist wie eine Sonne, wie ein Sonnenaufgang.

10,73f

Den Sonntag feiern

Wenn uns etwas daran liegt, dass der Sinn für das Unbezahlbare lebendig bleibt, dann müssen wir etwas dafür einsetzen, dann müssen wir uns dafür einsetzen. Dann kann ich zum Beispiel den Sonntagsgottesdienst nicht vom Zufall, nicht von Lust und Laune abhängig machen, nicht davon, wie ich vom Samstag auf den Sonntag geschlafen habe. – Das Kostbare ist leicht zerbrechlich, es bedarf eines besonderen Schutzes – wie das Leben, die Liebe. Die kann ich nicht von einer zufälligen Stimmung abhängig machen. Wenn die Liebe in Beliebigkeit verkommt, dann ist's aus mit der Liebe! Treue im Alltäglichen!

Wenn der Sonntagsgottesdienst so wichtig ist, dann müssen wir uns gegenseitig stützen. Der eine ist auf den anderen angewiesen: »Mensch, der ist auch da ...« Da kann ich nicht einfach sagen: »Kein Bedürfnis! Gibt mir nichts!« Wie, wenn ich den anderen etwas geben kann?

Wir ahnen wohl gar nicht, was mit dem Verlust der Feier des Sonntags unter uns kaputtgeht an Grundgegebenheiten des menschlichen Daseins. Manches, was wir als die große Befreiung von starren Gesetzen (etwa dem Sonntagsgebot), als Emanzipation preisen, wird uns bald wie ein Gespenst in seiner Unmenschlichkeit überfallen.

Ob es sich nicht am Ende herausstellt, dass unser Singen und Feiern, unser Gotteslob, das nicht nach Nutzen und Zweck fragt und nicht an Leistung und Erfolg orientiert ist, das Allerhumanste und Allermenschlichste ist und uns aus den Klauen der Zwecke befreit? Die Feier des Sonntags hat Auswirkungen auf die Woche, auf unser Leben. Wenn wir den Sonntag feiern, wird auch der Werktag österlicher, sonntäglicher. Den Sinn wach halten, dass der andere neben mir unbezahlbar ist. Dem anderen absichtslos begegnen, jemanden »rein« anschauen.

Manches, was wir als Gemeinde Christi heute tun, können wir getrost anderen überlassen. In einem sind wir nicht zu ersetzen, das ist unsere erste und letzte Berufung, das rechtfertigt unsere Existenz vor Gott und der Welt: Lasst uns den Sinn für das Unbezahlbare wachhalten! Lasst uns den Sinn für den Unbezahlbaren wachhalten! Lasst uns den Sonntag feiern! *10,76ff*

Geschenkt

Der Sonntag schafft Probleme, nicht nur wegen der Einkaufszeiten. Erich Kästner bringt es in seiner »Sonntagspredigt« auf den Punkt: »Endlich hat man einmal Zeit, / geht spazieren, steht herum, / sucht mit seiner Gattin Streit / und bringt sie und alle um.« Die Telefonseelsorge scheint ihm Recht zu geben: Sonntags zwischen 18 und 22 Uhr hat sie Hochkonjunktur. Dann weinen sich viele darüber aus, was am Wochenende alles schief gegangen ist: nicht Highlife, sondern wilde Auseinandersetzungen. Dabei hätte man sich's doch ganz anders gewünscht! – Also doch lieber aus dem Sonntag einen Alltag machen? Lieber Einkaufen als Langeweile oder Krach?

Hinter der Diskussion um den Sonntag steht die Frage der Sonntagskultur. Wie gehen wir mit unserer Zeit um? Nehmen wir uns Zeit für uns selbst, teilen wir sie miteinander? Partnerschaft, Familie und Beziehung sind in unserer Gesellschaft ein sehr hohes Gut. Quer durch alle Schichten, auch bei Jugendlichen, rangieren sie in Umfragen auf Rang eins. Aber was lassen wir uns dieses hohe Gut kosten? Nicht im finanziellen Sinne, sondern im Umgang miteinander. Das ist weit aufwendiger und schwieriger, als wir denken. Die Ansprüche an Beziehungen steigen, gleichzeitig bringen wir uns um die Möglichkeiten, sie zu kultivieren. Es ist verrückt: Lieber schauen wir uns im Fernsehen an, wonach wir uns sehnen, als dass wir es im Leben einüben!

Der Sonntag ist ein Kontrasttag. Die Menschen können aufatmen. Sie stehen nicht mehr unter Leistungsdruck, sie müssen nicht unbedingt etwas bringen. Sie haben Zeit, nicht die Zeit hat sie. Das wollten die frühen Christen zum Ausdruck bringen, als sie den Tag der Ruhe und Befreiung mit der Auferstehung Christi verbanden. Für den von Gott erlösten und befreiten Menschen schließt die Woche nicht mit diesem freien Tag, sie beginnt damit. Sie beginnt gerade nicht mit der Arbeit. Längst bevor wir etwas leisten, leben wir schon. Das Wichtigste im Leben können wir nicht selbst machen oder verdienen, es ist uns geschenkt. Das Leben selbst ist uns geschenkt. Wir leben nicht von unseren eigenen Werken, sondern vom Wirken Gottes. *16,167f*

Zeit des Atemholens

In der Nazizeit soll ein kleines Mädchen auf die Frage eines älteren Herrn, ob sie denn zu einer bestimmten Veranstaltung der Hitlerjugend freiwillig gehe oder ob das Pflicht sei, geantwortet haben: »Ha, wir müsset halt freiwillig.« Freie Zeit war für totalitäre Systeme, seien sie faschistisch oder kommunistisch, immer eine Gefahr. Die Menschen könnten ja zum Nachdenken kommen, könnten ihre eigenen Wege gehen ... Dem wurde vorgebeugt durch ein breit gefächertes Angebot von Freizeitgestaltung, oder es wurden, wie in den KZs, die Sonntage und kirchlichen Feiertage den Werktagen gleichgemacht. Täglich Appell, täglich Arbeit, Freizeit nur in Minuten. Eine totale Verplanung des Menschen!

Gottes Herrschaft ist nicht totalitär. Sie kann den Menschen Pausen und Unterbrechungen gönnen, weil sie nicht fürchten muss, entlarvt zu werden. Gottes Herrschaft steht quer zu den Herrschaften, die meinen, sie seien der Herr und sonst niemand. Der jüdische Sabbat und der christliche Sonntag stehen für diese Freiheit, die die Herrschaft Gottes ermöglicht. Sie ist auch heute gegen eine die letzten Freizeitwinkel beanspruchende Medienkultur und eine expandierende Freizeitindustrie zu verteidigen. Die Sabbatruhe unterbricht den Zwang des Menschen zur Leistung. Er hört auf, Knecht seines Erfolges zu sein. Seinem Gestaltungsdrang, mit dem er oft genug die Schöpfung verunstaltet und zerstörerisch in das Leben anderer Kreaturen eingreift, wird Einhalt geboten. Am Sabbat soll nicht nur der Mensch ruhen, auch die übrigen Kreaturen sollen vor ihm Ruhe haben. Der jüdische Sabbat und der christliche Sonntag geben uns eine institutionelle Chance, unser Dasein als Zusammensein und Zusammenleben zu erfahren, auch mit der ganzen Kreatur und vor allem mit Gott.

Ununterbrochene Arbeit ist das Werk von Sklaven. Wer den arbeitsfreien Sonntag um ökonomischer Vorteile willen abschaffen will, verletzt Würde und Freiheit des Menschen; und wer den arbeitsfreien Sonntag individualisiert, zerstört Grundlagen der Solidarität. Um der Freiheit und Solidarität willen bedarf es einer gemeinsamen Zeit des Atem-holens. *1,129ff*

Machtergreifung

Mancher von uns kennt noch den alten Film mit Charly Chaplin »Der Diktator«. Darin findet sich diese erregende Szene: Der Diktator, der das Schicksal der Welt in seinen Händen hält und von dem kleinen Charly Chaplin dargestellt wird, spielt mit dem Globus. Er nimmt die Erdkugel aus dem Ständer, wirft sie in die Luft, fängt sie wieder auf, lässt sie sich über den Rücken rollen und balanciert sie auf der Hand, bis sie plötzlich auf den Boden fällt und zerbricht. Der Diktator trägt die Maske Adolf Hitlers. Machtergreifung eines Verbrechers mit all ihren verheerenden Konsequenzen.

Das Evangelium spricht von einer ganz anderen Machtergreifung. Der auferstandene Christus begegnet seinen Jüngern oben auf dem Berg: »Mir ist alle Macht gegeben im Himmel und auf der Erde« (Mt 28,18). Ist das unsere Welt, unsere Situation: oben auf dem Berg, Gipfelerfahrung? Viele sagen: Es geht gewaltig bergab. Wie soll man das zusammenbringen: oben auf dem Berg und unten am Boden? Wir sind eingespannt zwischen Macht und Ohnmacht, zwischen Universalität des Gottesreiches und Provinzialität unserer Eigeninteressen, zwischen Nachfolge und Trott.

Hat Jesus bei uns Macht? Was ist das für eine Macht? Wie zeigt sie sich? Sie ist ablesbar in Jesu Leben, in seinem Handeln. Er ist kein Macht-Haber nach den gängigen Mustern unserer Gesellschaft, in Politik und Wirtschaft. Er hat sich nicht am Spiel mit dem Globus beteiligt. Er hat nicht den starken Mann markiert. Er widerstand der Gewalttätigkeit nicht durch einen Akt der Gegengewalt, nicht durch eine Aktion seiner Allmacht, sondern durch die Passion seiner ohnmächtig machtvollen Liebe.

Es ist und bleibt kaum zu fassen: Gerettet und erlöst werden wir nicht durch die Macht der Mächtigen, sondern dadurch, dass Gott an unserer Ohnmacht teilnimmt und sich auf unsere Not einlässt. Das Heil liegt nicht in der Liebe zur Macht, sondern in der Macht der Liebe. Die hat Zukunft. Sie ist stärker als der Tod. Das ist die Macht, die in der Auferstehung offenbar wird: »Mir ist alle Macht gegeben im Himmel und auf der Erde.«

Auf Sendung

Darum geht zu allen Völkern, und macht alle Menschen zu meinen Jüngern ...« (Mt 28,19). Wir sind in besonderer Mission unterwegs. Nicht um daraus Machtansprüche abzuleiten oder unsere Machtspielchen zu rechtfertigen und Machtgelüste zu befriedigen. Wir gehen nicht auf eigene Faust, nicht um unsere eigenen Interessen und uns selbst zu verwirklichen und andere mit unseren Privatansichten zu beglücken. Wir dürfen weitersagen, was Jesus uns geboten hat (»und lehrt sie alles befolgen, was ich euch geboten habe«, 28,20), was er uns mit seinem Leben, Sterben und Auferstehen geschenkt hat (Taufe). Selbst hörend dürfen wir reden; selbst empfangend dürfen wir weitergeben; selbst evangelisiert dürfen wir evangelisieren. Wir arbeiten einem anderen zu.

Sind wir »auf Sendung«? Der Kirche in unseren Breiten fehlt die Überzeugung, neue Christen gewinnen zu können. Das ist unser schwerster Mangel. Wir haben uns vom Missionsauftrag verabschiedet. Mission ist allenfalls noch etwas für Afrika und Ozeanien, denken viele. Während andere Weltreligionen in Europa ihre Missionstätigkeit entfalten, ist Missionieren bei uns fast ein Schimpfwort geworden. Was ist denn nur geschehen, dass wir den Auftrag des Auferstandenen als Zumutung, als Intoleranz verdächtigen? Auf Schritt und Tritt kommen wir mit Angehörigen anderer Religionen zusammen: im Kindergarten, in Schulen und bei der Arbeit. Offen oder unausgesprochen wird uns die Gretchenfrage gestellt: Wie hältst du es mit der Religion? Und wie hältst du es als Christ mit deiner Mission? Denken und sagen wir: »Soll doch jeder sehen, wie er zurechtkommt«? Das ist nicht die Sprache des Evangeliums. Dort hören wir: »Geht zu allen Völkern, und macht alle Menschen zu meinen Jüngern ...« Nicht, um kirchliche Machtgebiete auszubreiten, sondern weil wir den Menschen keinen besseren Dienst tun können, als ihnen Christus nahezubringen. Uns liegt an den Menschen, darum verkünden wir das Evangelium. Missionieren oder demissionieren (= abtreten), sagte Madeleine Delbrêl. Da geht's um Sein oder Nichtsein. Da zeigt sich, was wir vom christlichen Glauben halten, wie wichtig er uns ist.

MAI

Geist, der lebendig macht

Jeder ist begabt

Jesus setzt seine Energie frei, von der die Kirche lebt. Die kommt nicht von unten, sondern von oben. Sein Heiliger Geist ist »die Kraft aus der Höhe«, nicht unser Werk, sondern Gabe, Geschenk. Der Geist ist nicht ein Produkt der Kirche, die Kirche ist eine Frucht des Geistes. Geist ist Gabe. Wie wenn wir sagen: Der ist begabt. Das gilt in der Kirche nicht nur für einige wenige.

Jeder ist begabt. Jeder ist auf seine Weise eine Offenbarung des Geistes: Frauen und Männer, Jugendliche und Erwachsene, Theologen und Laien, Juden und Griechen, Afrikaner und Inder. »Jedem wird die Offenbarung des Geistes geschenkt, damit sie anderen nützt« (1 Kor 12,7).

Der Apostel überschlägt sich fast, die einzelnen Begabungen aufzuzählen: Weisheit, Erkenntnis, Glaubenskraft, Krankheiten zu heilen, die Geister zu unterscheiden ... Das sprudelt von Energie. So ist die Kirche, sagt Paulus, voller Begabungen. Wir stehen ziemlich ratlos davor: Wie ist das denn bei uns? Merkt man etwas davon? Steckt die Kirche heute in einer Energiekrise? Pfingsten will uns ermutigen, die Begabungen in uns und um uns zu entdecken und zu fördern. Es gibt sie doch: die vielen Frauen und Männer, die von ihrem Glauben aus Erfahrung sprechen, die anderen Anteil daran geben, die in der Gemeindekatechese, in den Pfarrgemeinderäten mitarbeiten. Und vergessen wir nicht, was sich in der Weltkirche tut: die verschiedenen Ortskirchen in Lateinamerika, Afrika und Asien – Offenbarungen des Geistes.

Es ist ein großer Unterschied, ob wir die Vielfalt in der Kirche nur mit Angst und Schrecken hinnehmen oder in ihr das Wirken des Geistes Gottes wahrnehmen. Er wirkt ja nicht nur die vielfältigen Begabungen, er verbindet sie zur Einheit, sagt der Apostel: »Das alles bewirkt ein und derselbe Geist, einem jedem teilt er seine besondere Gabe zu, wie er will« (11). Wie *er* will, nicht unbedingt und in jedem Falle, wie wir es wollen. Er spendet die Gaben. Er ist die Seele des Ganzen, die Seele der Kirche. Er verbürgt die Einheit in der Vielfalt. *14,56ff*

Beim Namen gerufen

Pfingsten verbinden wir in unserem persönlichen Christenleben mit der Taufe und dann vor allem mit der Firmung. Sie gelten als die Sakramente des Heiligen Geistes. In beiden Fällen spielt der Name eine besondere Rolle. Bei der Taufe erhält der Christ seinen Namen, und in der Firmung wird er erneut beim Namen gerufen: »Michael, sei besiegelt durch die Gabe Gottes, den Heiligen Geist.« Heiliger Geist und Name gehören zusammen. Gott schenkt seinen Geist nicht massenweise, sondern namentlich, persönlich. Die Bedeutung des Namens und damit zusammenhängend die Würde der Person kennzeichnen die jüdisch-christliche Tradition. Ihr verdankt es die Menschheit.

»Das Vergessenwollen verlängert das Exil«, sagen die Juden, »das Geheimnis der Erlösung heißt Erinnerung.« Israel ist das Volk der Erinnerung. Sie verbindet, schafft Identität, ein Wissen darum, woher wir kommen und wozu wir da sind. Wer nicht mehr erinnert, wer einfach nur vergessen will, entwurzelt sich selbst.

Aufklärung und Säkularisierung haben den Menschen in seiner Identität, in den zwischenmenschlichen Bindekräften nicht nur gestärkt. Immer weniger ist der Mensch das Gedächtnis seiner eigenen Geschichte, immer mehr nur noch sein eigenes Experiment. Alles wird technisch reproduzierbar, am Ende auch der sich selbst produzierende Mensch. Er wird austauschbar wie irgendein Ding, er verliert seinen Namen. Wer der Auflösung, der Erosion des Menschen widerstehen will, der kann das, wenn es zum Schwure kommt, nur im Namen Gottes.

Der Name ist eine Gabe des Heiligen Geistes, ein Pfingstgeschenk in Taufe und Firmung. Wir haben allen Grund, ihn heilig zu halten: Gottes Namen und in Gottes Namen unseren Namen. *16,52.54*

Gesalbt – nicht angeschmiert

Wenn ich die Jugendlichen sehe, die zur Firmung kommen – was für ein Bild. Ganz anders heute als vor zwanzig Jahren. Tipp topp gekleidet; an Salben, Cremes und Gels ist nicht gespart. Hat da die Chrisamsalbung noch eine Chance? Die jungen Leute sind doch schon nach allen Regeln des Trends an Haut und Haaren gesalbt – oder sind sie angeschmiert? Keine Frage, die Haut soll auf ihre Kosten kommen. Aber offenkundig geht es nicht nur um den Leib. ›Das ist Balsam für meine Seele‹, sagen wir. Das geht in die Tiefe, eben unter die Haut. Ein anerkennendes Wort, ein ermutigender Blick, eine einfühlsame Zuwendung – sie sind ›Balsam für die Seele‹. Erst recht, wenn Gott sich uns zuwendet. Wenn ich weiß: Er ist bei mir, er begleitet mich, er steht mir bei durch seinen Beistand, den Heiligen Geist. Das gibt Raum, das lässt aufatmen, das befreit zum Leben. »Du Lebensbrunn, Licht, Lieb und Glut / der Seele Salbung ...«

Ein Christ ist nicht irgendwer. Er ist gesalbt mit dem Heiligen Geist. Bei der Taufe fängt's damit an. Und mit der Firmung geht es weiter. Gott sagt uns: ›Du bist etwas ganz Besonderes.‹ Wir sind alle Unikate, einmalig. Wir sind Originale, keine Abziehbilder. Jeden und jede von uns gibt es nur einmal. Oft denke ich bei der Firmung: Ob das auch lange genug anhalten wird, das Wissen: Dieser Mensch ist Gottes besonderer Schatz. Ob man sich daran lange genug erinnert? Ob er das auch erfährt: Ich bin einmalig, unverwechselbar, nicht von der Stange. Ich bin von Ewigkeit her gewollt und geliebt. Eben gesalbt, nicht angeschmiert.

Wir tragen das Christuszeichen, wir sind gesalbt in Christi Namen. Das ist ein Auftrag, eine Verpflichtung. Wer Christ ist, der darf den Mund nicht halten, wenn in der Bahn Ausländer angepöbelt werden; der darf nicht schweigen, wenn Asylbewerber als Schmarotzer beschimpft werden; der muss widersprechen, wenn man uns erzählen will, die Armen seien selbst schuld an ihrer Misere; der muss widersprechen, wenn mit Embryonen (also mit ungeborenen Menschen) Organe gezüchtet werden und Handel getrieben wird. Wer sich mit Überzeugung Christ nennt, der darf darauf stolz sein. Das soll er wissen: Ich bin gesalbt, nicht angeschmiert.

Yad VaSchem

In den Tagen nach Ostern war ich in Jerusalem, zum Abschluss in Yad VaSchem, der Gedenkstätte an den Holocaust. Vor allem der Raum, in dem der 1,6 Millionen ermordeten Kinder gedacht wird, geht unter die Haut: eine Fülle von Lichtreflexen, dazwischen die Bilder einzelner Kinder. Ihre Namen werden genannt und die wichtigsten Lebensdaten. Über fünfzig Jahre danach wird immer noch nach einzelnen Namen geforscht. Die will man auf jeden Fall in Erinnerung halten. »Verweigerte Erinnerung ist Mord«, sagt ein jüdisches Sprichwort. Das wäre ein erneuter Mord – an den Ermordeten.

Yad VaSchem – zu deutsch: Hand und Name. Ein Namensmal! »Ich habe dich eingezeichnet in meine Hände«, so heißt es beim Propheten Jesaja (49,16) und weiter: »Einen ewigen Namen gebe ich ihnen, der niemals ausgetilgt wird« (56,5). Yad VaSchem – das Namensmal für die Ermordeten, für die Toten. – In unserer Gesellschaft ist das heute ganz anders. Der Trend geht dahin, den Namen gerade nicht über den Tod hinaus in Erinnerung zu halten, sondern ihn mit dem Tod möglichst auszulöschen. »Anonymes Begräbnis« nennt man das. Tod: Schluss – aus – weg.

Es ist verrückt: einerseits die wachsende Individualisierung mit dem Drang, sich selbst zu verwirklichen, andererseits das Versinken ins Anonyme. Werbung und Show-Geschäft sind darauf angelegt, sich einen Namen zu machen und einen Namen zu haben, und am Ende steht der Untergang ins Namenlose. Das hat einen tieferen Grund. Sie kennen die berühmte Gretchenfrage: »Nun sag, wie hast du's mit der Religion?« Faust antwortet umschweifig, umnebelnd: Gott – »Ich habe keinen Namen dafür! Gefühl ist alles; Name ist Schall und Rauch ...«

So denken viele heute. Gott? Irgendetwas wird es da geben. Ein höheres Wesen, etwas Göttliches, ein »Es«, kein »Du« – unverbindlich, namenlos. Die Aushöhlung des Gottesglaubens geschieht fast unmerklich, wie die Erosion einer Sandsteinskulptur durch Wind und Wetter. Am Ende ist da nur noch ein trauriger Stumpf, ohne Ausdruck, nichts sagend. Der Verlust des Namens Gottes und die Anonymisierung in unserer Gesellschaft gehen Hand in Hand. *16,52f*

Alleinsein

Keiner lebt für sich allein« (Röm 14,7). Stimmt das? Offenbar gibt es doch viele Menschen, die für sich allein leben, leben müssen. Die Sprache verrät uns: »Alleinstehende« sagen wir. Was heißt das? Über zwölf Prozent der Bundesbürger sind Alleinstehende. Ihre Zahl wächst. »Alleinerziehend.« Jeder von uns weiß, was das heißt: zerbrochene Beziehungen, enttäuschte Hoffnungen, verlassen, oft mutterseelenallein! Alleinstehende, Alleinerziehende, Alleinlebende, Alleinwohnende ... bis hin zu den vielen, die allein sterben. Menschen, für die dieses Wort »allein« Realität ist, oft die Realität des Lebens.

»Keiner lebt für sich allein.« Was machen wir mit diesem Wort? Stimmt das? Oder müssen wir es durchstreichen? Oder vielleicht verändern wir es: streichen das »keiner« durch und sagen: ›Jeder lebt für sich allein!‹ Das ist ein Stück Realität; es lohnt sich, darüber nachzudenken. Aber vielleicht sind wir nicht so hart, streichen das »keiner« durch und sagen: ›Mancher lebt für sich allein.‹ So sieht es doch aus, das ist die Wirklichkeit.

Ist das die ganze Wirklichkeit? Gibt es andere Wirklichkeiten? Allerdings, die gibt es! »Keiner lebt für sich allein«: Vieles spricht gegen diesen Satz, eines spricht dafür: Jesus Christus. Von ihm lebt dieser Satz. Weil er wirklich ist, weil er für mich *die* Wirklichkeit ist, darum bekenne ich: »Keiner lebt für sich allein, und keiner stirbt für sich allein. Leben wir, so leben wir dem Herrn, sterben wir, so sterben wir dem Herrn. Ob wir leben oder ob wir sterben, wir gehören dem Herrn« (7f). Die Wirklichkeit, von der dieses Wort des Paulus lebt, ist keine andere als der Herr. Ohne ihn können wir den Satz vergessen.

Aber mit ihm ändert sich etwas. Da ändert sich Entscheidendes. Das kann man an der Sprache merken (die Sprache ist Zeichen für die Wirklichkeit). Da steht dann nicht mehr »für sich allein«, das »für« bekommt eine andere Richtung: »für den Herrn«. Das ist die Wende, die kopernikanische Wende in der Welt und in unserem Leben. *10,98ff*

Wenn zwei sich trauen

Das ist gar nicht so selbstverständlich, dass Menschen sich wirklich vertrauen. Das hat etwas – das Wort sagt es uns – mit Treue zu tun. Die steht heute nicht hoch im Kurs, sie ist ein rares Gut. Viele schreiben sie ganz klein und denken, sie sei verstaubt und unmodern, nur noch die Kirche rede davon. »Die Menschen haben diese Wahrheit vergessen«, sagte der Fuchs im Kleinen Prinz, »aber du darfst sie nicht vergessen. Du bist zeitlebens für das verantwortlich, was du dir vertraut gemacht hast ...«

Zeitlebens – bindet man sich damit nicht? Legt man sich nicht fest? Allerdings! Freiheit ist nicht nur Unabhängigkeit. Das ist die eine Seite der Freiheit, freier Entschluss füreinander, wenn zwei Menschen heiraten. Aber die andere Seite dürfen wir nicht vergessen: Michael »freit« Barbara – und umgekehrt! Wir freien uns, indem wir aus uns selbst herausgehen und Bindungen eingehen. Eine Freiheit also, die verbindet und verbindlich macht, Verbindlichkeit wachsen lässt. Was wäre das für eine Liebe, in der wir einander nicht zutrauen und zumuten, verbindlich zu werden und Verbindlichkeiten einzugehen. »Freiheit heißt Verantwortung, darum wird sie von den meisten Menschen gefürchtet« (George Bernard Shaw).

Die Liebe, die wir fühlen und empfinden, von der wir singen und an der wir uns freuen – wenn sie echt ist, will sie nicht nur Gefühl bleiben. Sie bindet sich und nimmt Gestalt an, in der Ehe. In dieser institutionellen Verbindlichkeit ist sie immer auch angreifbar, anstößig. Sie ist nie die volle Verwirklichung unserer Sehnsucht, die reine Verkörperung des Ursprungs. Sie zeigt immer auch Schwächen, muss sich gegen Zweifel, Angriffe, widrige Umstände behaupten und sich Mängel vorhalten lassen. Sie ist dem Neid, dem Misstrauen, dem Hass ausgesetzt. Solche Liebe muss kämpfen gegen Angriffe von außen und Bedrohungen aus dem Innern.

Wenn wir uns lieben, sagen wir: Du, ich mag dich leiden. Seltsam, dass wir lieben mit leiden in Verbindung bringen. In der Liebe geht's nicht nur um Spaß und Lustgewinn, sondern um Leidenschaft. Sie bewährt sich im Leiden. Das Zeichen der Liebe ist das verwundete Herz.

16,163f

Maßstab des gemeinsamen Lebens

Es ist das Geheimnis unseres Lebens, dass wir gerade das, was uns am meisten betrifft, letztlich nie absichern können. Gerade das, was uns unbedingt angeht, lässt sich nur im Vertrauen ausdrücken, in der Treue. Sie bleibt eure Lebensaufgabe. Ihr ändert euch. Ihr seid in zehn Jahren nicht mehr so, wie ihr heute seid. Vieles wird anders. Das führt zu schmerzlichen Erfahrungen: Eigentlich hatte ich mir das ganz anders gedacht ... Und dann nicht auszubrechen, sondern zu bleiben – das ist Treue.

Die Herausforderung eurer Liebe begleitet euch durch euer Leben. Immer wieder steht sie vor euch, Jahr um Jahr, Stufe um Stufe, entsprechend den Phasen eures Lebens. Mal werdet ihr eher skeptisch und zurückhaltend reagieren, mal eindringlicher und verbindlicher. Entlang dieser Herausforderung reift ihr wirklich. Sie ist der Maßstab eures Lebens. Wenn man euch in zehn, zwanzig, dreißig Jahren fragt, was ihr in der Zwischenzeit gemacht habt und was aus euch geworden ist, aus dem, was ihr am leidenschaftlichsten gewollt und ersehnt habt, so wird sich die Antwort letztlich an der Frage orientieren müssen: »Habe ich dich geliebt?«

Hat das alles etwas mit Gott zu tun? Wie kommt das eigentlich, dass ihr euch so gut versteht, dass ihr einander vertraut und liebt? Das ist ja nicht selbstverständlich. Es lässt sich nicht machen, nicht mit Geld und guten Worten. Es lässt sich auch nicht erzwingen, weder mit dem Willen noch mit Gewalt. Es ist ein Geschenk, Gnade, ein Geschenk des Himmels. Das machen wir uns nicht selbst zurecht, das empfangen wir. Die Liebe schenkt sich uns, sie kommt aus einer Quelle jenseits unseres Wollens und Verfügens als Gabe zu uns. Wer sich der Liebe öffnet, der hat sich ihrem Ursprung geöffnet, dem Ursprung der Liebe, Gott. Nur so kann ich's euch und mir erklären, das mit der Liebe, dem Quell unseres Lebens: »Wer in der Liebe bleibt, der bleibt in Gott, und Gott bleibt in ihm« (1 Joh 4,16). *16,164*

Das Miteinander der Generationen

Das Alte Testament endet mit einer großen Verheißung. Der Prophet der Heilszeit »wird das Herz der Väter wieder den Söhnen zuwenden, und das Herz der Söhne ihren Vätern ...« (Mal 3,24). Das ist wie ein Vermächtnis, es gibt zu denken: Wieviel Entzweiung, wieviel Leid, wieviel Entfremdung muss es auch damals schon gegeben haben? Der Prophet schreibt nach dem großen Exil: Das Volk Gottes, das doch seine Existenz dem Bund der Generationen verdankt, ist am Boden zerstört. Ein Riss geht durch die Generationen. Vor diesem Hintergrund fasst Maleachi die gesamte Glaubenserfahrung Israels zusammen in die Verheißung, dass die Generationen sich erneut einander zuwenden.

Zusammen mit den Juden halten wir Christen diese Verheißung hoch. Sonntag für Sonntag erinnert sich die Kirche dankbar des Jesus aus Nazaret. In seinem Namen sind die ausdrücklich einbezogen, »die uns im Zeichen des Glaubens vorangegangen sind«. Das Volk Gottes ist der Lebensraum, der alle Generationen im Vertrauen auf Gott zusammenführt. Wohl nirgends sonst wie in der jüdischen Erinnerung und im christlichen Gedächtnis wird so das Bewusstsein bewahrt, dass alle Generationen zusammengehören. Das unterscheidet uns von einer Gesellschaft, die die Jungen hochjubelt, die Alten entsorgt und die Vorfahren vergisst.

Ganz eindringlich kommt der Generationenverbund in den großen Stammbäumen zum Ausdruck, die in der Bibel an den Schnittpunkten der Heilsgeschichte stehen. Ohne Vorfahren hätte es keinen Abraham und keinen Jesus gegeben. Gott lässt sich in unsere Generationengeschichte ein. Es hängt nicht alles nur an unserem kurzen Leben. Haben wir noch den langen Atem und den Weitblick, uns vorzustellen, dass die Kette unserer Nachkommen ebenso das nächste Jahrtausend überspannen möchte, wie die Kette unserer Vorfahren dieses Jahrtausend durchzieht? Es liegt auch in unserer Hand, ob die Generationenkette weitergespannt werden kann oder abreißt, weil die Umwelt verseucht und zerstört ist. Wir dürfen doch die Schätze dieser Welt nicht in einem kurzem Feuerwerk zum eigenen Vergnügen verpulvern. *4,120f*

Das Herz wieder zuwenden

Wir dürfen vor der Situation, in der Jugendliche heute aufwachsen, nicht die Augen verschließen. Sind wir nicht selbst ohnmächtig und überfordert? Viele Eltern tun ihr Bestes und müssen doch erleben, wie ihr Bemühen scheinbar wenig bewirkt. Was richten wir da aus mit dem Prophetenwort: »Er wird das Herz der Väter wieder den Söhnen zuwenden und das Herz der Söhne ihren Vätern«? Das Wort lässt hoffen. Gott gibt uns nicht auf, weder die Jugendlichen noch die Erwachsenen. Es ist viel wert, wenn Eltern mit ihren Kindern, die eigene Wege gehen, in Verbindung bleiben, in Verständnis und Versöhnungsbereitschaft die Tür offen halten.

Keine Frage: Es geht um's Herz. Haben wir Erwachsenen ein Herz für die Jugendlichen? Gerade in einer solch offenen, widersprüchlichen und zerrissenen Welt brauchen sie Menschen, die zu ihnen stehen, ohne sie zu bevormunden. Wir Erwachsenen sind aufgerufen, ein Bündnis *mit* den jungen Leuten zu schließen und nicht *gegen* sie.

Die Jugend ist in der Kirche des 20. Jahrhunderts in vielen Bewegungen eine treibende Kraft gewesen. Sie hat ihre eigene Stimme, ihr eigenes Charisma, heilsam und unbedingt notwendig für das Ganze. Ahnen wir, was das für die Entwicklung der Kirche bedeutet, wenn sie heute immer weniger bei uns anzutreffen ist? Oft heißt es: Wer die Jugend hat, hat die Zukunft! Vielleicht sollten wir den Satz umkehren: Wer die Zukunft hat, hat die Jugend! Leben wir die Zukunft, die uns in Christus geschenkt ist? Jugend und Kirche, das ist eine Frage der Zukunftsfähigkeit unserer Kirche. Sie hängt ganz wesentlich daran, dass das Herz der Väter und Mütter sich wieder den Söhnen und Töchtern zuwendet und umgekehrt. Gott möge unser Herz bewegen. *10,132f.135ff*

Was steht ihr da und schaut zum Himmel?

Ich beschwöre euch, bleibt der Erde treu, und glaubt denen nicht, welche euch von überirdischen Hoffnungen reden. Giftmischer sind es, ob sie es wissen oder nicht. Verächter des Lebens ...« Ein Wort von Friedrich von Nietzsche, uns Christen ins Stammbuch geschrieben. »Bleibt der Erde treu« – und wir feiern Himmelfahrt! Geht das nicht in entgegengesetzte Richtungen? Himmelfahrt: Heißt das Abschied von der Erde? Kündigen wir der Erde die Treue? Das ist nicht selten geschehen: »Die Welt, die mag nun fahren, in ihrer Lust und Pracht. In ihr sind nur Gefahren, nichts, was mich selig macht ...« – die Älteren kennen dieses Lied noch. Ist das Ausdruck unserer Welteinstellung? Doch kaum. Christen dürfen sich in der Treue zur Erde von niemandem übertreffen lassen. Aber wie bringen wir diese Treue zur Erde mit der Himmelfahrt zusammen?

Himmelfahrt: Hat Jesus sich abgesetzt? Hat er sich aus dem Staub gemacht? Wer Jesus so sieht, weiß wenig von ihm. In ihm ist Gott zur Welt gekommen. Gott ist nicht weltlos, und die Welt nicht gottlos. Jesus bürgt für die Treue Gottes zur Erde. Er hat den Staub der Erde geschluckt, in der Wüste, und nicht nur dort. Er hat sich die Hände und Füße dreckig gemacht. Er hat sich auf den Staub der Erde eingelassen – und ist nicht wie alle anderen Staub geworden.

Das bekennen wir mit dem Himmelfahrtsfest: Er steht drüber. Wir wissen alle, wie das ist, wenn wir tief drinsitzen, untergehen in unseren Sorgen, in unseren Terminen, in unserer Arbeit, untergehen im Leid. Und dann die heimliche Sehnsucht drüberzustehen. Jesus steht drüber. Nicht selbstherrlich, nicht wie einer, der nichts mit den Dingen der Welt zu tun hat. Nein, er ist tief nach unten heruntergekommen. Er ist den Kalamitäten des Lebens nicht ausgewichen, die hat er vielmehr am eigenen Leib zu spüren bekommen. Er hat das Kreuz des Lebens bis zum bitteren Ende getragen. »Hinabgestiegen in das Reich des Todes« – so tief ist er heruntergekommen. Eine Treue zur Erde, die bis zum Letzten geht. Sie ist ihm sehr ans Herz gewachsen, er hat sie sich zu eigen gemacht.

20,122f

Bleibt der Erde treu

Ihr Männer von Galiläa«, heißt es in der Lesung von Christi Himmelfahrt (Apg 1,4–11) – und die Frauen können wir getrost mit einschließen –, »was steht ihr da und schaut zum Himmel empor?« (11). Schaut nach vorn, geht hin in alle Welt. Verkündet aller Kreatur die Botschaft vom Königtum Christi, von seiner Treue zur Erde (vgl. 8).

Diese Treue zur Erde wappnet uns vor zwei Gefahren. Sie bewahrt uns vor der Weltflucht. Diese ist nicht etwa nur eine Sache der Vergangenheit. Die gibt es auch heute. Manche kultivieren ihre Innerlichkeit und kuscheln sich in der Kirche ein. Das ist nicht die Richtung, in die Jesus zeigt. »Geht hinaus in alle Welt«, sagt er. Er sagt nicht: »Haltet euch heraus«, er sagt: »Mischt euch ein.« Wir können und dürfen uns nicht heraushalten, wenn es um die Erde geht und um ihre Zukunft.

Treue zur Erde im Namen Jesu Christi bewahrt uns nicht nur vor der Weltflucht, sondern auch vor einer Weltverfallenheit, die nur noch Erde sieht und ganz darin auf- und untergeht. Viele haben heute nichts anderes mehr als das, was sie haben, ihren Besitz. Davon sind sie schließlich wie besessen. Die Erde kann nicht unser ein und alles sein. Jesus eröffnet uns den Standpunkt, auf dem wir drüberstehen. Es ist ein himmelweiter Unterschied, ob wir diesen Standpunkt einnehmen oder nicht.

»Ihr werdet meine Zeugen sein ... bis an die Grenzen der Erde« (8). Mit anderen Worten: »Bleibt der Erde treu!« Das ist der Auftrag von Christi Himmelfahrt. Der Himmel liegt nicht über uns, sondern vor uns, als Aufgabe, als Möglichkeit schon hier in dieser Welt. Das heißt nicht, dass wir das Paradies auf Erden erwarten. Der Himmel fällt nicht mit dieser Welt zusammen, heute nicht und in Zukunft nicht. Das sieht jeder, der Augen hat. Aber gerade diese Erde in ihrer Zerrissenheit und Dunkelheit, ihr gilt die Verheißung Gottes.

Das Reich Gottes wird verraten von denen, die der Erde die Treue kündigen. Es ist auf die Erde gekommen in dem, der ihr treu war bis zum Tod am Kreuz. Die ebnen dem Reich Gottes die Wege, die in der Treue zu Christus der Erde treu bleiben. *20,124f*

Vom Himmel getragen

Es ist eine Binsenweisheit: Ein Fisch kann im Wasser nicht ertrinken, er ist in seinem Element. Ein Vogel kann in der Luft nicht abstürzen, er ist in seinem Element. Er ist getragen von dem, was ihn umgibt.

Und der Mensch? Was trägt ihn? Wann ist der Mensch in seinem Element? Nie so wie in der Liebe. Wenn er sich lieben lässt, wenn er Gott glaubt und sich ihm anvertraut, dann ist er ganz in seinem Element. »In ihm leben wir, bewegen wir uns und sind wir«, sagt Paulus (Apg 17,28). Da sind wir so frei wie ein Fisch im Wasser, wie ein Vogel in der Luft.

Der Grundsatz des christlichen Glaubens lautet: Du bist von Gott geliebt! Descartes hat am Beginn der Neuzeit gesagt: »Cogito, ergo sum – Ich denke, also bin ich.« Bei allem Respekt vor dem Denken sagen Christen das anders: »Amor, ergo sum – Ich bin geliebt, also bin ich.« Das geht über das Denken hinaus. Das ist der letzte Grund unserer Christen- und Menschenwürde.

Gottes Liebe hat einen Namen: Jesus Christus. Seine Himmelfahrt meint nicht, dass er eine steile Karriere nach oben gemacht hat. Er ist kein Aufsteiger. Er ist heruntergekommen in unser menschliches Dasein. Er hat gehört und selbst erlebt, was hier zum Himmel schreit. Er hat unserer gebeutelten und geschlagenen Menschennatur Raum gegeben in Gott, sie in Gott beheimatet. Das ist der Himmel, von dem Christi Himmelfahrt spricht. Nicht da, wo der Himmel ist, ist Gott (irgendwo über den Sternen); sondern da, wo Gott ist, ist der Himmel. Und in ihm ist der Mensch ganz in seinem Element – wie der Fisch im Wasser, wie der Vogel in der Luft.

Die Devise des wirtschaftlichen und technischen Fortschritts lautet: immer mehr und immer besser; wir machen das schon. Alles ist machbar, wir schaffen den Himmel auf Erden. Und just in dem Augenblick, da wir denken, die Bäume wachsen in den Himmel, beginnen die Bäume zu sterben. Da liegt doch etwas in der Luft. Die Atmosphäre ist zersetzt (Ozonloch), sie trägt nicht mehr. Wenn der Himmel nicht mehr trägt, dann ist der Mensch nicht mehr in seinem Element. *20,126ff*

Neuer Himmel und neue Erde

Viele unserer Zeitgenossen haben Gott aus dem Blick verloren. Was bleibt dann vom Himmel? Er wird anderweitig besetzt. Er wird vollgestopft mit Dingen, mit Flugreisen, Urlaubszielen, Autos ... An die Stelle der großen, die ganze Erde umspannenden Hoffnung vom neuen Himmel und der neuen Erde tritt die Hoffnung auf ein bisschen Wohlstandshimmel.

Lange Zeit hat man dem Christentum vorgeworfen, dass es die Menschen auf das Jenseits vertröste, auf den Himmel. Trost ist gut, Vertröstung ist schlecht, auch wenn sie sich christlich gibt. Ebenso gefährlich ist die Vertröstung mit dem Diesseits. Das ist die heute gängige Lebenseinstellung: Das große Glück muss jetzt stattfinden. Da wächst die Angst, ja nichts zu verpassen. Wer sich das maßlose Glück selbst ergattern will, der gerät unter einen unheimlichen Druck, besonders wenn die Glückschancen knapper werden. Da ist jeder sich selbst der Nächste, die Solidarität bleibt auf der Strecke. Diesseitsbesessenheit entsolidarisiert. Wer jetzt schon alles haben muss, denkt schließlich nur noch an sich. Ohne den Himmel gerät die Erde, gerät die menschliche Gemeinschaft aus den Fugen.

Vom Himmel her erschließt sich die Erde. Darum dürfen wir ihn auf keinen Fall den Spatzen überlassen. Die können uns vielmehr ein Zeichen sein, dass der Himmel trägt und dass man wahre Kunstflüge vollbringen kann, wenn man sich ihm überlässt. Wer weiß, dass der Himmel trägt, der ist ganz in seinem Element. Er hat den Rücken frei zum aufrechten Gang. Er weiß, dass ihm das Beste immer noch bevorsteht. Er hat Kopf und Füße, Herz und Hände frei, um sich anderen zuzuwenden, besonders denen, die leer ausgehen. Er ist dort, wo Hungernde auf Brot warten, Fremde auf Asyl, Verzweifelte auf Hoffnung, Schuldige auf Vergebung. Er wird sich nicht mit der eigenen kleinen Welt, mit seinem begrenzten Wohlstandshimmel zufrieden geben. Er wird darauf aus sein, dass allen Gerechtigkeit zuteil wird. Die sich getragen wissen, sind die Hoffnungsträger in unserer Welt. Sie hoffen, lieben und trösten nicht ins Blaue hinein. Sie sind unterwegs zu jenem »neuen Himmel und der neuen Erde, in denen die Gerechtigkeit wohnt« (2 Petr 3,13). *20,128f*

Das Allernötigste

Die Situation kennen wir alle: Ich bin eingeladen zu Besuch. Die Dame des Hauses öffnet, ich überreiche einen Blumenstrauß, und sie sagt: »Das ist aber eigentlich nicht nötig.«

Sind Blumen nötig? Es gibt Erfahrungen in unserem Leben, die über das vordergründig Nötige hinausreichen. Blumen sind eigentlich nicht nötig, aber sie sind schön. Sie eröffnen eine neue Dimension, über die Kosten-Nutzen-Kalkulation und über das »Wie du mir, so ich dir« hinaus. Da schweigt die Frage nach dem, was ich »gebrauchen« kann.

Ist Liebe nötig? Man kann sie nicht »gebrauchen«, nicht »verwerten«. Es ist, wie wenn jemand zum anderen sagt: »Ohne dich möchte ich nicht leben. Immer will ich mich für dich einsetzen, immer will ich zuerst fragen: Was ist gut für dich?« Ist Liebe nötig? Wir stoßen mit dieser Frage in eine andere Dimension. Es gibt Erfahrungen, die das vordergründig Nötige weit überschreiten. Wenn wir ihnen folgen, spüren wir auf einmal: Das, von dem wir sagen: »Eigentlich nicht nötig«, ist – es klingt paradox – das Allernötigste. Es lässt uns Mensch werden und bleiben.

Haben wir Gott nötig? Mancher denkt: »Eigentlich nicht nötig ... Die Sonne scheint auch ohne Gott, das Bier schmeckt auch ohne Gott, und der Rubel rollt auch ohne Gott.« In der Tat: Gott ist nicht nötig wie Geld und Bier. Wer Gott für sein Fortkommen gebrauchen will, geht leer aus. Gott möchte uns auf einer anderen Ebene begegnen, dort, wo jemand sagt: ›Ohne dich will ich nicht leben, nicht weil ich etwas von dir haben muss, sondern weil du du bist.‹

Ahnen Sie, was Pfingsten ist, Heiliger Geist? Geist ist Gabe. Wir sind weder Macher noch Verbraucher des Geistes. Aber wir dürfen ihn empfangen: »Die Liebe Gottes ist ausgegossen in unsere Herzen durch den Heiligen Geist, der uns gegeben ist« (Röm 5,5).

Eigentlich nicht nötig? Gottes Geist ist so nötig, wie die Liebe nötig ist. *14,63ff*

Gesicht der Erde

Sende aus deinen Geist, und das Antlitz der Erde wird neu« (Ps 104,30). Dieses Gebet ist über 2500 Jahre alt und doch überraschend neu: »Das Angesicht der Erde erneuern.« Haben wir das schon einmal bedacht: Die Erde hat ein Gesicht? Dass der Mensch ein Gesicht hat, das wissen wir, das zeichnet ihn aus. Wir können uns ins Gesicht schauen und uns anreden. Aber die Erde, die Geschöpfe – wie kann man da vom Gesicht sprechen?

Seltsam genug: Ein kleines Kind redet alle Dinge mit »du« an, ganz spontan, intuitiv. Wir lachen vielleicht darüber, denken: Das ist naiv, unaufgeklärt. Und wir reden es ihm aus. Schade, denn darin steckt Wahrheit. Die Dinge, die Geschöpfe sind Ausdruck eines Du, haben ein Gesicht.

Sie sind nicht einfach ein Ding, Materie, Material. Selbst in dem Wort Materie steckt ja noch die Nähe zu »mater«, zur Mutter Erde. Sie hat ein Gesicht, sie schaut uns an, und durch sie schaut Gott uns an und kommt auf uns zu. Die Erde ist endlicher Ausdruck des unendlichen Gottes, Gleichnis des Schöpfers. Gottes Geist wohnt in der Welt wie die Seele im Leib. Die Welt ist nicht geistlos, und Gottes Geist ist nicht weltlos oder gar weltflüchtig. »Der Geist des Herrn erfüllt das All ...«

Der Geist Gottes ist nicht nur dem Menschen vorbehalten und schließlich gar nur für den Kopf oder für die Innerlichkeit reserviert. Wie er unseren Leib belebt, so auch die Mitgeschöpfe. Sie sind nicht irgendein Ding, geist- und gottverlassen, sondern von Gottes Geist beseelt. Der Geist Gottes gibt der Erde und den Kreaturen ihr Gesicht.

Glauben heißt, das Gesicht der Erde wahrnehmen und durchschauen bis zum Gesicht des Schöpfers, das in den Geschöpfen aufleuchtet und offenbar wird. Um diesen Durchblick geht's. Die Umweltkrise ist eine Krise des Menschen: Er blickt nicht mehr durch bis zum Gesicht der Erde, durch das Gott uns anschaut. Durch Attacken gegen den praktischen Materialismus und Konsumismus allein werden wir die Situation nicht durchgreifend ändern, sondern nur dadurch, dass wir richtig sehen lernen, neu den Durchblick gewinnen. *14,61f*

Geist, der lebendig macht

Im Credo bekennen wir unseren Glauben an den Heiligen Geist, »der Herr ist und lebendig macht«. Das ist das Charakteristikum des Heiligen Geistes. Auf den ersten Seiten der Bibel heißt es: »Gottes Geist schwebte (brütete) über dem Wasser« (Gen 1,2). »Da formte Gott, der Herr, den Menschen aus Erde vom Ackerboden und blies in seine Nase den Lebensatem. So wurde der Mensch zu einem lebendigen Wesen« (2,7). Gottes Geist, der Atem des Lebens.

Woher kommt das Leben? Das ist eine Grundfrage des Menschen. Eigenartig: Unser Dasein beginnt mit dem Empfangen, nicht mit dem Tun. Das Leben ist uns vorgegeben. Es ist nicht in unsere Entscheidung gestellt. Wir sind nicht Schöpfer unserer selbst, so gern wir es oft auch sein möchten. Wir haben uns nicht selbst gemacht, wir sind empfangen. Die Mutter empfängt das Kind. Das ist wie ein Wunder. Man kann versuchen, dieses Geschehen wissenschaftlich zu begreifen. Und doch erfasst man damit nur die Außenseite. Die Sache selbst ist unbegreiflich, dieses Wechselspiel von Liebe und Leben, von Leben und Liebe. Das Leben ist nicht aus sich, nicht aus uns. Es kommt zu uns, als Gabe, als Geschenk. Man kann es nicht machen, wir dürfen es empfangen.

Das Leben ist unverfügbar. Wie es sich uns gewährt, so entzieht es sich: im Schmerz, im Abschiednehmen, in der Trennung, im Tod. Man kann es nicht festhalten.

Oft sagen wir: ›Das Leben ist hart. Du musst dir dein Leben teuer erkaufen. Es wird dir nichts geschenkt.‹ Stimmt das? Was können wir schon erkaufen? Sicher, das Leben ist auch unsere Tat, es ist Werk, Lebenswerk. Es ist Arbeit, Tat, Planung. Aber das ist nicht alles. Den Kern des Lebens erreichen wir damit nicht. Wir erreichen damit die Lebensumstände, die Lebensverhältnisse, die Lebensmittel. Das Leben selbst ist mehr Gabe als Werk, mehr Geschenk als Tat. Es ist weit mehr zu empfangen als zu machen. Das meinen wir, wenn wir uns dazu bekennen, dass Gottes Geist es ist, der lebendig macht. Ihm verdanken wir uns.

10,48f

Immer höher hinaus?

Eine Art Gegenstück zur Pfingsterzählung ist die Erzählung vom Turmbau zu Babel. Die Menschen tun sich zusammen zu einem Riesenunternehmen: Sie wollen einen Turm bauen, immer größer, immer höher hinaus. Was sie zu diesem Turmbau treibt? Einen Namen wollen sie sich machen, sich verewigen in Stein. Diesem Ziel muss alles dienen. Die ganze Welt wird Material zur eigenen Selbstdarstellung. Sie wollen sich selbst produzieren. Wir sagen das häufig: Der produziert sich selbst. Das ist eine unheimliche Sache: sich selbst schaffen, sich selbst machen zu wollen, selbstmächtig, eigenmächtig. Eine Gesellschaft, Menschen, die sich selbst machen wollen, eine Gesellschaft der Macher!

Was dabei herauskommt, ist Mache. Weil die Macher Angst haben, unterzugehen und niemand zu sein, müssen sie alles dransetzen, um durch immer größere Leistungen doch noch jemand zu werden. Sie versuchen, den Zweifel an sich selbst durch eigene Leistung auszugleichen. Sie müssen immer höhere Türme bauen, um sich selbst zu beweisen, dass sie wer sind. Schließlich platzt das Unternehmen. Die nach den Sternen greifen und sich wie Herrgötter gebärden, fallen auf einmal aus allen Wolken. Was dem eigenmächtigen Turmbau bis in den Himmel zu Ehren des eigenen Namens dienen soll, steht unter dem Fluch der »babylonischen Verwirrung«. Ein trauriger Name, den sich die »Macher« für alle Zeiten geschaffen haben.

Der Name steht für eine Realität: Man versteht sich nicht mehr, redet aneinander vorbei, hat sich nichts mehr zu sagen. Schlag-Wörter werden wie Schlag-Waffen gebraucht. Man schlägt damit aufeinander ein. Und schließlich lässt man nicht mehr nur die Wörter, sondern die Waffen sprechen. Statt Türme baut man immer größere Raketen. Man braucht atomare Gewalt, um den einen Menschen vor dem anderen zu schützen.

Am Anfang steht die eigenmächtige Selbstdarstellung und am Ende die Selbstvernichtung. Der Versuch, sich selbst zu machen, verkennt die eigene Realität, ist Raubbau am Leben und endet im Tod. *10,45ff*

Aus Babylon heraus

Turmbau zu Babel – die alte Geschichte auf den ersten Seiten der Bibel ist so aktuell wie eh und je: Menschen wollen den Himmel stürmen und fallen schließlich aus allen Wolken. Sie starten zum Höhenflug und zerschellen am Boden. Muss das so weitergehen? Gibt es keine Alternative? Keinen Weg, der herausführt aus der Geschichte Babylons, aus der Geschichte der Selbstzerstörung der Menschheit?

Pfingsten ist der Anfang eines neuen Weges, heraus aus Babylon. Verschlossene Fenster und Türen werden aufgestoßen. Menschen finden sich zusammen, die nicht von der Erde weg nach den Sternen greifen, sondern mit beiden Beinen auf dem Boden stehen und empfangen, was nicht zu machen ist: das »Geschenk des Himmels«, Gottes heiligen Geist.

Da gerät etwas in Bewegung, man kann es erfahren. Die Begeisterten beginnen zu reden, und – wie ein Wunder – sie verstehen sich untereinander und werden verstanden. Sie finden sich nicht ab mit dem, was ist, mit dem Ist-Stand der Welt. Sie sagen nicht: ›Die Welt ist nicht mehr zu retten, drum rette sich, wer kann ...‹ Sie sagen: ›Es gibt ganz ungeahnte Möglichkeiten, die Möglichkeiten Gottes mit uns.‹ Sie fangen Feuer und brennen darauf, diese Möglichkeiten zu verwirklichen: ›Worauf Gott seine Hoffnung setzt, das wagen wir ...‹ Menschen mit einer Leidenschaft für das Mögliche! Menschen, deren Erwartungen nicht mit den selbstgemachten Türmen stehen und fallen, die mehr erwarten als sich selbst, die tatsächlich Gott erwarten.

Zwischen Babylon und Pfingsten. Jeder von uns hat seine Erfahrung mit diesem Weg. Wohin gehen wir, in welche Richtung? – Gott hat die Initiative ergriffen, Pfingsten ist seine Initiative, eine Art Bürgerinitiative, die er ins Leben gerufen hat. Gerufen sind Bürgerinnen und Bürger einer neuen Welt, die Babylon den Rücken kehren und im Vertrauen auf die Kraft des Geistes Gottes das Mögliche tun. *10,45.47f*

Mut zur Vielfalt in der Einheit

Die Pfingstlesung (Apg 2,1–11) zeigt uns die Kirche in ihrer Geburtsstunde: Vom ersten Augenblick ihres Daseins spricht sie in allen Sprachen und ist doch eins in demselben Geist. Sie ist nicht universal geworden, indem sie sich im Laufe der Zeit von Stadt zu Stadt, von Land zu Land ausgebreitet hat. Sie ist es kraft des Heiligen Geistes vom Ursprung her. Sie ist »katholisch«, oder sie ist nicht sie selbst.

Der Geist erfasst alle Völker. Er eröffnet der Kirche einen weltweiten Horizont. Er führt sie über die politischen und kulturellen Grenzen hinaus. Und er wirkt in der Vielfalt der Sprachen die Einheit im Verstehen. Das ist wie ein Wunder. – Wir kennen das Gegenbild. Auf den ersten Seiten der Bibel ist es dargestellt: Babel! Das Programm Babels ist ebenfalls Vereinigung, aber diese selbstproduzierte, technische Einheitskultur führt nicht zusammen, sondern auseinander. Gleichmacherei verbindet nicht, sondern trennt. Die Leute von Babel reden in einer Sprache nur noch von ihren eigenen Großtaten und verstehen sich nicht mehr. Die Leute von Pfingsten hören in ihren verschiedenen Sprachen gemeinsam die Großtaten Gottes. Einheit des Geistes in der Vielfalt der Sprachen, das ist Pfingsten, pfingstliche Kirche. Gleichschaltung, Gleichmacherei, Uniformität, das ist Babel.

Die Kirche erfüllt ihre einende Sendung nur, wenn sie allen Völkern geöffnet bleibt. Weltkirche sein erfordert Mut zur Vielfalt in der Einheit. Wenn die Kirche in allen Völkern lebt und alle Sprachen spricht, wird sie von selbst farbig, bunt. Das muss sie sein und bleiben, um ihrer selbst willen. Es kann und darf in ihr keine Ausländer geben.

Einheit und Vielfalt, das ist die große Herausforderung unserer Weltenstunde im Zusammenleben der Völker. Einheit und Vielfalt sind keine Alternativen, sie gehören zusammen, wie in einer Familie jeder anders ist und doch alle miteinander verbunden sind. Die Kirche soll Zeichen der Einheit unter den Völkern sein, so hat es das Zweite Vatikanische Konzil gesagt. Das kann sie nur, wenn sie selbst weiträumig genug ist, wenn sie katholisch ist und bleibt. *20,150f*

Aus Fremden Freunde

Das ist fast zu schön, um wahr zu sein: Menschen »aus allen Völkern unter dem Himmel« (Apg 2,5) strömen zusammen, und man versteht sich. Ein wunderbares Pfingstbild! Aber wir haben ganz andere Bilder vor Augen, aus Afrika, aus dem Balkan, aus dem Nahen und dem Fernen Osten, aus unseren eigenen Städten: Menschen aus unterschiedlichen Völkern und Kulturen verstehen sich nicht, gehen aufeinander los, bringen sich um. Der Stärkere jagt den Schwächeren, der Einheimische den Fremden. Das ist die blutige Wahrheit. Zum Weinen!

Viele denken: Aus der Traum von einer multikulturellen Gesellschaft! Die Verhältnisse sind nicht so und die Menschen schon gar nicht. Es ist, wie es ist: »Gleich und gleich gesellt sich gern.« Fremde stören nur. »Deutschland den Deutschen!« Jede Nation für sich, es müssen klare Grenzen gezogen werden. Darum abschotten, abschrecken, abschieben. Anders geht's nicht. Wirklich nicht?

Die alten Griechen nannten die Fremden Barbaren, die Römer nannten sie Feinde (hostes). Die Christen sagten revolutionär genug: Sie sind unsere Freunde. Aus Fremden werden Freunde! Das ist urchristlich. Wie kommen die ersten Christen dazu? Sie sagten: ›Die Fremden sind unsere Freunde, weil sie Freunde Gottes sind.‹ Wie können wir Freunde Gottes Barbaren nennen oder gar Feinde? Das haben wir Pfingsten anders erlebt: Der Geist Gottes schert sich nicht um Grenzen, die wir ziehen. Er spricht in allen Sprachen. Er ist mir ganz nahe, weil er meine Sprache spricht. Sie ist ihm wichtig. Ich muss nicht erst Latein oder irgendeine Fremdsprache lernen, um ihn zu verstehen. Er spricht zu mir in meiner Muttersprache, ich kann ihn in meiner Muttersprache ansprechen.

Und Gottes Geist spricht ebenso den anderen in seiner Muttersprache an. Er ist ihm genauso nahe wie mir. Jede nationale Arroganz, jede Überheblichkeit gegenüber anderen Kulturen und Sprachen verbietet sich. Gott hat dem anderen etwas geschenkt, das ich nur durch ihn erfahren kann. Und er erwartet, dass ich mich für ihn interessiere, mit ihm mich austausche. Was würde uns alles entgehen, wenn wir uns einfach abschotteten! *20,152f*

Globales Dorf

Pfingsten weitet den Horizont auf alle Völker und Sprachen hin. Das ist der Kirche mit in die Wiege gelegt – und ins Stammbuch geschrieben. Sie ist nicht erst im Laufe der Zeit universal geworden. Sie ist kraft des Heiligen Geistes vom Ursprung her in allen Sprachen zu Hause, grenzüberschreitend, weltweit. Niemand in ihr ist Ausländer. Das kommt nicht aus parteipolitischen Optionen, so ist sie von Geburt an. Nur so ist sie sie selbst, nur so kann sie sich treu bleiben. In den verschiedenen Sprachen zu Hause, geeint durch Gottes Geist!

Einheit in der Vielfalt – das ist die große Herausforderung unserer Weltenstunde. Unsere Erde ist durch die modernen Möglichkeiten der Kommunikation ein globales Dorf geworden. Darin werden wir auf Dauer immer dichter beieinander wohnen, nicht unbedingt alle in einem Haus, aber doch ohne hohe Mauern und Ausgrenzungen und ohne den Wahn eines gewalttätigen Nationalismus, sonst richtet sich das Dorf schließlich selbst zugrunde. Was werden Christen beitragen zur Verständigung, zum Zusammenleben im Weltdorf?

Fremde werden Freunde – das ist die Botschaft vom Ursprung her aus des Geistes Gegenwart. Da bleibt noch viel zu tun und zu wünschen übrig. Denn immer auch sind solche, die sich Christen nennen, in die blutigen Auseinandersetzungen verwickelt. Gott sei's geklagt, das ist weit von Pfingsten weg, von allen guten Geistern verlassen. – Ist unser Glaube so stark, dass er Berge von Hass und Nationalismus versetzen kann oder doch mithilft, sie abzutragen? Erweisen wir uns hier zu Hause als Christen, wenn Ausländer gejagt werden, am Stammtisch oder auf der Straße?

In den Pfingstgottesdiensten erleben wir vielerorts Kirche aus den verschiedensten Völkern und Nationen, Zeichen einer im Heiligen Geist geeinten Verschiedenheit. Das ist unsere Hoffnung, das ist unsere Vision, davon lassen wir uns trotz bitterer Erfahrungen nicht abbringen. Wir halten daran fest für unsere Städte und Gemeinden, für diese Welt. Denn Gottes Geist treibt uns dazu an, er lockt uns. *20,153f*

Geistesgegenwart

Woher nehmen wir die Kraft und den Mut, die gegenwärtige Krise als Chance zur Umkehr zu deuten und die Angst vor Veränderungen zu überwinden? Woher schöpfen wir das Vertrauen, dass wir nicht verlieren, wenn wir teilen und weniger haben? Auch wir in der Kirche sind ja von Umwelt- und Innenweltverschmutzung betroffen, nicht nur als Opfer, sondern als Täterinnen und Täter. Zu mächtig ist der Eigennutz im Großen und im Kleinen, zu trickreich die Kunst, es nicht gewesen zu sein, zu bequem die Verschleppungstaktik. Auch bei uns ersetzen allzu oft große Sprüche die allzu kleinen oder nicht vorhandenen Taten. Der Mut zur Konversion (von dicker Luft zu sauberer), der Wille zur Verhaltensänderung hat immer auch mit uns zu tun. Welches Klima verbreiten wir? Welcher Geist herrscht dort, wo wir wohnen und arbeiten? Auf den Geist des Hauses kommt es an.

Lassen wir uns vom Geist Jesu Christi leiten? Der ist nicht von gestern, der ist heute wirksam. Geistesgegenwart! Wo dieser Geist herrscht, da ist ein anderes Klima als unter denen, die immer mehr kriegen wollen und sich vom Eigennutz gefangen nehmen lassen. Da sind wir wach füreinander. Da haben Fremde Platz an unseren Tischen. Da kommen all die in den Blick, die sonst hinten herunterfallen, gar nicht mitzählen. »Löscht diesen Geist nicht aus« (1 Thess 5,19). – Wo der Geist Jesu Christi herrscht, da dürfen Gebeugte sich wieder aufrichten und aufatmen, da finden Schuldige Vergebung. »Löscht diesen Geist nicht aus!« – Wo der Geist Jesu Christi herrscht, da wird die Welt nicht schöngeredet, da wächst Zivilcourage zum klaren Wort gegen das Verdrängen des sozialen Unrechts, gegen Politikverdrossenheit und kulturelle Belanglosigkeit. »Löscht diesen Geist nicht aus!«

Wir müssen uns nicht verstecken. Wir dürfen uns gar nicht verstecken. Wir können uns sehen lassen. Wir können wie hier in aller Öffentlichkeit mitten in der Stadt bekunden, wes Geistes Kind wir sind. Und wir sollten endlich Schluss machen mit der elenden, geistlosen Selbstbemitleidung. *16,101f*

Wo sich die Geister scheiden

Wir bekennen uns zu Gottes Heiligem Geist, der Herr ist und lebendig macht. Es gibt eine ganz andere Einstellung zum Leben. Da heißt es: Leben – das ist unsere Sache. Das machen wir, darüber verfügen wir. Wir sind die Herren des Lebens.

Das Leben machen: Das kann bei der Manipulation im Reagenzglas beginnen und bei der Manipulation im Prozess des Sterbens enden. Die ganze Schöpfung hat schließlich unter dem selbstherrlichen Treiben des Menschen zu leiden. Sie wird ausgeplündert nach Strich und Faden. Sie wird Material zur eigenen Lebenssteigerung. Das ist eine grundsätzlich andere Lebenseinstellung. Da scheiden sich die Geister. Der Heilige Geist als Lebensspender: Das heißt, das Leben steht nicht zu unserer Disposition. Nicht wir sind Herren über Leben und Tod, Gottes Geist ist es, der lebendig macht. Das Leben ist weniger Tat als vielmehr Gabe, weniger unser Werk als vielmehr Geschenk. Wenn wir uns ausleben, dann ist es bald aus mit dem Leben. Es kommt darauf an, das Leben zu hüten, zu bewahren, zu erhalten. Das ist alles andere als konservativ und reaktionär. Das ist progressiv, dient der Zukunft von Mensch und Schöpfung.

Es stimmt von Grund auf etwas nicht, wenn der Mensch nicht mehr weiß, wo sein Ursprung ist und wem er sich verdankt, wenn er mit dem Grund des Lebens nicht mehr zusammenstimmt. Dann versteht er auf einmal die Welt nicht mehr. Und er versteht schließlich sich selbst nicht mehr, weil er mit Gott nicht mehr im Einklang ist. Er sollte sich nicht wundern, wenn es dann schließlich hinten und vorn nicht mehr stimmt, weder am Anfang noch am Ende, noch überhaupt, weder mit der Welt noch mit ihm selbst.

Hier zeigt sich, wes Geistes Kind wir sind. Wir bekennen uns zu Gottes Heiligem Geist, der Herr ist und lebendig macht. *10,51f*

Tröster, der die Herzen lenkt

Der Geist Gottes reißt uns nicht einfach aus unseren Kalamitäten und Miseren heraus. »Wir wissen, dass die gesamte Schöpfung bis zum heutigen Tag seufzt und in Geburtswehen liegt. Aber auch wir, obwohl wir als Erstlingsgabe den Geist haben, seufzen in unserem Herzen und warten darauf, dass wir mit der Erlösung unseres Leibes als Söhne offenbar werden« (Röm 8,22f). Auch wir stöhnen mit und können uns nicht schwärmerisch über die faktischen Verhältnisse hinweg treiben lassen.

Der Geist entreißt uns nicht den Konflikten. Er entreißt uns nicht den ganzen Mühsalen und Beschwernissen, die Kirche zu erneuern. Er entreißt uns nicht den Rückschlägen. Er entreißt uns nicht den ganzen Frustrationen und den wüstenähnlichen Durststrecken. Aber er ist bei uns als der Beistand. Das ist Trost. Da müssen wir uns nicht den trostlosen Selbstbemitleidungen überlassen. Unser Blick weitet sich, weil wir nicht mehr in Angst um uns selbst und in Angst vor anderen versinken. Wenn der Beistand hinter uns steht, dann haben wir den Rücken frei, auch Hände und Füße, Herz und Kopf. So können wir in allen Mühen der kirchlichen und gesellschaftlichen Erneuerung und auch in den eigenen Fragen unseren Weg gehen, aufrechten Ganges. »So nimmt sich auch der Geist unserer Schwachheit an. Denn wir wissen nicht, worum wir in rechter Weise beten sollen; der Geist selber tritt jedoch für uns ein mit Seufzen, das wir nicht in Worte fassen können« (26).

Gottes Geist in uns ist Trost. Er lässt hoffen. Diese Hoffnung ist mehr als die Summe unserer Leistungen. Dass bei allem Streit Friede möglich ist, bei allem Hass Liebe, bei aller Trennung Einheit, bei aller Schuld Vergebung, das sind Gottes Möglichkeiten in uns durch seinen Geist.

Ich muss gestehen, dass ich lange Jahre mit »Trost« und »Tröster« nicht viel anfangen konnte. In letzter Zeit ist mir beim Singen und Beten der Pfingstlieder aufgegangen, dass diese Anrede des Geistes fast in keinem Lied, in keinem Hymnus fehlt: »Der du der Tröster wirst genannt.« Diese Anrede ist mir sehr wichtig geworden. »Komm, Tröster, der die Herzen lenkt, du Beistand, den der Vater schenkt.« *20,171f*

Neue Horizonte

Sie kennen das: Man sitzt an einer Aufgabe und kommt nicht weiter. Und auf einmal geschieht's: »Mensch, da geht mir ein Licht auf!« Etwas blitzt auf – eine Idee, ein Bild. Etwas wird uns blitzartig klar, in einer Begegnung, in der Erfahrung der Liebe. Das kann durch Mark und Bein gehen und uns vom Stuhl reißen. Ein Aufschwung zu Größerem, Unbedingtem. Wir wachsen über uns selbst hinaus, geraten außer uns (Ekstase). Das Gespür für die Wirklichkeit weitet sich, neue Horizonte tun sich auf.

Ahnen Sie, was Pfingsten heißt: Die trostlose Zeit ohne den Geist hat ein Ende, die lähmende Geistlosigkeit ist vorbei. Grenzen werden überwunden, neue Lebenshorizonte aufgerissen, Menschen aus allen Völkern und Nationen finden zueinander in der einen, internationalen Christen-Bewegung. Der Heilige Geist führt sie zusammen. Und Petrus, also der erste Papst, hält die erste Pfingstpredigt. Kaum zu glauben, was er da sagt im Anschluss an den Propheten Joel: »So spricht Gott: Ich werde von meinem Geist ausgießen über alles Fleisch. Eure Söhne und eure Töchter werden Propheten sein, eure jungen Männer werden Visionen haben, und eure Alten werden Träume haben. Auch über meine Knechte und Mägde werde ich von meinem Geist ausgießen in jenen Tagen, und sie werden Propheten sein« (Apg 2,17f).

Mit anderen Worten: Frauen und Männer, Junge und Alte, Freie und Unfreie werden gleichermaßen von der verändernden Kraft des Geistes erfasst und wachsen über sich selbst hinaus zu einer neuen Gemeinschaft zusammen. Heiliger Geist, das heißt nicht uniformistische Gleichschaltung. Die Menschen sind unterschiedlich und sollen es sein, jeder ist anders. Und doch: So verschieden sie sind, sie verstehen sich. Blitzartig wird klar, worum es Gott geht: um sein geschwisterliches Volk in der einen Welt. Traumhaft, nicht wahr? Dass es so etwas gibt in allem Unverständnis! Spürt man bei uns etwas davon? Was wissen die Jungen von den Träumen der Alten, was wissen die Alten von den Träumen der Jungen? Kennen die Männer die Visionen der Frauen und die Frauen die Visionen der Männer? Tauschen wir uns darüber aus? Oder reden wir aneinander vorbei?

20,156f

Voller Hoffnungen und Visionen

Manchmal, in einer ruhigen Stunde, frage ich mich: »Was erwartest du eigentlich?« Ich merke, wie meine kleine Welt an den eigenen vier Wänden endet und ich damit zufrieden bin, wenn es dort so läuft, wie es halt läuft. Ich frage mich: »Ist das alles?« Das kann doch nicht alles sein! Ich sehe die Bibel vor mir liegen, ein Buch voller Hoffnungen, voller Bilder, Träume und Visionen: von der Mahlgemeinschaft aller Völker, vom Umschmieden der Schwerter zu Pflugscharen, von Gott, der die Tränen aus unserem Gesicht wischt, vom Lachen der Söhne und Töchter Gottes.

Die christliche Vision vom Leben ist alles andere als selbstverständlich. Sie ist uns nicht angeboren, sie gehört nicht einfach zu unserer Natur. Sie will erlernt und gelebt sein: Es ist nicht selbstverständlich, dass die Armen und Schwachen nicht Beute der Reichen werden. Es ist nicht selbstverständlich, dass Fremde zu Freunden werden. Es ist nicht selbstverständlich, dass Frauen und Männer, Junge und Alte mit gleichen Rechten geschwisterlich zusammenleben.

Haben wir noch Visionen? Gibt es in unserem Land gemeinsame Visionen? Gibt es noch die gemeinsame Sorge um eine gemeinsame Zukunft, und zwar nicht nur für unser Land, sondern über Europa hinaus für die Eine Welt? Oder erschöpft sich das Interesse faktisch im eigenen Schrebergarten? Werden wir in der gegenwärtigen Situation die Kraft haben zur Re-Vision? Es gibt ja bekanntlich auch Trugbilder, etwa das vom goldenen Kalb. Das hat viele Namen. Für nicht wenige ist das heute der Status quo, der Besitzstand. Wenn sich alles darum dreht, ihn zu erhalten, dann gibt es im Grunde nichts mehr zu erwarten.

Wie nähren wir unsere Träume und Visionen? Indem wir offen sind für sie. Es ist ein Riesenunterschied, ob ich sage: Was soll's? Spinnerei! Oder: Warum eigentlich nicht? Daraus spricht eine heilsame Neugier. Wir müssen die Träume zulassen, damit sie in uns heimisch werden, uns inspirieren und auf den Weg bringen. »Wo kämen wir hin, wenn alle sagten, wo kämen wir hin, und keiner ginge, um zu sehen, wohin wir kämen, wenn wir gingen?« (Kurt Marti). *20,157ff*

Fest der Danksagung

Warum hat Jesus sich mit Zöllnern und Sündern, mit Armen und Verlassenen an einen Tisch gesetzt? Viel leichter wäre doch gewesen, was alle anderen taten und tun: das Tischtuch zu zerschneiden und getrennt zu sitzen – die Armen in ihren Hütten, die Reichen im Schlemmerlokal, die Bürgerlichen beim Stammtisch, alle jeweils unter sich. Nein: Jesus durchkreuzt solche Abgrenzungen, er bildet eine neue Gemeinschaft. Er ist überzeugt, dass Gottes Reich angebrochen ist, die Weltherrschaft seiner zuvorkommenden Güte. Da ist jeder wichtig und deshalb sind die Ärmsten und Isoliertesten für ihn die ersten Adressaten.

Worum es ihm geht, das fasst er wie in einem Vermächtnis zusammen im Letzten Abendmahl: Noch in der Nacht des Verrates und angesichts des Todes – jeder andere wäre eher verzweifelt oder hätte gekniffen – bricht er das Brot, teilt er sich aus und mit. *Alle* sollen ein für allemal erkennen, wer er ist und wer Gott ist. Ausdrücklich heißt es ja im Kelchwort: »Für euch und für alle.« Das alles Entscheidende daran ist die Kraft seines Lebens für andere; dadurch stiftet er Versöhnung, schenkt er Vergebung, ermöglicht er Wandlung. Deshalb Eucharistie, deshalb das Fest der Danksagung.

Mutter Teresa sagte: Keiner darf so aus der Kirche herausgehen, wie er hineingegangen ist. Es ändert sich ja etwas. »Wandlung« sagen wir. Durch Gottes Heiligen Geist werden Brot und Wein zu Leib und Blut Christi. Er ist ganz da in unserer Mitte, er wird uns in die Hand gegeben. Wie geht er in uns ein? Wird er empfangen oder nur geschluckt? Wie wird er »verdaut«? Wenn wir ihn in Brot und Wein wirklich zu uns nehmen mit allem, was er ist und was ihn ausmacht, dann müsste sich das auswirken. Jedenfalls haben wir es mit in der Hand, ob wir uns durch ihn und in seinem Sinne wandeln lassen und durch uns die Welt gewandelt wird, ein Stück wenigstens.

Gegner können miteinander reden, geballte Fäuste können sich öffnen zum Friedensgruß. An einer alten Kirche steht zu lesen: »Hier tritt man ein, um Gott zu lieben. Von hier geht man fort, um die Menschen zu lieben.« *11,13f*

Die erste Gabe für alle, die glauben

Die Herabkunft des Heiligen Geistes hat ein westfälischer Meister des Mittelalters (Osnabrücker Passionsaltar, 1370/80) nicht in Feuerflammen gemalt, sondern in Gestalt einer Taube, die von oben einfällt in den Kreis der Jünger. Wie durch eine Bresche bricht der Heilige Geist in ihren Kreis ein. Er bringt die heilige Eucharistie. »Sende deinen Geist auf diese Gaben herab und heilige sie, damit sie uns werden Leib und Blut deines Sohnes, unseres Herrn Jesus Christus«, bittet das zweite Hochgebet.

Für viele ist das ein ungewohntes Bild. Was hat der Heilige Geist mit der Eucharistie zu tun? Sie lebt von ihm, er ist ihre Seele. Das wird besonders deutlich in der Epiklese, der Herabrufung des Heiligen Geistes. Ohne sie sind die Sakramente, ist gerade die Eucharistiefeier nicht zu denken. Sie ist das Vorzeichen vor dem Einsetzungsbericht.

So heißt es am ausgeprägtesten im vierten Hochgebet: »Damit wir nicht mehr uns selber leben, sondern ihm, der für uns gestorben und auferstanden ist, hat er von dir, Vater, als erste Gabe für alle, die glauben, den Heiligen Geist gesandt, der das Werk deines Sohnes auf Erden weiterführt und alle Heiligung vollendet. So bitten wir dich, Vater: Der Geist heilige diese Gaben, damit sie uns werden Leib und Blut unseres Herrn Jesus Christus...« Also: Nicht wir erklären Brot und Wein zu Leib und Blut Christi. Die Wandlung der Gaben ist nicht das Werk des Priesters, sie geschieht in der Kraft des Heiligen Geistes. Er schafft Leben. Ohne ihn betrieben wir nichts anderes als Totenkult. Er ist die »erste Gabe für alle, die glauben«. Nicht wir verbinden uns mit Christus, wie man einem Idol anhängt. Der Heilige Geist verbindet uns mit ihm, durch ihn ist Christus in unserer Mitte gegenwärtig. »Und keiner kann sagen: Jesus ist der Herr!, wenn er nicht aus dem Heiligen Geist redet« (1 Kor 11,3). In seiner Kraft ist Christus das handelnde Subjekt der Liturgie, *der* Liturge, der vom Priester repräsentiert wird.

Es gibt eine Art innerkirchlichen Pragmatismus, der nur funktioniert, geistlos. Wir betreiben dann unser Handwerk wie irgendetwas sonst. Das ist ein Zeichen, dass uns der Geist ausgegangen ist. Übrig bleibt dann eine fromme Variante des Unterhaltungsbetriebes, religiöses Entertainment. *11,10ff*

Nahrung, die erfüllt und begeistert

Auf einer Anhöhe am Rande einer Stadt im Münsterland steht eine alte Windmühle. Man sieht sie von fern und denkt: Wie in früheren Zeiten. Hier wird Windkraft auf die Mahlsteine gelenkt, um Korn zu mahlen für unser tägliches Brot. Kommt man der Mühle näher, merkt man auf einmal: Die Flügel drehen sich, ohne dass der Wind sich regt. Man merkt bald, dass die Mühle zu einem Museum gehört. Besucher können mit einem Fünf-Mark-Stück einen Motor in Betrieb setzen, der vorübergehend die Flügel in Gang bringt. Für den Wind sind sie nicht mehr empfänglich. Für ihre ursprüngliche Aufgabe sind sie gesperrt, damit sie für einen Augenblick den erwünschten schönen Schein erzeugen.

Was tun wir hier im Gottesdienst? Machen wir Wind, oder sind wir empfänglich für das Wehen des Heiligen Geistes? Wird Korn gemahlen für das Brot, von dem wir leben können? Es geht um die Speise, die unserem Dasein Grund und Richtung gibt, Sinn und Ziel. Es geht um die Nahrung, die uns bewegt, die uns erfüllt und begeistert, die die Langeweile tötet und den Spaß-Betrieb bloßstellt.

Da, an diesem Punkt spricht uns Jesus an: »Ich bin das Brot des Lebens«. Er bricht das Brot, reicht es den Jüngern und sagt: »Nehmt, das ist mein Leib.« Dann nimmt er den Kelch und sagt: »Das ist mein Blut, das Blut des Bundes, das für viele vergossen wird« (vgl. Mk 14,22–24). Das gebrochene Brot aus dem gemahlenen Korn, der Wein aus den gekelterten Trauben. Zeichen der Hingabe. Jesus gibt nicht etwas, er gibt sich selbst für das Leben der Welt.

Im Sakrament kommt zum Vorschein, wie unser Leben verwandelt werden kann: eben durch den Geist des lebendigen Gottes. Der Geist Gottes ist in Jesus Fleisch geworden, er will in unserer Mitte Fleisch werden, Jesus, der leibhaftige Gott, den wir uns einverleiben. Er rückt uns auch in Gestalt anderer Menschen auf den Leib, die uns in ihrer Not beanspruchen. Im Sinne Jesu essen, das geht niemals allein; als Privatbesitz ist Jesus nicht zu haben. Er ist unter uns real präsent in der Gestalt des gebrochenen Brotes. Das Brot, das wir teilen, sagt dies: Das bin ich für euch – und für alle.

Hungerkünstler (1)

Ein Hungerkünstler« – so heißt die Erzählung Franz Kafkas, die er als letzte zu seinen Lebzeiten veröffentlicht hat, mit deutlich autobiographischem Hintergrund. Der Hungerkünstler ist eine seltsame Gestalt. Er hat große Auftritte gehabt, große Zeiten erlebt. Die sind jetzt vorbei. Hunger ist uninteressant geworden, der Wohlstand ist ausgebrochen, die Massen rennen achtlos am Hungerkünstler vorbei zu den großen Tieren im Zirkus, denen die Freiheit »irgendwo im Gebiss« steckt. Der Mann mit seiner Kunst, den Hunger wachzuhalten, wird vergessen. Nach langer Zeit entdeckt man ihn zufällig beim Aufräumen. Er hungert immer noch – und die Leute denken, er wolle sich interessant machen. Erst im Zwiegespräch kommt heraus, was hinter seiner eigentümlichen Kunst des Verzichts steckt: Nichts von Geltungssucht, nichts von Wichtigtuerei. Er hat gar keine andere Wahl. »Weil ich hungern muss, ich kann nicht anders«, sagte der Hungerkünstler. »Warum kannst du denn nicht anders?« – »Weil ich nicht die Speise finden konnte, die mir schmeckt.« Und Kafka fügt hinzu: »Das waren die letzten Worte, aber noch in seinen gebrochenen Augen war die feste, wenn auch nicht mehr stolze Überzeugung, dass er weiter hungere.«

Dieser Hungerkünstler ist konsequent. Er lässt sich nicht mit Surrogaten abspeisen und gibt sich nicht mit Fastfood zufrieden. Die Speise, die er sucht, ist von besonderer Art – nicht unbedingt das, was alle mögen. Sein Geschmack ist ausgeprägt, nicht käuflich. Mit Geschmack ist hier (wie im lateinischen sapere – sapientia) das Gespür für die Wahrheit des Seins gemeint, für den Sinn des Lebens und seine Erfüllung. Das, was auf dem Markt der Waren und Meinungen zu haben ist, befriedigt ihn nicht. Dieser Hungerkünstler ist anspruchsvoll, mit einer erstaunlichen Widerstandskraft gegenüber noch so verführerischen Angeboten. Er hat ein Gespür, das ihn lieber mit großen Hoffnungen hungern und dürsten lässt, als dass er sich mit Banalitäten voll laufen und unter Konsumgütern begraben ließe. Unbeirrbar treu seinem Geschmack, bleibt er auf der Suche nach dem, was wirklich sättigt.

Hungerkünstler (2)

Was stillt unseren Hunger? Nicht nur die Geschmäcker sind verschieden, auch die Vorstellung von dem, was wirklich erfüllend ist. »Selig, die hungern und dürsten nach der Gerechtigkeit« (Mt 5,6) – ein zentrales Wort des Hungerkünstlers aus Nazaret. Auf das Reich Gottes war er aus, auf Gottes Weltherrschaft, und er machte Gebrauch davon schon hier und jetzt. Schaut man in die Bibel, diese »Hausapotheke der Menschheit« (Heinrich Heine), dann stößt man nicht zufällig immer wieder auf die Metaphorik von Hungern und Dürsten, von Essen und Trinken, von Sehnsucht und Erfüllung. »Seht, es kommen Tage – Spruch Gottes, des Herrn –, da schicke ich den Hunger ins Land, nicht den Hunger nach Brot, nicht Durst nach Wasser, sondern nach einem Wort des Herrn« (Amos 8,11). Christlicher (und jüdischer) Glaube ist heiß auf das, was kommt. Er gibt sich nicht zufrieden mit dem, was ist. Er ist auf den richtigen Geschmack gekommen für das, was wahr ist und bewährt, auch wenn es noch nicht voll da ist. Für die Wüstenzeit unterwegs gibt es das täglich Brot für den Tag, nicht mehr und nicht weniger. Christen sind voll messianischer Unruhe, hungrig und durstig: »Gesättigt mit dem ewigen Hunger« (Mechthild von Magdeburg).

Sind Hungerkünstler heute selten geworden, fremd und belächelt von den unheilbar Gesunden und Normalen, wie in Kafkas Erzählung? Oder ist alles nur konsumistisch überlagert und suchtförmig verstört? Gewiss, es ist ja alles da: voll die Kassen und Schränke, voll die Köpfe mit neuesten Nachrichten und dem letzten Schrei der Mode. Wer wird da noch hungern? Aber ist nicht jede Sucht noch ein Zeichen jenes maßlosen Hungers, der nicht befriedigt werden kann? Muss nicht neu herausgearbeitet werden, wo zum Beispiel der Beziehungshunger wirklich gesättigt wird? Wie lässt sich Leben sinnvoll gestalten – jenseits von Massenkonsum und Suchtverhalten, jenseits von Verblödung und Verblendung etwa durch bloße Spaßindustrie?

Der ewige Hunger ist durch nichts und niemanden zu sättigen als durch den Messias selbst. »Ich bin das Brot des Lebens« (Joh 6,35), sagt Jesus. Er gibt nicht etwas, er gibt sich selbst für das Leben der Welt. So wird er zur Speise, von der wir leben.

JUNI

Hinter Jesus her

Jesus, faszinierend und erschreckend

Der Evangelist Lukas hat an den Beginn des öffentlichen Wirkens Jesu eine markante Begegnungsszene gestellt: In der Synagoge seiner Heimatstadt Nazaret trifft Jesus auf Menschen, die ihn kennen oder zu kennen meinen. Er liest die Stelle aus dem Propheten Jesaja: »Der Geist des Herrn ruht auf mir: Denn der Herr hat mich gesalbt. Er hat mich gesandt, damit ich den Armen eine gute Nachricht bringe, damit ich den Gefangenen die Entlassung verkünde und den Blinden das Augenlicht, damit ich die Zerschlagenen in Freiheit setze und ein Gnadenjahr des Herrn ausrufe« (Lk 4,18f).

In seiner anschließenden Auslegung bezieht Jesus diese prophetischen Worte auf die Gegenwart: Er selber ist der Mittler und Gesandte Gottes, der nichts anders im Sinn hat, als den Willen Gottes zum Durchbruch zu bringen. Er will die Welt von ihrem schwächsten Punkt her retten, von den Armen her, den Gefangenen, Blinden und Zerschlagenen.

Die Rede findet Beifall bei der Synagogengemeinde von Nazaret (vgl. 4,22). Jesus ist den Menschen ganz nahe. Die Leute spüren das, doch offenbar fällt es ihnen schwer, seine Worte mit seiner familiären Herkunft zusammenzubringen. Sie meinen, »ihren« Jesus zu kennen und entziehen sich so seiner provozierenden Botschaft. Er bleibt für sie der Nachbarssohn von nebenan: »Ist das nicht der Sohn Josefs?« (4,22). Ihr anfängliches Staunen schlägt schließlich um »in Wut. Sie sprangen auf und trieben Jesus zur Stadt hinaus ...« (4,28f). Sie spüren seine Fremdheit; sie ahnen, dass Gott ärgerlich anders ist – in seiner Güte. Alle menschlichen Gottesbilder werden von Jesus durchkreuzt. In der Begegnung mit ihm ist beides: Er fasziniert und stößt ab, er lockt und befremdet. Das ist bis heute so. Faszination und Erschrecken zeigen: Dieser Jesus hat uns etwas voraus, er ist uns voraus. In seinem Leben, in seinem Sprechen und Tun zeigt sich, wes Geistes Kind er ist: »Der Geist des Herrn ruht auf mir...« (4,18). Er ist im Ganzen seines Daseins durch und durch von Gottes Geist geprägt. In ihm ist Gott selbst präsent, in Person. Christsein heißt eben nicht, Jesus auf die Schulter zu klopfen, sondern nachzufolgen. Er ist uns voraus, wir gehen nach. Das heißt glauben.

2,37ff

Ausstrahlung

Strahlen haben es in sich. Es gibt Strahlen, die tödlich sind. Man sieht sie nicht, sie liegen in der Luft. Sie treffen Pflanzen und Tiere und gehen durch Mark und Bein. Strahlen – das Wort kann uns Schrecken einjagen, es kann aber auch Begeisterung wecken. Jeder von uns kennt Menschen, die Ausstrahlungskraft besitzen. Christus hat etwas ausgestrahlt. Auf seinem Gesicht strahlt »göttlicher Glanz« wider (2 Kor 4,6). Er hat Gott ausgestrahlt, er hat ihn ungebrochen reflektiert.

Christus ist kein »Strahlemann«; er ist nicht vom Typ »immer nur lächeln ...« Er hat sich dem Leiden gestellt. Er strahlt durch die Wunden, die er erlitten hat. Sein Leben hat gerade durch den Tod hindurch in der Auferstehung Ausstrahlungskraft gewonnen. Es ist sein Heiliger Geist, den er ausstrahlt und mit dem er uns in dieser Welt zum Leuchten bringen will. »Wir alle spiegeln mit enthülltem Angesicht die Herrlichkeit des Herrn wider und werden so in sein eigenes Bild verwandelt, von Herrlichkeit zu Herrlichkeit, durch den Geist des Herrn« (2 Kor 3,18).

Der Geist ist die Energie Gottes, die uns wandelt, wie er auch die Gaben der Schöpfung wandelt. Darum heißt es im Hochgebet unmittelbar vor dem Einsetzungsbericht: »Sende deinen Geist auf diese Gaben herab und heilige sie, damit sie uns werden Leib und Blut deines Sohnes, unseres Herrn Jesus Christus.«

Es gibt Strahlen, die tödlich sind, und Strahlen, die Leben wecken. Welchen Strahlen setzen wir uns aus? Die tödlichen Strahlen überfallen uns von hinten – entfesselte Materie, die dem Menschen aus der Hand gleitet und sich gegen ihn selbst wendet, gesichtslos, anonym. Die belebenden Pfingststrahlen gehen von einem Gesicht aus, von einer Person: »Denn Gott, der sprach: Aus Finsternis soll Licht ausstrahlen, er ist in unseren Herzen aufgestrahlt, damit wir erleuchtet werden zur Erkenntnis des göttlichen Glanzes auf dem Angesicht Christi« (2 Kor 4,6). Strahlen, die aus der Quelle der Energie kommen, aus Gott selbst. Sie schenken Leben. *20,179f*

Feuer auf die Erde werfen

Man soll nicht mit dem Feuer spielen ... Gleichwohl, ich habe hier ein Streichholz. Die Kuppe ist ein Wunderwerk menschlicher Erfindung: Eine ganz einfache Mischung von Sauerstoffträgern, Bindemitteln und Glaspulver. So bescheiden sich das Stäbchen ausnimmt, es hat die Menschen in ihrer Entwicklung einen großen Schritt nach vorn gebracht, es hat ihnen eine wichtige Sicherheit geschenkt. Mit einem Streich können sie das Feuer entzünden, im Kamin oder an der Kerze. Frühere Generationen lebten in der Sorge, das Feuer könne ihnen ausgehen. Sie mussten Tag und Nacht das Feuer hüten. Das ist vorbei – seit es das Streichholz gibt.

Das Feuer ist eins der vier Elemente. Es ist von alters her mit dem Himmel verbunden. Ein Göttergeschenk! Prometheus, der Titan, stiehlt es den Göttern. Das Feuer ist voll religiöser Faszinationskraft.

Wir erinnern uns an Mose, den Befreier Israels aus der Knechtschaft Ägyptens. Als er es mit Gott zu tun bekommt, sieht er einen Dornbusch brennen und doch nicht verbrennen. Wie ein Feuerofen ist Gott, wie ein Feuerball, ganz feurig. Von solcher Gottes-Energie angesteckt geht Mose ans Werk, sein Volk zu befreien.

Jesus versteht sich wie ein Feuerwerfer: »Ich bin gekommen, um Feuer auf die Erde zu werfen. Wie froh wäre ich, es würde schon brennen« (Lk 12,49). Als wolle er mit dem Evangelium einen Weltenbrand entfachen. – Von ihm wird (außerbiblisch) das Wort überliefert: »Wer mir nahe ist, ist dem Feuer nahe.« Eine Leidenschaft für Gott und die Menschen brennt in ihm, heißer Atem angesichts von Unrecht und Not, eine brennende Sorge für Rechtlose und Erniedrigte.

Die Feuerzungen, von denen die Pfingstlesung spricht und die auf den Pfingstbildern über den Köpfen Marias und der Apostel aufleuchten, sind Flammen vom Feuer Jesu. Mit Pfingsten setzt ein Feuersturm ein. Der Funke springt über und lässt die Kirche entstehen, aus allen Völkern und Nationen. *20,181f*

Wo wohnst du?

Jesus fragt die ersten Jünger, die ihm folgen: »Was wollt ihr? Sie sagten zu ihm: Meister, wo wohnst du? Er antwortete: Kommt und seht! Da gingen sie mit und sahen, wo er wohnte, und blieben jenen Tag bei ihm« (Joh 1,38f).

Wohnen und Leben gehören zusammen. Um einen Menschen kennen zu lernen, muss man sehen, wo er wohnt, was sein Zuhause ist. Die Wohnung, in der wir leben, gehört zu uns. Möbel und Bilder, Bücher und Spielzeug, Pflanzen und Geschirr machen aus den »vier Wänden« erst unverwechselbar unser Daheim und zeigen wie unsere Kleidung, wer wir sind. Die Wohnung, in der ein Kind aufwächst, ist seine erste Welt. Jeder weitere Schritt nach draußen führt immer wieder in diese seine erste Um-Welt zurück, die es sich vertraut gemacht hat. Darum spielen in den Träumen Wohnung und Haus eine so bedeutende Rolle: Die Küche, der Flur, die Treppe, Keller und Speicher erweisen sich als Bilder für die Räume unseres Innern. Es gibt wirklich eine Innenwelt in uns, die es zu bewohnen gilt.

Der kleine Prinz (Antoine de Saint-Exupéry) erzählt: »Als ich ein Knabe war, wohnte ich in einem alten Haus, und die Sage erzählte, dass darin ein Schatz versteckt sei. Gewiss, es hat ihn nie jemand zu entdecken vermocht, vielleicht hat auch nie jemand gesucht. Aber er verzauberte dieses ganze Haus. Mein Haus barg ein Geheimnis auf dem Grund seines Herzens ... Was seine Schönheit ausmacht, ist unsichtbar!«

Das Menschenhaus birgt ein Geheimnis. Jeder Mensch ist »Geheimnisträger«. In der Tiefe unseres Wesens wohnt Gott. Das lebendige Bild Gottes ist jeder Seele eingeprägt – mag es auch noch so verschüttet sein. »Du leuchtest in meiner Seele wie die Sonne auf dem Gold«, sagt Mechthild von Magdeburg. Und Augustinus: »Gott, du bist mir innerlicher (intimer), als ich mir selbst bin.« Gott wartet darauf, dass er entdeckt wird. Das ist die eigentliche Berufung des Menschen, dass Er durchkommt, durch unser Leben. Im Glauben erkennen wir, dass er längst unser Gast ist. Und wir können jene Gastfreundschaft üben, deren wesentlicher Ausdruck das Gebet ist, das Zwiegespräch mit ihm.

7,31f

Licht der Welt

Womit sind wir ausgefüllt? Mit Terminen, Plänen, Problemen ... Wir sind mit allen möglichen Dingen besetzt, bei Licht betrachtet ist es oft genug leeres Stroh. Das bekommen wir mengenweise frei Haus geliefert, von morgens bis abends, auf zig Kanälen. Oft genug werden wir auf diese Weise hinters Licht geführt; aber es geht uns kein Licht auf. Wir sind ausgefüllt, aber nicht erfüllt. Das ist etwas anderes.

Sie kennen das: Man sitzt da und kommt nicht weiter. Auf einmal geschieht's: »Da geht mir ein Licht auf!« Das ist eine kostbare Erfahrung, wie eine Erleuchtung. Das kann man nicht machen. Das ist keine Sache der Technik: Da drückt man auf den Knopf, und das Licht geht an. So nicht! Das haben wir nicht in der Hand. Es leuchtet uns ein, wie von einer anderen Energiequelle her. Das ist wie ein Geschenk des Himmels, Gnade.

»Es werde Licht« – das ist das erste Wort Gottes am Anfang der Welt (Gen 1,3). Es ist auf Jesus Christus hin gesagt (vgl. Joh 1,9f). Mit ihm ist der Welt das Licht aufgegangen, er ist das Licht in Person: »Ich bin das Licht der Welt«, sagt er (Joh 8,12).

Lumen Christi – Christus, das Licht! Das ist kein x-beliebiges Licht aus dem Angebot moderner Selbst-Beleuchtungsanlagen. Es leuchtet nicht still vor sich hin, um eine gemütliche Atmosphäre zu erzeugen, ganz privat. Es will die Welt erhellen, erleuchten, erwärmen. Es will in der Welt Orientierung ermöglichen. »Ich bin das Licht der Welt«, sagt Jesus. Er ist gekommen, »um allen zu leuchten, die in Finsternis sitzen und im Schatten des Todes« (Lk 1,79). Er bringt Licht in die Dunkelheit des Todes. Er hebt die Nacht nicht auf, aber er scheut sie nicht, er erleuchtet sie. In seinem Licht können wir auch zu unseren Schatten stehen, zu den Schatten unserer Geschichte und unseres eigenen Lebens.

Lumen Christi – das gehört auf den Leuchter, damit es allen in der Welt leuchte. Wir dürfen dieses Licht nicht verstecken. Es kann sich sehen lassen.

20,51f

Sollen die Heiden vor die Hunde gehen?

Man kann die Frau, von der das Evangelium spricht (Mt 15, 21–28), nur bewundern: Sie hat Mut! Eine Frau – eine Ausländerin, eine Fremde, und zu allem hat sie noch ein schwerkrankes Kind. Ich kann mir gut vorstellen, dass sie sich kaum aus dem Haus traute, denn ihre Tochter wurde »von einem bösen Geist übel geplagt« – geisteskrank!

Und nun, als Jesus kommt, setzt sie alles auf eine Karte. Sie kümmert sich nicht darum, dass sie in der Öffentlichkeit als Frau nichts zu sagen hat, als Ausländerin schon gar nicht. Sie schreit um Hilfe, so laut, dass jeder es hört: »Hab' Erbarmen mit mir, Herr, du Sohn Davids! Meine Tochter wird von einem Dämon gequält ...« (22). Was macht Jesus? Keine Antwort. Eine bedrückende Situation. So kennen wir Jesus nicht: »Ich bin nur zu den verlorenen Schafen des Hauses Israel gesandt« (24). Für die Heiden nicht zuständig?

Jesus leugnet nicht, woher er kommt. Er ist Israelit. Er steht auf dem Boden des Alten Testamentes. Aber er ist ja inzwischen schon über die Grenze gegangen, er hat heidnischen Boden unter den Füßen. Trotzdem: »Es ist nicht recht, das Brot den Kindern wegzunehmen und den Hunden vorzuwerfen« (26). Fallen die Heiden unter den Tisch? Das tut weh!

Die Frau lässt nicht locker. Sie lässt sich nicht abwimmeln. Wer sich nach solchen wiederholten Abfuhren noch traut, etwas zu erwidern, muss unendlich viel Mut und Durchhaltevermögen haben. So bei dieser Frau. Ihre Beharrlichkeit ist einfach umwerfend. Sie achtet nicht auf das, was schicklich ist, sondern auf das, was die Liebe ihr gebietet. Sie lässt sich nicht einschüchtern, wirkt selbstbewusst und sogar auf Knien aufrecht und stark.

Ist ihre Situation nicht zum Heulen? Wenn der Glaube nicht wäre! »Frau, dein Glaube ist groß ...« Jesus lässt sich durch den Glauben der Frau zur Grenzüberschreitung herausfordern – vom Alten zum Neuen Bund. Die Tradition wird nicht durchgestrichen, aber transzendiert: der Schritt über die Grenze zum Neuen Testament. Eine neue Erfahrung (wie beim heidnischen Hauptmann, beim dankbaren und barmherzigen Samariter): Keiner, der glaubt, wird vor die Hunde gehen. *16,119f*

Grenzüberschreitung

Jesus ist unterwegs nach Galiläa. Er hat einen langen Weg hinter sich, auf einer uralten Straße. Die Bewohner Sychars können stolz auf ein Grundstück zeigen, das Jakob seinem Sohn Josef vermacht hat. Dort ist der Jakobsbrunnen, an dem Jesus sich ausruht (Joh 4,5f).

Seit Urväter Zeiten ist viel geschehen, eine Art Brunnenvergiftung: »Die Juden verkehren nämlich nicht mit den Samaritern« (4,9). Erbfeindschaft im Heiligen Land – das ist ein altes Thema mit vielen dunklen Variationen bis heute. Tief prägen sich über Generationen genährte Feindschaften in das Bewusstsein der Menschen ein. Stellen Sie sich vor: Ein Israeli begegnet heute einer Palästinenserin am Brunnen und bittet sie um Wasser. Eine Grenzüberschreitung! Die hat Jesus ausdrücklich vorgenommen (er bekennt sich als Jude, 22). Er ist bewusst über die Grenzen gegangen, nach Samaria und auf die Menschen dort zu.

Er hat die Grenze noch in anderer Weise überschritten. Hier spricht nicht nur ein Jude mit einem Samariter, hier bittet ein jüdischer Mann eine samaritische Frau um Wasser. Völlig unverständlich zur damaligen Zeit! Die Frau kann es nicht fassen: »Wie kannst du nur ...« »Wie kannst du als Jude mich, eine Samariterin, um Wasser bitten?« (9). Auch die Jünger kommen da nicht mit (27).

Jesus spricht mit einer ihm fremden, namenlosen, sich »am Rande« bewegenden Frau. Er tut es, als wäre es in seiner Situation das Selbstverständlichste von der Welt. Er bittet sie um Wasser. Und er lässt sich von ihr für das Gespräch die Stichworte geben, greift sie auf, führt sie weiter. Kein »von oben herab«, keine Besserwisserei, kein Abkanzeln. Er gibt ihr auch keinen Sonderkurs für Minderbemittelte, hält keine Predigt für einfältige Gemüter. Er mutet ihr das ganze Evangelium zu und traut es ihr zu. So ist Jesus. Er zeigt keine Berührungsangst gegenüber den Frauen, ist souverän in seiner Zuwendung. Er geht davon aus, dass Mann und Frau die gleiche Würde und den gleichen Wert besitzen (vgl. Mt 19,3–9). Da haben die Kirchen nach zwei Jahrtausenden noch einiges aufzuholen.

1,74ff

Wenn du wüsstest ...

Eine Jesus-Geschichte, das Gespräch mit der Samariterin am Brunnen (Joh 4,5–30). Aber auch eine Frauen-Geschichte. Die Frau ist in dieser Begegnung mit Jesus nicht einfach durch irgendeinen x-beliebigen Gesprächspartner zu ersetzen. Mit Nikodemus zum Beispiel (vgl. Joh 3) hätte das Gespräch an diesem Ort so nie geführt werden können. Es lebt davon, dass es mit einer Frau geführt wird. Es lebt von den weiblichen Symbolen: Quelle, Brunnen, Schöpfgefäß. Quelle und Brunnen sind Orte, von denen Leben ausgeht, Orte des Schöpfens und der Schöpfung, Orte, an denen Erschöpfte neu zu Kräften kommen.

Die Samariterin will eigentlich nur Wasser holen, oben vom Brunnenrand aus. Jesus bietet ihr anderes, von der Quelle her. Darum reden sie zunächst aneinander vorbei (10–15). Jesus spricht die Frau auf Probleme an, die sie nicht begreift, die scheinbar nicht die ihren sind. Sie versteht partout nicht, worauf Jesus hinaus will.

Jesus hatte gebeten: »Gib mir zu trinken!« (7). Und nun wird auf einmal der Spieß umgedreht: »Wenn du wüsstest ...« »Wenn du wüsstest, worin die Gabe Gottes besteht und wer es ist, der zu dir sagt: Gib mir zu trinken, dann hättest du ihn gebeten, und er hätte dir lebendiges Wasser gegeben« (10). Das stellt alles auf den Kopf. Wer soll da noch mitkommen? Die Samariterin jedenfalls nicht. So mischt sich in ihre Reaktion ungläubiges Staunen, Ironie und Erwartung zugleich: »Bist du etwa größer als unser Vater Jakob, der uns den Brunnen gegeben hat?« (12).

Jesus antwortet indirekt, aber eindeutig: »Wer von diesem Wasser trinkt, wird wieder Durst bekommen; wer aber von dem Wasser trinkt, das ich ihm geben werde, wird niemals mehr Durst haben; vielmehr wird das Wasser, das ich ihm gebe, in ihm zur sprudelnden Quelle werden, deren Wasser ewiges Leben schenkt« (13f).

Das Gespräch am Brunnenrand hat das Alltägliche endgültig durchstoßen. Es geht dem Durst auf den Grund. Der ist nicht da erreicht, wo der Mensch seinen täglichen Bedarf an Wasser abdeckt. Denn der Lebensdurst ist unstillbar: »In allem ist etwas zu wenig ...« *1,76ff*

Innen strömt eine Quelle

Vielmehr wird das Wasser, das ich ihm gebe, in ihm zur sprudelnden Quelle werden, deren Wasser ewiges Leben schenkt« (Joh 4,14). Das Wasser, das Jesus schenken will, macht nicht abhängig, sondern selbstständig und frei. Der Mensch soll selber zur Quelle werden, die an andere weitergeben kann, was ihr aus der Tiefe geschenkt ist. Wie denn?

Ein Freund sagte mir, er habe vor Jahren bei einem Training eine Rückmeldung bekommen, durch die er sich verstanden fühlte: »Du kommst mir vor wie ein mächtiger Fels; aber ganz tief drinnen ist eine Quelle. Ob die wohl herauskommt?« Das Bild mag für viele zutreffen. Vielleicht gibt es sogar für jeden Zeiten, in denen er sich wie aus Stein fühlt. Und tief drinnen ist eine Quelle, die mit Macht nach draußen drängt. Aber vielleicht haben wir den Schlüssel zur Brunnenstube in uns verlegt. Und dann kann schließlich nur ein ganz großer Schmerz dem Leben in uns eine Bahn brechen. Die Tränen, die aus solcher Tiefe kommen, sind bei allem Schmerz nicht Zeichen des Todes, sonders des Lebens. Die Tränen (aus Trauer und aus Freude) sind das Grundwasser der Seele. An solche und ähnliche Erfahrungen müssen wir anknüpfen, um dem Rätselwort Jesu auf den Grund zu kommen.

»Wer Durst hat, komme zu mir, und es trinke, wer an mich glaubt. Wie die Schrift sagt: Aus seinem Inneren werden Ströme von lebendigem Wasser fließen. Damit meinte er den Geist, den alle empfangen sollten, die an ihn glauben ...« (Joh 7,37–39). Der Geist ist also nichts Fremdes, uns Überfremdendes, er setzt unser Eigenes frei, hilft ihm zum Durchbruch. Der »Lebensbrunn« des Heiligen Geistes ist nicht irgendwo, sondern in uns. Nicht er ist uns fremd, sondern das, was uns einsperrt, das Aufgesetzte und Übergestülpte, die Rolle, die uns Sicherheit zu geben verspricht, die Maske, die wir tragen, weil wir zu unserem Eigenen kein Vertrauen haben – das alles ist das Fremde und Entfremdende. Dagegen bringt der Geist Gottes unser Eigenes zur Geltung, bringt es unter Schmerzen von innen nach außen, unter Seufzen, wie bei einer schweren Geburt. Es ist die Mühsal unserer Menschwerdung, unserer zweiten Geburt aus dem Geist, »aus Gott« (1,13). *1,79f*

Anbetung

Vom Brunnenrand oben in die wohltuende Tiefe des Brunnens, das ist die Bewegung in der Erzählung von der Begegnung Jesu mit der Frau am Jakobsbrunnen (Joh 4,5–30). Im Alltag setzt sie ein und geht auf den Grund, sie führt zur Anbetung: »Die Stunde kommt und sie ist schon da, zu der die wahren Beter den Vater anbeten werden im Geist und in der Wahrheit« (23).

Ist sie wirklich da, die Stunde der wahren Beter? Oder ist sie vorbei? Wer betet wirklich noch? Damals hat man sich um den Ort der Anbetung gestritten, ob in Jerusalem oder (wie die Samariter) auf dem Berg Garizim. Die Samariterin spricht ihn an: »Unsere Väter haben auf diesem Berg Gott angebetet, ihr aber sagt, in Jerusalem sei die Stätte, wo man anbeten muss« (20). Jesus geht auf diese Alternative ein, um sie aufzulösen: »Weder auf diesem Berg noch in Jerusalem ...« Für Juden ein provozierendes Wort! Wahre Anbetung, sagt Jesus, geschieht »im Geist und in der Wahrheit« (23f).

Anbeten? Wer der Sache näher kommen will, frage sich: Vor wem gehe ich in die Knie? – Wir kennen das aus der Versuchung Jesu: Der Teufel »führte ihn auf einen sehr hohen Berg; er zeigte ihm alle Reiche der Welt mit ihrer Pracht und sagte zu ihm: Das alles will ich dir geben, wenn du dich vor mir niederwirfst und mich anbetest« (Mt 4,8f). – Vor wem oder was gehe ich in die Knie? Vor welchen Autoritäten und Instanzen beuge ich mich? Vor den Herrgöttern in Weiß oder Schwarz, vor Filmdivas oder Literaturpäpsten, Parteibossen oder Wirtschaftsmagnaten? Heute wird vieles »angebetet«: Fortschritt, neue Technologien, Macht, Leistung, Power ...

Anbetung lebt davon, dass wir anerkennen: Gott ist Gott, und der Mensch ist Mensch und nicht Gott, die Geschöpfe sind Geschöpfe und nicht Gott. Die Anbetung ist der Tiefgang des Glaubens; wir knien, bücken uns, kommen auf den Grund. Alfred Delp sagt: »Brot ist wichtig, die Freiheit ist wichtiger, am wichtigsten aber – die ungebrochene Treue und die unverratene Anbetung.« *1,81ff*

Im Geist und in der Wahrheit

Anbetung »im Geist und in der Wahrheit« (Joh 4,23). Geist ist hier nicht etwa nur unser Intellekt, unsere Geistigkeit, Vernunft, etwas Luftiges im Gegensatz zur handfesten Form, zur Institution (etwa eines Kultortes), Geist ist der heiße Atem Gottes, sein Lebensatem (also nicht unser Werk). Ohne ihn wissen wir gar nicht, »worum wir in rechter Weise beten sollen; der Geist selber tritt jedoch für uns ein mit Seufzen, das wir nicht in Worte fassen können« (Röm 8,26). Wo wir uns von ihm leiten lassen, kommen wir zur Anbetung. In ihm rufen wir »Abba, Vater!« (Röm 8,15). Anbetung ist nicht abgehoben, sondern der alltägliche Wurf des Vertrauens auf den Vater. Sie schenkt eine Freiheit, die nur der kennt, der allein vor Gott in die Knie geht. Sie macht Grenzen zwischen oben und unten durchlässig.

Weil die Anbetung von Jerusalem und vom Garizim gelöst ist, ist sie überall und unter allen Umständen möglich und wirklich. Freilich, die Gefahr der Spiritualisierung liegt in der Luft. Wenn sich der Glaube nirgends mehr konkret festmachen lässt, dann geht's ab in die Innerlichkeit, ins Private, dann bleibt alles unverbindlich und beliebig. Die Wahrheit ist konkret, der Heilige Geist geht zu Fuß. Der Weg von Judäa nach Galiläa, der Brunnen, die diskriminierte Frau, das Wasserschleppen, die Feindschaft zwischen Völkern – das ist das reale Feld, in dem kraft des Geistes Neues aufbricht, sich eine Wende zum Leben vollzieht, von der Oberfläche in die Tiefe. Jerusalem und Garizim – Lernorte des Glaubens und des neuen Lebens, wie der Jakobsbrunnen.

Anbetung »im Geist und in der Wahrheit«. Was ist Wahrheit? Die Samariterin will sich nicht festlegen, sie will die Frage ihrer Lebenswahrheit auf die lange Bank schieben. Jesus verlegt ihr den Weg: »Ich bin es, ich, der mit dir spricht« (26). Wie ein Meteor aus einer anderen Welt: Ego eimi, ich bin der Messias! Da brechen selbstfabrizierte Welten zusammen. Und eine neue geht auf, hier und jetzt mit dem Messias Jesus Christus. Er ist *der* Ort der Anbetung für die Samariterin und für uns alle, er allein. In ihm finden wir unseren Platz, kommen wir zur Anbetung des Vaters »im Geist und in der Wahrheit«. Und eben darin kommen wir zur Wahrheit über uns selbst. *1,83f*

Lebensverheißung

»Ich bin gekommen, damit sie das Leben haben und es in Fülle haben« (Joh 10,10). Diese Lebensverheißung Jesu zielt in eine andere Richtung als die Reklame der Bio-, Vita- und Lifeprodukte. Auch ihm geht es um Gesundheit, Glück und Lebensfreude. Hätte er sonst Kranke geheilt oder Wasser in Wein verwandelt? Aber nicht ein kurzweiliges Highlife möchte er den Menschen schenken, sondern das ganze Leben, das auch die Tiefen des Leidens und des Todes nicht ausspart. So ist das Leben auf dieser Welt: ständig gefährdet, von Angst begleitet und allemal sterblich.

Jesus ist nicht wie ein junger Gott darüber hinweggegangen. Er hat Angst, Not, Schmerzen und Aussichtslosigkeit am eigenen Leibe erfahren. Der, der die Begegnung mit den zu kurz Gekommenen suchte, ist im Leben selber zu kurz gekommen. Jesus wurde nicht alt. Er wurde ein Opfer von Borniertheit, Hass und Ungerechtigkeit. Er hat gelitten, wurde gekreuzigt und begraben. An diesem tiefsten Punkt seiner Existenz setzt die größte Offenbarung Gottes ein. Der das Leben in allen seinen Dimensionen lebte und erlitt, der sich nicht an sein Leben klammerte, sondern es hingab für die anderen, er wird von Gott mit neuem Leben beschenkt, das unsterblich ist. Er ist der geliebte Sohn Gottes. Wie ein großer Bogen spannt sich diese Zusage über das öffentliche Wirken Jesu, von der Taufe im Jordan bis zur Bluttaufe auf Golgota.

Die Taufe stellt uns unter diesen Bogen des Gottesbundes im Namen Jesu Christi. In unser Leben ist sein Leben, in unseren Lebensweg ist sein Weg eingezeichnet mit allen Stationen, nicht zuletzt Tod, Grab, Auferstehung. Wir sind nicht mehr durch das Kainsmal signiert, sondern durch das Kreuzzeichen. Die Taufe ist der »Bund fürs Leben«. Es gibt kein Zurück hinter dieses Grunddatum, das uns verbunden hat mit dem Geschick Jesu in Tod und Auferstehung. *2,48ff*

Ein Hirt, wie er im Buche steht

Es gibt heute«, las ich, »zwei Arten von Hirten: Die einen interessieren sich für die Wolle, die anderen interessieren sich für das Fleisch. Für die Schafe interessiert sich niemand.« Ein hartes Wort. Es trifft unsere Zeit, unsere Situation. Hirten dieser Art gibt's genug unter uns. Sie sind darauf aus, andere »auszunehmen«. Sie sind im Wesentlichen damit beschäftigt, ihr eigenes »Schäfchen ins Trockene zu bringen«.

Es gibt auch andere. Es ist jemand da, der sich für die Schafe interessiert: Der gute Hirt, Jesus. Von ihm spricht das Evangelium (Joh 10,11–18). Ihm ging es nicht um Fleisch und Wolle. Er hat nicht die anderen ausgenommen. Er fragte nicht: Was habe ich davon? Es ging ihm nicht um sich, sondern um uns. Er wollte nicht verdienen, er diente. Er brach nicht den Stab über andere, er stärkte die Schwachen. Er heilte die Angeschlagenen und die Aussätzigen. Er ging den Sündern und Sünderinnen nach und den verlorenen Söhnen. Dem, der unter die Räuber gefallen war, half er wieder auf die Beine.

Er tat das, ohne sich selbst zu schonen. Vielmehr riskierte er dabei alles. Er setzte das Letzte für die anderen ein, sich selbst. Er dachte eben nicht ans Scheren und Schlachten. Er ging nicht über Leichen, er opferte sich selbst. So hat er seine Herde zusammengeführt und geleitet. Das macht sein Leben aus. So ist er beides in einer Person geworden: der gute Hirt und das sich opfernde Lamm. Gerade als das sich opfernde Lamm ist er der gute Hirt, gerade deshalb ruht die Verheißung Gottes auf seinem Leben: »Deshalb liebt mich der Vater, weil ich mein Leben hingebe« (17).

Einer jedenfalls ist unter uns, der nicht auf Fleisch und Wolle aus ist, sondern uns selbst meint. Er sammelt alle, die auf seine Stimme hören und ihm folgen. Er ist die »Bezugsperson«. Nicht die Hürde, der Hirt bewahrt die Herde; der Hirt ist es, der ihre Einheit verbürgt (vgl. 16).

Diesem guten Hirten kann ich trauen. Ich muss keine Angst haben, dass er mich abhängig machen will und unmündig hält wie ein »dummes Schaf«. Im Gegenteil: Er befreit mich von meiner Angst um mich selbst. Ich kann mich getrost ihm lassen: »Der Herr ist mein Hirte ...«

9,282f

Bleibt in meiner Liebe

Das Wort des Evangeliums hat einen eigenartigen Klang: »Bleibt in meiner Liebe« (Joh 15,9). Ehrlich, ist das nicht etwas hausbacken, bieder? Das gängige Lebensgefühl heute weist in eine ganz andere Richtung. Veränderung ist gefragt, Mobilität. Das Auto-mobil ist der Inbegriff des modernen Lebens, wie ein Symbol der Zeit. Beweglichkeit ist Trumpf. Je beweglicher wir werden und je mehr wir unterwegs sind, desto stärker bricht die Frage auf: Wo gehöre ich denn eigentlich hin? Wo kann ich bleiben? Wenn ich das nicht weiß, liege ich am Ende auf der Straße und stehe im Regen. Viele sind unbehaust, nicht nur die Wohnsitzlosen.

Das ist doch kein Leben, wenn man nicht weiß, wo man bleiben kann. Da geht's nicht nur um die eigenen vier Wände, sondern vielmehr noch um den anderen, der zu mir steht und bei mir bleibt. Wer vorankommen will, braucht den Schutz dessen, der bei ihm bleibt, ihm den Rücken freihält.

Da holt uns das Wort ein: »Bleibt in meiner Liebe.« Es ist, sagt das Evangelium, wie beim Weinstock. Jeder kennt das: Weinstock und Rebe gehören zusammen wie Wurzel und Wachstum, Baum und Frucht. Das ist eine lebendige Einheit. Was soll ein Rebzweig, der sich vom Weinstock löst? Er verdorrt und wird zum Brennholz geworfen. Ohne Verbindung mit dem Stamm wird er saft- und kraftlos. Der Lebensstrom ist an den Wurzelgrund gebunden, an den festen Standort.

›Haltet euch an mein Wort, an meine Liebe‹, sagt Jesus. Sie werden euch innerlich wachsen lassen, standfest machen und frei. Wenn ihr das preisgebt, wenn ihr da nicht mehr »dran« seid, dann werdet ihr zu bloßen Schaustellern von Religion. Was soll ein Christentum ohne Christus? Es ist ein einziger Betrug. Es dient zu nichts und wird weggeworfen, ins Feuer. Ohne Christus hängen wir mit all unserem Bemühen um Veränderung und Erneuerung der Kirche in der Luft. Von ihm weggehen bedeutet nicht Fortschritt, sondern Abfall. Wachstum im Glauben, in der Hoffnung und in der Liebe kann es nur geben, wenn wir in Christus bleiben. Wer da nicht »in« ist, ist »out«. *16,66f*

Zum Davonlaufen

Es ist zum Davonlaufen!« – Das kennen wir alle: Situationen, in denen wir weg wollen aus dem ganzen Schlamassel unseres Lebens, weg von den Konflikten und verfehlten Lebensentscheidungen, weg aus den zerbrochenen Beziehungen und enttäuschten Überzeugungen, weit weg. Ja nichts mehr davon sehen, ja nichts mehr davon hören!

»Ich halte es zu Hause nicht mehr aus«, sagen Jugendliche, »es ist zum Davonlaufen!« Sie sagen es nicht nur, sie tun es. »Ich hab es endlich satt, jetzt ist ein für allemal Schluss«, sagen Eheleute, »es ist zum Davonlaufen!« Und sie laufen davon. Nicht wenige Priester sind ausgebrannt, einfach am Ende: »Es hat ja doch alles keinen Sinn. Es ist einfach zum Davonlaufen.« Sie steigen aus ihrem Amt aus.

Auch Propheten sind davongelaufen wie Jona. Er will einfach nicht mehr. Hat er Angst bekommen vor seinem Auftrag? Hat er resigniert? Ist er enttäuscht, dass Gott im Grunde gar nicht den Untergang Ninives will, sondern die Bekehrung (vgl. Jona 4,2). Ninive konnte einem Propheten schon zu schaffen machen. Es war für einen Juden damals so viel wie das Zentrum der Tyrannei und Menschenverachtung, Inbegriff einer gottlosen Welt, unverbesserlich. Genau dahin ist Jona bestellt, nicht zu seinen Leuten nach Jerusalem. Gott sendet ihn gerade in die gottfernste Metropole. Die liegt ihm sehr am Herzen.

Jona denkt: nur weg von dort, weit weg! Er läuft in die entgegengesetzte Richtung. Er flieht aufs Schiff, will weg bis ans äußerste Ende der Welt, »weit weg vom Herrn« (1,3). Er läuft seinem Auftrag davon. Er ist mit seiner Berufung in eine schwere Krise geraten. Gott bewahrt uns nicht vor solchen Krisen, aber er lässt uns darin nicht allein. Er lässt uns nicht einfach laufen, er bleibt uns nahe:

»Wohin könnte ich fliehen vor deinem Geist, wohin mich vor deinem Angesicht flüchten? Steige ich hinauf in den Himmel, so bist du dort; bette ich mich in der Unterwelt, bist du zugegen. Nehme ich die Flügel des Morgenrots und lasse mich nieder am äußersten Meer, auch dort wird deine Hand mich ergreifen und deine Rechte mich fassen« (Ps 139,7–10).

9,200f

Eine schwere Geburt

Gott geht dem Jona nach. Dafür hängt er viel zu sehr an Ninive. Und er hängt an Jona! Er setzt alles Mögliche und Unmögliche in Bewegung, das Meer, den Sturm, die heidnische Schiffsmannschaft und schließlich den großen Fisch; all das bietet er auf, um den Propheten zur Umkehr zu bringen, ihn für Ninive zu gewinnen.

Jona wird ins kalte Wasser geworfen. Die Wogen des Meeres schlagen über ihm zusammen. Wird er untergehen? »Da schickte der Herr einen großen Fisch, der Jona verschlang. Jona war drei Tage und drei Nächte im Bauch des Fisches« (Jona 2,1). – Wie soll man das verstehen? Es ist, wie wenn jemand noch einmal in den Bauch der Mutter (in das Fruchtwasser) zurückkehrt. Das braucht seine Zeit, »drei Tage und drei Nächte«. Nicht nur die Tage sind wichtig, auch die Nächte. So mit seinen eigenen Tiefen und Dunkelheiten, seinem Versagen und seiner inneren Stimme konfrontiert, erlebt Jona eine Wandlung. Da beginnt etwas Neues. Er hatte sich selbst aufgegeben: »Nehmt mich und werft mich ins Meer. Denn ich weiß, dass dieser gewaltige Sturm durch meine Schuld über euch gekommen ist« (1,12). Nun kommt er wieder zu sich und zu Gott. Das ist eine schwere Geburt, sie geht an die Wurzeln der Existenz. Jona kann ein Lied davon singen, und er tut es auch. Der ganze Fisch ist voll Gesang:

»Du hast mich in die Tiefe geworfen, in das Herz der Meere. Das Wasser reichte mir bis an die Kehle, die Urflut umschloss mich. Doch du holtest mich lebendig aus dem Grab herauf, Herr, mein Gott« (2,4.6.7).

Jona ist »ein anderer Mensch geworden«, er ist »wie neu geboren«. Er taucht wieder auf, bekommt den Kopf über Wasser und Boden unter die Füße. Er sieht Land: »Da befahl der Herr dem Fisch, Jona ans Land zu speien« (2,11). Jona wollte »weit weg vom Herrn« (1,3), und nun kehrt er sich ihm zu: »Ich will dir opfern und laut dein Lob verkünden« (2,10). – Doch damit nicht genug. Gott kann Ninive nicht vergessen. Umkehr zu ihm heißt darum auch Umkehr nach Ninive: »Mach dich auf den Weg und geh nach Ninive« (3,2). Jona gehorcht und kehrt um, um Ninive zur Umkehr zu rufen. *9,203f*

Die Welt ist verbesserlich

Gott ist ein unverbesserlicher Weltverbesserer. Unverbesserlich: Darin ist er nicht zu übertreffen. Jona tut sich sehr schwer, diesen Gott zu verstehen. Er hatte mit allem gerechnet, vor allem mit Feuer und Schwefel wie in Sodom und Gomorra. Nur damit hatte er nicht gerechnet, dass Gott ist, wie er ist, »ein gnädiger und barmherziger Gott, langmütig und reich an Huld« (4,2). Das wurmt ihn so sehr, dass er sich gar den Tod wünscht. Die Erfahrung des Lichtes nimmt ihm nicht seinen Schatten. Aber Gott lässt nicht locker. Er versucht es noch einmal, Jona zu bekehren.

Jona hatte seine Predigt gehalten und sich dann schleunigst abgesetzt. Er war ein zweites Mal davongelaufen (vgl. 4,5ff). In sicherer Entfernung hatte er ein schattiges Plätzchen gefunden mit Blick auf Ninive. Und nun schaut er aus der Distanz heraus zu, was kommen wird: ›Jetzt muss doch das Unheil über Ninive hereinbrechen‹ – heiße Sachen wie im Fernsehen, nur in scheinbar ganz frommer Absicht.

Aber dieser Weltuntergang bleibt aus. Statt dessen packt Gott den Jona an einer ganz empfindlichen Stelle, an seinem Fernsehsessel. Da ist nämlich der Wurm drin. Der schattige Sitz verdorrt. Und Jona jammert und jammert, dass das Schauspiel ausbleibt und seine Zuschauertribüne zusammenbricht. – ›Mensch Jona‹, sagt Gott, ›hast du Sorgen! Du regst dich auf über deine kaputten Sessel und bist sauer, dass du nicht auf deine Kosten kommst. Merkst du denn gar nicht, dass es um ganz anderes geht, dass mir nichts wichtiger ist als die große Stadt Ninive mit den vielen Menschen und auch den Tieren‹ (vgl. 4,10f)?!

›Mensch Kirche, halt nicht nur Reden, und dann ziehst du dich zurück auf die sicheren Ränge der Zuschauertribüne und wartest auf das Schauspiel des Zusammenbruchs. Kümmere dich nicht nur um dein Inventar. Steh auf, lass dich nicht hängen, jammere nicht herum. Misch dich ein in Ninive. Verbrenn dir die Zunge, mach dir die Hände schmutzig! Bleib nicht bei deinen eigenen, kleinkarierten Interessen. Schau doch, mein ganzes Interesse gilt Ninive, der Welt, den vielen, vielen Menschen. Setz Herz und Hirn, Hand und Fuß dafür ein. Die Welt ist verbesserlich.‹

9,205f

Berufungsgeschichten

Wer aufmerksam die Zeichen der Zeit beobachtet, kann eine erstaunliche Entdeckung machen: Bücher, Filme und Bilder haben Konjunktur, die das Leben als Entdeckungsreise beschreiben. Auch die Bibel spricht davon, dass die Glaubenden und das ganze Volk Gottes unterwegs sind, wie auf einer abenteuerlichen Entdeckungsreise. Die Urgestalt des Aufbruchs ist Abraham: »Geh deinen Weg vor mir und sei ganz« (Gen 17,1). Die Bibel ist wie eine Symphonie unzähliger Berufungs- und Aufbruchsgeschichten. Keiner beruft sich selbst. Immer geht dem Aufbruch der Anruf Gottes voraus. Gott zwingt nicht, er ruft – mit der Stimme der Sehnsucht im eigenen Herzen, im Anruf anderer Menschen, im Geheimnis seines unmittelbaren Wirkens: »Ich stehe vor der Tür und klopfe an. Wer meine Stimme hört und die Tür öffnet, bei dem werde ich eintreten« (Offb 3,20).

Berufungsgeschichten – das gilt auch für die Zeit der Kirche – schildern keine Beamtenlaufbahn, keine Bilderbuchkarrieren. Da werden keine heimlichen Elternwünsche erfüllt. Da hört sich jemand bei seinem Namen gerufen und antwortet: »Hier bin ich« – ich Jesaja, ich Maria, ich Petrus. Oft genug werden die Berufenen wie Paulus völlig aus der Bahn geworfen. Unter Schmerzen und durch Dunkelheiten hindurch erst werden sie fähig zu tun, was in Gottes Augen an der Zeit ist.

Da gibt es Zeugen der Gewissensfreiheit wie Thomas Morus und Franz Jägerstätter, Märtyrer des Widerstands gegen die Tyrannei wie Alfred Delp und Dietrich Bonhoeffer, die Mystikerin der Straße Madeleine Delbrêl und die Mutter der Sterbenden in Kalkutta, Schwester Teresa; Anwälte der Armen wie Oskar Romero und Helder Camara; Männer der Politik wie Robert Schumann und Dag Hammarskjøld, Menschen der schweigenden Anbetung wie Charles de Foucauld und nicht zu vergessen die Gottverliebten wie Theresia von Lisieux und Simone Weil. Mehr als Tausend aus allen Kontinenten hat der Papst als Selige oder Heilige in den Blick gerückt. Sie alle gehören zu den »Berufenen«, die sich Christus, dem »Schrittmacher des Glaubens« (vgl. Hebr 12,2), angeschlossen haben.

4,82f

Leidenschaft für Gott

Was ist los mit unseren Gemeinden, mit unserer Kirche, dass so wenig junge Leute auf den Gedanken kommen, Priester zu werden? Wir sind mit den meisten Dingen perfekt ausgestattet, es läuft. Aber ist bei uns die Glut des Evangeliums zu spüren, die Leidenschaft für Gott? Wir leugnen ihn nicht, aber wir rechnen auch nicht ernsthaft mit ihm. Unser Gott ist weder zu fürchten noch zum Verlieben. Fängt jemand damit an, wird er schnell in die charismatische Ecke gestellt. So reden und erklären wir viel, aber es kommt kaum noch durch, was wir der Welt schulden: das Zeugnis vom lebendigen Gott. Der Priesterberuf steht und fällt mit der Liebe zu Gott. Sie ist das Abenteuer des Glaubens.

Viele sagen heute: Schafft doch den Zölibat ab, dann ist das Problem erledigt. Ob das so einfach ist? Da bin ich skeptisch! Es hat zudem keinen Sinn, sich immer nur auf etwas zu fixieren, was nicht in unserer Entscheidung liegt. Ich bin überzeugt, es wird in der Kirche auch in Zukunft ehelos lebende Priester geben. Warum also nicht ermutigend für sie eintreten? Ich möchte vor allem junge Menschen ansprechen, ihrer Berufung nachzuspüren und auf den Lockruf Gottes im eigenen Herzen zu hören. Ich möchte ihnen aus eigener Erfahrung versichern: Es kann wie nichts sonst das Leben erfüllen, Gottes Gegenwart zu bezeugen und die Hoffnung auf ihn unter die Leute zu bringen.

Aufbruch heißt auch Abschied nehmen. Das ist mit Schmerzen verbunden. Sie treffen gerade uns Ältere. Wir sind in einer bestimmten Kirchengestalt groß geworden und müssen nun Abschied nehmen von liebgewordenen Gewohnheiten und Brauchtümern. Es führt nicht weiter, wenn wir den alten Zeiten nachtrauern und missmutig beiseite stehen. Aus diesem Tief kommen wir am schnellsten heraus, wenn wir uns neuen Aufgaben zuwenden, wenn wir als Kirche neu aufbrechen wie Abraham. Sieht man uns an, dass der Weg des Glaubens das Leben nicht verdirbt und verkümmern lässt, sondern freisetzt und reich macht? Dann können wir einladend werden für andere, dann können wir andere anstecken und anstiften, dann geht die Kette der Berufungen weiter. Nachfolge bringt Nachfolger hervor. *4,84f*

Wenn man sich auf den Weg macht

Christen sind keine Einzelkämpfer. Die hinter Jesus her sind, halten Tuchfühlung nach rechts und links, haken sich ein. »Einer trage des anderen Last.« Auch die, die nicht so recht mitkönnen, nehmen wir mit. Wir wagen den Weg gemeinsam, in der Gemeinschaft von Männern und Frauen, von Jugendlichen und Älteren, von Ausländern und Einheimischen. Für die, die hinter Jesus her sind, gilt nicht das Recht des Stärkeren, sondern das Recht des Schwächeren.

Wenn man sich auf den Weg macht, sollte man möglichst wenig Gepäck mitnehmen. Jesus sagt das seinen Jüngern (Mt 10,5–12): »Steckt nicht Gold, Silber und Kupfermünzen in euren Gürtel. Nehmt keine Vorratstasche mit auf den Weg ...« Haben wir nicht in der Regel viel zu viel Zeug bei uns? Die viel mitnehmen, haben es unterwegs schwer. Das ist ein Problem unserer alten Kirche in Europa: Es hat sich im Laufe der Jahrhunderte so viel bei uns angesammelt. Wir schleppen viel zu viel Ballast mit uns herum. Wer nicht viel Gepäck hat, bleibt beweglich, ist veränderungsbereit. In diesem Punkt haben uns die armen Kirchen im Süden viel voraus. Sie sind unsere Partner, auch unsere Lehrmeister.

In einer Gesellschaft, in der das Haben, das Besitzen dominiert und Scharen von »Besessenen« produziert werden, ist es notwendig, dass junge Leute da sind, die sagen: Das kann doch nicht alles sein. Weniger kann mehr sein. Lassen wir's, in Gottes Namen. Das ist ein Zeichen von Freiheit. Wer hinter Jesus her ist, der nimmt nur das Notwendigste mit. Werden wir die Erfahrung vermitteln können, dass weniger (an Sachen) mehr (an Freiheit) sein kann? Nur so, indem wir selbst einfach leben, Armut erfahren, werden wir für die Armen sensibel sein. Sie gehören nach vorn, an die Spitze. »Die Armen zuerst!«

Wer sich auf Jesus beruft, kommt an den Armen nicht vorbei. Jesus selbst war einer von ihnen. Er hat niemanden von seiner Liebe ausgeschlossen. Aber die Armen standen ihm besonders nah. So muss es auch bei uns sein: Die Armen zuerst! Das ist eine Priorität, die das Evangelium unserem Denken und Handeln setzt. *16,150f*

Apostel aus Passion

Wir haben nichts und haben doch alles« (2 Kor 6,10). Für Paulus ist das nicht nur ein schönes Wort zur Betrachtung, es ist die Wahrheit seines Lebens, nicht etwas rein Innerliches, sondern Ausdruck seines apostolischen Dienstes in den oft zermürbenden Reibereien und Zerreißproben des Alltags. Er beschönigt nichts. Er spielt nicht den Starken. Er täuscht keine Höhenflüge vor, wo er doch oft genug am Boden liegt. Paulus muss sich herumschlagen mit dem Unverständnis, der Eigensucht und Bosheit der Leute, die ihm das Leben schwermachen. Er wird zum Prügelknaben gemacht, denunziert und verleumdet, ausgenommen und ausgezählt, aufs Kreuz gelegt. Für ihn sind das alles nicht vermeidbare Pannen, es ist die Realität des Lebens und seines Dienstes. Er malt nicht den Teufel an die Wand, sondern erkennt Gott darin in der Signatur des Kreuzes.

Das Kreuz lässt hoffen. Von dorther kommt Licht in die Nachtwachen und Nachtwanderungen seines und unseres Lebens und Dienstes. Mitten in den Sätzen von Angst und Not, vom Sterben im Leben, steht immer neu dieses »und doch«. Eine ungeheure Spannung liegt darin, sie geht durch und durch: ›Wir werden heruntergemacht und doch aufgerichtet; wir sind am Ende und finden doch einen neuen Anfang; wir werden wie die letzten Menschen behandelt und gehen doch nicht vor die Hunde; wir haben unter den anderen zu leiden, und doch geht uns das Lachen nicht verloren; wir stehen mit leeren Händen da und haben doch vielen etwas zu geben; wir sind Habenichtse und bekommen doch alles geschenkt‹ (vgl. 6,9f).

Paulus hat die Kraft zum Leben in dieser Spannung nicht in sich selbst gefunden, Christus ist die Realität, die sein Leben bis in die tiefsten Tiefen hinein trägt und die er in seinem Leben als tragfähig erfahren hat. »Ist jemand in Christus, dann ist er eine neue Schöpfung« (5,17). Der Weg zum Leben geht durch den Tod. Paulus lebt aus der Passion Jesu. Er ist Apostel aus Passion, aus Leidenschaft. Darum verdrängt er die Passionen seines Lebens und Dienstes nicht. *9,240ff*

Nicht, wer sich selbst empfiehlt

Kennen wir uns eigentlich selbst? Wer bin ich? Wie komme ich zu mir selbst? Grundfragen des Lebens! Da holt uns das Paulus-Wort ein: »Nicht, wer sich selbst empfiehlt, ist anerkannt, sondern der, den der Herr empfiehlt« (2 Kor 10,18). Das geht an die Grundfesten unserer Existenz. Wie verstehen wir uns als Christ?

Wir können diese Fragen nach uns selbst nicht mit uns selbst beantworten. Mit bloßer Selbstverwirklichung ist es nicht getan. Wir sind uns vorgegeben, oft genug wie ein Rätsel. Wir sind nicht die Schöpfer unserer selbst. Darum können wir auch nicht allein zu uns selbst finden. »Du wärest bald am Ende mit mir, wenn ich nicht eins wäre mit dem, der keine Grenzen kennt« (Paul Claudel). Eins mit dem Grenzenlosen, eins mit Gott. Das ist des Rätsels Lösung, das wir uns selber sind.

Kennen wir uns eigentlich selbst? Wissen wir, wer wir sind? Diese Fragen zielen auch auf den Beruf, auf das Amt, in das Menschen eintreten und eingeweiht werden. Wer bin ich als Diakon, als Priester? Jeder, der einen Arbeitsplatz sucht, der eine bessere Stelle anstrebt, der sich seine Existenz aufbauen will, legt seine Zeugnisse vor. Er empfiehlt sich, so gut er kann.

Hier steht's anders: »Nicht, wer sich selbst empfiehlt, ist anerkannt, sondern der, den der Herr empfiehlt« (2 Kor 10,18). Das ist wie eine kalte Dusche. Das heißt doch im Klartext: Unsere Empfehlungen bringen's letztlich nicht. Der ist anerkannt, »den der Herr empfiehlt«. Ist damit alles andere Makulatur? Gott bewahre. Aber es hat nur einen begrenzten Stellenwert. Bei allem Wert unserer Qualifikationen – Gott qualifiziert uns für den Dienst. Darum auch das Sakrament der Weihe.

Sakrament heißt: Ich empfange, was nicht aus mir kommt und was ich mir selbst nicht besorgen kann. Ich bin Träger dessen, was Gott mir anvertraut. Was unseren Dienst konstituiert, ist nicht das Produkt eigenen Wissens und eigener Leistung. Das Sakrament ist Zeichen der bleibenden Initiative Gottes vor allem menschlichen Handeln und trotz aller menschlichen Schwächen. *16,64f*

Der Vorläufer

Am Geburtstag Johannes' des Täufers erreicht die Sonne ihren Höchststand. Von nun an nimmt sie ab; die Tage werden kürzer und die Nächte länger. Die Geburt Christi steht demgegenüber ganz im Zeichen der steigenden Sonne. Vom 25. Dezember an werden die Tage länger und die Nächte kürzer. Die Sonnenwende ist zum Gleichnis geworden: »Er (Christus) muss wachsen, ich (Johannes) aber muss kleiner werden.«

Einen Augenblick könnten wir versucht sein zu denken, dieses Grundgesetz des Glaubens sei uns mit dem Rhythmus des Jahres in Fleisch und Blut eingegangen. Weit gefehlt! Es ist und bleibt *die* Herausforderung, solange wir leben. Sie geht an die Existenz, wie bei Johannes. Die Evangelien wissen davon zu erzählen. Sie verschweigen nicht, wie konfliktgeladen und schmerzlich das damals gewesen ist. Johannes tauft auf der anderen Seite des Jordan. Er schaut – wie Mose vom Nebo – hinüber ins Gelobte Land. Er hat Jünger um sich gesammelt und sie mühsam herangebildet. Und nun muss er sie über den Fluss weg an Jesus abgeben: »Ich bin nicht der Messias«, sagt er, »sondern nur ein Gesandter, der ihm vorausgeht.«

Wer sind wir denn? Wie der Finger, der von sich selbst wegzeigt. Sie kennen die Darstellung Johannes' des Täufers auf dem Isenheimer Altar. Die ganze Kraft dieser Gestalt sammelt sich in dem übergroßen Zeigefinger. Johannes ist ein einziger Hinweis auf den Messias. »Er muss wachsen, ich aber muss kleiner werden.« Soll das unsere Lebensperspektive sein? Da müssen doch alle Warnsignale aufleuchten. Wird hier nicht der eigene Lebensentwurf durchgestrichen?

Gerade weil wir auf Christus setzen und uns ihm verdanken, wissen wir uns ermutigt, unsere Möglichkeiten zur Entfaltung zu bringen und unser eigenes sterbliches Leben in Freiheit zu verwirklichen. Wer geduckte, verkrümmte und verängstigte Menschen klein halten will, ist bei Jesus völlig fehl am Platze. Selbstlos kann nur jemand sein, der ein Selbst hat, das er geben kann. Johannes ist alles andere als ein Schwächling. Gerade weil er ein so kraftvoller und starker Mensch ist, kann er seine Jünger abgeben: Geht über den Jordan zu Jesus! Er ist der Messias.

16,80f

Er muss wachsen

Johannes der Täufer weist von sich selbst weg, hin auf den Messias. Wenn wir uns in den Täufer hineinversetzen und unseren Dienst von ihm her zu verstehen versuchen, dann heißt das doch: Wir sind's nicht, von denen das Heil zu erwarten ist. »Ich bin nicht der Messias.«

Wer bei sich selbst stehenbleibt, kommt nicht weit. Aufregend und spannend wird das Leben erst dann, wenn wir uns herausrufen lassen über die eigenen Grenzen hinaus, wenn wir über uns selbst hinauswachsen. »Er muss wachsen ...« Wir können nichts Besseres tun, als dass wir wie der Täufer die Menschen, die uns aufgegeben sind, an Jesus abgeben, damit sie sich auf ihn einlassen, mehr seine Freunde als unsere Freunde sind. Das entscheidet über unsere Glaubwürdigkeit und über die Reinheit unserer Motive. Es entlastet uns zudem von der Wahnvorstellung, dass Entscheidende selbst tun zu können oder zu müssen.

Martin Buber hat uns diese chassidische Geschichte überliefert: In Ropschitz, Rabbi Naftalis Stadt, pflegten die Wohlhabenden Leute zu dingen, die nachts über ihren Besitz wachen sollten. Als Rabbi Naftali sich eines Abends spät am Rande des Waldes erging, der die Stadt säumte, begegnete er solch einem auf und ab gehenden Wächter. »Für wen gehst du?«, fragte er ihn. Der gab Bescheid, fügte aber die Gegenfrage daran: »Und für wen geht ihr, Rabbi?« Das Wort traf den Zaddik wie ein Pfeil. »Noch gehe ich für niemand«, brachte er mühsam hervor, dann schritt er lange schweigend neben dem Mann auf und ab. »Willst du mein Diener werden?«, fragte er endlich. »Das will ich gern«, antwortete jener, »aber was habe ich zu tun?« – »Mich zu erinnern«, sagte Rabbi Naftali.

Man kann jahrelang seinen Dienst tun, und auf einmal bricht die Frage auf: Für wen machst du das überhaupt? Gehst du nur für dich selbst? Verwalten wir nur ein bestimmtes religiöses Kulturerbe? Sind wir allein darauf bedacht, dass alles reibungslos klappt? »Für wen gehst du?« Können die Menschen, die uns begegnen, spüren, für wen wir gehen? Worauf es ankommt, ist allein dies: Christus muss wachsen. Für ihn gehen wir. Und es ist gut, einen Wächter zu haben, der uns daran erinnert.

16,80.82f

Wer bist du?

Kennen wir uns eigentlich selbst? Wissen wir, wer wir sind? Manchmal wachen wir auf, aus tiefem Schlaf, und haben alle Mühe, uns zurechtzufinden: Wo bin ich eigentlich? Eine wichtige Frage. Hier geht's um mehr. Hier heißt es nicht: Wo bin ich?, auch nicht: Was bin ich?, sondern: Wer bin ich? Diese Frage geht uns nach, ein Leben lang. Sie geht an die Substanz – unseres Lebens und des Evangeliums. Diese Lebensfrage steht mitten im Evangelium (Joh 1,19–28). In vier Versen werden an Johannes den Täufer sechs Fragen gestellt, bohrende Fragen, fast inquisitorisch, wie wenn jemand vorgeführt wird: »Wer bist du?« (19). »Was sagst du von dir selbst?« (22). Heraus mit der Sprache! Die Reaktion?

Vielleicht denken Sie: Das ist eine Zumutung! Das ist doch eine ganz persönliche Frage: »Wer bist du?« Das geht niemanden etwas an, das fällt unter Datenschutz. Johannes reagiert anders: »Er bekannte und leugnete nicht« (19). Was denn? »Ich bin die Stimme, die in der Wüste ruft.« Wir können nichts Besseres tun, als von uns weg auf den Messias hinzuweisen. Nicht wir sind's, er ist der Heiland. Nicht von uns, von ihm ist das Heil zu erwarten. Wir sind wie eine Stimme, die ankündigt, dass das endgültige Reich Gottes noch kommt, und zwar, wann Er will, nicht wann es uns gefällt.

Wir sind die Vorläufer, die immer nur neue Anläufe machen, mit menschlichen Worten und Zeichen Gott ahnen lassen. Es kommen als Boten Gottes nur Menschen mit ihren Menschlichkeiten und dem oft allzu Menschlichen. Und die Leute sagen dann: Schaut euch das nur an, die sind auch nicht besser ... Da können Menschen die Geduld verlieren: Was wollt ihr denn in der Religion, in der Kirche? Wenn ihr doch nicht mehr bringt, dann packt doch ein.

Was uns bleibt, ist dies, dass wir geduldig auf die Stimme in der Wüste hören, auch und gerade wenn sie bekennt: Ich bin es nicht. Die Kirche ist vorläufig, ist Vorläufer, nicht mehr. Bereitet Gott den Weg ... Ihm dürfen wir unsere Stimme leihen. Diese Stimme darf nicht zum Schweigen kommen. *16,83f.85*

Stehvermögen

Das ist ein prophetischer Mensch, ein prophetisches Wort. So reden wir oft – mit strahlenden Augen. Und vielleicht denken wir insgeheim: Das möchte ich sein, prophetisch. Prophet wird man nicht, weil man's gern sein möchte. Gott bewahre uns vor den selbst ernannten Propheten.

Niemand wird gerne Prophet. Die echten jedenfalls haben sich nicht danach gedrängt. Sie haben sich mit Händen und Füßen gesträubt: »Lass mich doch, Herr; nimm einen anderen. Ich bin noch so jung, ich kann's doch gar nicht.« – »Dich will ich«, sagt Gott. Er allein beruft. Er hat das erste und das letzte Wort.

»Er sagte zu mir: Stell dich auf deine Füße, Menschensohn; ich will mit dir reden. Als er das zu mir sagte, kam der Geist in mich und stellte mich auf die Füße« (Ez 2,2). Gott spricht zu ihm, stärkt ihn mit seinem Geist und gibt ihm dadurch Stehvermögen. Die Gottesbeziehung ist die innere Achse der Prophetenberufung und Sendung.

Wer es mit Gott zu tun bekommt, der kann sich auf einiges gefasst machen. Prophet zu sein ist jedenfalls nicht das reine Vergnügen. Die Aufgabe ist gefährlich; denn die, zu denen er gesandt wird, sind voller Widerspruch, ein widerspenstiges Volk. »Es sind Söhne (und Töchter) mit trotzigem Gesicht und hartem Herzen. Zu ihnen sende ich dich« (2,4). Sie werden ihn in die Enge treiben und ins Abseits stoßen.

Ich will den Teufel nicht an die Wand malen. Aber so ist es doch oft genug: Man versucht, sein Bestes zu geben, und es bleibt ohne Echo. Die Leute geben uns zu verstehen: Interessiert mich nicht! Wem liegt schon noch daran, von Gott und seiner Weisung zu hören? Der Erfolg weist nicht den Propheten aus, eher schon der Schmerz, den die Verkündigung der Gotteswahrheit mit sich bringt. Er könnte ein Echtheitskriterium sein, dass wir es im Vollzug unseres Glaubens nicht nur mit uns und unseren hinausprojizierten Wunschvorstellungen und Kirchenträumen zu tun haben, sondern – mit Gott! Nur wer Gottes Anspruch als Einspruch gegenüber den eigenen Bedürfnissen und Interessen gelten lässt, glaubt wirklich. *16,111f*

Farbe bekennen

Unsere Gesellschaft ist wie ein Supermarkt. Sie bietet eine bunte Palette von Sortimenten, eine Fülle von Möglichkeiten zur Auswahl. Wer schätzt nicht die vielen Angebote der Bildung und Kommunikation, der Technik und des Verkehrs. Vielfalt macht Freude, lockt Neugierde, regt die Phantasie an. Das Leben wächst mit der Chance, sich in Freiheit entscheiden und Prioritäten setzen zu können.

Nur: Wer die Wahl hat, hat die Qual. Die Überfülle kann uns in Entscheidungsnot bringen oder gar erdrücken. Sie kann dazu verführen, sich niemals klar zu entscheiden, die Entscheidung auf andere abzuschieben, auf Gremien oder auf den »starken Mann«. Wer die Wahl hat, steht nicht nur vor einer Fülle von Möglichkeiten, er muss vor allem auch zwischen wahr und falsch, gut und böse unterscheiden. Es ist gar nicht so leicht, eine eigene begründete Wahl zu treffen und nicht nur das zu tun, was alle tun.

Das gilt erst recht angesichts der Vielfalt von Auffassungen und Überzeugungen in den entscheidenden Lebensfragen. Die Diskussion um Anfang und Ende des menschlichen Lebens, aber auch um die gerechte Verteilung der Güter zeigt das sehr deutlich. Wir brauchen Anhaltspunkte zur Orientierung zwischen wahr und falsch, gut und böse. Wer nicht über Unterscheidungsvermögen und Konfliktbereitschaft verfügt, geht in der Vielfalt der Meinungen unter, läuft nur mit und passt sich an.

Es gibt Entscheidungen im Leben, die unwiderruflich sind. Da können wir uns nicht alle Türen offenhalten, entscheidend ist die Tür, durch die wir gehen. Man heiratet nicht auf Probe, man setzt nicht auf Probe Kinder in die Welt, man wird nicht einfach mal so Mönch oder Ordensschwester. Zu wirklichen Entscheidungen gehört ein Stück Endgültigkeit, der Mut zur Wahl, das Wissen um die damit akzeptierten Grenzen, um das Risiko einer falschen Entscheidung. Mitten im Überangebot unterschiedlicher Wertvorstellungen und Überzeugungen ist eine Kultur der Unterscheidung gefragt, sind Räume zu schaffen, in denen Entscheidungsvermögen wachsen kann. Es geht darum, ablehnen und zustimmen zu lernen, ja und nein sagen zu können. *2,23f*

Die Stimme Gottes heraushören

»So viele Gedanken, welcher ist wichtig? So viele Programme, welches ist richtig?« (GL 623,3). Wer macht nicht gerade heute die Erfahrung, wie vielfältig und widersprüchlich die verschiedenen Stimmen sind, die an unser Ohr kommen. Wir werden hin- und hergerissen. Gibt es Kriterien, Maßstäbe, um den unverwechselbaren Klang der Stimme Gottes herauszuhören? Gott wäre nicht Gott, wenn er sich nicht von jedem anderen unterscheiden ließe. Es gibt Regeln zur geistlichen Unterscheidung.

1. Regel: Allein die »Stimme«, die sich auf ein Wort der Heiligen Schrift, insbesondere auf ein bestimmtes Verhalten oder eine konkrete Weisung Jesu zurückführen lässt, ist unter den vielen anderen Stimmen die Stimme Gottes.

2. Regel: Sie steht in einer gewissen Spannung zur ersten. Sie lautet: Gottes Stimme ist vernünftig. Gott selbst hat mit Weisheit und Vernunft die Welt geschaffen, alle seine Werke sind weise geordnet. Und so ist auch sein Ruf nicht einfach unsinnig, unvernünftig, irrational.

3. Regel: Zeichen der Stimme Gottes ist es, dass sie im Hin und Her verschiedener anderer Gedanken, Neigungen und Zielvorstellungen als einzige aus einer guten, lichten Ursache erwächst, auf ein helles Ziel hinlockt und dafür gute Mittel empfiehlt.

4. Regel: Gott ruft immer dahin, wo man letztlich Trost, Freude, Zuversicht und Hoffnung findet. Gottes Stimme ist so, dass man im Letzten und Tiefsten auch weiß: So ist es gut, so ist es recht, so soll es sein!

5. Regel: Diese Regel hängt eng mit der vorangehenden zusammen: Gottes Ruf überfordert mich nicht.

6. Regel: Gottes Stimme ist immer konkret. Das heißt: Sie ruft in meine konkrete Situation hinein und will diese in Bewegung bringen. Gott meint immer mein Hier und Jetzt.

7. Regel: Die Stimme Gottes, die man zu hören glaubt, muss sich – wenigstens in wichtigen Fällen – dem Urteil anderer aussetzen lassen.

2,29.33

»Weg mit dir, Satan!«

Jesus lässt seine Jünger keinen Augenblick im unklaren darüber, was »Messias« heißt: »Von da an begann Jesus, seinen Jünger zu erklären, er müsse nach Jerusalem gehen und von den Ältesten, den Hohenpriestern und Schriftgelehrten vieles erleiden; er werde getötet werden, aber am dritten Tag werde er auferstehen« (Mt 16,21). Die eingeschlagene Richtung ist klar, der Weg führt nach Golgota, wo »alle Reiche der Welt mit ihrer Pracht« (4,8) durchkreuzt werden.

Petrus stellt sich ihm in den Weg, in diesen Weg nach Golgota: »Das soll Gott verhüten, Herr! Das darf nicht mir dir geschehen!« (16,22). ›Nicht auf den letzten Platz gehörst du, sondern auf den ersten! Nicht unten in der Tiefe musst du sein, sondern hoch hinaus, wo die Mächtigen sind. Zeig, was du kannst, mach Gebrauch von deiner Macht.‹ Das ist die Stimme des Satans. Im Widerspruch zu Gottes Plänen wird der Repräsentant der Jünger, der Fels der Kirche, zum Stein des Anstoßes. Darum trifft ihn das Satanswort aus der Versuchungsgeschichte: »Weg mit dir, Satan!«

Die schroffe Zurückweisung hat gegenüber der Versuchungsgeschichte eine bemerkenswerte Ergänzung. Das »Weg mit dir, Satan!« ist nicht das letzte Wort. Es steht noch ein kleines Wort da, das oft übersehen wird: »mir nach«, heißt es wörtlich. Dorthin ist Petrus von Anfang an gerufen (vgl. 4,19). Er hat Jesus nicht auf die Schulter zu klopfen, sondern ihm nachzufolgen. Hinter Jesus ist sein Platz.

Das gibt zu denken: Petrus, eben noch der Fels, auf dem der ganze Bau der Kirche errichtet werden soll, wird zu einem Skandalon, zu einem Stolperstein für Jesus. Der Garant der Kirche gegen die Mächte der Unterwelt wird selbst zu deren Marionette, zum Satan. Der Bekenner wird zum Versucher. Der Empfänger göttlicher Offenbarung hat nicht Gottes Sache im Sinn, er denkt allzu menschlich. Am Kreuz scheiden sich die Wege. Die Kirche, in Petrus gegen die Pforten des Totenreiches gerüstet, ist die Kirche des Gekreuzigten und steht in allen ihren Gliedern (auch in Petrus) unter dem Gericht des Kreuzes. *9,219f*

Demütig und selbstbewusst

Keinen Augenblick sollten wir vergessen, was in den zweitausend Jahren Christentum falsch gelaufen ist und nicht dem Evangelium entsprochen hat. Mit bewundernswertem Mut ist der Papst seit langem schon bemüht, ausdrücklich um Vergebung zu bitten und konkret beim Namen zu nennen, was an Verbrechen auch durch Vertreter der Kirche unter Berufung auf Gott geschehen ist. Das alles betrifft ja nicht nur die Vergangenheit. Wir haben keinen Grund, großsprecherisch zu sein.

Wir haben aber auch gar keinen Grund, uns mit unserem Glauben zu verstecken. Das Evangelium ist ein Schatz, zu dem es auf dieser Erde keine Alternative gibt. Mag sich noch so viel Geröll angesammelt haben in Geschichte und Gegenwart der Kirche, darunter verlaufen Goldadern der Hoffnung: Zivilisation der Liebe durch Zivilisierung der Macht, Freiheit und Menschenwürde, Gewissenskraft, Caritas und schöpferische Selbsthingabe.

Demütig und selbstbewusst geben wir Rechenschaft von unserem Glauben. Und wir fragen zurück: Müssen sich denn heutzutage nur die rechtfertigen, die glauben? Woran glaubt, wer nicht glaubt? Wie stehen die Nichtglaubenden zur Welt und zum Menschen? Wofür stehen sie ein? Welcher Schaden entsteht dort, wo man ohne Gott auszukommen meint? Man muss auch das »ohne Gott« verantworten, mit allen Konsequenzen für die Zukunft unserer Gesellschaft und des Menschen.

Wer sich vom Geist Gottes leiten lässt, der wird nicht beim Jammern und Klagen stehen bleiben. Er wird darauf aus sein, die verborgenen Wege Gottes zu entdecken und mitzugehen, auch durch Wüsten. *4,38*

JULI

Gemeinsam

Was ist nur mit der Kirche los?

Was ist nur mit der Kirche los? Nicht wenige in ihr machen ein trauriges Gesicht, können sich kaum noch darüber freuen, dass sie katholisch sind. Das sah vor Jahren anders aus. Mancher denkt an den Aufbruch des Konzils zurück. Fenster wurden aufgestoßen, frischer Wind kam herein: eine offene Kirche, den Menschen in ihrer Freude und Hoffnung, in ihrer Trauer und Angst zugewandt. Heute sehen sich nicht wenige in ihren Hoffnungen enttäuscht. Wen belastet das nicht? Was haben wir falsch gemacht? Haben wir vergessen, dass Reformen weder vom Himmel fallen noch verordnet werden können, dass sie uns selbst fordern, durchbetet und durchlitten sein wollen? Haben wir zu wenig bedacht, dass Menschen die Kirche bilden, Menschen wie Sie und ich? Haben wir in unseren Reformvorstellungen nach den Sternen gegriffen? Viel Kritik kommt aus übersteigerten und enttäuschten Erwartungen.

Eine ganz einfache Wahrheit hilft mir, die Kirche zu sehen, wie sie ist: Die Kirche ist nicht Gott. Sie ist nicht das Ziel des Glaubens, sie ist im wahrsten Sinne des Wortes »vor-läufig«. Zweifellos ist sie als Gemeinschaft der Glaubenden unbedingt notwendig. Ohne die Menschen, die vor mir geglaubt haben und mit mir glauben, wäre ich nicht der, der ich bin und sein möchte. Ich möchte die Kirche mit dem Reichtum ihrer Erfahrungen, der Vielfalt ihrer Begabungen, vor allem der Heiligen wegen, nicht missen.

Aber sie ist nicht das Ziel, sie ist nicht Gott. Durch und durch in Gottes Treue gehalten, ist sie eben doch auch menschlich und oft allzu menschlich. Darum – so hat Kardinal Ratzinger es formuliert – darf man »eine Totalidentifikation mit der jeweiligen empirischen Kirche nicht wollen«. Das hieße ja, sie sei vollkommen, und die Umkehr habe sich für sie erledigt. Tatsächlich aber beginnen wir jede Eucharistiefeier mit dem Eingeständnis unseres Versagens. *4,62f*

Ins rechte Licht gerückt

Das Credo macht einen sehr wichtigen Unterschied, den wir im Deutschen sprachlich leider so nicht mitvollziehen. Dort heißt es: »Credo in Deum« – ich glaube an Gott, ich überlasse mich ihm, ich lege mein Leben in seine Hand. Dagegen heißt es bei der Kirche: »Credo ecclesiam« – ich glaube die Kirche, als Mittel, als Weg zum Ziel. Das A und O des Glaubens ist allein der dreifaltige Gott. Damit ist die Kirche ins rechte Licht gerückt, in das Licht Gottes. Sie ist keine menschliche Erfindung, sondern eine Schöpfung des Heiligen Geistes. Er ist die Seele der Kirche, ihre treibende Kraft. Sie ist kein Verein, der sich selbst immer neu zur Disposition stellen könnte. Wäre sie nur ein x-beliebiger Interessenverband, dann hätten die Christen, nicht zuletzt die Bischöfe und Priester und auch die Päpste, sie längst zugrunde gerichtet.

Die Kirche ist nicht Gott. Aber Gott hat sich durch seinen Geist bleibend mit ihr verbunden. Durch sie schenkt er uns seine Gegenwart und Gemeinschaft, sein Wort und Sakrament, und dies in guten und in bösen Tagen. Weil er sie nicht fallen lässt, dürfen wir zu ihr stehen, sie in ihrer Gebrechlichkeit anschauen und lieben. Sie gehört nicht dem Papst, sie gehört nicht uns Bischöfen und Priestern, sie gehört allein Gott: »Paulus, Apollos, Kephas ... alles gehört euch; ihr aber gehört Christus, und Christus gehört Gott«, heißt es im ersten Korintherbrief (3,22f). Wir sind nicht bestimmter Menschen wegen in der Kirche, sondern Gottes wegen. Und darum dürfen wir uns um Gottes willen nicht bestimmter Menschen wegen von der Kirche verabschieden. Die Entscheidung, um die es hier geht, stellt uns vor Gott. Das Evangelium Jesu Christi und seine Verkündigung in aller Welt sind wichtiger als Ärgernisse in der Kirche.

Worauf kommt es an in dieser bedrängenden Stunde der Kirche? Dass wir unser spezifisches Gewicht wahren, das Gewicht des Glaubens. Dann kommen wir nicht ins Schleudern. Dann können wir gelassen das uns Mögliche tun, damit die Kirche immer mehr wird, wozu sie da ist: der Raum, Gott zu suchen und zu finden, zum Heil der Menschen. *4,64f*

Eine »halbierte Kirche«?

Das Leiden Gottes an seiner Kirche könnte ein Schlüssel dafür sein, wie wir mit unserem Leiden an der Kirche umgehen. Es kann nicht darum gehen, das Elend der Kirche totzuschweigen oder sie als makellos hochzujubeln. Vielmehr kommt es darauf an zu hören, wie Gott von der Kirche spricht: »Freu dich, du Unfruchtbare, die nie gebar, du, die nie in Wehen lag, brich in Jubel aus ... Denn die Schande in deiner Jugend wirst du vergessen, an die Schmach deiner Witwenschaft wirst du nicht mehr denken. Denn dein Schöpfer ist dein Gemahl ... Ja, der Herr hat dich gerufen als verlassene, bekümmerte Frau. Kann man denn die Frau verstoßen, die man in der Jugend geliebt hat?, spricht dein Gott« (vgl. Jes 54,1–6.11–13).

Mit welcher Offenheit wird hier ausgesprochen, was uns an der Kirche belastet: sie gleicht einer unfruchtbaren Frau, auf ihr liegt eine »Jugendschande«, sie ist alt geworden, gebeugt, verlassen, bekümmert und ohne Trost. Kein Hauch von Vergötzung oder Verherrlichung, von Triumphalismus oder Imagepflege. Gott beschönigt nichts. Und sagt doch ja zu dieser Frau! Er nimmt sie an trotz ihrer Vergangenheit. Warum? Es ist töricht, aber die Liebe ist so. Gott kann seine »Jugendliebe« nicht fallen lassen. Er, der mit uns Menschen begonnen hat, bekennt sich neu zu uns, nachdem sie erwachsen geworden sind, ihn enttäuscht und verlassen haben. Er nimmt uns noch einmal an wie ein Mann die Frau, die er liebt. Hier wird alles beieinander behalten: die Anfänge und das Alter, die Schuld und die Vergebung, das Dunkel und das Licht.

Leben wir nicht allzu oft mit einer »halbierten Kirche«? Die einen können die Schatten nicht zulassen. Für sie bilden weder die Kirchenspaltung noch die Kreuzzüge, weder die Inquisition noch der Kirchenstaat ein Problem, sie legen sich eine »Superkirche« zurecht. Die anderen sehen nur den Schatten, nur die Lüge, nur die Feigheit, nur die Unterdrückung. Sie können es ihrer Mutter nicht verzeihen, dass sie nicht fehlerlos ist. Mit einer halbierten Kirche kann man nicht leben. Sollten wir unser Verhältnis zur Kirche nicht aus kindlicher Glorifizierung ebenso herausführen wie aus kindlichem Trotz? Sollten wir uns nicht mit unserer Mutter versöhnen? *5,69f*

Kat-holisch

Du stellst meine Füße auf weiten Raum« (Ps 31,9). Mit dem Du fängt's an. Das ist wie eine Erlösung und Befreiung. Allein kommen wir aus unseren engen Verhältnissen nicht heraus. Der Psalmbeter sieht sich förmlich ergriffen und auf die Beine gestellt, so niedergedrückt und so am Boden war er. Der ihn aufrichtet, ist ein anderer, der ganz Andere. Dankend lässt der Beter etwas mit sich geschehen – oder genauer: Er hat etwas mit sich geschehen lassen. Eine Wende hat sich vollzogen, eine Lebenswende. Alles entscheidend ist das Gespür für den »gottdurchlässigen« Punkt, die Offenheit für das Wirken Gottes, die Empfänglichkeit dafür, sich aufrichten zu lassen. Betend konzentrieren wir uns auf diese Mitte unseres Glaubens, ohne die die Wende aus der Enge zur Weite nicht gelingen kann. So wie Eltern ihrem Kind helfen, dass es hineinzugehen lernt ins eigene Leben, wie sie es immer neu auf die Füße stellen, so spricht der Psalmist vom Wirken Gottes unter uns.

Was aber heißt dann »auf weiten Raum«? Ein uraltes Wort dafür, im ökumenischen Glaubensbekenntnis aller Christen verankert, heißt: kat-holisch. Nicht römisch-katholisch im konfessionellen Sinn, das ist schon eine der Engführungen von der Kirchenspaltung her. Nein, kat-holisch heißt allumfassend, aufs Ganze gehend, den ganzen Erdkreis umspannend. Dieser christliche Holismus/Universalismus markiert die Weite, von der der Psalmist spricht. Es ist die ganze Wirklichkeit, die ganze weite Welt, in der wir den unerschöpflichen Reichtum von Gottes Güte erkennen und bekennen! Kirche ist ja nicht für sich selbst da, sondern für Gott und für die Menschen, für die Schöpfung und den Kosmos. In ihrer kat-holischen Weite soll sich die Sehnsucht der heutigen Menschen nach Ganzheit, nach Ganzheitlichkeit erfüllen können (Holismus ist ja nicht zufällig ein Stichwort in vielen nicht- und außerchristlichen Szenen). Nach unserem Glaubensbekenntnis ist es der Geist Gottes, der die eine Kirche in den vielen Kirchen in versöhnter Verschiedenheit »katholisch« macht, allumfassend. Es ist Gottes Geist, der das Angesicht der Erde verändert und das Angesicht jedes Menschen. Es ist Gottes Geist, der unser Herz weit macht, der uns Anteil nehmen lässt an der Weite Gottes.

Ökumenisch

Ein anderes Bekenntniswort heißt »oikumene«. Ursprünglich ist damit nicht das Verhältnis der Kirchen und Christen zueinander benannt, sondern die Weite der bewohnten Welt, das Weltenhaus. Es meint Gottes Kraft in allen Menschen und in aller Kreatur. Das Psalmwort »Du stellst meine Füße auf weiten Raum« (31,9) heißt dann: Du stellst mich und meine Füße auf diese mütterliche Erde, du lässt mich teilhaben an der Ökumene aller Menschen und alles Lebendigen.

Ein ganz großer christlicher Denker, der leidenschaftlich für die Einheit und Reform der Kirche gearbeitet hat – noch vor der Reformation, aus der unsere Kirchen gespalten hervorgingen –, war Nikolaus von Kues. Zu Beginn des 15. Jahrhunderts war er an den leidenschaftlichen ökumenischen Bemühungen zwischen West- und Ostkirche beteiligt. Für einen Moment gelang wenigstens schon auf dem Papier die Einheit zwischen Orthodoxie und Westkirche (auf dem Konzil von Ferrara–Florenz). Eine der ersten Schriften des Nikolaus von Kues trägt den Titel: »Die katholische Konkordanz«. Sie zielt auf eine symphonische, wahrhaft katholische Gestalt des Christlichen. Dann kam die Eroberung Konstantinopels durch den Islam, ein Schock für alle Christen und der Zusammenbruch der Wiedervereinigungshoffnungen. Nikolaus reagierte mit seiner prophetischen Schrift »Über den Religionsfrieden«. Er hatte die Vision von einem himmlischen Konzil aller Religionen, einem runden Tisch, um, wie er sagt, in der Vielfalt der Riten die Einheit der Religion zu gestalten: Einheit in Vielfalt, versöhnte Verschiedenheit. Nicht zufällig hat sich dieser große christliche Theologe intensiv mit dem Koran und dem Islam auseinander gesetzt.

Zusammen mit seiner Schrift über den Religionsfrieden schreibt er eine mitreißende Einführung in die christliche Mystik: »Das Sehen Gottes«. Je mehr er unter Enge und Abspaltung leidet, je heftiger er sich um Vermittlung und Wiedervereinigung bemüht, desto mehr entdeckt er in dem allen Jesus Christus. Die Christusmystik ist der Kern seines Einigungsdenkens. Darin ist er ein großes ökumenisches Vorbild. Er ist ein Zeuge dieser wahrhaft katholischen, dieser wahrhaft ökumenischen Weite, für die der Psalmist dankt und die uns heute aufgegeben ist.

Keiner lebt für sich allein

Allein im Leben, allein im Sterben – so sieht für viele die Wirklichkeit aus. Ist das die ganze Wirklichkeit? Jesus Christus, der Herr, hat das Alleinsein erfahren. Er hat unsere Wirklichkeit geteilt. »Er kam in sein Eigentum, aber die Seinen nahmen ihn nicht auf« (Joh 1,11). Und von der Nacht, da er verhaftet wurde und sein Todesweg begann, heißt es im Evangelium: »Da verließen ihn seine Jünger und flohen« (Mt 26,56). Er hat erfahren, was das heißt: allein, verlassen. Aber er hat es nicht durchlebt »für sich«, sondern »für uns«. Er ist seinen Tod nicht gestorben »für sich allein«, sondern »für uns« – »für euch und für alle«. So ist er uns nahe gekommen im Leben und im Sterben, nahe gekommen und nahe geblieben.

Wer das als *die* Wirklichkeit seines Lebens anerkennt und bekennt, für den ändert sich etwas. Der kann nicht mehr für sich allein dahinleben, so vor sich hin. Der weiß: Was immer kommen mag, eines steht: Er steht an meiner Seite, er bleibt mir nahe, er lässt mich nicht allein.

Weil ich mich von ihm angenommen weiß, weil er mich nicht allein lässt, darum kann ich auch andere nicht allein lassen. Dann gilt nicht mehr: ›Jeder ist sich selbst der Nächste. – Rette sich, wer kann!‘ Dann gilt für mich: »Keiner lebt für sich allein.« Dann gilt nicht mehr für uns als Gruppe: ›Gleich und gleich gesellt sich gern‹, und die anderen können uns gestohlen bleiben, die Alleinstehenden und Alleinerziehenden! Dann gilt vielmehr: »Keiner lebt für sich allein«, keiner darf für sich allein leben. Dann werde ich alles tun, was in meinen Kräften steht, um Gettos aufzubrechen in unserer Gettogesellschaft. Dann werde ich alles tun, was in meinen Kräften steht, damit Gemeinde Jesu Christi Gemeinschaft wird, eine neue Gemeinschaft, eine Gemeinschaft von Behinderten und Nichtbehinderten, von Gesunden und Kranken, von Lebenden und Sterbenden, von jungen und alten Menschen, von Arbeitsbesitzern und Arbeitslosen, von Einheimischen und Ausländern, eine Gemeinschaft zwischen Katholiken hier in Deutschland und Katholiken in Afrika, in Lateinamerika, eine Gemeinschaft zwischen den Konfessionen.

10,100f

Leere Netze

Das Evangelium vom Fischfang (Joh 21,1–14) – als ich es bedachte, kam mir eine Geschichte in den Sinn, die mit ihrem Autor berühmt geworden ist: Ernest Hemingway, Der alte Mann und das Meer. Der alte Fischer war zeit seines Lebens vom Pech verfolgt. Was in unserer Gesellschaft zählt, blieb ihm versagt: Erfolg. Schließlich setzt er alles auf eine Karte. Er fährt mit seinem kleinen Boot allein auf die hohe See hinaus, viel weiter als je zuvor. Und er macht den Fang seines Lebens, nach einem Kampf auf Leben und Tod. Er nimmt den Riesenfisch ins Schlepptau und will ihn heimwärts rudern. Da umkreisen Haie sein Boot und fressen die Beute, Stück für Stück. Nach Tagen kommt er heim – ein geschlagener Mann. Nichts ist ihm geblieben, nur das Gerippe.

Sie kennen diese Erzählung vom Fischfang am Ende des Johannesevangeliums – ein nachdenkliches Kapitel. Der Alltag hat die Jünger wieder – die alte Umgebung, der alte Beruf, das alte Lied. Von Jesus keine Rede. »Ich gehe fischen« (3), sagt Petrus. Was denn sonst? Die anderen kommen mit. Die ganze dunkle Nacht arbeiten sie durch. Umsonst! Die Bilanz: leere Netze. »Aber in dieser Nacht fingen sie nichts« (3). Zweimal steht's da, damit es niemand übersieht. Das kennen wir doch zur Genüge in unserer derzeitigen kirchlichen Situation. Man rackert sich ab ohne Erfolg.

Hemingway und das Evangelium – zwei Fischergeschichten. Und doch, ein Unterschied wie Tag und Nacht. Tief in der Nacht kommt der alte Mann geschlagen zurück von der Fahrt auf dem Meer. Die Lichter sind aus. »Es war niemand da, um ihm zu helfen ...« – Die Jünger kommen mit ihren leeren Netzen im Morgengrauen zurück. Es steht jemand am Ufer und wartet auf sie. Sie sind erwartet, auch in der Stunde des Misserfolgs. Zwar erkennen sie den Fremden nicht. Aber es dämmert ihnen, in der Morgendämmerung. Noch ist nicht aller Tage Abend. Ein neuer Tag bricht an. Die Zukunft ist mehr als eine Verlängerung der düsteren Gegenwart, mehr als der eigene Misserfolg, mehr auch als der Erfolg. Da gilt etwas anderes: »Er aber sagte zu ihnen: Werft das Netz auf der rechten Seite des Bootes aus, und ihr werdet etwas fangen« (6). *16,69f*

Es ist der Herr

Die Erzählung vom Fischfang (Joh 21,1–14) ist eine Ostergeschichte, die den Karfreitag in sich hat. Das ist nicht das frustrierte und frustrierende Dauerlamento über die leeren Netze, sondern eine Ostergewissheit aus durchlittener Karfreitagserfahrung.

Es gibt eine Gnade des Nullpunktes. Es gibt die Gnade, gegen den Augenschein und das Übliche erneut aufzubrechen, sogar über alle Fischergewohnheit hinaus am helllichten Tag auszufahren und die Erfahrung zu machen, dass das Wort eines anderen trägt, das Wort des ganz Anderen. Wo ursprunghaftes Vertrauen und ungebrochenes Verstehen, wo Zuwendung und Zuversicht zusammenkommen, da kann ein Wort Wunder wirken. Wir ahnen gar nicht, was Gott aus den Bruchstücken unseres Lebens macht, wenn wir sie ihm ganz überlassen.

Eigenartig, als die Jünger mit den leeren Netzen zurückkommen, erkennen sie Jesus nicht. Er ist bei ihnen, aber sie wissen nicht, dass es Jesus ist. Kaum dass die Netze sich füllen, sieht der Jünger, den Jesus liebte, schon vom See aus: »Es ist der Herr!« Ob wir erst in Augenblicken der Erfüllung richtig erkennen, wie nah er uns ist?

Am Ufer brennt das Feuer. Das Mahl ist bereitet, ehe die Fischer mit ihrem Fang eintreffen. Sie werden also nicht mit ihrem eigenen Erfolg abgespeist. Es wäre ja auch trostlos, wenn alles vom Gelingen unseres Tuns abhinge und wir nur vom Erfolg unserer Arbeit lebten. Die Augenblicke in unserem Leben, in denen wir etwas vom Himmel auf Erden spüren, sind nicht unser Werk. Da stoßen wir auf etwas, das nicht von uns selber stammt. Wir sind beschenkt und sagen: ›Gott sei Dank.‹ Das genau ist die Eucharistie: ein Geschenk des Himmels, nicht das Ergebnis unserer Leistung. Wir machen sie nicht, wir empfangen sie. »Kostet und seht, wie gut der Herr ist« (Ps 34,9). *16,71.70f*

Wer leitet die Kirche?

Ich erinnere mich noch gut an folgende Situation: Ein Theologiestudent in den ersten Semestern kommt ins Examen. Der Professor fragt: »Wer leitet die Kirche?« Der Student antwortet: »Jesus Christus«. Darauf der Professor: »Aber das wollen wir doch hier nicht hören ...«

Hier hören wir's, als Gottes Wort (in der Pfingstlesung, 1 Kor 12, 3–13): »Jesus ist der Herr ... Es gibt verschiedene Dienste, aber nur den einen Herrn.« So steht's da klipp und klar, ohne Wenn und Aber. Jesus Christus ist Herr im Hause der Kirche.

Muss man überhaupt ein Wort darüber verlieren? Das versteht sich doch von selbst. Das gilt so grundsätzlich und allgemein, dass es niemanden vom Stuhl reißt. Oder doch? Jedenfalls betrifft es die ganze kirchliche Stuhlordnung. »Er sitzt zur Rechten Gottes, des allmächtigen Vaters.« Er allein ist der Herr. Jeder Amtsträger, auf welchem Stuhl er auch sitzt, auf dem Bischofsstuhl oder auf dem Priestersitz oder auf dem Heiligen Stuhl, jeder ist diesem Herrn verantwortlich. Alle Autoritäten in der Kirche haben nur so viel Sinn und Berechtigung, wie sie in der Nachfolge Jesu stehen und auf ihn als die letzte Autorität hinweisen.

Warum unterstreicht der Apostel das so ausdrücklich? Hier scheiden sich die Geister: »Keiner kann sagen: Jesus ist der Herr!, wenn er nicht aus dem Heiligen Geist redet« (3) Nur in der Kraft des Geistes werden wir der Versuchung widerstehen, uns selbst als die Herren aufzuspielen (vgl. Mt 24, 45–51).

»Jesus ist der Herr!« – das heißt auch: Die Kirche ist keine Demokratie im Sinne dieses Wortes. In ihr geht die Gewalt nicht vom Volk aus, sondern von Jesus Christus. Sie ist weder eine Demokratie noch eine Aristokratie noch eine Monarchie; sie ist der Raum, in dem Gottes Herrschaft zum Zuge kommen soll. Die durchkreuzt unsere gängigen Leitungsmuster. Wenn das nicht mehr spürbar ist, wenn nicht mehr deutlich wird, dass es nicht um Menschenherrschaft, sondern um Gottes Herrschaft geht, dann verfehlt die Kirche ihre Berufung. *13,55f*

Geistliche Energie

Es kommt nicht von ungefähr, dass das Christentum auch nach zweitausend Jahren in der ganzen Welt Menschen erreicht und ansteckt. Das hat mit diesem inneren Feuer zu tun, mit dem Geist Jesu. Nicht blindwütiges Feuer ist gemeint, das verbrannte Erde hinterlässt, sondern jene Leidenschaft für Gott und die Menschen, die das Angesicht der Erde erneuert. Wo dieses Feuer brennt,

- da wird heißer Atem spürbar,
- da lässt man sich nicht hängen und lamentiert über die schlechten Zeiten, sondern brennt darauf, etwas zu verändern, möglichst zuerst bei sich selbst,
- da werden Energien freigesetzt für Gerechtigkeit, Frieden und für die Bewahrung der Schöpfung,
- da lässt man sich im Sinne Jesu anfeuern und anstiften für mehr Freiheit, Gleichheit und Geschwisterlichkeit, auch und gerade in der Kirche.

Geht nicht von solchem Feuer ein Glanz aus, der das Leben wahr und spannend macht?

»Löscht den Geist nicht aus«, mahnt der Apostel (1 Thess 5,19). Wir hüten ihn oft wie ein abgedecktes Feuer, damit ja kein Funke überspringt. Der Enthusiasmus unserer Herzen ist eingeschläfert, unter allzu viel Ängstlichkeit und Routine. Darum zündet unsere Botschaft kaum noch. Die Spannung ist weg wie bei einer Batterie, die kaum noch etwas hergibt. Wo Christen kein Feuer mehr in sich spüren, wird alles müde und grau, langweilig und einfallslos. »Komm, Heiliger Geist, entzünde in uns das Feuer deiner Liebe«, das die Langeweile tötet und den Betrieb bloßstellt. Lass in Flammen aufgehen, was leeres Stroh geworden ist, verholzt, die Berge von Papier, die die Kirche bedecken ... Entfache das Feuer in uns, die geistliche Energie.

Vielleicht könnte die Kirche wie ein Zündholz sein, mit dem Gott über die Reibflächen der Zeit streicht, um selbst immer neu das Feuer seines Geistes zu entfachen. Ganz ungefährlich ist das nicht. Man kann sich dabei die Finger verbrennen oder gar die Zunge. *20,182f*

Der gestützte Helfer

Eine fremde Geschichte (Ex 17,8–15), weit weg – oder? Israel, das Volk Gottes, ist unterwegs, mitten in der Wüste. Tagaus – tagein, jahraus – jahrein Wüste. Das Volk wird unzufrieden, es meutert: ›Mose, warum hast du uns in die Wüste geführt? Warum sind wir nicht in Ägypten geblieben? Da hatten wir es gut: volle Fleischtöpfe, satt zu essen. Hier gehen wir vor die Hunde.‹ Anfechtung von innen und von außen: der Kampf gegen gottwidrige Völker, gegen Menschen, die Israel abbringen wollen vom Weg ins Gelobte Land.

In diesen inneren und äußeren Kämpfen: Mose. Er steht in der Mitte. Er hält seine Hände hoch – und die Hoffnung. Er wächst über sich hinaus. In ihm sammelt sich die Sehnsucht des klagenden und betenden Gottesvolkes, der angeschlagenen und gebeutelten Menschen auf dem Weg durch die Wüste ins verheißene Land. Mose steht da, stellvertretend, zwischen Gott und den Menschen. Er kämpft nicht beim Volk unten in der Ebene, er ist mit Aaron und Hur oben auf dem Berg. Er steht vor Gott für das Volk und steht für Gott vor dem Volk. Er steht, bis er nicht mehr stehen kann und seine Begleiter ihm einen Steinbrocken holen müssen, damit er sich darauf setzen kann. Es geht einfach nicht mehr.

Mose, der Mittler zwischen Gott und Volk, ist ganz Mensch, nicht der große Macher. Er lässt den Kopf hängen und die Hände sinken, die Spannkraft der Hoffnung erlahmt. Er ist am Ende. Er lässt diese Ohnmacht zu, in aller Offenheit und Öffentlichkeit. Israel merkt das sofort unten in der Ebene, dass er die Hände fallen lässt. Das bekommen alle mit. Mose hält seine Schwäche nicht geheim in scheinbarem Heroismus, er gibt sich als der, der er ist: Stellvertreter von Gottes Gnaden und im vollen Bewusstsein seiner Gebrechlichkeit. Er lässt sich stützen. Aaron und Hur stehen hinter ihm.

Mose gehört also nicht zu den Amtsträgern, die meinen, von ihnen allein hinge das Heil ab, sie dürften sich nicht helfen lassen: die hilflosen Helfer, die alles allein machen wollen. Man findet sie nicht selten unter den Priestern. Mose gehört nicht zu ihnen. *14,82f*

Das Wunder der leeren Hände

Kampf in der Wüste – Mose oben auf dem Berg, die Hände hoch erhoben, bis er einfach nicht mehr kann und Aaron und Hur ihm unter die Arme greifen müssen (Ex 17,8–15). Dienst der Stellvertretung, der Vermittlung. Ein unersetzlicher Dienst. In der Gestalt des Mose können wir uns wiederfinden. Haben wir wirklich die Kraft, die Hände zu erheben wie Mose? Haben wir auch den Mut, die Hände so tief sinken zu lassen, dass andere merken: Wir schaffen's nicht mehr und sind bereit, uns helfen zu lassen? Wir dürfen die Hände ehrlich sinken lassen, damit andere eine Stütze darunterstellen und sich selber zur Stütze machen. Sonst überheben wir uns, sonst übernehmen wir uns, sonst entsprechen wir nicht dem Geheimnis des Mose.

Oft ist das so: Man hat nichts mehr in der Hand, man hat keine Erfolge vorzuzeigen, alles ist aus der Hand geschlagen oder wie der Wüstensand zwischen den Fingern zerronnen. Und doch noch die Hände erheben? Oft lässt man sie dann lieber sinken. Was wären wir in solchen Situationen ohne die, die uns stützen. Nur so kann das »Wunder unserer leeren Hände« geschehen (Georges Bernanos, Tagebuch eines Landpfarrers).

Die Evangelien sprechen davon, dass Jesus Christus der wahre und neue Mose ist, der Führer und Anführer und Vollender des langen Weges durch die Wüste. Er ist über den alten Mose hinausgeschritten, in das innerste Geheimnis zwischen Gott und den Menschen, in jener Nacht, da er verraten wurde und doch Gott dankte, zu ihm die Hände und die Augen erhob. Auch er ließ die Hände sinken. Er hat die Ohnmacht durchlitten und sich so in das Dunkel des Geheimnisses Gottes hineingegeben. Er ist auf die ausgestreckten Hände festgenagelt am Kreuz. Daraus wächst seine Kraft zur Führung, sein Amt des Tröstens.

Als der verwundete Arzt ist er der wirkliche Seelsorger, mitleidend und mitgehend mit uns, stellvertretend auf dem Berg wie Mose, den Kampf mitten in den Geschichten des Lebens nicht scheuend. *14,83f*

Gott nicht verschweigen

Kirche – um der Menschen willen.« Alle Leute werden zustimmen und sagen: ›Klar, dafür seid ihr da, ihr sollt helfen, wenn jemand in der Klemme sitzt.‹ Kirche als Unfallstation oder als moralische Anstalt oder als Sinnagentur. Ist das alles? Und was ist mit Gott? – ›Darüber wollen wir ein anderes Mal reden ...‹ Nein, auf keinen Fall! Um der Menschen willen ist hier zuallererst von Gott zu reden.

Wir tun den Menschen keinen Dienst, wir betrügen sie, wenn wir Gott verschweigen. Mit ihm steht unser Menschsein, unsere Menschlichkeit auf dem Spiel. Hier entscheidet sich, wie groß oder klein wir von uns selbst und von unserer Welt denken. Wer an Gott glaubt, lässt sich von niemanden darin übertreffen, groß vom Menschen zu denken.

Die Menschen, die unsere Dome gebaut haben, wussten das, sonst wären sie gar nicht auf den Gedanken gekommen zu bauen. Sie wussten: Wir haben mehr Raum nötig als unseren Wohnraum. Wir wohnen hier nicht allein auf der Welt, Gott wohnt unter uns. Das »Haus Gottes unter den Menschen« gibt Antwort auf die Frage: Wo gehöre ich hin, wo kann ich bleiben? Es ist viel wert, wenn man festen Boden unter den Füßen hat und ein Dach überm Kopf, nicht nur heute und morgen, sondern überhaupt.

Wenn wir unsere Dome anschauen, wird mancher denken: Der hohe Raum mit den Gewölben und dem Turm, völlig unwirtschaftlich. Was bringt das denn? Kosten, sonst nichts, was sich in harter Münze auszahlt! Teurer Raum, verschenkt? Ja, verschenkt für den Gottesdienst, für Gebet und Besinnung. Hier öffnet sich ein Raum jenseits unserer Kalkulation und Nützlichkeitsberechnungen. Ein Raum für Gott und gerade darum überaus menschenfreundlich. Wo der Mensch gegen alles Kalkül Gott Raum lässt, da kann er aufatmen, da kommt er zu sich selbst. Wir können als Kirche nichts Besseres tun, als diesen Raum freizuhalten »um der Menschen willen«. Er ist Vorzeichen der neuen Stadt, die Gott uns bereitet und in der er selbst unter uns wohnt. *14,69f*

Um der Menschen willen

Um der Menschen willen bekennen wir uns zu Gott. Aber genauso gilt der zweite Satz: Um Gottes willen bekennen wir uns zu den Menschen. Er selbst weist uns diesen Weg: »Um unseres Heiles willen«, so singen wir im Credo, »ist er vom Himmel gekommen.« Der heruntergekommene Gott! Er kam nicht, um uns zu vereinnahmen, sondern um sich zu verausgaben »für euch und für alle«. Darum gilt: Kirche – um der Menschen willen.

Eine Herausforderung dieses Wortes wird uns heute besonders deutlich bewusst: Kirche – um der Menschen willen, gleich welcher Nation und Hautfarbe. Dafür sind wir da, als Weltkirche, allen alten und neuen Nationalismen zum Trotz. Das sagen wir nicht, weil uns diese oder jene politische Richtung liegt oder nicht liegt, das sagen wir um Gottes willen. Jeder Mensch trägt sein Ebenbild, jeder.

Um der Menschen willen! Bevor wir es anderen ins Gewissen rufen, ist uns das selbst ins Stammbuch geschrieben. Ein Ehrentitel der alten Kirche lautet: »Ecclesia ex diversis gentibus«, zu deutsch: »Kirche aus den verschiedenen Völkern«, oder, damit es jeder versteht: In der Kirche gibt es keine Ausländer. Können wir das von uns sagen, ohne rot zu werden? Wird die Achtung vor der Eigenart des anderen bei uns groß geschrieben? Sind wir tatsächlich *eine* Kirche aus den verschiedenen Nationen?

Kirche – um der Menschen willen. Sie ist nicht Selbstzweck. Wir dürfen doch um Gottes willen unsere besten Kräfte und Hoffnungsenergien nicht für uns selbst vertun. Die Welt ist im Aufbruch: Europa, im Westen und mehr noch im Osten, und wir sind oft so mit uns selbst beschäftigt, dass wir die Zeichen der Zeit nicht wahrnehmen. Sind wir als Kirche am richtigen Ort, bei den Menschen hier und in der Welt? *14,71f*

Sympathie

Wir erleben eine dramatische Veränderung des kirchlichen Lebens. Manche sprechen im Blick auf die Geschichte des Gottesvolkes von Wüstenwanderung, von Exilssituation und Diasporakirche. Viele sind müde geworden auf dem beschwerlichen Weg des Glaubens, resignieren, orientieren sich anderwärts, verlieren den Glauben. Die Reihen lichten sich, wir werden weniger.

In diese Situation spricht ein Wort aus dem Hebräerbrief: »Wir haben ja nicht einen Hohenpriester, der nicht mitfühlen könnte mit unserer Schwäche« (4,15). Also – von Schwäche ist da die Rede. Das kennzeichnet die Situation, aus der heraus das Wort damals vor neunzehnhundert Jahren geschrieben worden ist. An vielen Stellen kann man dem Brief entnehmen, dass die Gemeinde müde geworden ist und den Kopf hängen lässt, schwerhörig wird, nicht durchhält und auf der Strecke bleibt.

In diese Situation hinein zeichnet der Hebräerbrief das Bild *des* Priesters, in dem uns ein für allemal das Heil geschenkt ist: Jesus Christus. Er ist einer von uns (2,14), in allem uns gleich (2,17) und doch ohne Sünde. Auch er ist der Schwäche unterworfen (5,2), auch er ist versucht worden (5,7–9). Auch er hat gelitten (2,14f). Deshalb ist er der »Herzog des Heils« (2,10), der »Urheber ewigen Heiles« (5,9), der »Vorläufer für uns« (6,20), der »Urheber und Vollender des Glaubens« (12,2).

Bisweilen wird uns gesagt: ›In deiner Haut möchte ich nicht stecken.‹ Er steckt in unserer Haut. »Wir haben ja nicht einen Hohenpriester, der nicht mitfühlen könnte mit unserer Schwäche« (4,15). Er geht mit und fühlt mit, er leidet mit in heißer Mitleidenschaft und wendet sich voll Erbarmen den Menschen zu. Seine »Sympathie« wird nicht einfach nur lehrhaft behauptet, sondern von ihm selbst »mit lauten Schreien und unter Tränen« erlernt. Weil er selbst allererst lernen musste, was es heißt, Gott zu gehören und in die Schule des Mitleidens zu gehen, kann er für andere zum Vorgänger und Vorbild/Urbild werden.

16,77f

Er umarmt uns

Gott ist die Liebe« (1 Joh 4,16). Das ist nicht das Allerweltscredo vom lieben Gott: »Brüder, überm Sternenzelt muss ein lieber Vater wohnen.« Die Sache ist anders. »Gott ist die Liebe« – das ist keine abstrakte Definition, sondern die Summe der Geschichte Jesu. Sie ist eine Liebesgeschichte von A bis Z, von der Krippe bis zum Kreuz. Liebe ist für Christen kein Prinzip, sondern eine konkrete Person. Sie heißt Jesus Christus. Komme, was da kommen mag. Nichts vermag uns von ihm zu trennen, keine Mächte und Gewalten, weder Tod noch Teufel noch irgendetwas.

Er umarmt uns, und er geht uns bahnbrechend voraus. Das gibt Mut zu furchtloser Lebensgestaltung und offener Zuwendung zu den Menschen. Keiner braucht mehr verbissen bis zum Letzten für sein Leben zu kämpfen. Wir leben aus Liebe. – Darum kann ich mich schließlich auch dem Leid nähern. Jesus sagt mir durch das Kreuz: ›Du, ich mag dich leiden.‹ Und ich versuche, ihm das nachzusprechen.

»Er hat uns zuerst geliebt.« Dieser Grundsatz hat eine ganz einfache und praktische Konsequenz: »Wir wollen lieben« (4,19). Die Liebesgeschichte Gottes soll durch uns weitergehen, die anderen darin einbeziehen. Was bedeutet das? Augustinus gibt einem total frustrierten Diakon den Rat, die Leute in sein Herz zu schließen: »Leidenschaftliche Liebe vermag dies: Wenn jene durch uns, die wir sprechen, betroffen werden und wir durch ihr Hören, dann wohnen wir einer im anderen. Und so kommt es, dass sie, was sie hören, gleichsam in uns sagen und wir gewissermaßen in ihnen lernen, was wir lehren« (De catechizandis rudibus XII, 17).

Das ist es: die Menschen lieben, zu denen wir gesandt sind, sie wirklich gern haben, bei ihnen sein in guten und vor allem auch in bösen Tagen. Es ist im Grunde das Pastoralkonzept. Eine Frau erzählte mir von ihrem alten Pfarrer: ›Man merkt, dass er uns mag. Wenn er den Gottesdienst beginnt, dann nimmt er uns zunächst alle in den Arm.‹ – Besser kann man's nicht sagen, worum es geht. Wie sollen wir denn sonst überbringen, dass Gott uns umarmt? *16,60f*

Hoffnungslos tot?

Das ist eine Horrorvision (Ez 37,1–14) – wie Bilder aus Konzentrationslagern: Totengebein über Totengebein, eine einzige Domäne des Todes. Der Prophet wird in eine weite Ebene hinausgeführt. Ausgetrocknete Knochen liegen da umher, ein Gerippe neben dem anderen. So weit das Auge reicht, ist alles hoffnungslos tot. Was soll das Ganze?

Es verschlägt einem den Atem, wenn man liest: »Diese Gebeine sind das ganze Haus Israel« (11). Mit anderen Worten: Hier geht es um das Gottesvolk. Es ist nach Babylon verbannt, fern der Heimat. Es ist von den Wurzeln seines Lebens abgeschnitten und siecht dahin. Wer keine Hoffnung mehr hat, ist eh schon tot. ›Mit uns ist es aus‹, sagen die Leute, ›wir sind am Ende. Das ist doch kein Leben.‹ »Ausgetrocknet sind unsere Gebeine, unsere Hoffnung ist untergegangen, wir sind verloren« (11).

Geht's uns in der Kirche heute anders? Reden wir nicht ähnlich? Oft tun wir so, als seien es nur die Kritiker in den Medien, die der Kirche den Tod ansagen und sie auszählen möchten. Das alles ist vergleichsweise harmlos zu dem, was Gott dem Propheten sagt: ›Die Gebeine sind das Gottesvolk.‹ Sagen wir es deutlich: So sieht's mit der Kirche aus. Alt sieht sie aus, ausgetrocknet und starr, müde und resigniert, mehr tot als lebendig. Hoffnung soll sie wecken und ist selber hoffnungslos mit sich selbst beschäftigt.

Können wir uns eingestehen, dass wir in der Kirche an einen toten Punkt gekommen sind? Wie soll es weitergehen? Die Krise lässt sich nicht einfach managen. Was soll ich Eltern sagen, wenn sie schmerzlich feststellen, dass der Glaube nicht überkommt zu ihren Kindern? Liegt's an der falschen Strategie? Muss es Schuld sein, dass wir mit unseren besten Absichten scheitern? Die Fixierung auf die Schuldfrage und das Jagen der Sündenböcke verhindern nur zu oft, dass wir uns dem Ruf Gottes in den Umbrüchen des Lebens und unserer Zeit stellen. Gelebte Hoffnung ist nicht fix und fertig, sie reift in Niederlagen und im Durchleiden des eigenen und der Kirche Schatten. Das Material der Wandlung besteht ja nicht nur und wohl auch nicht zuerst aus unseren Glanzseiten, sondern auch aus den Bruchstücken unseres Lebens, aus den verbleichenden Knochen (vgl. 1f).

20,145f

Gottes Geist schafft Leben

Mitten auf dem Totenfeld (vgl. Ez 32,1–14) hört der Prophet Gottes Stimme: »Menschensohn, können diese Gebeine wieder lebendig werden?« (3). Das ist die große Frage. Was soll ein armes Menschenkind schon darauf antworten? Gegen den Tod ist kein Kraut gewachsen, tot ist tot. Wir haben weder die Macht, uns vor dem Grab zu retten, noch die Fähigkeit, dieses Grab zu sprengen.

Und die Antwort auf die Frage Gottes? Kein lautstarkes Ja im Brustton der Überzeugung. Der Prophet gibt die Frage an Gott zurück: »Herr und Gott, das weißt nur du« (3). In diesem verhaltenen Bekenntnis liegt beides: Der Prophet sieht klar seine eigenen menschlichen Grenzen, und er traut Gottes ungeahnten Möglichkeiten. Das heißt glauben.

Wo wir diesen Glauben wagen, da regt sich etwas. Da finden die zerstreuten Bruchstücke wieder zusammen, da gewinnen sie Fleisch und Blut, Hand und Fuß. Und der Geist? Das ist allein Gottes Sache, wie am Schöpfungsmorgen: »So spricht Gott, der Herr, zu diesen Gebeinen: Ich selbst bringe Geist in euch, dann werdet ihr lebendig« (5; vgl. Gen 2,7). Aber Gott nimmt uns dabei in Dienst wie den Propheten, er braucht Menschensöhne und Menschentöchter, die sein Wort weitersagen: »Da sprach ich als Prophet, wie er mir befohlen hatte, und es kam Geist in sie. Sie wurden lebendig und standen auf« (10). Der Prophet spricht, doch ist und bleibt es Gottes Geist, der Leben schafft. Er führt vom Tod zum Leben. Über das Prophetenwort hinaus ist uns das verbürgt durch Jesus Christus, durch seine Auferstehung. Der Geist, der ihn beseelt, schafft Leben. Ihn bekommen wir nicht in den Griff. Er ist im wahrsten Sinne des Wortes nicht zu fassen. Er ist kein Produkt der Kirche. Sie kann sich nicht selbst wieder beleben. Sie lebt vom Geist Gottes, sie ist eine Frucht des Geistes. Sie kann ihn nicht machen, aber sie kann ihn empfangen und den Geist überspringen lassen.

Das tut er auch heute. Er regt sich, wenn wir nur aufmerksam auf ihn achten. »Wer Ohren hat, der höre, was der Geist den Gemeinden sagt« (Offb 2,29). An uns ist es, ihn aufzuspüren in den Gemeinden und in uns selbst.

20,147f

Mitten in der Nacht

Wenn wir auf unsere kirchliche Situation schauen, springt zunächst ganz beherrschend in die Augen, was alles weniger wird: nur noch ... Wir messen uns an der Vergangenheit. Das ist nicht die Blickrichtung des Evangeliums. Das schaut auch in der Nacht auf das Kommen des Herrn. »Geht ihm entgegen«, heißt es im Gleichnis von den klugen und törichten Jungfrauen (Mt 25,1–13). Die Zukunft Gottes ist größer als die Vergangenheit unserer Traditionen und Ideale. Wir sind nicht Nachlassverwalter einer großen Vergangenheit, sondern Wegbereiter für eine Zukunft, die mit Christus auf uns zukommt.

Die Nacht wird immer dichter, der Herr kommt immer näher. Eine ungeheure Spannung liegt in diesen beiden Sätzen. Aber sie stimmen beide. Man könnte ja denken: Die Nacht wird immer dichter. Es wird immer schlimmer. Und der Herr bleibt aus. – Weit gefehlt! Die Nacht wird immer schwärzer, und der Herr kommt immer näher. Die Mitternacht ist die Stunde der Wahrheit. Als der Bräutigam kommt, gibt es eine böse Überraschung. Fünf Frauen haben kein Öl für ihre Lampen: eine akute Ölkrise. Die Lebensenergie geht aus, der Vorrat an Treue und Liebe erlischt. Die Tür fällt ins Schloss. – Die fünf sind draußen vor der Tür. Hart! Das kann doch nicht wahr sein ...

Im Zusammenhang dieses Gleichnisses ist vom Weltgericht die Rede. Sie kennen diese Szene. Stellen Sie sich einmal vor, Jesus habe gesagt: ›Da war ein Mann, der war hungrig, und ihr habt ihm zu essen gegeben ... Das war ganz nett, aber ihr hättet es auch bleiben lassen können ...‹ – ›Da war ein anderer Mann, der hungerte, und ihr habt ihm nichts zu essen gegeben ... Nun ja, ist auch nicht so schlimm, er ist eben verhungert. Was soll's?‹ – ›Kommt her und lasst euch alle umarmen. Was immer ihr getan habt, es spielt keine Rolle. Schwamm drüber.‹ – Das ist nicht die Sprache des Evangeliums. Jesus hat vom Gericht gesprochen und von der Gefahr des Scheiterns. Man kann sein Leben verfehlen. Es ist gut, dass wir heute nicht mehr in der Heilsangst früherer Generationen leben. Es ist aber gefährlich zu denken, das Heil sei eine Selbstverständlichkeit. So nicht! *16,114f*

Der Ort, wo Jesus ist

Wenn einer mir dienen will, folge er mir nach; und wo ich bin, dort wird auch mein Diener sein« (Joh 12,36). Das ist eine klare Platzanweisung.

Wo ist Jesus? Bei ihm dreht sich nicht alles um die eigene Achse, er sah von sich ab und machte den anderen zum Maßstab seines Handelns. Er war nicht auf seine Position bedacht, es ging ihm um uns. Er forderte nicht für sich, er gab. Er lebte nicht auf Kosten anderer, er ließ sich seinen Einsatz für die Menschen etwas kosten. Er ließ sich nicht bedienen und wollte erst recht nicht verdienen, er diente. Er gab sich hin als Weizenkorn in den Acker der Welt. Aus dieser Hingabe ist das neue Leben geboren. Er ist Garant dieses rätselhaften Wortes: »Wer an seinem Leben hängt, verliert es; wer aber sein Leben in dieser Welt gering achtet, wird es bewahren bis ins ewige Leben ... Wo ich bin, da wird auch mein Diener sein.«

Hingabe ist Gewinn. Man rettet nur, was man gibt. Erst das Loslassen ermöglicht neues Leben, neues Wachstum. Heute reden wir von Service und von Dienstleistungen, von Kundenorientierung. Mobilität und Flexibilität zeichnen den erfolgreichen Angestellten aus, der im Aufzug zwischen dem ersten und dritten Stock erklären kann, wo sein Platz in der Wertschöpfung der Firma ist. Dienen meint Wertschöpfung in einem anderen Sinn. Die alleinerziehende Mutter einer behinderten Tochter, die sagt: »Wir sind überzeugt, dass behindertes Leben ein schönes Leben ist«, hat den Sinn ihres Lebens entdeckt in der Beziehung zu anderen, die auch in Krankheit und Verlusten trägt. Die Krise der Kirche wird nicht durch ein verbessertes Angebot an Dienstleistungen überwunden. Es kommt darauf an, dass wir uns mit anderen auf den Weg Jesu machen: »Wenn das Weizenkorn nicht in die Erde fällt und stirbt, bleibt es allein.«

Jesus nachfolgen, das heißt: dienen, teilen, sterben und so Leben gewinnen, heißt, dass die Diener Jesu die tägliche Verzweiflung und die Ängste der Verlierer und der Fremden wahrnehmen, dass sie auf den Boden der Realitäten kommen, dahin, wo Menschen zum Himmel schreien. Das ist der Ort, wo Jesus ist. *16,62ff*

Machtphantasien

Das Bild vom allmächtigen Gott beschäftigt unsere Phantasie von Kindertagen an, ist er doch wie der eigene Vater. Gott kann alles, was er will, und das möchten wir auch können. Ganz offensichtlich nehmen wir da als Kinder teil an der Lerngeschichte der Menschheit. Genauso sehen ja die Mythen der Völker, die Religionen der Erde Gott mit unendlicher Macht umgeben. Die Götter können in die Geschicke der Menschen und in den Gang der Geschichte eingreifen. Priester und Orakel versuchen, ihren dunklen Ratschluss zu erfassen; Opfer und Ritual müssen sie gnädig stimmen.

Ist der Gott, an den wir glauben, in dieser Welt zu Hause? Unsere eigene Gottesvorstellung hängt wesentlich vom Wachstumsstadium unseres Glaubens ab. »Als ich ein Kind war, redete ich wie ein Kind, dachte wie ein Kind und urteilte wie ein Kind. Als ich ein Mann wurde, legte ich ab, was Kind an mir war« (1 Kor 13,11). Der Alles-Könner-Gott, der unangreifbar und unanfechtbar über der Welt thront, ist eher das Produkt kindlicher und allgemein religiöser Vorstellungen und säkularer Machtphantasien, als dass er der christlichen Offenbarung entspräche. Oft genug aber haben diese Vorstellungen den Glauben überfremdet. Sie haben Christen dazu geführt, sich mit solcher »Allmacht« Gottes zu verbünden, um selbst an ihr teilzuhaben und Machtzuwachs zu gewinnen, statt sich von Gott in die eigenen Grenzen weisen zu lassen. Die Geschichte des Umgangs der Kirche mit ihren Abweichlern, den Ketzern und den Ungläubigen, kennt Machtmissbrauch und Glaubenskriege.

Es gehört zur Ehrlichkeit gegenüber unserer eigenen Geschichte, das nicht zu verschweigen. Wie viel ungezügelter Machtwille, wie viel verborgener und offenkundiger Machtmissbrauch ist auch bei uns anzutreffen. Wenn wir seit dem letzten Konzil in der Kirche verstärkt von der Macht der Liebe und des Dienens sprechen, so ist das nur glaubwürdig, wenn wir uns hinsichtlich unseres eigenen Machtstrebens nichts vormachen. Es kommt darauf an, zwischen wahrer und falscher Selbstlosigkeit, zwischen wahrer und falscher Machtausübung, zwischen Dienst aus Glauben und Dienst aus Unglauben zu unterscheiden. *2,66f*

Bei euch soll es nicht so sein

Der Menschensohn ist nicht gekommen, um sich bedienen zu lassen, sondern um zu dienen ...« (Mk 10,45). Warum ist Jesus diesen Weg gegangen? Warum hat er nicht mit Macht klare Verhältnisse geschaffen? Es ging ihm allein um Gott, um Gottes Herrschaft. Die wird verdunkelt, wo Menschen über Menschen herrschen.

Die Kirche ist der Raum, in dem Gottes Herrschaft zum Zuge kommen soll. Dort muss jeder spüren können, wer Herr im Hause ist. Darum gilt: »Bei euch soll es nicht so sein«, nicht so, wie es sonst in der Welt zugeht bei den üblichen Herrschaften. Bei uns sollen die Menschen eine Ahnung davon bekommen, dass es nicht um Menschenherrschaft geht, sondern um Gottes Herrschaft. Sie sollen spüren: ›Denen geht's tatsächlich um Gott.‹

Sind wir nicht gewaltig überfordert? Wir wissen doch, wie's in der Welt aussieht. Und wir wissen auch, wie's unter uns zugeht. Es ist tröstlich zu wissen, dass das nicht erst bei uns so ist, sondern dass schon die Jünger, die Zebedäus-Söhne an diesem Punkt offenkundig ihre Probleme hatten. Gut, dass das Evangelium sie nicht verschweigt, sondern offen ausspricht. Bei uns geht's oft allzu menschlich zu. Es geht eben nicht anders ...

Doch, sagt Jesus, es geht anders. Mit mir geht es anders: »Bei euch soll es nicht so sein, sondern wer bei euch groß sein will, der soll euer Diener sein« (Mk 10,43). Da geht kein Weg daran vorbei. Zur Nachfolge gibt es keine Alternative. Also versucht's auf diesem Weg. Wie denn sonst wollt ihr deutlich machen, dass es um Gottes Herrschaft geht? Wenn ihr selbst euch als Herren aufspielt, dann merkt keiner mehr, wer Herr im Hause ist. Dann denkt jeder: ›Das ist in der Kirche wie überall in der Welt.‹ Also versucht's, versucht's nicht nur über das Wort der Predigt und nicht nur jeder für sich, versucht's auch als Kirche, in den Strukturen der Kirche. Dort muss man merken können, dass man es nicht mit den üblichen Herrschaften zu tun hat. Dazu lädt Jesus ein, dass wir uns nicht anpassen, sondern es anders versuchen als andere. »Bei euch soll es nicht so sein ...« *14,68f*

Was will Gott von mir?

Was ist uns heilig, so heilig, dass wir es uns in dem ganzen Stimmengewirr heute nicht ausreden lassen? Der Glaube? Der Glaube an Gott? An welchen Gott? An einen Gott, der zu uns passt und der uns passt? Der passende Gott ist allemal durch das Kreuz als Götze entlarvt. Nein, wir haben mit einem Gott zu rechnen, der uns oft gar nicht passt, der uns quer kommt, der uns nicht einfach nur ein Innewerden unserer Selbst vergönnt, ohne jedes Erschrecken, der uns nicht nur jubeln, sondern auch schreien und schließlich schweigen lässt. Dieser Gott kann nicht wegreformiert werden, um das Christentum verträglicher zu machen. Wer die Gottesfurcht preis gibt, der wird durch Menschenangst überrollt.

Rechnen wir noch ernsthaft mit diesem Gott? Unser Gott – der passende Gott – ist weder zum Fürchten noch zum Verlieben. Fängt jemand damit an, wird er schnell in die fundamentalistische oder charismatische Ecke gestellt. So reden und erklären wir alles Mögliche, aber es kommt kaum noch durch, was wir der Welt schuldig sind, das vorbehaltlose Bekenntnis zu Gott.

Was will Gott von mir? Spielt diese Frage in unseren Gruppen und Verbänden ein Rolle, im Pfarrgemeinderat? Wir reden über Gott, reden wir auch mit ihm? Das Sprechen von Gott stammt allemal aus dem Sprechen mit Gott, aus dem Gebet. Das ist das erste. Kennen wir es noch? Geben wir es weiter?

Jede Kirchenreform hat ihren Preis. Der ist aus allen Taschen zu zahlen, aus den Taschen derer, die ein Amt in der Kirche übernommen haben wie aus denen aller Gläubigen. Reicht unser Reformwille so weit, das wir bei uns selbst beginnen? Ich sehe den Splitter im Auge des Papstes. Aber diesen Splitter nehme ich mir dann vor, wenn ich den Balken im eigenen Auge beseitigt habe. Wenn alle bereit sind, sich an den Unkosten zu beteiligen, dann kann eine Reform auch weit über die Kirche hinaus Gewicht gewinnen. Dann kann die Kirche im Ringen um die Zukunft unserer Gesellschaft Profil gewinnen. Sie gewinnt es nicht aus gut gemeinten Schönheitsoperationen, sondern aus der Tiefe ihres Gottesglaubens, aus dem Kreuz. *15,98f*

Von innen nach außen

Mit wachsender Beheimatung in der Tiefe des eigenen Innern wächst die Fähigkeit, den anderen Menschen zu begegnen, sie zu verstehen und auf ihrem Weg zu begleiten. Wer den Weg zu den eigenen Tiefen wagt, wird ihn auch zu den anderen finden. Menschen mit Tiefgang sprechen eben auch in anderen Menschen Tiefenschichten an. Wer dagegen den Zugang zu sich selbst nicht sucht oder nicht finden kann, wird immer in Gefahr sein, sich zu verstecken. Er baut Fassaden auf, die die Begegnung verhindern. Traurige Ruinen, die in der Landschaft herumstehen, weil die Eigentümer aufgehört haben, sie wirklich zu bewohnen.

In der Frage der Kirchenreform stehen die Strukturfragen oft obenan. Zweifellos haben sie ihr spezifisches Gewicht. Sie zu verharmlosen oder gar zu verdrängen hätte verheerende Folgen. Aber ob sie der Hebel zur Erneuerung der Kirche sind? Erfahrungen der vergangenen Jahrzehnte geben zu denken. Strukturelle Änderungen ändern nicht von selbst das Verhalten; dieses kann sich nur allzu leicht unter der Decke veränderter Strukturen fortsetzen. Sicher sind »innen« und »außen« nicht zu trennen, aber die Dynamik muss von innen nach außen gehen. Strukturreformen sind dann fällig, wenn sie sich aus gewachsener gemeinsamer Einsicht und Einstellung ergeben. Dann sind sie freilich auch anzugehen, damit sie nicht überfällig werden.

»Ein Mensch nimmt guten Glaubens an, / er hab' das Äußerste getan. / Doch leider Gottes vergisst er nun, / auch noch das Innerste zu tun« (Eugen Roth). Die Veränderung der Verhältnisse beginnt, wo der Mensch sich ändert, ein »neuer Mensch« wird. Jede Hoffnung auf eine menschlichere Welt bleibt Illusion, solange die Menschen die alten bleiben. Schaffen wir uns mit dem Blick auf die ungenügenden Strukturen nur ein Alibi, um uns von der Frage nach uns selbst zu dispensieren? Oder ist das Unbehagen so radikal, dass die Revolution im eigenen Haus beginnt? Suchen wir das Weite, statt beim Nächstliegenden anzufangen, bei uns selbst und beim Nächsten? *1,108f*

Das schöne Werk

Es gibt im Evangelium eine Erzählung, die wenig bekannt ist (Mk 14,3–9). Sie spricht von einer Frau, die zu Jesus kommt »mit einem Alabastergefäß voll echtem, kostbaren Nardenöl«. Das gießt sie Jesus übers Haar. Sofort erhebt sich die Frage: »Wozu?« Was soll das? Das ist doch völlig überflüssig, das bringt doch nichts, pure Verschwendung! »Man hätte das Öl um mehr als dreihundert Denare verkaufen und das Geld den Armen geben können« (5), die hätten etwas davon gehabt. Die Leute sind ungehalten: »Und sie machten der Frau heftige Vorwürfe.« Wir doch auch, oder?

Die Frau ist wehrlos gegenüber all diesen klugen Leuten, die nach Zweck und Nutzen ihres Tuns fragen. Was soll sie sagen? Was sie tut, spricht für sich. Sie tut's nicht wegen etwas, sondern »nur so«. Ihr Herz ist voll, und es fließt über in die Salbung. – Hätten wir in der Auseinandersetzung für sie Partei ergriffen? Jesus tut das ganz dezidiert. »Hört auf!«, sagt er. »Warum lasst ihr sie nicht in Ruhe? Sie hat ein schönes Werk an mir getan« (6). Damit ist das entscheidende Wort gefallen: »Ein schönes Werk«. Die meisten übersetzen: »Ein gutes Werk«. Demgegenüber heißt es im Urtext: »kalon ergon« – ein schönes Werk.

So wie Gott nach der Septuaginta (Gen 1,31) seine Schöpfung anschaut und sieht, dass sie sehr schön (kalon) ist. Sie ist nicht aus Zweck und Nutzen zusammengesetzt, sie kommt aus dem Überschuss der Liebe Gottes. So ist das mit der Frau in Betanien. Sie kalkuliert nicht: Was bringt's? Wozu ist es nutze? Sie tut es einfach »nur so«, aus dem Überfluss ihrer Liebe zu Jesus.

Die schöne Tat der Frau in Betanien macht deutlich, dass das Christentum sich nicht in Moral erschöpft. Sie bewahrt uns vor einem Totalitätsanspruch der Moral. Wir werden dem Liebesgebot nur dann gerecht, wenn wir der Liebe zu Gott treu bleiben und sie nicht als Mittel der Nächstenliebe verzwecken und umfunktionieren: Gott und die Liebe zu ihm als Energiequelle für soziale Aktivitäten, sozusagen als Lokomotive vor einem Zug, dessen Waggons wir längst mit anderen Interessen beladen haben.

16,47; 8,25f

Wir feiern nicht uns selbst

Betroffenheit in allen Ehren – daraus allein wird noch keine Liturgie. Sie lebt davon, dass wir uns nicht nur austauschen und zueinander sprechen, sondern zu Gott. Es ist nicht damit getan, dass wir uns einbringen; Gott bringt sich selbst, und wir bringen uns vor ihn. Liturgie ist etwas anderes als Selbsterfahrung, sie ist schon gar nicht Selbstgenuss. Wir feiern nicht uns selbst, sondern dass Gott uns seinen Sohn Jesus Christus geschenkt hat und schenkt.

Paulus hat uns aus den ganz frühen liturgischen Feiern das älteste Christuslied überliefert. Es besingt zunächst die Geschichte Jesu bis zum Kreuzestod, um dann den Horizont aufzuzeigen, in dem sie steht: »Darum hat ihn Gott über alle erhöht und ihm den Namen verliehen, der größer ist als alle Namen, damit alle im Himmel, auf der Erde und unter der Erde ihre Knie beugen vor dem Namen Jesu und jeder Mund bekennt: ›Jesus Christus ist der Herr‹ – zur Ehre Gottes, des Vaters« (Phil 2,9–11).

Die Gemeinde hat mit diesem Lied nicht im Stil damaliger Mysterienfeiern hinter verschlossenen Türen im vertrauten Kreis ihr Idol verehrt. Dem Kyrios Christus geht es um die Welt. Der Kern seiner Botschaft ist das Reich Gottes. Christliche Liturgie ist darum von Anfang an kosmische, universale Liturgie. Davon darf sie sich gerade in Zeiten der Anfechtung und Bedrängnis nicht abbringen lassen, indem sie auf allzu vertraute Kreise setzt und sich damit zufrieden gibt, geängstigten Seelen eine Nische zu bieten. Ein entscheidendes Kriterium für die Zukunftsfähigkeit liturgischer Gruppen ist dies: Nehmen sie das Stöhnen der Schöpfung und die Schreie der Menschen wahr? Hören sie den Geist, der sich »unserer Schwachheit annimmt« und selber für uns eintritt »mit Seufzen, das wir nicht in Worte fassen können« (vgl. Röm 8,18–27)?

Christliche Liturgie ist mit den letzten Versen der Bibel (vgl. Offb 22,20f) auf das Kommen des Herrn ausgerichtet, der der Herrschaft der Herren und der Knechtschaft der Geknechteten ein Ende setzt, ausgespannt auf den neuen Himmel und die neue Erde (vgl. Offb 21). Sie sprengt jede geistliche Selbstgenügsamkeit und Provinzialität. *11,19f*

Sinn für das Geheimnis

Das, worauf wir hoffen und woran wir unser Herz hängen, braucht eine Gestalt – wie in der Liebe. Den christlichen Glauben gibt es nicht als nackte Idee, als abstrakte Wertschätzung bestimmter Gedanken. Er hat – wie an Jesus Christus zu sehen ist und in den Sakramenten zum Ausdruck kommt – eine bestimmte Gestalt, sein unverwechselbares Profil. Formen und Formeln sind besser als ihr Ruf. Sie wahren eben nicht nur die Form, sondern auch den Inhalt. Da sie vorgegeben sind, erinnern sie gerade in Zeiten der Macher daran, dass Hausgemachtes nicht alles ist und kaum etwas abwirft, wovon wir auf Dauer leben können.

Die Texte des Glaubens enthalten immer auch eine Verheißung. Sie sagen mehr, als die, die sie aussprechen, einlösen können. Überzeugend werden sie nicht durch verbale Perfektion und noch so viel gedankliche Erklärungen. Die vertreiben am Ende nur, was zu wecken ist: Sinn für das Geheimnis. Glaube, Hoffnung und Liebe sind nicht auf den Begriff zu bringen. Sie greifen über das in den Sätzen Eingedeichte weit hinaus auf das Unsagbare hin.

Die vorgegebenen Texte und Formeln sagen uns: Du musst dich nicht mit deinem Wort und mit dir selbst begnügen, du stehst nicht allein. Die vor dir gelebt und geglaubt haben, haben sie »mit ihren Tränen, mit ihren Seufzern und mit ihren Wünschen gewaschen« (Fulbert Steffensky). Und es sind viele, die sie heute mit dir in allen Ländern der Erde sprechen, nicht zuletzt als gemeinsame Texte der Christenheit. Sie und der Ritus schaffen einen Raum der Objektivität, den auch Fremde betreten können, ohne gleich voll dabei sein zu müssen, was sie ja möglicherweise gar nicht wollen. Es ist gut, wenn die Anwesenden nicht den subjektiven Vorstellungen des jeweiligen Liturgen ausgeliefert sind.

Zu einem der alten Mönchsväter kam ein Bruder. Von Depression geplagt gestand er ihm, er könne nicht einmal mehr beten. Darauf der Vater: »Wenn du schon nicht beten kannst, so geh doch in den Gottesdienst und höre zu, wie die anderen beten.« Die Liturgie kann uns von der Gestalt zum Gehalt führen. *11,22f*

Wer glaubt, blickt durch

Not lehrt beten«, hieß es früher. Lehrt Not beten? Sie hat uns das Planen gelehrt. »Kluger Mann sorgt vor« und die Frau natürlich auch – für die Gesundheit, für das Alter und überhaupt für Lebensrisiken. Wir nehmen unser Leben selbst in die Hand. Wozu da noch beten? Es lenkt doch nur davon ab, selbst etwas zu tun. Nicht die Bitte um jenseitige Hilfe wendet die Not, sondern die diesseitige Tat. So denken viele.

Zu einem Rabbi kommt ein Schüler und fragt ihn, was Glauben sei. Der Rabbi führt ihn zum Fenster und fragt ihn: »Was siehst du da?« Der Schüler antwortet: »Ich sehe Menschen, Häuser, Bäume …« Der Rabbi führt ihn ins Innere des Raumes vor einen Spiegel und fragt ihn: »Was siehst du jetzt?« Der Schüler antwortet: »Jetzt sehe ich mich selbst.« – »Siehst du«, sagt der Rabbi, »wenn du dein Leben lässt, wie es ist, so siehst du wie durch Glas auf die ganze Welt bis zu ihrem Schöpfer. Ist dir aber das Glas nicht genug und legst du nur ein bisschen Silber auf, dann siehst du nur dich selbst.«

Wer glaubt, blickt durch. Wer betet, bleibt nicht vor dem Spiegel stehen – bei sich und seinem Aussehen. Er sieht weiter, über sich selbst hinaus. Er weitet seinen Horizont. Wir sind nicht die Techniker und Macher unseres Daseins. Das Leben ist voller Überraschungen, einfach spannend. Es geht weit über das hinaus, was wir planen und ins Werk setzen. Wir leben nicht nur vom Markt und vom Geschäft. Wir leben von Vertrauen, von Hoffnung und Liebe, kurzum von dem, was nicht zu machen und zu kaufen ist. Das verändert uns – und die Welt. Wenn aber die Liebe Realität ist und Realitäten schafft, sollte dann der Dialog mit dem Ursprung der Liebe ohne Wirkung sein? Das kann doch nicht wahr sein! Christen glauben: Am Anfang von allem steht nicht etwa nur der Urknall oder irgendetwas, sondern Er, Gott in Person, schöpferische Liebe. Und der Dialog mit diesem Ursprung unseres Daseins ist die Achse, um die sich alles dreht. Das heißt beten. Es ersetzt nicht das eigene Tun. Aber ebenso wenig ersetzt unser Tun das Beten. *16,123f*

Du bist mein Atem, wenn ich bete

Wer nicht betet, ist kurzsichtig. Er bringt sich um seine größten Lebensmöglichkeiten, er bringt sich um die Geschichte mit Gott. Nie sonst findet er so zu sich selbst. Glaube und Vernunft, Gebet und Freiheit schließen sich nicht aus, sondern sind spannungsvoll aufeinander bezogen. Beten macht frei, frei von der Angst um sich selbst, die die Phantasie unserer Liebe verkümmern lässt.

Viele Menschen suchen heute Anregungen in der Spiritualität Asiens. Sie sind darauf aus, den inneren Raum ihrer selbst zu erkunden, sich selbst zu verwirklichen mit Leib und Seele. Meditation hat Konjunktur. Gerade nachdenkliche und geistlich wache Menschen finden sich darin wieder. Wer wollte das gering schätzen! Freilich darf dabei das persönliche Gebet nicht zu kurz kommen. Viele denken leider, es sei durch die Meditation überholt. Sie können es einfach nicht glauben, dass der unsagbare Gott uns im Angesicht Jesu Christi begegnet und uns durch seinen Heiligen Geist beim Namen ruft. Meditation ja, Gebet nein – so eine verbreitete Meinung. »Du bist mein Atem, wenn ich zu dir bete«, sagt eines unserer neueren Kirchenlieder (GL 621,3). Was der Atem für das Leben ist, das ist das Beten für den Glauben. Nichts ist uns innerlicher als der Atem. Er ist wie die Lebensenergie, die uns durchströmt. Deshalb hängt viel davon ab, gründlich durchzuatmen. Keine Meditation ohne Einführung ins richtige Atmen. Im Atmen sind wir ganz bei uns, und zugleich stehen wir im lebendigen Austausch mit unserer Umwelt – und mit Gott, dem wir den Atem verdanken.

»Du bist mein Atem, wenn ich zu dir bete.« *Du* bist mein Atem: Da ist ein Gegenüber in deutlichem Unterschied zu mir, und doch ist es mein Atem. Das Beten ist ein Beziehungsgeschehen. Ob Anbetung oder Bitte, ob Lob oder Klage – immer geht es um Ausdruck und Einübung einer lebendigen Beziehung. Wie jede Beziehung zwischen Menschen ihre Höhe- und Tiefpunkte hat, ihre Seligkeiten und ihre Entfremdungen, so ist es auch für die Begegnung mit Gott im Gebet und in der christlichen Meditation.

16,124f

Lernorte des Betens

Dort, wo unser Atem zu flach ist oder zu kurz, wo wir Atembeschwerden haben oder gar in Atemnot geraten, bedarf es entsprechender Übungen. Das gilt nicht minder für das Beten: Was eigentlich selbstverständlich ist, kommt doch nicht von selbst. Die Jünger bitten Jesus: »Lehre uns beten« – schon damals! Beten will gelernt sein, wie eine Sprache, wie die Liebe. Und es will geübt sein in lebenslanger Weiterbildung. Ohne Übung wird keiner Meister. Wo gibt es Lernorte des Betens?

Ich habe das Beten nicht so sehr in großen liturgischen Feiern gelernt, sondern in den kleinen Traditionen zu Hause in der Familie, im Morgen- und Abendgebet und im Tischgebet, auch durch das Kreuz, das mir die Mutter immer neu auf die Stirn gezeichnet hat. Das prägt sich ein. Ich kenne junge Eltern, die es mit ihren Kindern heute ähnlich machen. Warum eigentlich nicht? Das Beten muss im alltäglichen Leben Hand und Fuß gewinnen.

Ein Pfarrer erzählte mir, ein junger Mann habe ihn gefragt: »Wo lernt man hier eigentlich das Beten?« Er sei bei der Antwort ins Stottern gekommen. Sind unsere Gemeinden Lernorte des Betens? Ich weiß das intensive katechetische Bemühen sehr zu schätzen. Führt es dazu, dass die Kinder und Jugendlichen beten lernen? Sollten in den Gemeinden nicht vorab Gebetstreffen eingerichtet werden, eine Art Gebetsschule?

Der Gottesdienst ist ein vorrangiger Lernort des Betens. Indem wir mit der Kirche mitbeten, lernen wir, persönlich zu beten. Und umgekehrt lebt der Gottesdienst mit davon, dass wir lernen, unser Herz ins Gebet zu legen. Wenn einer jemanden wirklich gern hat, bleibt er ihm gegenüber nicht stumm. Ob wir tatsächlich mit Gott rechnen und ihm das Herz zuwenden, zeigt sich in unserem Beten.

So ist das heute: Viele von uns beginnen den Tag in Hektik und fallen abends hörfunk- und fernsehgestresst todmüde ins Bett. Wir brauchen dringend Ruhezonen, einen Lärmschutz für die Seele. Der Biorhythmus allein tut's nicht, auch der Gebetsrhythmus bedarf der Pflege. *16,126*

Ferien – nur ein Rad im Leistungssystem?

Der Glaube hat eine Vorliebe für die Ferien. Das zeigt schon das Wort. Es kommt aus dem kirchlichen Sprachgebrauch. Der gottesdienstliche Kalender spricht nicht von Montag, Dienstag, Mittwoch, sondern sagt: feria prima, feria secunda, feria tertia ... Danach sind offenbar jeden Tag Ferien. Eigenartig. Was soll das bedeuten? Dort, wo die Erlösung zum Zuge kommt, herrscht Freiheit, dort besteht jeden Tag Anlass zum Feiern. Und eigentlich sollte das die Zeit und unser Leben auszeichnen. Wir sind offenbar nicht nur für Schule und Arbeit geschaffen, es gibt etwas darüber hinaus: Ferien. Wie ist das zu verstehen?

Der Mensch braucht Erholung. Wir müssen neue Kräfte sammeln, um fit zu bleiben, betriebsfähig und arbeitsfreudig. Wir brauchen Entspannung, um die alltäglichen Spannungen aushalten zu können. Wir brauchen Entlastung, um die Lasten nachher wieder tragen zu können. Ist das alles? Dann hätten also die Ferien lediglich eine Entlastungsfunktion. Die haben sie natürlich. Aber ist das ihr einziger, ihr eigentlicher Sinn? Sie wären dann im Grunde ja doch an der Arbeit orientiert und in den Arbeitsrhythmus eingeplant. Sie wären ein Rad im Leistungssystem: Um leistungsfähig zu bleiben, erholt man sich.

Liegt der Sinn unseres Lebens wirklich wesentlich in dem, was wir leisten? Was geschieht dann mit denen, die noch nichts oder nichts mehr oder nicht viel leisten können? Und weiter: Ist das Leben unter dem Druck der eigenen Leistung wirklich sinnvoll? Bleibt man Mensch dabei? Wir können heute sicher vieles machen. Alles können wir nicht machen. Den Sinn unseres Lebens können wir nicht selbst erzwingen. Wir brauchen's auch gar nicht; er ist uns geschenkt. Unser Leben hat seinen Sinn erhalten, bevor wir etwas leisten konnten, und es ist auch dann noch sinnvoll, wenn wir nichts mehr leisten können. Unsere Welt und wir selbst sind bejaht, angenommen von Gott. Darin liegt der Sinn begründet. Von daher könnte man die Ferien ganz anders verstehen. Sie sind dann nicht mehr ein Rad im Leistungssystem, sie stellen es in Frage. Sie weisen uns auf die Freiheit von allen Zwängen hin, die Ziel der Erlösung ist.

13,154ff

AUGUST

In dieser Welt

Globalisierung

Wir kennen das Bild des Weltraumfahrers auf die Erde: unser blauer Planet mitten im schwarzen All. Zum ersten Mal in der Menschheitsgeschichte haben wir die ganze Erde vor Augen. Ungeheuerlich: der Blick von außerhalb auf den Globus. Das hat unsere Perspektive von Grund auf verändert. »Globalisierung« sagen wir, nicht von ungefähr. Die Entfernungen zwischen den entlegensten Enden der Erde spielen kaum noch eine Rolle: globale Kommunikation, globale Wirtschaftsbeziehungen, globale Finanzmärkte. Eine Welt! Nur durch den Markt? Nur durch die harte Währung?

Eine Globalisierung, die unter dem Diktat des technischen Fortschritts und des ökonomischen Nutzens steht, gerät in einen Teufelskreis: Wachsender Gewinn der einen geht in aller Regel auf Kosten anderer und nicht zuletzt auf Kosten der Erde und ihrer Atmosphäre. Was not tut, ist eine ethische Globalisierung. Allerdings, wenn dabei der Wurzelgrund des Glaubens fehlt, bleiben wir nur allzu leicht im Moralismus hängen. Wir plakatieren die Zukunft mit immer neuen Appellen – und es bleibt doch alles beim Alten, weil der so genannte Sachzwang und die Eigendynamik des Marktes viel stärker sind. Nicht die Forderungen und Appelle, nicht unsere moralischen Leistungen bringen das Heil. Wir leben von dem, was wir nicht machen können, von einer Vorgabe, die von ganz woanders herkommt.

Genau das sagt der Hymnus am Anfang des Hebräerbriefes (1,1–6): Ursprung und Ziel der ganzen Schöpfung sind tief eingewurzelt in Gottes Liebe, in Jesus Christus. Durch ihn ist alles erschaffen (2), er trägt das All. Wir brauchen beim globalen Bemühen um Menschenrechte und Menschenpflichten nicht bei Null anzufangen, nicht bei der kleinen eigenen Entscheidung. Wir dürfen immer schon antworten auf jene Vorgabe, die uns in Jesus Christus entgegenkommt. Er bringt das, was unser Herz ersehnt: Gerechtigkeit ohne bitteren Nachgeschmack. Freude, die niemanden ausschließt. Leben, das auch durch den leiblichen Tod nicht ausgelöscht werden kann. Er trägt das All. Weil die Welt von Christus getragen ist, geben wir die Sehnsucht nach einer besseren Welt nicht auf, unser Glaube bestärkt uns darin. *16,23ff*

Einheit, die dem Menschen dient

Es gibt die Schicksalsgemeinschaft »Menschheit«, die Schicksalsgemeinschaft »Eine Welt«. Sie stellt uns vor eine Verantwortung, die so global ist wie die Schicksalsgemeinschaft selbst. In einem Meer des Unfriedens und der Unterdrückung, der Armut und der ökologischen Zerstörung lässt sich keine Insel des Friedens und der Freiheit, des Wohlstands und des Schutzes der natürlichen Lebensgrundlagen halten. Jeder derartige Versuch ist nicht nur moralisch verwerflich, er wäre auch faktisch zum Scheitern verurteilt. Eine Welt – oder keine!

Trotz aller ethnischen und sozialen Konflikte besteht kein Zweifel: Einheit ist das Gebot der Stunde. Aber welche Einheit? Wo liegen Ansätze zur Lösung? Keinesfalls in ideologischen Einheitssystemen, ob faschistischer oder kommunistischer Herkunft. Das haben wir gelernt – hoffentlich! Sicher haben Wissenschaft und Technik wichtige Schritte zur Einheit hin ermöglicht. Aber wenn sie alles sind, was die Menschheit verbindet, wird die Vielfalt der Kulturen verschluckt. Die Einheit des Apparates lässt Menschen verkümmern, sie gehen beziehungslos aneinander vorbei.

Die eine Welt, wie sie real entsteht, ist weitgehend die der westlichen Warenkultur, und so ist sie zu einer großen Bedrohung gerade für die nicht-europäischen Kulturen geworden. Das Interesse des Kolonialismus war auf die Arbeitskraft der Körper gerichtet; die gegenwärtige Warenkultur versucht, die Wahrnehmungen und Wünsche der Seelen zu besetzen. In diesem Sinne ist die eine Welt, wie sie heute existiert, schon eine nordamerikanisch-europäisch dominierte Welt, die für die Mehrheit der Menschheit kaum eine ihnen entsprechende Perspektive eröffnet.

Nur ein Wesen ist Bild Gottes auf Erden: der Mensch. Nicht der Einheitsmensch, nicht ein Einheitstyp. Der Mensch ist gerade in der Vielfalt der Völker und Kulturen, in der Vielfalt der je einmaligen Personen Bild Gottes. Und der Herrschaft Gottes, die Jesus verkündete, geht es darum, dass die Herrschaft von Menschen über Menschen beendet wird. Orientierung am Menschen tut not. *19,136ff*

Die Würde jedes Menschen

In keiner Religion wird der einzelne Mensch so gewürdigt und in die Mitte des Glaubens gerückt wie im Christentum: Jesus von Nazaret, ein Mensch wie wir, ist das Bild Gottes, der Messias. In ihm erkennen wir: Jeder Mensch ist Gottes Ebenbild – kein Zufallsprodukt oder Versuchskaninchen, kein Blindgänger, nein: Gottes Ebenbild und Bundespartner. Christen lassen sich von niemandem darin übertreffen, groß vom Menschen zu denken. Vorgängig zu seinen Taten und Untaten, zu seinen Leistungen und Fehlleistungen ist er von Gott unbedingt erwünscht und gerechtfertigt. Jeder Mensch ist Mensch, nicht der eine mehr, der andere weniger, nicht der eine wertvoll, der andere unwert. Nein, ob Frau oder Mann, schwarz oder weiß, Christ oder Nichtchrist, jede und jeder ist unwiderruflich von Gott angenommen. Jeder Mensch hat nicht nur einen Wert, sondern eine Würde; denn »Gott hat sich in Christus mit jedem Menschen gleichsam vereinigt«, sagt das letzte Konzil. Die Würde des Menschen ist unantastbar, weil Gott ihr Urheber und Garant ist. Wer sie verletzt, trifft Gott.

Wer sich das zu eigen macht, der hat Kontakt zum Evangelium, auch wenn er es gar nicht weiß und nur an das Grundgesetz unseres Staates denkt. Die universalen Menschenrechte und Menschenpflichten geben Zeugnis vom biblischen Gottesglauben. Auch nach zweitausend Jahren sind wir immer noch dabei, diese Gottesbotschaft zu lernen und der Würde jedes Menschen unbedingte Geltung zu verschaffen.

Die Würde der Person wird nirgends so konkret und so schutzbedürftig wie dort, wo Menschen an den Rand geraten sind oder ausgestoßen werden. Heinrich Böll hat recht: »Selbst die allerschlechteste christliche Welt würde ich der besten heidnischen vorziehen, weil es in einer christlichen Welt Raum gibt für die, denen keine heidnische Welt je Raum gab: für Krüppel und Kranke, Alte und Schwache; und mehr noch als Raum gab es für sie: Liebe für die, die der heidnischen wie der gottlosen Welt nutzlos erschienen und erscheinen ... Ich empfehle es der Nachdenklichkeit und der Vorstellungskraft der Zeitgenossen, sich eine Welt vorzustellen, auf der es Christus nicht gegeben hätte.« *4,34f*

Menschenrechte

Die katholische Kirche hat sich bekanntlich sehr schwer getan mit den Menschenrechten. Sie ist einen langen Weg gegangen, bis sie sie im Zweiten Vatikanischen Konzil innerlich bejahte und sich für ihre Durchsetzung engagierte. Der islamische Menschenrechtsdiskurs steht erst in den Anfängen. Zwar sind die Menschenrechte den Offenbarungsreligionen nicht fremd, sondern in deren Tradition grundgelegt. Aber sie stellen doch einen eigenständigen ethisch-politischen Freiheitsanspruch dar, der aufgrund historischer Umstände anfangs oft genug ausdrücklich gegen die Religionen gerichtet war. Die Geschichte der wechselseitigen Vorbehalte und Verurteilungen wirkt bis heute nach. Die gegenwärtige Herausforderung der Menschenrechte verlangt dem Christentum und dem Islam nicht nur praktisches Engagement ab, sondern auch selbstkritische Rückfragen an die eigene Tradition.

Auch ist zu bedenken, dass Menschenrechte wegen ihres vorherrschenden Bezugs auf das politisch-soziale Leben nicht alles Ethos ausmachen. Die Ebene persönlichen Lebens und der menschlichen Begegnung wird nur indirekt berührt. Werte wie Dankbarkeit, Freundlichkeit oder Mitgefühl kommen in der Ethik der Menschenrechte nicht vor. Sie sind jedoch für unser Leben unverzichtbar. Sie reichen in den Raum des Unverfügbaren. Religion hat diesen Raum offen zu halten.

Täglich sterben nicht nur Pflanzen und Tierarten, sondern es gehen gleichzeitig wichtige Bereiche der kulturellen Vielfalt unserer Erde verloren (zum Beispiel Sprachen, Bräuche, mündliche Überlieferung, traditionell überliefertes Wissen). In der »Dritten Welt« fordern die Kirchen immer selbstbewusster das Recht auf eine eigenständige indianische, afrikanische und asiatische christliche Kultur. Man spricht inzwischen von einer Option für die anderen, plädiert für ein Christentum in unterschiedlichen Kulturen, das den Weg von der Westkirche zur Weltkirche bahnt, von einer kulturell monozentrischen Kirche Europas zu einer kulturell polyzentrischen Weltkirche. Für die Christenheit ist dies eine große Chance der Bereicherung und ein Aufbruch zu neuen Ufern.

19,172ff

Hat der barmherzige Samariter ausgedient?

Nächster ist man nicht immer schon in einem festgelegten Ordnungsgefüge, zum Nächsten wird man in einer bestimmten Situation. Nähe ist keine statische Kategorie, sie entsteht durch Begegnungen, Erfahrungen, Beziehungen. Wenn ein tamilischer Asylbewerber in einer Kirchengemeinde Zuflucht sucht, kommen die, die ihn aufnehmen, ihm nahe. Sie werden ihm zum Nächsten. Wenn eine Gemeinde einen Partnerschaftskontakt in die »Dritte Welt« pflegt, entstehen auch hier Beziehungen, in denen Menschen trotz großer räumlicher Entfernungen einander zu Nächsten werden. Und schließlich kann ein Fernsehbericht über die Situation der Müllmenschen von Manila den Zuschauern unter die Haut gehen und sie zu solidarischem Handeln motivieren: Die weit entfernt lebenden Menschen in Manila sind ihnen nahe gekommen, sie sind Nächste dieser Menschen geworden. Nähe ist keine nur geographische Frage, Nähe ist eine Beziehungsfrage.

Kann sich christliche Praxis heute überhaupt noch am Modell des Samariters orientieren? Hat der »Barmherzige Samariter« nicht ausgedient? Hat er nicht dazu geführt, die Barmherzigkeit auf die private, persönliche Begegnung zu beschränken? Werden damit nicht die Unrechtsstrukturen unserer Gesellschaft nur vertuscht und ungewollt stabilisiert? Es genügt doch nicht, den unter die Räuber Gefallenen zu verbinden. Auf dem Rückweg von Jericho nach Jerusalem passiert ihm genau dasselbe wieder. Wir müssen das Übel an der Wurzel angehen. Wir müssen die Strukturen der Räuberei freilegen und zu ändern versuchen. Christliche Nächstenliebe hat sich heute im gesellschaftspolitischen Engagement zu bewähren.

Die Samaritergeschichte hat sicher viele unserer sozialpolitischen und strukturellen Fragen noch nicht im Blick. Aber sie bringt etwas zum Ausdruck, was diesen Fragen vorausliegt und sie überschreitet: Wer den Weg der Erzählung mitgeht, dem gehen die Augen auf und das Herz. Er wird sich selbst nicht zurückhalten, weil er nicht von sich aus bestimmt, wer Nächster ist, sondern weil er selbst einem anderen zum Nächsten geworden ist.

Option für die Armen

Die im Zusammenhang der Eroberung Amerikas erfolgte Christianisierung stand ganz im Zeichen des »Rette deine Seele«. Die Kirche sah ihre Aufgabe nicht primär darin, das bedrohte Leben der Eingeborenen zu verteidigen, sondern vor allem darin, ihre Seelen zu retten, bevor sie umgebracht wurden. Das veranlasste Las Casas zu dem bitteren Wort: Besser, die Indianer sind heidnisch, aber lebendig, als christlich und tot.

Die von der vorrangigen Option für die Armen geleitete Konversion der lateinamerikanischen Kirche geht demgegenüber von der Einsicht aus, dass die Hinwendung zu Gott von der Hinwendung zu den Armen nicht zu trennen ist. Diese spirituelle Einsicht verbindet sie mit dem politischen Auftrag, das Leben der Armen zu verteidigen. Diese auch für viele Gläubige hierzulande ermutigende Konversion liegt weder einseitig in der spirituellen Erneuerung noch einseitig im politischen Mut. Der springende Punkt liegt gerade darin, dass beide sich wechselseitig befruchten in der einen Praxis der Nachfolge Jesu.

Danach gehört es zur christlichen Solidarität mit den Armen, sie in der Beseitigung von ungerechten Strukturen zu unterstützen. Die Kirche kann sich folglich nicht mehr aus den politischen Auseinandersetzungen heraushalten: Als Anwalt der Armen gerät sie mit den Gegnern der Armen in Konflikt. Und genau diese Erfahrung enthält eine geistliche Tiefe, die die religiöse Identität prägt. Das bezeugen die Märtyrer der lateinamerikanischen Kirchen aus den vergangenen Jahrzehnten.

Der Aufbruch der diskriminierten Völker besteht wesentlich darin, sich die eigene (Leidens-)Geschichte anzuzeigen und damit aus den eigenen Quellen zu schöpfen. Aus der Erinnerung erwächst eine starke Identität. Die Beschäftigung mit dem Leiden der Mütter und Väter lenkt die Armen nicht von ihrer gegenwärtigen Passion ab, im Gegenteil, sie ist Fundament und nicht selten auch Motor einer nachhaltigen Überwindung struktureller Ungerechtigkeit. Erinnerung will gerade nicht, dass die Dinge so bleiben, wie sie sind; sie will Veränderung, damit die Kontinuität des Unrechts durchbrochen wird. *19,181ff*

Was heißt Entwicklung?

Freiheit, Gleichheit, Brüderlichkeit – das sind Kernworte unserer neuzeitlichen Geschichte, die manches angestoßen und manchen Anstoß erregt haben. Sie stehen für Aufklärung, Fortschritt und Entwicklung. Für welche Entwicklung? Auch für Fehlentwicklungen? Die »Dialektik der Aufklärung« ist längst erkannt: die Gefahr, dass unsere Gesellschaft im Zuge der Aufklärung schließlich ihre eigenen Grundlagen zerfrisst.

Was heißt also Entwicklung? Wer muss entwickelt werden, wer muss sich entwickeln? Etwa nur die anderen? Nicht auch wir selbst? Das heißt aber: Alle großen sozialen, ökonomischen und ökologischen Fragen müssen zugleich auch durch Veränderung bei uns selbst angegangen werden. Wir müssen anders leben, damit andere leben können.

Entwicklungspolitik darf nicht zum Blinddarm der Außen- und Wirtschaftspolitik degenerieren. Sie kann ihrer Aufgabe nur dann gerecht werden, wenn sie integraler Bestandteil der Gesamtpolitik ist. Sie ist ein Test auf die Glaubwürdigkeit der Grundwerte unserer politischen und sozialen Kultur. Sie sollte auch den Bürgerinnen und Bürgern gegenüber offensiv angegangen werden. Politik darf doch nicht in jener elenden Verlegenheit verharren, die den Leuten nur das zumuten zu können meint, was irgendwie doch noch dem perspektivenlosen Eigennutz dient, nicht aber dem Frieden und der Zukunft der Welt. Sie kann auch unterfordern.

Entwicklungspolitik wächst aus den Fundamenten einer politischen Kultur. Sie ergibt sich aus den Grundwerten: Freiheit, Gerechtigkeit, Solidarität. Nicht wir allein definieren ihre Zumutung, nicht wir allein bestimmen den Preis, den wir zu zahlen haben, wenn wir uns auf sie berufen. Er ist vom Anspruch dieser Grundwerte und von der Herausforderung der Situation her vorgegeben. Die alte soziale Frage wird weitergeführt durch die »neue soziale Frage«, die mit dem Wort »Entwicklungspolitik« angezeigt ist. Freiheit, Gerechtigkeit, Solidarität sind im Weltmaßstab auszulegen. Wenn wir uns dieser Herausforderung versagen, werden wir uns sehr bald wiederum einer globalen Schuld zu stellen haben. Und keiner kann sagen, er hätte nichts gewusst. *19,91.98f*

Überbevölkerung durch Unterentwicklung

Menschen in der »Dritten Welt« kennzeichnet in aller Regel eine unbefangene Zustimmung zum Leben, ein ungebrochener Lebensmut und Lebenswille auch in schwierigsten Lebensumständen. Ihre Grundfrage ist zunächst: Wie kann man Leben wecken? Nicht: Wie kann man Leben verhüten?

Diese naturwüchsige Lebensbejahung darf freilich nicht idealisiert werden: Ihr Preis ist oft die Unterordnung und Instrumentalisierung der Frauen. Die Frauen und ihr sozialer Status sind für die Bevölkerungsentwicklung entscheidend wichtig. Vielerorts sind sie von Bildung und Beruf ausgeschlossen, wirtschaftlich abhängig und unterdrückt. Sie haben keinen Zugang zu den Möglichkeiten der Empfängnisregelung. Familiäre und gesellschaftliche Anerkennung erfahren sie oft nur aufgrund ihrer Mutterschaft. Darum möchten sie schließlich viele Kinder haben. Die Ärmsten mit der geringsten Bildung haben die meisten Kinder.

Der entscheidende Faktor und damit das Kernproblem des Bevölkerungswachstums in der »Dritten Welt« ist die Armut. Kinder sind der einzige Reichtum der Armen. Sie tragen wesentlich zum Lebensunterhalt der Familie bei und sind – mangels eines anderen sozialen Netzes – die »Versicherung« bei Krankheit und im Alter. Wenn aber durch den medizinischen Fortschritt und den erfolgreichen Kampf gegen Seuchen und Naturkatastrophen die Kindersterblichkeit erheblich sinkt, steigt die Zahl der Kinder und Jugendlichen, ohne dass angemessene Bildungs- und Erwerbsmöglichkeiten vorhanden sind. So verschlechtern sich die Lebensbedingungen zusehends; das generative Verhalten aber folgt in der Regel traditionellen Mustern. Infolge zunehmender Armut nimmt auch die Bevölkerung zu, die sich mit immer mehr Kindern gegen immer mehr Armut absichern will. Das Ergebnis ist aber nicht mehr Sicherheit, sondern mehr Armut, die wieder mit mehr Kindern behoben werden soll – ein Teufelskreis. Entsprechend haben die Länder mit den meisten Armen den höchsten Bevölkerungszuwachs. Die Überbevölkerung hat ihren tiefsten Grund in Unterentwicklung und Armut. *19,107f*

Es geht um die Eine Welt

Armut ist zentraler Grund und zugleich Folge des immer stärkeren Bevölkerungswachstums. In diesen Teufelskreis ist auch die Umwelt hineingerissen. Mehr Menschen: das führt zu mehr Raubbau auf den Ackerböden, in den Wäldern und bei den Wasserreserven. Armut und Umweltzerstörung treiben sich wechselseitig in die Höhe. Sie verstärken die Wanderungsbewegungen der Menschen ohne Arbeit und Einkommen, sie fördern die gesellschaftliche und politische Instabilität. Nicht zuletzt führt das überhöhte Bevölkerungswachstum heute faktisch zu einer rasanten Metropolisierung, zu den so genannten Megastädten (mehr als vier Millionen Einwohner), die jedes menschliche Maß und jedes soziale Gefüge sprengen.

Es wäre Unrecht, wollte man den Ländern des Südens die ganze Verantwortung für diese Entwicklung anlasten. Nicht allein Armut und Unterentwicklung führen zu schädlichen Übergriffen auf die Natur, sondern an erster Stelle die Art des Wirtschaftens und der Lebensstil in den Industrienationen. Die Menschen in den Industrienationen verbrauchen 85% der gesamten Holzproduktion und verursachen bis zu 80% der Schadstoffbelastungen in der Atmosphäre, über 80% des Ozonkillers FCKW. Das darf nicht vertuscht werden.

Sicher verschärft das schnelle Bevölkerungswachstum die Krise. Aber andere Faktoren sind daran in weit größerem Maße beteiligt: die überzüchtete Bedürfnissteigerung in unserer reichen Konsumgesellschaft ebenso wie Korruption und Misswirtschaft der Eliten und ihrer gegen die Armen gerichteten Regime in vielen Ländern des Südens, die Abschottung des Nordens auf dem Weltmarkt ebenso wie die verheerenden Folgen ethnischer Auseinandersetzungen, ganz zu schweigen vom schmutzigen Geschäft der Reichen mit den Waffen.

Die enge Verflechtung der Probleme zeigt, dass wir alle in die Pflicht genommen sind. In einem Meer von Armut, Unterentwicklung und Umweltzerstörung lässt sich keine Insel des Wohlstandes halten. Gerade angesichts der globalen Gefahren zeigt sich, dass es weder nur um die »Erste« noch nur um die »Zweite« oder »Dritte Welt« geht; es geht um die Eine Welt.

19,108ff

Familienplanung

Das »Menschenrecht auf Familienplanung« besagt, dass die Eltern frei, informiert und verantwortlich über die Zahl der Kinder und den Abständen zwischen den Geburten entscheiden. An diesem Punkt gerät die katholische Kirche zumeist ins Kreuzfeuer der Kritik. Ist sie mit ihrer Lehre zur Empfängnisregelung angesichts der Bevölkerungsentwicklung nicht geradezu verantwortungslos? Aufklärung tut not, in jeder Hinsicht:

In den Kontinenten mit besonders hohem Bevölkerungszuwachs (Afrika, Asien) leben nur relativ wenige Katholiken. Und umgekehrt: 40% der Bevölkerung Keralas sind Christen, und zugleich ist die Geburtenrate dort die niedrigste in ganz Indien. Im »katholischen« Lateinamerika ist die Geburtenrate in den vergangenen Jahrzehnten stärker gefallen als in allen anderen Entwicklungskontinenten.

Verantwortliche Geburtenregelung ist nach katholischer Lehre, wie das Zweite Vatikanische Konzil sagt (Pastoralkonstitution, Nr. 50), nicht nur geduldet, sie ist sittliche Pflicht. Hier stimmt die Kirche ausdrücklich mit der Menschenrechtskonvention überein. Kontrovers ist die Methodenfrage. Das katholische Lehramt setzt auf die so genannte natürliche Familienplanung (NFP), die auf chemische und mechanische Mittel verzichtet und sich am biologischen Rhythmus der Frau orientiert (Wahrnehmung der empfängnisfreien Tage). Sie geht nicht zu Lasten eines Partners (meist der Frau), sondern erfordert das Gespräch und beiderseitige Rücksichtnahme. Die Sexualität ist ganzheitlich eingebunden in die partnerschaftliche Beziehung. So entspricht die NFP der personalen Würde des Menschen.

Oft wird behauptet, diese Methode sei zu kompliziert und anspruchsvoll für den Einsatz in den Entwicklungsländern. Das kann man generell so nicht sagen, wie die über tausend Familienplanungsprojekte zeigen, die Misereor in den letzten zwanzig Jahren gefördert hat. In zahlreichen Ländern laufen ähnliche Projekte, die die Weltgesundheitsorganisation fördert.

19,117f

Für die Würde der Frau eintreten

Es gibt nicht mehr Juden und Griechen, nicht Sklaven und Freie, nicht Mann und Frau; denn ihr alle seid ›einer‹ in Christus Jesus«, sagt Paulus (Gal 3,28). Das Wort steht für die durch Jesus Christus verwirklichte Gleichberechtigung. Paulus konnte es nur formulieren, weil er Jesus vor Augen hatte. Mit diesem ungeheuren Satz fällt das Christentum aus dem Rahmen der Antike und anderer Religionen heraus. Es spricht für die Besonderheit der Tradition, aus der wir kommen, die Würde jedes Menschen erstmals und einzigartig formuliert zu haben, aus der inneren Einheit in Christus heraus. Die Formulierung der Menschenrechte, das Leitwort der Französischen Revolution und selbst die Emanzipationsbewegungen der Frauen in unserem Jahrhundert sind bewusst oder unbewusst aus der jüdisch-christlichen Tradition gespeist. Christen dürfen sich von ihrem Ursprung her von niemandem darin übertreffen lassen, die Würde der Frau zu achten und dafür einzutreten.

Zugleich müssen wir Christen bekennen, dass wir oft weit hinter diesem klar formulierten Anspruch zurückgeblieben sind. Die frauenfeindliche Wirkungsgeschichte mancher patriarchaler Interpretationen von biblischen Aussagen, eine sexistische Sprache, Symbolik und Praxis führten und führen dazu, dass gegen Gottes Schöpfungsplan Männerherrschaft ausgeübt wurde und wird. Der Einsatz für die Gleichberechtigung der Frau heute könnte kirchlicherseits ein Stück Aufarbeitung der eigenen Geschichte sein. Der Papst sagt in seinem jüngsten Brief an die Frauen: »Es ist dringend geboten, überall die tatsächliche Gleichheit der Rechte der menschlichen Person zu erreichen, und das heißt gleichen Lohn für gleiche Arbeit, Schutz der berufstätigen Mutter, gerechtes Vorankommen in der Berufslaufbahn, Gleichheit der Eheleute im Familienrecht und die Anerkennung von allem, was mit den Rechten und Pflichten des Staatsbürgers in einer Demokratie zusammenhängt« (Nr. 4). Hier sind gerade Christen herausgefordert. Benachteiligung, Ungleichbehandlung, Gewalt und Ausbeutung dürfen nicht hingenommen werden. Sie stehen im Widerspruch zum Willen Gottes.

19,130f

In Eigeninitiative

Zwei Drittel der in absoluter Armut lebenden Menschen sind Frauen. Darum sind sie im Sinne einer vorrangigen Option für die Armen bevorzugt zu fördern. Frauen stellen für die integrale Entwicklung an der Basis, dort, wo die Armutsbekämpfung ansetzen muss, ein großes Potential dar.

Auch wenn die Frauenorientierung in der Entwicklungszusammenarbeit heute »in« ist, so werden doch die Interessen von Frauen oft nur unzureichend berücksichtigt. In den Gremien, die planen und entscheiden, sind sie kaum vertreten. Die Eigenschaften und Fähigkeiten, die Frauen bei der Selbsthilfe und im informellen Sektor entfalten (Verantwortung, Fürsorge, Leistungskraft, Anpassungsfähigkeit und Kreativität), sind von Bedeutung für alle Bereiche des gesellschaftlichen Lebens.

Aber Frauen allein als Ressource wegen ihres Potentials im »Human Investment« zu fördern wäre eine erneute Entwürdigung. Sie sind nicht willkommene Objekte zur Produktivitätssteigerung und Steuerung der Familienplanung, sondern handelnde Subjekte. Ihre Subjektwerdung und Eigeninitiative sind zu fördern. Ihre herkömmlichen Kooperations- und Solidarformen sind dabei zu bewahren und aufzuwerten: Selbstversorgungswirtschaft, mündlich überliefertes Know-how, angepasste Technologien, schonender Umgang mit der Natur.

Nicht technokratische Lösungsmodelle zeigen den Weg aus der Armut, sondern basisnahe Maßnahmen, die zur Eigeninitiative einladen und Partizipationschancen eröffnen. Wer helfen will, die eigenen Kräfte freizusetzen, der muss die Quellen kennen, aus denen Menschen leben, ihre Wertvorstellungen, ihre religiösen und kulturellen Traditionen. Er muss Land und Leute kennen und mit ihnen verbunden sein.

Für die Frauen etwas zu tun ist wichtig. Mit ihnen zu planen und zu handeln ist wichtiger. So nehmen sie den Platz ein, den Gott ihnen wie jedem Menschen zugedacht hat: Sie sind Subjekt ihrer eigenen Geschichte. In diesem Bewusstsein werden sie nicht mehr rufen: »Warum, Gott, bin ich eine Frau?« Sie werden sagen: »Gott sei Dank, ich bin eine Frau!«

19,132ff

Die Welt nicht vergöttern und nicht verteufeln

Die Welt ist kein Betriebsunfall und kein Chaosunternehmen, kein Irrenhaus und kein Irrgarten. Sie entstammt dem schöpferischen Wohlwollen Gottes, der selbst Beziehung ist und deshalb Beziehung schafft: »Gott sah alles an, was er gemacht hatte: Es war sehr gut/sehr schön« (Gen 1,31).

Sieht man die faktischen Verhältnisse, ist das gewiss ein kühnes Bekenntnis. Es gibt so viele Unkenrufer und Unglückspropheten, es gibt so viel Zukunftsangst und Resignation. Und es gibt auch den billigen Optimismus, der alles wie selbstverständlich hinnimmt. Christen vergöttern die Welt nicht und verteufeln sie nicht. Sie ist für uns ein Ausdruck der schöpferischen Liebe Gottes. Zusammen mit der Würde jedes Menschen ist es die Treue zur Erde, die den christlichen Glauben prägt und auszeichnet.

Gewiss: Auch wir Christen sind im Laufe unserer Geschichte oft in den Verdacht geraten, wir wären mehr ins Jenseits verliebt als ins Diesseits, wir träumten von himmlischen Welten auf Kosten der irdischen. Aber unser Credo beginnt mit dem Bekenntnis zu Gott, dem Schöpfer des Himmels und der Erde. Alles, was ist, trägt das Gütezeichen Gottes. Alles, was ist, steht unter der Verheißung Gottes. Er ist in Jesus selbst zur Welt gekommen.

Aber alles trägt auch ein Verfallsdatum: Nichts ist ewig, nichts in der Welt ist Gott. Nichts in ihr kann die unendliche Sehnsucht stillen, die Gott uns ins Herz gegeben hat. In allem ist etwas zu wenig. Christen sind Menschen, die daheim noch Heimweh haben – nach Gott! Sie lassen sich nicht auf das Vorfindliche festlegen. Sie verachten nicht das, was ist; aber sie sind darüber hinaus gespannt auf das, was kommt. Unsere Hoffnung greift aus bis dorthin, wo Gott die Tränen von unseren Augen abwischt und alle, wirklich alle zu ihrem Recht kommen. *4,36*

Säkularisierung

Das Christentum ist durch die harte Schule der Säkularisierung gegangen. Säkularisierung beschreibt ja die »Verweltlichung« der modernen Welt im Zuge der neuzeitlichen Aufklärung gegenüber einer Verkirchlichung aller Lebensbereiche. Wissenschaft und Technik, bürgerlicher Staat und ziviles Recht sind nicht widerchristlich, aber sie sind eigenständig. Im Namen der Säkularisierung gingen nicht nur im ökonomischen, sondern vor allem auch im sozio-kulturellen Bereich kirchliche Güter in weltlichen Besitz: die Freiheit des Gewissens, die Einmaligkeit des Individuums, die Unantastbarkeit der Würde der Person, die soziale Verpflichtung der Starken gegenüber den Schwachen. Diese Güter sind im weltlichen Besitz oft besser aufgehoben und mehr geschätzt und verwirklicht worden als im kirchlichen, obwohl sie faktisch aus der jüdisch-christlichen Tradition inspiriert wurden. Die »Entzauberung der Welt« hat ihren Ursprung in der biblischen Schöpfungsgeschichte. Sie entdämonisiert die Welt, übergibt sie dem Menschen unter dem Auftrag Gottes.

Für die Trennung von Staat und Kirche ist Jesu Satz bahnbrechend: »Gebt dem Kaiser, was des Kaisers ist, und Gott, was Gottes ist.« Wenn man es auch Jahrhunderte anders versucht hat, so steht doch am Ende einer leidvollen und oft leidigen Geschichte die Einsicht: Es ist gut, dass die Kirche von politischer Herrschaft frei ist. Politik und Glaube sind zweierlei, wie Staat und Kirche. Die Kirche darf nicht Staat werden wollen und der Staat nicht Kirche. Weder die Staatskirche noch der Kirchenstaat sind erstrebenswert.

Freisetzung des Staates vom theokratischen Herrschaftsanspruch und zugleich Freisetzung der Kirchen von politischer Bevormundung und Repression: Damit wird der Glaube an Gott nicht weltlos und die Welt nicht gottlos. Der Glaube kann sich gerade auch nach christlichem Verständnis nicht auf einen Raum privater Innerlichkeit beschränken, er verlangt das öffentliche Bekenntnis und die öffentliche Praxis. Aber er ist nicht auf Theokratie aus, sondern auf die Achtung der Gottebenbildlichkeit des Menschen und der Welt als Schöpfung Gottes in unserer Gesellschaft.

19,166ff

Glaube und Politik

Zwischen Glaube und Politik ist zu unterscheiden, um des Glaubens und um der Politik willen. Um des Glaubens willen: Das Christentum ist mehr als eine Sozialvision. Das Heil, von dem es spricht, erschöpft sich nicht in sozialem Fortschritt und in Verbesserungen der Lebensqualität. Seine Hoffnungen gehen über das politisch Machbare hinaus. Wer in politischen Ordnungen und Aktionen das Heil sucht, verfälscht den Glauben. Gott bewahre uns vor jenem abenteuerlichen Moralismus, der die Sache Gottes selbst ins Werk setzen möchte. Das Heil ist nicht zu machen; wir dürfen es empfangen – wie ein Geschenk des Himmels. Diese Wahrheit des Glaubens, die in Gott selbst begründet ist, lässt sich in kein politisches System einfangen und darf keinem politischen Interesse untergeordnet werden.

Eine klare Unterscheidung zwischen Glaube und Politik ist nicht nur für den Glauben lebensnotwendig, sondern auch für die Politik. Sie entartet, wenn sie sich mit einem religiösen Nimbus umgibt. Sobald sie sich absolut setzt und als Heilslehre versteht, verfällt sie dem Gotteskomplex. Sie beansprucht das Ganze (totum) und wird totalitär. Sie verspricht paradiesische Zustände und landet in der Hölle des Totalitarismus. Dass Aufklärung und Fortschritt vor solchen Entwicklungen nicht bewahren, lehrt die Erfahrung. Die politischen Ideologien der Neuzeit sind erklärtermaßen gegen die Religion angetreten und haben doch selbst sehr schnell quasireligiöse Züge angenommen. Eine Zeit, in der der Glaube zurückgeht, ist um so anfälliger für alte und neue Ideologien.

Politische Herrschaft und Glaube sind zweierlei – wie Staat und Kirche. Beide sind gut beraten, wenn sie die Eigenständigkeit nicht nur jeweils für sich selbst in Anspruch nehmen, sondern sie auch dem anderen einräumen. Schon die Tendenz ist schädlich, dass einer den anderen vereinnahmen möchte. Die Kirche darf nicht Staat werden wollen und der Staat nicht Kirche. Weder die Staatskirche noch der Kirchenstaat sind erstrebenswert, wie die Geschichte lehrt. Und der politische Messianismus hat für Politik und Glaube gleichermaßen verheerende Folgen.

10,180f

Was des Kaisers und was Gottes ist

Ist es erlaubt, dem Kaiser Steuern zu zahlen oder nicht?« (Mt 22,17). Die Frage hat's in sich, auch noch zweitausend Jahre danach. Wer weiß, wie viele Steuermilliarden dem »Kaiser« vorenthalten werden? Die Staatsfinanzen könnten – sagt man – mit einem Schlag in Ordnung kommen, wenn die Steuerpflichtigen ehrlich wären.

Steuer zahlen – ja oder nein? An Jesu Adresse gerichtet war das damals eine Fangfrage. Sagt er: »Nein«, gilt er als Rebell gegen die staatliche Ordnung. Sagt er: »Ja«, gilt er als Kollaborateur. Er kann's im Grunde nur falsch machen. Was tun?

»Zeigt mir die Steuermünze«, sagt Jesus. Die Heuchler müssen in die eigene Tasche greifen und ein Stück Geld herausziehen. Was steht drauf? Das Bild des Kaisers. Das ist auch heute noch so. Nehmen Sie ein Zweimarkstück mit dem Portrait verschiedener Politiker: Adenauer, Erhard, Schumacher ... Gebt ihm, was ihr zu geben verpflichtet seid, sagt Jesus, Steuern und all das, was nötig ist, damit der Staat gestaltet werden kann. »Gebt dem Kaiser, was des Kaisers ist.« Die Münze trägt sein Bild. Dadurch gehört sie ihm.

Wem gehören wir? Doch wohl kaum dem Staat. Zwar sind wir auch geprägt, gleichsam als eine lebendige Münze. Wir tragen das Bild Gottes. Wir sind Geschöpfe Gottes, geschaffen nach seinem Bilde. Diese Prägung besiegelt unsere Verpflichtung Gott gegenüber. Das Siegel fordert uns mehr als das Siegel des Kaisers. Alle Menschen tragen das Bild Gottes in sich, alle gehören ihm. Und deswegen sind wir alle Gott verpflichtet: »Gebt Gott, was Gottes ist.«

Was wir Gott zu geben haben, können wir nicht aus der Tasche ziehen wie ein Zweimarkstück. Das sind wir selber, wir ganz, mit Leib und Seele. Wir gehören keiner Macht dieser Welt, sondern Gott allein. Man soll nicht dem Kaiser geben, was Gottes ist. Es gibt etwas, das dem Kaiser nicht zukommt, weil es Gottes ist. Wenn das, was Gott gebührt, dem Kaiser gegeben wird, hat das schlimme Folgen. Da hilft nur eins: »Gebt Gott, was Gottes ist!« *16,160f*

Kein Frieden, wie die Welt ihn gibt

Meinen Frieden gebe ich euch; nicht einen Frieden, wie die Welt ihn gibt, gebe ich euch« (Joh 14,27). Welchen Frieden meint das Evangelium? Es gibt eine Szene im Johannesevangelium, die dazu beitragen kann, dieses Wort richtig zu verstehen.

Jesus steht vor Pilatus, ohne jede Macht in den Händen, schutzlos dem Spott und den Schlägen ausgesetzt. Das Kreuz wirft seinen Schatten voraus. Da fragt Pilatus: »Bist du der König der Juden?« (18,33). Und Jesus antwortet: »Du sagst es, ich bin ein König« (36). In dieser Situation heißt es ebenfalls: »Mein Königtum ist nicht von dieser Welt« (36). Jesus verdankt es nicht menschlicher Machtpolitik. Es hat seinen Ursprung nicht in der Welt, sondern ist ihm »von oben« gegeben.

Die Andersartigkeit seines Königtums ist offenkundig: Es ist nicht mit üblichen Machtmitteln durchzusetzen oder zu verteidigen. »Wenn es von dieser Welt wäre, würden meine Leute kämpfen, damit ich den Juden nicht ausgeliefert würde« (36). Seinem Königtum und seinem Frieden ist mit Gewalt nicht zu dienen und nicht beizukommen. Hier gelten andere Gesetze.

Wenn Jesu Friede nicht von dieser Welt, sondern aus anderen Quellen lebt, dann ist er deswegen nicht unweltlich, unpolitisch. Er ist nicht von dieser Welt, aber *in* dieser Welt und *für* diese Welt. »Denn Gott hat die Welt so sehr geliebt, dass er seinen einzigen Sohn hingab...« (3,16). Durch Jesu Hingabe ist der Friede in diese Welt gekommen. Er ist durch Jesus buchstäblich zur Welt gekommen. Darum ist er *in* der Welt und *für* die Welt da. Gerade in seiner Andersartigkeit (»nicht von dieser Welt«) ist er in höchstem Maße politisch relevant. Er verunsichert alle, die an der Macht sind, weil er ihrer Verfügungsgewalt entzogen ist. Er kommt aus der Unverfügbarkeit Gottes, »von oben«.

Die politischen Autoritäten sind nicht mehr letzte Instanz und damit grundsätzlich in Frage gestellt. Die Relativierung menschlicher Gewalt im Namen Jesu ist ein Politikum ersten Ranges. Das zeigt die Geschichte gerade des frühen Christentums. Die Entgöttlichung der staatlichen Gewalt geschah im Namen Jesu Christi. *15,107ff*

Der durchbrochene Teufelskreis

Jesus sagt: »Frieden hinterlasse ich euch, meinen Frieden gebe ich euch …« (Joh 14,27). Der Friede, um den es hier geht, ist von ihm nicht zu trennen, er steht und fällt mit ihm. Wenn wir ihn kennen lernen wollen, müssen wir auf Jesus schauen. Er bekommt seine besondere Gestalt und seinen Gehalt durch ihn. Der Friede, der »von oben« kommt, ist durch Jesus in dieser Welt gegenwärtig als ein Friede »von unten«, als ein Friede, der durch das Kreuz zur Welt kommt. Was das bedeutet, sagt ein Wort, das auf Simone Weil zurückgeht: »Der Held trägt eine Rüstung, der Heilige ist nackt.«

Bereits das Alte Testament weiß davon zu erzählen, etwa in der Geschichte von David und Goliat: Goliat, als Held gefeiert, bis an die Zähne bewaffnet – und David, der Hirtenjunge, ohne Rüstung, nackt: »Du kommst zu mir mit Schwert und Spieß und Speer. Ich aber komme zu dir im Namen des Herrn …« (1 Sam 17,45). – Die Rüstung macht's nicht. Der Heilige ist nackt. Er braucht sich nicht selbst zu sichern. Er ist durch den »Namen des Herrn« gedeckt. Gott ist ihm Schutz genug.

Auf langen, schmerzlichen Wegen hat Israel lernen müssen, wohin das führt, wenn es auf Goliat setzt statt auf den Namen des Herrn. Im Exil in Babylon reift die Einsicht, dass der Friede nicht mit militärischer Macht zu gewinnen ist. Gott hat einen anderen Weg im Sinn. Sein Knecht setzt sich dem Teufelskreis der Gewalt aus und durchbricht ihn, indem er ihn durchleidet.

Davon spricht Deutero-Jesaja: »Gott, der Herr, hat mir das Ohr geöffnet. Ich aber wehrte mich nicht und wich nicht zurück. Ich hielt meinen Rücken denen hin, die mich schlugen, und denen, die mir den Bart ausrissen, meine Wange. Mein Gesicht verbarg ich nicht vor Schmähungen und Speichel. Doch Gott, der Herr, wird mir helfen …« (Jes 50,5–7). »Ich hielt meinen Rücken hin …« – wie einen Amboss, auf dem Schwerter zu Pflugscharen geschmiedet werden (Jes 2,4). Das ist der Weg zum Frieden, den Gott in Jesus gegangen ist. *15,109f*

Empfänglich für seinen Frieden

Eigenartig, das Friedenswort Jesu im Johannesevangelium (14,27) heißt nicht: Macht Frieden! Sein Friede ist ein Geschenk, eine Gabe. Vom Heiligen Geist ist in diesem Zusammenhang die Rede (26). Was heißt das? Kommt der Friede von selbst, ohne uns? Das nicht. Aber er kommt nicht aus uns (wie er nicht aus der Welt stammt), er kommt zu uns. Er kommt nicht als Forderung auf uns zu, sondern als Gabe Gottes. Er ist nicht zu »machen«, nicht als Leistung zu vollbringen, wir dürfen ihn empfangen als eine uns von Jesus geschenkte Wirklichkeit, als Möglichkeit unserer Existenz. Da zeigt sich, wes Geistes Kind wir sind.

Der Geist wirkt die Gegenwart Jesu in der Gemeinde der Glaubenden. Jesus ist durch den Geist in seiner Gemeinde präsent. Diese Gegenwart des Geistes wirkt den Frieden. Es leuchtet ein, dass »die Welt« den Geist und damit den Frieden »nicht empfangen kann, weil sie ihn nicht sieht und nicht kennt« (17). Sie versperrt und verschließt sich gegenüber dem Geist der Wahrheit. In ihr herrscht ein anderer Geist. Sie ist sich selbst genug. Mit aller Gewalt sucht sie ihr Leben selbst zu sichern und schafft dabei den Tod. Aus Sicherheitsgründen rüstet sie auf und braucht schließlich Atomwaffen, um den einen Menschen vor dem anderen zu schützen.

»Die Welt« ist damit vom Evangelium nicht prinzipiell abgeschrieben. Sie könnte sich öffnen, sie könnte ihre Selbstverschlossenheit durch den Geist Jesu aufbrechen lassen. Sein Friede könnte zur Welt kommen. Das wäre wie eine Erlösung, wie eine neue Geburt (»Wiedergeburt«, vgl. Joh 3,1–13) die große Wende vom Unglauben zum Glauben. Nur so ist die Welt zu retten.

Alle, die – wie Thomas – die Wunden des gekreuzigten Auferstandenen berühren und be-greifen, werden empfänglich für seinen Frieden. Er tritt in die Mitte seiner verängstigten Jünger und spricht ihnen diesen Frieden zu: »Friede sei mit euch« (vgl. Joh 20,19–29). In der Präsenz des Geistes ist Jesus selbst und mit ihm sein Friede präsent. *15,112f*

Angesichts von Katastrophen

Lange Zeit hat das Christentum die Menschen vornehmlich dazu angeleitet, sich mit der Welt, wie sie ist, abzufinden und den Lauf der Dinge als Willen Gottes zu akzeptieren. Sich zu fügen und in den gegebenen Zusammenhang einzufügen war die Maxime, weniger die Gestaltung der Dinge. Die Neuzeit und in ihrer Folge die Moderne sind gegen diese Haltung aufgestanden und haben den Menschen als Gestalter der Welt verstanden. Sie haben gemeint, er sei in der Lage, das Leiden der Menschheit zu vermindern und das Glück zu vermehren. Heute sieht die Situation wiederum anders aus, die Moderne ist in vielfacher Hinsicht erschöpft.

Sind die Menschen am Ende doch überfordert, die Eine Welt besser zu gestalten? Steht am Ende die globale, alle einbegreifende Katastrophe? Mit diesen sorgenvollen Fragen richtet sich der Blick neu auf die Religion: Könnte sie die Kraft und den Mut geben, die katastrophische Realität vorbehaltlos wahrzunehmen, nichts an ihr zu beschönigen und doch mit aller Kraft und im Vertrauen auf die Möglichkeiten Gottes mit den Menschen an einer Veränderung der Welt zu arbeiten? Religion erschiene dann nicht mehr als »Bremse« einer Humanisierung oder Befreiung der Welt, sondern als deren Motor, als deren Energiequelle in Zeiten, wo die Resignation den Impuls zur Bekämpfung von Katastrophen und anderen Leiderfahrungen zu erdrücken droht. Diese Kraftquelle kann sie sein, weil sie auch eine Hoffnung für die Armen und Notleidenden hat, sogar für die Toten, weil sie zudem eine Ahnung hat von der Schuldverfallenheit. Dass die Menschen im Prozess einer befreienden Gestaltung der Welt furchtbaren Verfehlungen unterliegen, braucht sie nicht zu verdrängen. Für sie schließen sich die Einsicht in die Katastrophengeschichte menschlicher Schuld und der Glaube an die großartigen Möglichkeiten des Menschen zur Gestaltung einer besseren Welt nicht aus.

In dieser Zeit der Katastropheninflation und der sie begleitenden Tendenz zu Resignation und Rückzug sind daher gerade die Christen gefordert. Sie hätten zu zeigen, dass ihr Glaube vor Resignation schützt und zu einem solidarischen Handeln ermutigt. *19,153f*

Grünkraft

Auf die Natur schauen heute viele. Alles Natur! Was für eine Natur? Von Gott keine Spur. In dem Maße, wie er aus dem Bewusstsein schwindet, nimmt die Natur göttliche Züge an. Die heilige Hildegard hat ein Schlüsselwort in ihren Schriften: Grünkraft! Die ist das Leben der Pflanzen, der Tiere und der Menschen. Grünkraft – grün ist eine schöne Farbe. Ist die heilige Hildegard grün angehaucht? Viele denken das und wollen sie vereinnahmen. Es gibt einen fundamentalen Unterschied: Die Grünkraft ist für Hildegard kein naturwüchsiges Lebenselixier, sondern Kraft Gottes.

Man denkt, man läse in einer modernen Umweltschrift: »Die Elemente der Welt riefen in einem wilden Schrei: Wir können nicht mehr laufen und unsere Bahn vollenden. Denn die Menschen kehren uns mit ihren schlechten Taten wie in einer Mühle von unterst zu oberst.« Die Umweltkrise ist eine Krise des Menschen. Er hat vergessen, wem er sich und die Welt verdankt. Wer Natur sagt, darf Gott nicht verschweigen. Sonst versteht er schließlich die Welt nicht mehr, und er versteht sich selbst nicht mehr. Er sucht die Schadstoffe in der Luft, aber er geht nicht an die Wurzel des Übels. Er ist versessen auf Heilkräuter, aber er fragt nicht mehr, von wem das Heil zu erwarten ist.

In der Dreifaltigkeitsvision der heiligen Hildegard steht Jesus Christus in konzentrischen Kreisen aus Silber und Gold, die Gott Vater und den Heiligen Geist symbolisieren. Umgeben ist die Dreifaltigkeit von der Schöpfung. Hier ist dargestellt, was der Kolosserbrief sagt: Jesus Christus »ist das Ebenbild des unsichtbaren Gottes, der Erstgeborene der ganzen Schöpfung. Denn in ihm wurde alles erschaffen im Himmel und auf Erden, das Sichtbare und das Unsichtbare … Er ist vor aller Schöpfung, in ihm hat alles Bestand« (1,15–17).

Mit anderen Worten: Jesus ist es, durch den die Schöpfung besteht. Er ist ihr Ursprung und Ziel. Durch die Natur, durch die kosmischen Elemente und Mächte hindurch erstrahlt sein Gesicht. Er verbindet den Kosmos mit seiner Person. Auf ihn geht unsere Hoffnung. Er hat den Schlüssel zum Leben, die Grünkraft, die aus dem Kreuz kommt.

16,103f.105f

Sich der Natur überlassen?

Sich der Natur überlassen kann ein böses Erwachen geben. Sie werden kaum ahnen, wer diese Sätze geschrieben hat: »Die Natur ... setzt die Lebewesen zunächst auf diesen Erdball und sieht dem freien Spiel der Kräfte zu. Der Stärkste an Mut und Fleiß erhält dann als ihr liebstes Kind das Herrenrecht des Daseins zugesprochen ... Nur der geborene Schwächling kann dies als grausam empfinden ... Am Ende siegt ewig nur die Sucht der Selbsterhaltung ... Ein Wesen trinkt das Blut des anderen. Indem das eine stirbt, ernährt sich das andere. Man soll nicht faseln von Humanität.« Das ist original Adolf Hitler. Blut und Boden, das Recht des Stärkeren! Bis hin zum Krieg ist alles ganz natürlich. Diese Art Natur haben Millionen und Abermillionen in unserem Jahrhundert zu spüren bekommen, bis in die Gaskammern. Nein, der bloße Ruf zur Natur ist höchst ambivalent und gefährlich. Das braune Gedankengut ist längst nicht ausgeträumt, wie rechtsradikale Exzesse bis in unsere Tage belegen.

Allemal bleiben die Schwachen, die Behinderten, die unheilbar Kranken dabei auf der Strecke. ›Warum gibt's die eigentlich noch in den großen Behinderteneinrichtungen‹, denken viele. ›Das könnte man heute doch ganz anders machen ...‹ – mit sauberen Methoden ein schmutziges Geschäft betreiben. Gnade uns Gott!

Es ist nicht selbstverständlich, dass die Behinderten unantastbar sind in ihrer Würde. Es ist nicht selbstverständlich, dass die Schwachen zu ihrem Recht kommen. Es ist nicht selbstverständlich, dass das Recht mehr gilt als die Faust.

Das ist uns nicht angeboren, das sitzt uns nicht von Natur aus im Blut. Im Blut sitzt uns etwas ganz anderes: »Blut und Boden!« Da müssen wir höllisch aufpassen. Da hilft keine Naturseligkeit. Die Evolution kennt keine Gnade: Wer schwach ist, behindert und krank, bleibt auf der Strecke. Gerade darin ist der Mensch nicht evolutionär, sondern revolutionär, dass er die blinde Gesetzmäßigkeit der Natur durchbrechen kann in der Liebe. Dafür steht Jesus Christus, sein Eintreten für die Schwachen in Wort und Tat. Von ihm her ist zu bestimmen, was Natur und wer der Mensch ist.

16,104f

Wenn die Wirtschaft alles bestimmt

Was macht die Zeiten schlecht? Was macht die Zeiten gut? Wer beurteilt das, und nach welchem Maßstab? Wer spricht das Urteil über unsere Zeit? Es scheint ein ungeschriebenes Gesetz zu sein, dass die wirtschaftliche Konjunktur dafür maßgebend ist. Entscheiden also die Wirtschaftskonzerne, ob wir gute oder schlechte Zeiten haben? Was ist das für eine Gesellschaft, die Zeit und Zukunft im wesentlichen nach dem wirtschaftlichen Fortschritt misst? Ist das der verheißene Fortschritt der Menschheit, oder schreitet hier die Unmenschlichkeit fort?

Heute sind fast alle Lebensbereiche durch die Wirtschaft geprägt. Das zeigen die Fragen an, die uns beherrschen: ›Was bringt das? Rentiert sich's? Was kommt dabei heraus?‹ Wir leben in einer Welt, in der Geld mehr zählt als Weltanschauung. Die scheint beliebig und in jedem Fall Privatsache. Die Wirtschaft hat alle und alles erfasst und durchsetzt. Sie scheint allgegenwärtig, allmächtig. Selbst Politiker, die von einer geistigen Wende sprechen, sagen: ›Erst muss die Wirtschaft laufen, dann können wir etwas für die Familie tun. Erst muss die Wirtschaft wieder flottgemacht werden, dann können wir mehr für die Bildung tun, für die Ausländer und für die Entwicklungshilfe!‹ Also hängt die Wende im Wesentlichen von der Wirtschaft ab? Bringt die wirtschaftliche Wende die geistige Wende? Das sagt Karl Marx! Man darf es bezweifeln.

Ich möchte keine Attacke gegen Wirtschaft und Wohlstand reiten. Auf den Wohlstand zu schimpfen ist billig. Niemand kann wünschen, dass wir keine Arbeit oder kein Brot haben. Aber es scheint doch, dass wir uns selbst immer fremder werden, je mehr die Wirtschaft unser ganzes Leben bestimmt. Am Ende graut uns bei aller Fortschrittlichkeit so sehr vor unserer Zukunft, dass wir nicht einmal mehr unsere eigenen Nachfahren sein möchten. Wenn die Wirtschaft allein alles beherrscht, dann ist am Ende alles verseucht, nicht nur die Luft und der Wald. Ganz allmählich, kaum dass wir es merken, wird die Frage nach Gott ausgelöscht. In einem ganz tiefen, letzten Sinn gilt dieser lapidare Satz der Bergpredigt: »Ihr könnt nicht Gott dienen und dem Mammon« (Mt 6,24).

10,174ff

Wenn der Markt zur Religion wird

Die Marktwirtschaft umfasst nicht mehr nur die Organisation von Arbeit und Waren, längst zieht sie den ganzen Menschen in ihren Bann und wird zu einer neuen »Religion«. Religion des Marktes! Kaufhäuser werden zu Konsumtempeln. Traditionelle Feiertage werden zu Hochfesten der Konjunktur. »Wir finden sogar die Bereitschaft, Opfer zu bringen – Verkehrsopfer, Tieropfer, Pflanzenopfer, Luftopfer; ganze Landstriche, Flüsse und Meere werden der Macht des Marktes geopfert« (T. Ruster). Die Gesetze des Marktes kennen keine Gnade. Immer mehr fallen ihnen zum Opfer.

Schon die Propheten des Alten Testamentes kämpften gegen Götzen, die hinter hohlem Blech und goldenen Statuen verehrt wurden. Sie kämpften gegen eine Veräußerlichung der Religion. Der schöne Schein dient der Selbsttäuschung, nicht dem Ergründen der Wahrheit. Dieselbe Oberflächlichkeit kennzeichnet die Religion des Marktes: Es geht um die Form, nicht um den Inhalt, ums Produkt, nicht um den Menschen.

Diesem leeren Treiben gegenüber will Religion Verankerung. Sie will die eigenen Erfahrungen vertiefen, nicht vertuschen. Sie will die eigenen Sehnsüchte offen legen und nicht Konsumsüchte kultivieren zur industriellen Befriedigung. Deshalb kritisieren die Kirchen in ihrem Sozialwort nicht den Wohlstand, sondern die Verabsolutierung des Reichtums. Sie kämpfen nicht gegen die Erträge aus der Erde, sondern gegen den Allmachtswahn, den Himmel auf Erden schaffen zu wollen.

Die Logik dieses Systems gilt es zu durchbrechen. Das kann nur gelingen, wenn die Existenzberechtigung eines Menschen nicht von seiner Leistungsfähigkeit abhängt. Für den Glauben ist das der Anfangs- und Angelpunkt, denn: »Du [Herr] liebst alles, was ist, und verabscheust nichts von allem, was du gemacht hast; denn hättest du etwas gehasst, so hättest du es nicht geschaffen« (Weish 11,24). Das müssen wir nicht »machen«, wir müssen es erkennen, damit es in unserem Leben Bedeutung gewinnt. Dann kommen wir zu einer »engagierten Gelassenheit« (Teilhard de Chardin): nicht blind für die Schönheiten des Lebens, aber nicht besessen vom Besitz. *16,168f*

Klimawechsel

Ob jemand ein Eigenheim baut oder einen Betrieb leitet, immer kommt es auf den Geist des Hauses an. Die äußeren Gegebenheiten allein machen's nicht. Was bringt der schönste Bungalow, wenn darin dicke Luft herrscht? Was bringt die bestausgestattete Firma, wenn das Betriebsklima unmöglich ist? Wir haben in den vergangenen Jahrzehnten viel gebaut: Familienhäuser, Hochhäuser, Werkhallen. Wir bauen am gemeinsamen Haus Deutschland, am Haus Europa, an der Einen Welt. Wie steht's da mit dem Geist des Hauses? Was liegt in der Luft? Was sagen die Zeichen der Zeit?

Klimawechsel: Scheinbar braut sich etwas zusammen. Stehen die Zeichen auf Sturm? Vor uns die Sintflut? Just in dem Moment, in dem wir denken: Die Bäume wachsen in den Himmel, beginnen sie zu sterben.

Klimawechsel: sozial. Tiefe Risse gehen durch unser Land und durch die Welt, zerreißen die Atmosphäre. Die Armut in Deutschland springt nicht ins Auge, so wenig wie das Ozonloch. Sie schreit nicht zum Himmel, sie verödet vor dem Fernseher. Die Zahl der Sozialhilfeempfänger ist enorm gestiegen, erst recht die Zahl der Arbeitslosen. Die Armut wächst und zugleich der Luxus. Ein Zeichen der Zeit? Die Starken werden stärker und die Schwachen schwächer. Das treibt unsere Gesellschaft auseinander. »Weiter so«? Wenn's so weitergeht, dann geht's bald nicht mehr weiter.

Klimawechsel: kulturell. Das große Schlagwort heute ist »Entertainment«. Talk-Shows am laufenden Band. Die Unterhaltungsindustrie läuft auf Hochtouren. So flach wie möglich, ja nicht in die Tiefe gehen! Die Vermüllung belastet nicht nur unsere Umwelt, sondern Hirne und Herzen. »Wir amüsieren uns zu Tode« (Neil Postman). Es ist chic, Positionen zu vertreten, wie jemand Staubsauger oder Spülmaschinen vertritt und immer mal Produkt und Firma wechselt – ohne sein Herz daran zu hängen, geschweige denn sein Leben. Wir verlernen jene Entschiedenheit, mit der man eben nur so und nicht auch anders denkt und handelt. Was ist noch heilig? Fast alles ist käuflich! Ein Zeichen der Zeit? Da stimmt doch was nicht! *20,184f*

Menschen verwerten?

Das 21. Jahrhundert ist noch jung, aber eine Charakterisierung zeichnet sich schon ab. Biologie entwickelt sich zur Leitwissenschaft. Wohin wird sie uns leiten? 22 prominente amerikanische Wissenschaftler haben in einer Erklärung das Klonen verteidigt. Der Mensch – so sagen sie – unterscheidet sich nicht wesentlich vom Tier. Sie machen kurzen Prozess und sprechen den Vertretern von »übernatürlichen oder spirituellen Weltbildern« die Qualifikation ab mitzureden. »Wir sehen die Gefahr«, sagen sie, »dass Forschung mit enormen potentiellen Nutzen nur deshalb unterdrückt wird, weil sie mit den religiösen Vorstellungen mancher Leute in Konflikt steht.«

Danach müsste ich als Bischof zu diesen Vorgängen schweigen. Das tue ich ausdrücklich nicht. Mir fällt auf: Die genannten Forscher beziehen ihre Argumente nicht auf die Menschenwürde, sondern auf genetische und physiologische Messwerte. Die sind bei Tieren und Menschen ziemlich ähnlich. Damit entfällt für sie die klassische Unterscheidung zwischen Mensch und Tier. Wenn der Mensch sich in seiner Biologie nicht vom Tier unterscheidet, dann auch nicht in seiner Würde. Dann kann man mit ihm verfahren wie mit Tieren. Seine Würde geht vor die Hunde.

Werte, Messwerte unterliegen der Definition des Menschen. Sie sind verhandelbar, sie erfassen immer nur einen winzigen Ausschnitt der Wirklichkeit. Grenzwerte werden von Kommissionen festgelegt, Messwerte sind statistische Ergebnisse von Experimenten. Personen haben aber nicht etwa nur einen Wert, sie haben eine Würde. Die lässt sich gerade nicht verwerten, sie ist unantastbar vorgegeben.

Die Würde des Menschen besagt, dass er einer Bewertung durch Menschen entzogen ist. Das meint die Bibel, wenn sie den Menschen als Ebenbild Gottes versteht. Dann kann er nicht das Ebenbild eines Menschen sein. »Ebenbild Gottes« markiert einen Freiraum, in dem jeder Einzelne zu sich selbst kommen kann. »Ebenbild Gottes« garantiert dem Menschen, ein Original zu sein, kein Abziehbild. *16,170f*

Wunschkinder?

Der Mensch erlebt sich mehr und mehr als autonomes Subjekt seines Entscheidens und Handelns, die Welt in Korrespondenz dazu immer stärker als Objekt seines Gestaltungswillens: die Natur, die Gesellschaft, nicht zuletzt sich selbst, den eigenen Körper und das eigene Leben. Daher erscheinen die Bedenken jener Befürworter der Gentechnik nachvollziehbar, die meinen, die Kritik an ihr liefe darauf hinaus, die Errungenschaften der Moderne preiszugeben und den Menschen in der überkommenen Abhängigkeit von höheren Mächten festzuhalten.

Zwischen Zeugung und Geburt eines Menschen schiebt sich eine Entscheidung mit zweischneidigen Folgen. Auf der einen Seite erhöhen sich die Heilungschancen, zugleich wächst die Tendenz, zwischen erwünschten und unerwünschten Kinder auszuwählen. Wer in Zeiten vorgeburtlicher Diagnostik noch ein erbkrankes Kind zur Welt bringt, ist dann »selbst schuld«; er hat infolgedessen auch sämtliche Lasten und Kosten zu übernehmen. Gemäß dem Motto »Gesund sein heißt nur schlecht untersucht sein« verwandelt sich schließlich jede Schwangerschaft in eine »Risikoschwangerschaft«. Über kurz oder lang werden weit über streng medizinisch Maßstäbe hinaus gesellschaftlich bedingte Vorstellungen bestimmen, wie ein »Wunschkind« auszusehen hat.

Niemand sollte sich darüber hinwegtäuschen, dass im Ergebnis eben das geschieht, was den Nationalsozialisten bei ihrer eugenischen Politik vorschwebte. Im Grund handelt es sich um eine zunehmend verfeinerte Qualitätskontrolle für Embryonen, die positiv ein möglichst perfektes »Designer-Baby« zu garantieren sucht, die negativ nach Ausschussware fahndet, die der Mühe und Kosten ihrer »Aufzucht« nicht wert ist. Wer kraft seiner eigenen und freien Entscheidung »Aussschuss produziert«, hat auch allein dafür geradezustehen. Er kann nicht auf die Solidarität anderer hoffen oder sie gar einfordern. Vorgeburtliche Diagnostik verschärft somit die Gefahr, nicht nur nach den Schwächen zu fahnden, sondern nach den Schwachen. Es gilt dann, »unwertes« Leben zu entsorgen.

6,8

Gotteskinder

Der christliche Glaube ist weder fortschrittsfeindlich noch ins Leid verliebt. Er fordert allerdings immer dann Einspruch und Widerspruch, wenn bei der Gestaltung der Welt die Würde des Menschen bedroht wird. Nicht wenige halten das für eine Leerformel, eine Art Joker, von der Kirche mit Vorliebe eingesetzt, wenn ihr kein sachlich überzeugendes Argument mehr einfällt. In Wahrheit verhält es sich eher umgekehrt: Zur ideologischen Sprechblase verkommt die Berufung auf die menschliche Würde durch die Vernünftelei derer, die in ihrem Namen straffreie Sterbehilfe für Todkranke statt bessere Palliativmedizin und mehr Hospize fordern, die Abtreibung menschlicher finden als die Sorge für kranke und behinderte Kinder und ihre Eltern. Die Argumente klingen stets wohlmeinend und einleuchtend, meist sprechen sie von unerträglichem Leid und Mitleid, von Freiheit und Fortschritt, manchmal offen von zu hohen Kosten und zu geringem wissenschaftlichen Nutzen. Immer aber wird die Würde eines Menschen mit dem Wert oder Unwert seines Lebens verwechselt.

Das Wissen um oder Gespür für die Unantastbarkeit der Menschenwürde verschwindet nicht schlagartig, beides kommt eher schleichend abhanden – gleichzeitig meist der Sinn für die Liebe. Die Gesellschaft verlernt dann Schritt für Schritt, was Liebe ist, indem die das Lebensrecht eines Menschen unter den Vorbehalt seines aufweisbaren Wertes stellt. Dem widersetzt sich die Liebe mit Nachdruck. Ihr widerspricht zutiefst, sich von Bedingungen abhängig zu machen; sie ist unbedingt.

Die Kirche hat im Disput um Recht und Grenzen von Gentechnik und vorgeburtlicher Diagnostik neben ethischen Argumenten genau genommen wenig mehr einzubringen als die eine, allerdings fundamentale Einsicht: Echte mütterliche oder elterliche Liebe strebt nicht nach »Wunschkindern« und Designer-Babies, sie sehnt sich nach »Gotteskindern«. Wer Kinder unabhängig von ihrem genetischen oder sonstigen Fehlern sieht, ist weder blind noch blauäugig, sondern sieht sie einfach mit den Augen Gottes. Denn es steht geschrieben: »Seht, wie groß die Liebe ist, die der Vater uns geschenkt hat: Wir heißen Kinder Gottes, und wir sind es« (1 Joh 3,1).

6,8

Nur Gast auf Erden

Die Geschichte des alttestamentlichen Gottesvolkes ist geprägt durch das Unterwegssein. In diese Geschichte tritt Jesus ein. Sein Leben beginnt mit der Herbergssuche. Unterwegs kommt er zur Welt: »Er kam in sein Eigentum, aber die Seinen nahmen ihn nicht auf« (Joh 1,11). Schon bald muss er vor Herodes nach Ägypten in Sicherheit gebracht werden. Er geht ins Exil. Er geht denselben Weg wie das Volk, zu dem er gehört, nach Ägypten und von dort ins Land der Verheißung zurück. Jesus ist zeit seines Wirkens unterwegs gewesen von Ort zu Ort, wie ein Wanderprediger. Er hat mit seinen Jüngern die Fremde zu spüren bekommen: »Der Menschensohn hat keinen Ort, wo er sein Haupt hinlegen kann« (Mt 8,20).

Die Gemeinde Jesu weiß, dass sie in seiner Nachfolge allemal in der Fremde ist. »Wir sind nur Gast auf Erden ...« Wer die Heimat hier und jetzt zum ewigen Privatbesitz oder zur unwiderruflichen Erbpacht erklärt, der überschätzt sich selbst und die Gestalt dieser Weltzeit. Wir sind unterwegs. Diese Erde ist nicht unsere ewige Heimat. Weil wir selbst »Fremde und Gäste sind in dieser Welt« (1 Petr 2,11), dürfen wir den Fremden nicht abweisen. Er ist Mensch wie wir. Und er trägt die Züge Christi: »Ich war fremd, und ihr habt mich aufgenommen« (Mt 25,35).

Unsere Verantwortung für die Fremden und Flüchtlinge, für die so genannten Ausländer erschöpft sich nicht in moralischen Appellen. Es geht vielmehr um unsere christliche Identität. Christen sind Menschen unterwegs: »Sie wohnen zwar in ihrer Heimat, aber wie Zugereiste aus einem fremden Land. An allem haben sie teil wie Bürger, ertragen aber alles wie Fremde. Jede Fremde ist ihnen Heimat und jede Heimat Fremde« (Brief an Diognet). So heimatlich diese Erde für uns ist und sein kann, wir haben hier keine bleibende Stätte, wir erwarten »die Stadt mit den festen Grundmauern, die Gott selbst geplant und gebaut hat« (Hebr 11,10). Wie unbeweglich, wie festgelegt sind wir eigentlich, wie sehr verfallen dem Wahn, hier und jetzt schon zu Hause zu sein und dieses Haus als Privateigentum nur für uns allein zu betrachten? Nehmen wir teil an Gottes schöpferischer Liebe, die anderen Platz macht und Raum einräumt!

14,162f

Asylanten

In seinem Essay »Die große Wanderung« hat Hans Magnus Enzensberger eine alltägliche Situation als Modell für den Umgang mit Fremden beschrieben: Zwei Passagiere haben sich in einem Eisenbahnabteil häuslich eingerichtet und Tischchen, Kleiderhaken und die übrigen Sitze für sich in Beschlag genommen. Die Tür öffnet sich, und zwei neue Reisende treten ein. Die inzwischen Etablierten ärgern sich. Sie betrachten das Abteil als ihr Territorium. Das müssen sie nun mit anderen teilen. Sie denken wie Alteingesessene, die den ganzen Raum für sich beanspruchen. Mit deutlichem Widerwillen werden die freien Plätze geräumt und die Gepäckstücke auf den Auflagen zusammengerückt. Dabei verhalten sich die ersten Fahrgäste, obwohl sie sich gar nicht kennen, eigentümlich solidarisch.

Eine solche Auffassung ist, wie Enzensberger feststellt, rational nicht zu begründen. Sie ist offenbar tief in unseren Verhaltensmustern eingeprägt. Umgangsformen und bestimmte Verhaltensregeln bändigen unsere Ängste und Aggressionen gegenüber den Neuen, den Fremden.

In den vergangenen Jahrzehnten schien dies auch auf den Umgang mit Fremden in unserem Land zuzutreffen. Seit der in Wahlkämpfen angekurbelten »Asyldebatte« wurde deutlich, dass Höflichkeitsformen und bestimmte Verhaltensnormen brüchig werden können. Wo Dämme der Angst brechen, wo Ängste ein zerstörerisches Eigenleben entfalten und Gewalttaten ein Land geradezu überschwemmen, können Christen nicht tatenlos zuschauen. Wir sind gerufen, die Flut der Gewalt einzudämmen. eine neue Kultur im Umgang mit den Fremden zu entwickeln, die unsere Unsicherheitsgefühle und Bedrohungsängste wahrnimmt und bändigt, dafür sind Christen durch ihren Glauben ausgerüstet.

Enzensberger bemerkt am Ende seines Modells, dass die Szene absurde Züge zeige, da ja ein Eisenbahnabteil ein Ort sei, der nur dem Ortswechsel dient, der Passagier ja gerade das Gegenteil des Sesshaften sei. Als Christen können wir diese Aussage gut nachvollziehen. Christen sind Menschen, die daheim noch Heimweh haben. *1,125f*

Dafür ist die Caritas da?

Wie geht es Ihnen?« – »Gut geht's ...« – So fangen viele Gespräche an. Aber wenn der andere antwortet: »Gar nicht gut«? Dann geraten wir ins Stocken. Darauf sind wir nicht eingestellt, das Belastende stellen wir lieber weg. Aber es geht nicht an, dass wir die Wirklichkeit halbieren und nur die Sonnenseite vorzeigen. Die wunden Stellen und die Schattenseite sind die andere Hälfte unseres Lebens. Sich und anderen das einzugestehen ist kein Zeichen von Schwäche, sondern von Stärke, die aus dem Glauben kommt.

Das gilt auch für die Kirche. Das letzte Konzil sagt das so: »Freude und Hoffnung, Trauer und Angst der Menschen heute, besonders der Armen und Bedrängten, sind auch Freude und Hoffnung, Trauer und Angst der Jünger Christi. Und es gibt nichts wahrhaft Menschliches, das nicht in ihren Herzen seinen Widerhall fände.« Sicher hat die Krise unserer Gemeinden und der Kirche heute einen entscheidenden Grund darin, dass wir Freude und Hoffnung, Trauer und Angst zu wenig mit den Armen und Bedrängten teilen. Nur dort, wo einer des anderen Last trägt, bleiben wir Christus auf der Spur.

Im Laufe der Zeit haben christliche Solidarität und der Wille zu sachgerechter Hilfe eine Fülle von sozialen Berufen und Einrichtungen entstehen lassen. Durch die Caritas wird vielen Menschen mit Herz und Sachverstand geholfen. Das ist keineswegs selbstverständlich und gar nicht hoch genug zu schätzen. Ihr Einsatz darf freilich nicht dazu führen, dass sich alle anderen von der Mithilfe dispensieren, nach dem Motto: »Dafür ist die Caritas da.« In Sachen Nächstenliebe ist jeder gefragt. Wir dürfen nicht zulassen, dass die Welt aufgeteilt wird in die der Kranken und die der Gesunden, in die Welt der Problembeladenen und die der Unproblematischen, in die der Behinderten und die der Nichtbehinderten. Jesus hat seine Kirche nicht als Gemeinschaft der Gesunden und Starken gedacht, sondern als eine Gemeinschaft von Gesunden *und* Kranken, Starken *und* Schwachen. Darum dürfen in der Kirche Gesunde und Kranke miteinander leben, genauer: Jeder Gesunde darf auch krank und bedürftig sein, und jeder Kranke ist auch gesund und für die anderen hilfreich.

4,93ff

SEPTEMBER

Kam ein Wort,
wollt' leuchten

Im Anfang war das Wort

»Kam ein Wort, kam,
kam durch die Nacht,
wollt' leuchten, wollt' leuchten«

In dem Gedicht von Paul Celan ist das Kommen nicht nur inhaltlich, sondern auch formal zum Ausdruck gebracht, in den Wiederholungen, in dem subjektlosen bloßen Verb, das sich bewegt, stockend, als ob es sich unter den gegebenen Umständen nicht entschließen könnte, schwerfüßig, unermüdlich. Aber schließlich kommt es dann doch: Kam ein Wort.

Wer schon einmal nichts mehr zu sagen wusste, der ahnt vielleicht, was das heißt. Der Weg, den das Wort nimmt, die Zeit, die es durchmisst, die Wortnacht ist unheimlich. Das Wort kam durch die Nacht, nicht ohne sie, nicht über sie hinweg, sondern durch die Nacht hindurch, in die Nacht eingetränkt, voll Nacht.

Wenn in einer solchen Zeit, in der uns die Worte genommen sind, wenn in einer solchen Nacht ein Wort kommt, nicht irgendein Wort, sondern ein einleuchtendes Wort: »wollt' leuchten, wollt' leuchten« – Welche Hoffnung!

Wer dieses Gedicht durchbuchstabiert, wird ahnen, was das kosten kann, etwas zu sagen, und zwar nicht irgend etwas, sondern ein Wort, das leuchtet, Licht bringt. Eine Sprache, die hindurchgeht »durch ihre eigenen Antwortlosigkeiten, hindurchgeht durch furchtbares Verstummen, hindurchgeht durch die tausend Finsternisse todbringender Rede« (Paul Celan).

Wer dieses Gedicht durchbuchstabiert, wer bedenkt, woher es kommt, der wird den Johannesprolog besser verstehen: »Im Anfang war das Wort, und das Wort war bei Gott, und das Wort war Gott.«

Das Schweigen ist die Grundvoraussetzung dafür, dass Gott in uns zu Wort kommen kann. Ob es uns gelingt, diese Ruhe zu finden? Keine Friedhofsruhe, sondern eine Ruhe, die auf das göttliche Wort wartet und sich von ihm ansprechen lässt. Eine »himmlische Ruhe« statt des höllischen Lärms!

16,19f

Gott kommt ganz leise

»Als tiefes Schweigen das All umfing und die Nacht bis zur Mitte gelangt war, da stieg dein allmächtiges Wort, o Herr, vom Himmel herab ...« (Weish 18,14f).

Aus dem Schweigen kommt das Wort in unsere Sprache. Es kommt durch die Nacht. Das Schweigen ist der Mutterschoß des Wortes. Es findet dort am ehesten die Sprache, die an der Zeit ist, wo es aus dem Schweigen geboren wird. Wer nicht schweigen kann, darf eigentlich nicht von Gott reden.

Vielleicht können wir die Leute viel mehr durch Schweigen bekehren. Statt dessen sind wir pausenlos in Betrieb, um andere zur Besinnung zu bringen. Wir reden am laufenden Band. Das Schweigen ist mit dem Wort eins (Max Picard). Schweigen ist das, was dem Wort und der Sprache immer wieder das Ausruhen und die Erholung, die Rekreation gewährt.

Als der Abt Pambo um ein gutes Wort für einen Bischof gebeten wurde, antwortete er: »Wenn er keinen Gewinn von meinem Schweigen hat, dann wird er auch von meiner Rede keinen Nutzen haben.«

»Als tiefes Schweigen das All umfing ...« Gott kommt im Schweigen zur Welt, in der Mitte der Nacht, wenn es ganz still geworden ist. Er kommt nicht mit lauten Fanfaren wie die Herren der Welt. Er verschafft sich nicht Gehör mit Ausrufern und Lautsprechern. Das Wort Gottes ergeht in der Stille.

Gott kommt ganz leise zur Welt, unscheinbar, als kleines Kind. Nur wahrnehmbar für die, die nicht Ohren und Kopf voll haben mit Lärm und Unruhe. Die Hirten sind Menschen, die schweigen und in die Stille der Nacht hinaushören können. Sie sind die ersten, die wahrnehmen, wer dort die Erde betreten hat. »Man vermag dem Wort nicht besser als mit Schweigen und Hören zu dienen« (Tauler). *16,18f*

Ansprechend und vielversprechend

Es ist auffällig und wird selten genug bedacht, dass wir als Menschen nur zum Leben kommen, indem wir angeschaut und angesprochen werden. Wir bedürfen des An-Sehens und der An-Rede anderer von Anfang an. Israel bittet: »Der Herr lasse sein Angesicht über dir leuchten« (Num 6,25). Dieser alte Segenswunsch nimmt die elementare Erfahrung des kleinen Kindes auf, über dem das Angesicht der Mutter und des Vaters »leuchtet«. So bittet das Volk und der Einzelne um Gottes An-Sehen. Indem sie sich so ansehen lassen, gewinnen sie selbst das ihnen gemäße An-Sehen (etwa im Bund als Gottesvolk). Ganz ähnlich ist es mit der Bitte, Gott möge das Rufen seines Volkes oder des Einzelnen hören. Sie setzt die Erfahrung voraus, dass Gott gesprochen hat und dass das Volk sich angesprochen (und beansprucht) weiß. Auch darin kommt eine für jeden Menschen elementare Erfahrung zur Geltung. Wir kommen selbst zu Wort und zur Welt, indem uns Menschen »ansprechend« und »vielversprechend« begegnen.

Das Wort etwa, in dem ich dessen gewiss bin, geliebt zu sein, kann ich mir schlechterdings nie selbst sagen; das bliebe im besten Fall suggestiv und immer illusorisch. Es muss mir gesagt werden – und ich muss (und darf) es mir gesagt sein lassen.

Für christlichen Glauben (und Gehorsam) ist dies entscheidend: Ich lasse mir vom anderen sagen und gesagt sein, dass ich unbedingt geliebt und erwünscht bin – und zwar angesichts meiner Grenzen, meiner Schuld und Sünde, meines Todes. Ich lasse mir dieses Wort absoluter Anerkennung sagen. Und damit in unauflösbarer Wechselseitigkeit verbunden: Ich sage dir, dass du unbedingt geliebt und erwünscht bist – und zwar angesichts deiner Grenzen, deiner Schuld und Sünde, deines Todes. Dieses Wort der Anerkennung kann ich nur glaubwürdig weitersagen, wenn ich es mir selbst gesagt sein lasse: Die Evangelien zeigen, wie Jesus anderen das Wort des absoluten Erwünschtseins zusprach, wie sehr ihm die Möglichkeit dazu aus der Liebe des Vaters erwuchs. Die Einheit mit dem Vater macht ihn vielversprechend und ansprechend in Person.

3,122ff

Sich Gottes Wort sagen lassen

Der verkündigende Jesus wurde zum verkündigten Jesus Christus, zum Wort Gottes. Sich dieses Wort sagen und gesagt sein lassen, dieses Wort hören – das führt zum Glauben. Und solcher Glaube hat dann – hörend ergriffen von dem, »was kein Ohr je gehört hat« (vgl. 1 Kor 2,9) durchaus die Struktur des Gehorsams (vgl. Röm 1,5). Hören und Ge-hören bedingen einander wie Horchen und Ge-horchen. Dieses Wort glaubend hören heißt: sich verpflichten lassen und sich ant-wortend selbst daran binden. Freiheit ist ja nicht Willkür und Beliebigkeit, sondern Selbstbindung, und dies »vor Gott« und »im Namen Jesu«. Selbstbindung ist dann letztlich Selbstlösung auf Gott und den Nächsten hin. Dass sie wirklich frei und befreiend ist, geht, christlich gesehen, allein darauf zurück, dass sie aus dem Hören des Wortes Gottes kommt, das Jesus Christus selbst ist. Er »freit« uns.

Dieses Wort Gottes bringt die absolute Liebe – angesichts unserer Grenzen, unserer Schuld und Sünde, unseres Todes – zur Sprache, die unvergleichlich und maßlos ist, die Liebe des Vaters, die sich im Sohn schöpferisch auf sich selbst bezieht und das Leben des Heiligen Geistes ist – die also an nichts Irdischem ihr Maß findet. Wort Gottes heißt dann: sagen und sich gesagt sein lassen, dass wir mit derselben Liebe geliebt sind, mit der der Vater den Sohn liebt; es heißt damit Teilhabe am Gottesverhältnis Jesu Christi. Wo dieses Wort gehört und gesagt und so gelebt wird, da geschieht das Wirken des Heiligen Geistes; die Gemeinschaft derer, die glauben, ist seine Realpräsenz.

Wenn schon grundsätzlich gilt, dass ich mir das Wort der Liebe nicht selbst sagen und ausdenken kann, um wie viel mehr gilt es für *dieses* Wort Gottes und für das Wort *dieses* Gottes. Diese ganz und gar unwahrscheinliche Liebe offenbart ihre Maßlosigkeit dort (die biblischen Geschichten zeigen es), wo sie sich anerkennend, preisend (»Seligpreisungen«) und vergebend denen zuwendet, die im Dunkeln sind, in der Sünde, ohne Zukunft und Hoffnung. »Nicht wir haben ihn zuerst geliebt, sondern er uns ...« (1 Joh 4,10). *3,124f*

Hören und gehorchen

Das Wort Gottes kommt mir entgegen und immer schon zuvor; ich brauche es »nur« zu hören und mir sagen zu lassen; indem es mir so entgegenkommt und mich zum Hörenden und ihm Gehörenden macht, bringt es seinen Gehalt zur Geltung: Gottes unvergleichliche Liebe.

Es liegt in der inneren Logik dieses Hören-Sagens, dass es – zutiefst ansprechend und bewegend – auch beansprucht und imperativische Konsequenz hat. Hier kommt die andere Seite derselben Medaille in den Blick, die geläufig mit dem Wort Gehorsam verbunden wird. Dass der, der das Wort Gottes, das Wort unendlicher Liebe gehört hat, es nun auch weitersagen und tun will und soll, ist in der Tat wichtig. Würde dies ausgeklammert, führte es zur Verbilligung des Glaubens. Nur: Dieser Wille, sich hörend-gehorchend in den Dienst des Wortes stellen zu lassen, ist nichts als Gnade; er ist Konsequenz aus dem hörenden Ergriffensein, durch das ich Evangelium und Gericht an mir selbst zu spüren bekomme (im Übergang vom »alten« zum »neuen« Menschen).

Nochmals anders gesagt: Dass Menschen zur Selbstlosigkeit und Selbstverleugnung im Namen des Evangeliums fähig und willens werden, dass sie sich im Gehorsam dem Wort Gottes gegenüber selbst zurückstellen können, ist nur von der Glaubenserfahrung (als Lebenserfahrung) her möglich, selbst absolut erwünscht zu sein. Christlich hören und gehorchen kann nur der, der das Wort des Evangeliums als die Wohltat schlechthin sich zu eigen machen durfte. Gehorsam bis zum Tod, bis zum Tod der Selbstverleugnung (etwa im aufreibenden Apostolat wie bei Paulus) geschieht im Heiligen Geist, geschieht in der Kraft liebender Selbstbestimmung aufgrund der mir geschenkten Freiheit, die den, der alles gefunden hat, nun auch befähigt, alles herzugeben. Das Geheimnis der leeren und gefesselten Hände hat seinen Grund im Geheimnis des randvoll gefüllten Herzens. *3,126f*

Schweigend entdecken

Wer schon einmal nichts mehr zu sagen wusste, wem die Worte fehlten oder im Hals stecken blieben, der ahnt vielleicht, was es heißt, wenn in einer sprachlosen Situation sich ein Wort einstellt, nicht irgendein Wort, sondern ein Wort, das an der Zeit ist. Das kann wie eine Erlösung sein.

Es könnte sein, dass wir viel zuviel reden. Die Flut der Wörter in unseren Gottesdiensten, die Flut kirchlicher Verlautbarungen, die Papierflut! Ob wir nicht mit all unserem Reden schließlich und endlich Gott totreden?

Das viele Reden ist oft genug ein Ausdruck von Angst; wie wenn jemand nachts in der Dunkelheit singt oder laut spricht. Es ist ein Irrtum, zu meinen, die Probleme seien durch Reden, durch Erklärungen zu lösen.

»Alles Unglück der Menschen liegt darin begründet, dass sie unfähig sind, in Ruhe in ihrem Zimmer zu bleiben« (Blaise Pascal). Bei sich zu Hause sein! Nicht vor sich fliehen in alle möglichen Dinge und Kontakte, die Einsamkeit akzeptieren, in der es möglich ist, sich ohne Verstellungen und Ablenkungen gegenüberzutreten. Um die Wahrheit des eigenen Lebens zu ergründen, müssen die fremden Stimmen schweigen. Schweigen meint nicht bloß, dass ich nichts sage, sondern dass ich die Fluchtmöglichkeiten aus der Hand gebe und mich aushalte, wie ich bin. Schweigend entdecken wir, wie es um uns steht.

»Es fällt dem modernen Menschen schwer, allein zu sein; auf den Grund seines eigenen Ichs zu steigen ist fast unmöglich für ihn. Sollte er aber doch einmal mit sich selbst im stillen Kämmerlein bleiben und gerade kurz vor der Erkenntnis Gottes stehen, dann macht er das Radio oder das Fernsehen an« (Ernesto Cardenal).

Der Versuch, von Gott adäquat reden zu wollen, ist wie der Versuch, eine Bach'sche Fuge auf der Mundharmonika zu spielen. Er kann nur zur blässlichen dessen Ahnung geraten, was uns in der Sprachlosigkeit und im Verstummen viel näher ist. Wer Gott nur bespricht, verschweigt das Wichtigste. Für das Unfassbare ist Schweigen das beredteste Zeugnis.

16,17f

Die Wende der Zeit

Viele sagen heute: Diese in sich geschlossene, von naturwissenschaftlich-technischer Rationalität beherrschte Welt geht zu Ende. Es ist Wendezeit. Eine neue Zeit bricht an: New-Age, das Zeitalter einer allgemeinen Religiosität, einer kosmischen Ganzheitlichkeit. Religiöse Traditionen werden neu entdeckt, vor allem die aus Asien. Nichts gegen Jesus – aber er allein?

»Viele Male und auf vielerlei Weise hat Gott einst zu den Vätern gesprochen durch die Propheten ...«, so beginnt der Hebräerbrief (1,1) (wir brauchen als Christen die Einsichten anderer Religionen nicht zu schmälern). Aber dann bringt er die ganze Geschichte auf den Punkt, auf die Person: »In dieser Endzeit aber hat er (Gott) zu uns gesprochen durch den Sohn ...« (2). Jesus ist kein Prophet unter anderen, er ist das letzte, das wahre Wort Gottes. Es gibt kein »dahinter zurück« oder »darüber hinaus«. Er ist die Wende der Zeit, die Zeitenwende.

Die Mitte der Welt und des Lebens ist nicht blinde Energie, nicht gesichtsloses Schicksal, nicht namenlose Materie, nicht irgend etwas Überirdisches, sondern eine gelebte und bis in den Tod durchlittene Menschengeschichte, die Gottes Geschichte mit uns ist. Gott spricht sein Wort – Jesus – in unser Leben hinein. Er kennt die zugeschlagenen Türen, die Krippe, das Leben mit Ochs und Esel und dem ganzen dummen Stroh, das wir dreschen. Er hat »die Herren der Welt zu spüren bekommen. Vor Herodes musste er nach Ägypten fliehen, ins Exil (als Asylant), und Pilatus hat über ihn den Stab gebrochen. Er ist wirklich dort angefangen, wo wir sind. So hat er den Spiegelsaal unseres in sich verschlossenen Daseins aufgebrochen, so hat er Fenster auf Gott hin geöffnet: »Das ewig Licht geht da herein, gibt der Welt ein neuen Schein ...«

Durch Jesus, der in unserer Welt für Gott spricht, beginnt unsere Wirklichkeit für Gott zu sprechen. Der Mensch findet ein Gegenüber, dem er sich anvertrauen kann. Das Leid muss nicht mehr stumm machen, es findet Worte der Klage. Angst kann eingestanden, Hilfe angenommen werden. Schuld muss nicht geleugnet werden, sie kann Vergebung finden. Menschen beginnen für Gott zu sprechen, die Welt beginnt für ihn zu reden.

14,15ff

Gottes erstes und letztes Wort

Viele denken heute so: Wie die Natur vergeht, vergeht auch der Mensch. Und wie die Natur zu neuem Leben erwacht, so auch der Mensch. Er ist eingebunden in den ewigen Kreislauf des Stirb und Werde. Das Leben ist wie ein Spiel, das jederzeit neu beginnen kann; man probiert's halt noch mal. Wenn der erste Versuch nicht gelingt, warum dann nicht ein zweites, drittes, x-tes Leben?

Das Neue Testament spricht vom neuen Menschen und von der neuen Schöpfung. Der Kreislauf des ewigen Stirb und Werde ist durchbrochen, durch Jesu Leben und Sterben. Er hat der Geschichte eine Richtung gegeben. Sie dreht sich nicht im Kreis, sie hat einen Anfang und ein Ziel. Sie ist unwiederholbar, einmalig. Jesus hat sie auf den Punkt gebracht, auf Gott.

Zur Hoffnung, die über den Tod hinausgeht, sagt Platon: »Man muss sich hier unter den Ansichten der Menschen die beste aneignen, diejenige, die am schwersten zu widerlegen ist. Mit ihr kann man dann, wie auf einem Floß, die Fahrt durchs Leben wagen; falls man nicht sicherer und gefahrloser auf einem festeren Fahrzeug fahren kann, etwa mit einem göttlichen Wort« (Phaidon 85).

Christen fahren mit einem göttlichen Wort. Es ist nicht unser Wort, mit dem wir uns Runde um Runde immer weiter nach oben winden, aus eigener Kraft. Auferstehung ist Gottes Wort und Gottes Tat, in Jesus Christus. Er ist Gottes erstes Wort, das uns ins Dasein ruft, aus dem Nichts. Und er ist Gottes letztes Wort, das Wort, das den Tod bricht und neues Leben schafft, dem der Tod nichts mehr anhaben kann. Christus, Gottes erstes und letztes Wort. Mit diesem Wort können wir jedermann Rede und Antwort stehen und die Fahrt unseres Lebens wagen. *14,35f*

Paradox

Nicht erst unsere Generation tut sich schwer damit, von Gott zu sprechen. Zu allen Zeiten sind denkende Menschen dabei ins Stottern gekommen. Auch im »tiefsten Mittelalter« wusste man sehr genau, dass wir von Gott nichts wissen, dass wir ihn nicht begreifen, das heißt, nicht auf den Begriff bringen können. Radikaler kann man auch heute schwerlich das Dilemma ausdrücken: Wir müssen schweigen, wenn wir von Gott reden wollen, und müssen doch von ihm reden, weil von ihm zu schweigen noch unerträglicher wäre. Das ist paradox – aber alle ernsthafte Rede von Gott ist paradox im ursprünglichen Sinn dieses griechischen Ausdrucks: »Para doxan« bedeutet »gegen das normale Denken, quer zur öffentlichen Meinung«.

Darum kommt auch die Sprache der Bibel ins Stottern, wenn Gott sich offenbart. In paradoxen Redewendungen offenbart sie Gott und entzieht ihn zugleich unserem Zugriff. In der Weise, wie sie ihn nahebringt, wehrt sie zugleich dem schlimmsten aller Missverständnisse: als sei Gott nun verfügbar, zuhanden, durchschaubar geworden.

Gottes Offenbarung in der Wüste (Ex 3,1–15): Mose sieht einen Dornbusch, aus dem die Flammen schlagen und der doch nicht verbrennt. Dies ist eine erste Aussage über Gott: Er brennt und versengt doch nicht. Er ist eine Feuerglut, aber er macht keine Schlacken, das heißt, man kann sich ihm ohne Furcht überlassen. Wir sind ja alle unterwegs zu ihm, dem »ewigen Licht«, aber wir sind nicht wie Falter, die sich am Licht ihre Flügel verbrennen. Wir können auf Gott zugehen wie auf ein Licht, das uns aufnehmen wird, in das wir hineinschreiten können, ohne dass es uns zerstört.

Diese erste Aussage wird denn auch sogleich aus der Bildersprache ins Wort hinein übersetzt: »Ich habe das Elend meines Volkes gesehen und den Klageschrei gegen ihre Antreiber habe ich gehört. Ich kenne ihr Leid« (7). Besseres kann Gott nicht von sich sagen. Gegen alle Erfahrungen der Gottesferne und des Schweigens Gottes weiß diese Erzählung: Gott kennt unser Leid. Wenn wir einem Kind nichts anderes über Gott zu vermitteln vermöchten als dies, hätten wir genug gesagt. *5,32f*

Ich bin der Ich-bin-da

Die Erzählung von Gottes Offenbarung in der Wüste (Ex 3,1–15) kommt zu ihrem Höhepunkt, als Mose nach dem Namen dessen fragt, der ihn und das Volk in ein neues weites Land führen will. Da erhält er die Antwort: »Ich bin der Ich-bin-da. So sollst du zu den Israeliten sagen, der Ich-bin-da hat mich zu euch gesandt« (14).

Wir mögen als erstes die Zusage heraushören, dass er, der unser Leid kennt, zur Stelle sein will, wann immer wir ihn brauchen. Wenn Gott das Geheimnis seines Ichs lüftet, dann kommt zum Vorschein, dass er nahe ist, und das mag uns genügen. Mehr wissen wir nicht über ihn. Mehr können wir über ihn nicht sagen. Mehr brauchen wir auch über ihn nicht zu wissen, wenn er wahr macht, was er da sagt.

Wir können dann aus seinem Wort weitere Sätze ableiten: dass er ein gütiger und getreuer Gott ist, weil er da ist. Wir können diese Einsicht ins Gebet übersetzen: »Herr, deine Güte reicht, so weit der Himmel geht, und deine Treue, so weit die Wolken ziehen« (Psalm 36,6). Aber damit entfalten wir nur, was Gott von sich zu erkennen gibt: Ich bin da.

Und nun das Paradox: In der Zusage grenzt sich Gott zugleich gegen Mose ab. Mose hatte ja einen Namen erbeten, aber Gott gibt ihm keinen Namen. Gott sagt: Ich passe in keinen Namen. Ich bin nicht zitierbar. Ich bin da, weil ich will und wie ich will. Ich bin so frei, da zu sein als der, der ich bin.

Gott ist darin Gott, dass er unserem Kalkül entzogen ist. Er redet und schweigt, gibt sich nahe und entzieht sich – ohne uns zu fragen, ob uns das recht ist und zu dem Bild passt, das wir uns von ihm gemacht haben. »Bin ich denn nur ein Gott der Nähe, bin ich nicht auch ein Gott der Ferne« (Jer 23,23)? Gott nimmt sich die Freiheit, ein »fernstehender« Gott zu sein, das heißt, in der Zuwendung zu uns zugleich Distanz aufzunehmen. Zu jeder Partnerschaft gehört, wenn sie gelingen soll, dass beide Partner ja und nein sagen können, Nähe und Distanz zulassen können. Darum ist Gott mitten im Bund unverfügbar. Er ist da als das absolute Geheimnis. Er ist da, nicht wie es uns gut dünkt, sondern wie es ihm für uns gut dünkt.

5,33f

Ins Herz geschlossen

Gott ist wie eine Mutter zu seinem Volk – das sagt der Prophet Hosea (11,1–9) zu Israel, dem Volk Gottes. Darin ist auch das neue Gottesvolk angesprochen. Gott hat Israel in sein Herz geschlossen. Er hat das Volk zu sich gerufen, aus Ägypten. Ägypten ist der Inbegriff von Knechtschaft und Sklaverei. Da kommt Israel her, von Gott höchstpersönlich gefreit. Er stellt es auf die Beine, er lehrt es die Schritte in die Freiheit, den ganzen Weg durch die Wüste. Rührend, wie Gott sich seines Volkes annimmt: »Mit menschlichen Fesseln zog ich sie an mich, mit den Ketten der Liebe. Ich war da für sie wie die Eltern, die den Säugling an ihre Wangen heben. Ich neigte mich ihm zu und gab ihm zu essen« (4).

Doch jetzt kommt das Ungeheuerliche. Es ist einfach nicht zu fassen: Israel/Kirche, so geliebt und gefreit, wendet sich ab: »Je mehr ich sie rief, desto mehr liefen sie von mir weg« (2). Es ist nicht zu glauben, aber so ist es: Israel geht fremd, es wendet sich dem Baal zu (7), dem Götzen des Erfolges und der naturwüchsigen Kraft. Der Tanz um das goldene Kalb ...

Was soll man da tun? Einfach laufen lassen? ›Wenn du es nicht anders willst, dann lauf doch weg. Du kannst mir gestohlen bleiben.‹ So redet Gott nicht. Was tun? Es ist zum Heulen! Der glühende Zorn steigt hoch (9). Es kocht in ihm, man merkt's den Worten an: »Wie könnte ich dich preisgeben, Efraim, wie dich aufgeben, Israel? ... Mein Herz wendet sich gegen mich, meine Barmherzigkeit/mein Mutterschoß entbrennt« (8).

Gott lässt sich somit letztlich nicht vom starken Mann leiten, sondern von der mütterlichen Barmherzigkeit. Akzeptieren wir das? Heute möchte niemand mehr von »Gnade und Barmherzigkeit« leben. Aber wovon leben wir denn? Vom Recht? Bei aller Liebe zum Recht, ich kann vor kein Gericht der Welt gehen und sagen: »Ich klage dich an, dass du mich nicht liebst. Ich klage dich an, dass du nicht barmherzig bist zu mir.« Liebe und Barmherzigkeit gehen über das Recht hinaus. Und vielleicht ahnen wir, wohin wir kommen, wenn wir von der Barmherzigkeit nichts mehr wissen wollen. Dann stirbt der Mutterschoß, aus dem wir alle hervorgegangen sind und leben. *16,116ff*

Wort, das durch die Nacht kam

Geht's uns anders? Ich kann gut nachempfinden, was die Samuel-Geschichte (1 Sam 3) erzählt: »In jenen Tagen waren Worte des Herrn selten« (1). Können wir uns denken, dass Gott sich uns entzieht? Liegt's an uns? Sind wir zu abgestumpft wie die Söhne Elis? Haben wir kein Ohr mehr für Gottes Wort? Wir gehen wie selbstverständlich davon aus, dass Gott uns immer zur Verfügung steht, auf Abruf sozusagen. Ist das so? Soviel ist sicher: Wir können ihn nicht herbeizaubern, wir können ihn nicht herbeireden. Er ist kein redender Automat, und Berufungen kommen nicht vom Fließband, Visionen nicht per Television. Er spricht, wann und wie er will, nicht unbedingt, wie wir wollen. Kein Mensch kann Gott in seinen Dienst stellen. Es ist umgekehrt: Gott stellt uns in seinen Dienst.

Es gibt nur einen, der Propheten wie Samuel beruft: Gott selbst. »Samuel schlief im Tempel des Herrn, wo die Lade Gottes stand« (3), am Ort der Offenbarung. Gottes Wort, lange entbehrt, ergeht mitten in der Nacht. Es ist nicht leicht, durch die Dunkelheit hindurchzudringen. Da kann einem das Hören und Sagen vergehen. Wer einmal nichts mehr zu sagen wusste, wem die Worte fehlten, der ahnt vielleicht, was das heißt, wenn einem das Wort neu geschenkt wird. Das ist wie eine Erlösung.

Samuel hört Gottes Wort im Schlaf, in der Tiefe seines Wesens. Er ist ganz Ohr. Es gibt Lebensstunden, da verdichtet sich der Anruf Gottes. Da steht sozusagen alles auf dem Spiel. Gott sagt nicht nur etwas, sondern sich selbst; und er ruft nicht etwas ab beim Menschen, eine bestimmte Funktion oder Fertigkeit, er ruft ihn selbst. Er ruft ihn beim Namen: »Samuel, Samuel« (6.10). Das erste, ursprünglichste Wort, das Gott zu uns spricht, sind wir selbst. Und die Antwort auf dieses Wort können wir nur mit uns selbst geben. *14,94ff*

Ruf, der nicht schlaflos macht

Gott und Samuel, Ruf und Antwort. Ein Dritter ist ganz wichtig in der Erzählung von Samuels Berufung (1 Sam 3), der alte Eli. Er ist eigentlich kein Ruhmesblatt in der Geschichte Gottes mit dem Menschen. Aber immerhin, er lässt sich auf den jungen Samuel ein. Er gibt sich nicht selbst als den Rufer aus. Zweimal sagt er klar und deutlich: »Ich habe dich nicht gerufen« (5f). Und er weiß schließlich den Ruf richtig zu deuten: »Da merkte Eli, dass der Herr den Knaben gerufen hatte« (8).

Woran mangelt es uns heute? Fehlen uns die Samuels oder auch die Elis? Sind wir hellhörig für die Unruhe, die sich in den jungen Leuten regt? Haben wir ein offenes Ohr für sie? Wer in anderen Hörbereitschaft wecken will, muss sich fragen, wie's bei ihm damit steht. Haben wir verlernt, mit Gottes Anruf überhaupt zu rechnen?

Da ist noch ein Wort in der Erzählung, das wir nicht überhören sollten: »Samuel blieb bis zum Morgen liegen, dann öffnete er die Türen zum Haus des Herrn« (15). – Kaum zu fassen: Gott hat den jungen Samuel gerufen. Und die Botschaft, die er auszurichten hat, ist nicht von Pappe. Es kommt einiges auf ihn zu: Er soll das Gericht ankündigen. Er soll nicht nur sagen: ›Macht nur so weiter, es ist ja alles okay.‹ Nein, er soll sagen: ›So kann's nicht weitergehen.‹ – Mit dieser anstößigen Botschaft wird er sich keine Freunde machen. Das könnte ihm schon schlaflose Nächte bereiten.

Und Samuel bleibt liegen bis zum Morgen ... Ein tröstliches Wort! In dem Geheimnis der Hoffnung von Charles Péguy heißt es: »Leute, welche nicht schlafen, mag ich nicht leiden, sagt Gott. Der Schlaf ist des Menschen Freund. Der Schlaf ist Gottes Freund ... Wer nicht schlafen kann, bricht der Hoffnung die Treue ... Selig, wer überlässt. Das heißt: Selig, wer hofft. Und wer schläft.«

Wir hoffen nicht auf uns selbst und darum brauchen wir nicht ans Werk zu gehen wie jene, die keine andere Hoffnung haben als sich selbst. Gott trägt uns. Sein Ruf will uns nicht schlaflos machen. Im Gegenteil: »Es ist umsonst, dass ihr früh aufsteht und euch spät erst niedersetzt; denn der Herr gibt es den Seinen im Schlaf« (Ps 127,2). *14,96ff*

Wo kann ich bleiben?

Wo gehöre ich hin? Wo kann ich bleiben? Urfragen des Menschen. Wir können nicht leben ohne ein Zuhause. Haus – das ist weit mehr als eine Ansammlung von Steinen. Es bedeutet Geborgenheit, ein Dach überm Kopf und nicht nur überm Kopf, sondern auch für die Seele. Man kann ja ein schönes Haus haben und doch kein Zuhause. Die ständig wachsende Zahl der psychisch Obdachlosen ist nicht weniger erschreckend als die Zahl derer, die bei uns buchstäblich auf der Straße liegen.

Jakob – ein Mensch auf der Flucht (Gen 28,10–22). Er hat seinen Bruder um den Segen betrogen, und nun muss er vor allen davonlaufen, vor dem Vater, dem Bruder, vor Gott und nicht zuletzt vor sich selbst. Er liegt auf der Straße, obdachlos. Die Sonne ist untergegangen. Die Nacht überfällt ihn. Er sinkt in den Schlaf, den Kopf auf einem alten, denkwürdigen Stein.

Jakob hat einen Traum, eine Vision: eine Leiter, auf der Engel auf- und niedersteigen. Sie steht auf der Erde und reicht an den Himmel (12). Gott offenbart sich ihm: »Ich bin mit dir, ich behüte dich, wohin du auch gehst ... Ich verlasse dich nicht« (15). Jakob wacht auf und ruft aus: »Hier ist nichts anderes als das Haus Gottes und das Tor des Himmels« (17). Haus Gottes: Der Flüchtige weiß, wo er unterkommen kann.

Der Stein und der Traum! Einige Seiten vorher zeichnet die Bibel eine Art Kontrastbild: Babel! Da geht es auch um Steine und um einen (Menschheits-)Traum, der Himmel und Erde zusammenbringen soll. Die Leute von Babel wollen mit ihrem Turm den Himmel stürmen und fallen schließlich aus allen Wolken.

Jakob braucht keinen Turm zu bauen, um in den Himmel zu kommen, er bleibt auf der Erde. Die Richtung seines Traumes geht nicht von der Erde in den Himmel, sondern vom Himmel zur Erde. Er bekommt anderes zu sehen und zu hören, als Menschen sich an den Tiefpunkten und auf den Höhepunkten ihres Lebens selbst erträumen. Gott kommt ihm auf der Flucht in die Quere und entgegen, Gott, der ganz Andere. Erfahrungen an der Grenze! Da kann man die Engel singen hören, und der Flüchtige findet ein Obdach: das Haus Gottes. *20,111f*

Traum und Stein

Im Johannesevangelium greift Jesus die Erzählung von der Jakobsleiter auf: »Amen, Amen, ich sage euch: Ihr werdet den Himmel offen und die Engel Gottes auf- und niedersteigen sehen über dem Menschensohn« (Joh 1,51). Über Jesus ist der Himmel offen. Er bringt Himmel und Erde zusammen, Gott mit den Menschen. Er ist kein Himmelsstürmer, auch kein Aufsteiger. Er ist hinabgestiegen bis zum Tod am Kreuz, bis ins Grab. Diesen Jesus hat Gott auferweckt. Über Jesus ist der Himmel offen und über allen, die bei ihm sind. Wir leben nicht mehr wie in einem Totenhaus. »Hier ist nichts anderes als das Haus Gottes und das Tor des Himmels« (Gen 28,17).

Jesus ist der Raum Gottes, die Stätte seiner Gegenwart auf Erden. Uns allen – oft genug unbehaust und obdachlos und nicht selten auf der Flucht – ist in ihm Heimat geschenkt, ein Dach überm Kopf und ein Zuhause für die Seele. Der Stein und der Traum, die harte Wirklichkeit der Fakten und die Vision, in der sich Himmelstore auftun. Eine ungeheure Spannung! Wie soll man die durchhalten, damit der Stein die Vision nicht erdrückt und die Vision den Stein nicht verflüchtigt?

Viele sagen: ›Ach was, alles nur ein Traum. Die Verhältnisse sind nicht so. Die harte Wirklichkeit duldet keine Visionen. Weg damit. Kommen wir zur Sache.‹ Andere wollen sich auf der Suche nach Geborgenheit ganz in ihren Träumen einnisten: ›Weg mit den steinigen Verhältnissen. Die trostlosen und phantasielosen Realitäten interessieren uns nicht.‹ Was wird heute nicht alles getan, um eine illusionäre Welt zu inszenieren. Das gilt auch für religiöse Traumtänzereien. Das könnte ein böses Erwachen geben. Gottes Verheißung ist nicht zu trennen von den harten Realitäten des Lebens, sonst rettet sie nicht. Gott will uns weder in Grabkammern wohnen lassen noch im Wolkenkuckucksheim. Der christliche Glaube lässt uns zusammenhalten, was in Jesus zusammengekommen ist: die steinige Wirklichkeit unserer Welt und die Vision einer neuen Welt. *20,113f*

Der Weg ist nicht das Ziel

Man muss weggehen können und fest stehen wie ein Baum«, sagt Hilde Domin. Die Spannung, die in diesem Wort liegt, prägt unser Leben und unseren Glauben. Die unterschiedlichen Traditionen, die in die Jakobserzählung (Gen 28,10-22) eingegangen sind, bringen jeweils einen der beiden Pole zum Ausdruck: dem Jahwisten (13–16) liegt am Weggeleit Jahwes, dem Elohisten (11f; 17f; 20–22) am »gotthaltigen« Ort. Der Gott Israels ist von den Ursprüngen her ein Weg-Gott, immer dabei auf den Wegen des Volkes und des Einzelnen. Seine Beweglichkeit ist Ausdruck seines Wesens, seiner Wegtreue und seiner Freiheit. Andererseits hat er sich an bestimmten Punkten der Geschichte seines Volkes gleichsam häuslich niedergelassen. Keine der beiden Antworten auf die Frage, wo und wie Gott nahe ist, darf unterschlagen werden. Gott ist mit auf dem Weg, und er hat seine besonderen Orte.

Man wird der biblischen Tradition nicht gerecht, wenn man den Exodus verabsolutiert und den Glauben zu einer reinen Auszugsideologie verkehrt. Der Weg ist nicht das Ziel. Wie der Exodus nicht ohne das verheißene Land zu verstehen ist, so ist die ganze Geschichte Israels nicht ohne heilige Orte, Zeiten und Räume, nicht ohne Tempel und Gotteslob zu denken. Dabei ist Israel oft genug der Versuchung erlegen, Gott haben und handhaben zu wollen, ihn in die eigenen Pläne und Interessen einzubauen. Die Propheten sind nicht müde geworden, diesen Missbrauch zu bekämpfen (vgl. Amos 4,4; 5,5 zu Bet-El). Gleichwohl ist die Botschaft für das alte wie für das neue Gottesvolk eindeutig: Keine Sendung in die Welt ohne Orte der Vergewisserung.

Ohne Tempel und Gotteshaus, Kirchen und Klöster gehen die Träume, Verheißungen und Ursprungserfahrungen des Glaubens unter, werden verdrängt oder einfach vergessen. Mehr denn je sind heute solche Orte lebens- und glaubensnotwendig. Sie sind vorläufig, nicht endgültig, Vorgeschmack im Übergang. *1,32f*

Gottes Beweglichkeit

Gott ist beweglich. Er lässt sich nicht »einbauen« oder »einmauern«. Man kann ihn nicht haben, auch wenn er sich mitten in seinem Volk »häuslich niederlässt«. Der Gott Israels ist von den Ursprüngen her ein Weg-Gott: immer dabei auf den Wegen des Volkes und des Einzelnen. Seine »Beweglichkeit« ist Ausdruck seines Wesens, seiner Wegtreue und seiner Freiheit.

Vor diesem Hintergrund ist ungeheuerlich, was in der Bibel von David erzählt wird (2 Sam 7): David will diesem Weg-Gott ein festes Haus bauen – ein Gotteshaus nach der Art ägyptischer Großtempel! Das ist zwar gut gemeint: Gott soll, ebenso wie das Volk und der neu gegründete Staat, zur Ruhe kommen und eine ständige Bleibe haben. Er soll der sichtbare Mittelpunkt des Ganzen sein und die Stabilität im politisch-religiösen Leben sichern. So weit, so gut. Wenn Gott nicht Gott wäre! Hier muss sogar Gottes Prophet Natan sich erschüttern lassen. Zunächst hat er Davids Vorhaben gutgeheißen. Doch dann erhebt Gott selbst Einspruch gegen den Plan, und Natan muss in einem ungeheuerlichen Vorgang tags darauf sich selbst widerrufen und Gottes Wort überbringen: »Du willst mir ein Haus bauen, damit ich darin wohne? Seit dem Tag, als ich die Israeliten aus Ägypten herausgeführt habe, habe ich bis heute nie in einem Haus gewohnt, sondern bin in einer Zeltwohnung umhergezogen« (2 Sam 7,5f, vgl. Apg 7,49). Die Gefahr ist groß, dass man Gott »einmauert« und in die eigenen Pläne und Interessen »einbaut«.

Und doch: Nachdem klargestellt ist, dass man diesen Gott nicht »haben« und dingfest machen kann, geht er auf seine Weise auf Davids Plan ein. Nicht der König soll Gott ein Haus bauen – welcher Wahnwitz! –; Gott will sich in der Geschichte seines Volkes »häuslich niederlassen«. Er will sich mit dem Geschlecht Davids (dem »Haus Davids«) auf immer verbinden. Er legt keinen Wert auf einen prachtvollen Palast aus Stein und Gold, wohl aber auf Menschen, die seine Sache in der Welt vertreten und ihn gegenwärtig sein lassen. *7,19f*

Der Ort, wo Gott wohnt

In Jesus ist verbürgt, dass Gott alle Wege der Menschen, auch ihre Umwege und Abwege, mitgeht. Nachfolge Jesu heißt: seine Wege zu den geringsten und letzten Menschen mitgehen.

Neben Tod und Auferstehung Jesu hat wohl kein Ereignis die frühe Kirche derart schockiert wie die endgültige Zerstörung des Tempels. Man verstand diese Katastrophe als Zeugnis dafür, dass der Gott Israels und der Gott Jesu Christi alle menschliche und religiöse Eigenmächtigkeit zerfallen lässt. Aber auch ein Zweites wurde zur Gewissheit: Trotz der Zerstörung des Tempels aus Stein bleibt Gott da; Jesus selbst ist der wahre Tempel Gottes – niedergerissen auch er, aber um für immer auferbaut zu werden (vgl. Joh 2,19). In Jesus Christus wohnt die ganze Fülle Gottes (vgl. Kol 1,19; 2,9). In ihm ist und bleibt Gott ein für allemal da, nicht mehr aus der Welt zu schaffen. Jesus ist wie die anderen Juden zum Tempel gewallfahrtet, zum »Haus des Vaters«. Aber zugleich erinnert er mit der Tempelreinigung daran, worauf es ankommt. Er, der Nomade Gottes (vgl. Mt 8,20), bezeugt in seinem Reden und Tun, wie sehr Gott alle Wege der Menschen mitgeht, gerade auch die Umwege und Abwege der Sünder und Verlorenen. Nun verehrt man Gott nicht mehr im Tempel aus Stein, sondern auf den Wegen und in der Nachfolge Jesu. Wallfahren heißt dann, in die Fußstapfen Jesu treten und seine Wege nachgehen; zu den Armen und den »letzten Menschen«. Jeder Pilgerweg aus einem Heiligtum aus Stein muss im Sinne Jesu zurückführen zu seinen Schwestern und Brüdern.

Welch lange Geschichte von Davids Plan, Gott ein Haus zu bauen, bis zum Weg des Davidsohnes aus Nazaret! Welch lange Wüstenwege, auf denen sich Gottes Versprechen erfüllt, dass er uns sein Haus baut – in Jesus Christus. Wie viel musste zu Bruch gehen, wie viel Ent-Täuschungen waren nötig, um das Geheimnis von Gottes Gegenwart zu erkennen und an den Ort zu gelangen, wo er wirklich wohnt! *7,21f*

In sich gehen und zu sich kommen

Nicht wenig Elend und Verwirrung kommen daher, dass wir durch eigene Schuld uns selber nicht verstehen und nicht wissen, wer wir sind«, sagt Teresa von Ávila. »Elend« heißt ursprünglich Aus-Land. In der Tat, wir sind uns selbst fremd. Wie schwer ist es, »in sich« zu gehen und »zu sich« zu kommen! Bisweilen kennen wir gar die Tür zu uns selbst nicht mehr oder finden den Schlüssel nicht. Teresa, die das Bild von der »inneren Burg« geprägt hat, beschreibt ihre Erfahrungen mit dem Glauben. Selbst wenn wir den Eingang unseres Hauses betreten und die ersten Schritte in den noch dunklen Flur wagen, geraten wir schnell in Bedrängnis. Es ist, als machten wir uns selbst Angst, als käme aus der Tiefe unseres Lebens so viel Unklares und Finsteres uns entgegen, dass wir den nächsten Schritt nicht wagen. Der innere Mensch bleibt dann nur wenig aufgeräumt – und nicht selten gleicht er einem Spukschloss, in dem böse Geister, böse Ängste herumschwirren. Im eigenen Haus fremd können wir die Höhe und Länge, die Breite und Tiefe dessen, was wir in Wahrheit sein können, nicht ermessen. Wie traurig, dass wir so den größten Schatz in unserem Haus niemals entdecken!

Gott in uns zu entdecken, das ist ein lebenslanger Vorgang des inneren Wachsens und Reifens. Nie kann jemand sagen, er sei am Ziel. Eine begnadete Frau wie Teresa bezeugt das (vielleicht sind die Frauen diesem Geheimnis ohnehin näher geblieben als die Männer). Immer tiefer wird sie in die Wohnungen ihres Herzens hineingezogen, immer mehr entdeckt sie die Unruhe der Liebenden, deren Herz immer weiter und sehnsüchtiger wird. Nimmt sie doch teil an der inneren Weiträumigkeit des dreifaltigen Gottes, der aufgeschlossen ist für uns. »Ich sage es nochmals: Allein mit Gebet und Beschauung könnt ihr euer Fundament nicht legen. Wenn ihr nicht nach Tugenden trachtet (also innere Tempelreinigung betreibt) und euch nicht darin übt, werdet ihr immer Zwerge bleiben. Ja, Gott gebe, dass dann das Wachstum nimmer stockt; denn ihr wisst doch, wer nicht wächst, schrumpft ein. Ich halte es für unmöglich, dass die Liebe sich damit begnügt, ständig auf der Stelle zu treten.« *7,32f*

Wie Jesus das Gesetz erfüllt

Da liegt eine gewaltige Spannung im Evangelium (Mt 5,17–20). Einerseits heißt es: »Denkt nicht, ich sei gekommen, das Gesetz und die Propheten aufzuheben. Ich bin nicht gekommen, um aufzuheben, sondern um zu erfüllen« (17). Und andererseits: »Wenn eure Gerechtigkeit nicht weit größer ist als die der Schriftgelehrten und der Pharisäer, werdet ihr nicht in das Himmelreich kommen« (20). Also: Gesetzestreue bis zum i-Tüpfelchen und »weit größere« Gerechtigkeit. Wie soll man das zusammenbringen?

In der damaligen Auseinandersetzung um das (jüdische) Gesetz werden Probleme sichtbar und Maßstäbe gesetzt, die uns auch heute betreffen. Der Evangelist hat deutlich zwei Gruppen vor Augen, mit denen er sich auseinandersetzt: die Schwärmer und die Traditionalisten. Letztere (damals die strengen Judenchristen) sehen nur noch Gesetz. Sie sagen: ›Die Kirche hat die Tradition verraten, sie hat den im Alten Bund verbrieften Willen Gottes aufgekündigt. Sie hat das Gesetz abgeschafft und dadurch mit der Tradition gebrochen.‹ Der Evangelist erwidert ihnen: ›Nein, das ist nicht wahr. Was Gott den Vätern verkündet hat, das kommt mit Jesus ans Ziel. Gottes ursprünglicher Rechtswille bleibt gültig, freilich allein so, wie Jesus ihn in seinem Leben ausgelegt hat. Sein Auslegungskriterium ist das Liebesgebot. *So* hat Jesus das Gesetz erfüllt, und er erwartet von seinen Jüngern, dass sie kein Jota streichen von dieser »Erfüllung« des Gesetzes in der Liebe.‹

Das ganze Gesetzeswerk ist wie ein Netz. Jesus spannt das Netz nicht weiter oder enger. Er wirft es nicht weg, er greift durch die Maschen des Gesetzes hindurch nach dem Herz des Menschen. Seine »weit größere Gerechtigkeit« ist letztlich nicht in Gebote zu fassen. Jene Tiefe in uns wird ausgelotet, in der alles Denken, Fühlen und Tun seinen Ursprung hat und wo die Entscheidungen fallen: das Herz. Gott beansprucht den Menschen ganz; er will, dass er sich ihm ungeteilten Herzens (vgl. Mt 6,19–24) zuwendet und nicht auf gesetzlichem Wege Räume ausspart. Diese »weit größere Gerechtigkeit« Jesu liegt nicht außerhalb des Gesetzes, sie geht ihm auf den Grund. *14,124ff*

Gesetzestreue im Überfluss

Kaum zu glauben: mitten im Evangelium das Gesetz. Dort, wo wir's am allerwenigsten erwarten, mitten in der Bergpredigt, die Mahnung zur Gesetzestreue (Mt 5,17–20). Der Evangelist setzt sich nicht nur mit denen auseinander, die nur noch Gesetz sehen, er wendet sich auch an die Adresse der (heidenchristlichen) Schwärmer. Das sind Leute, die vom Gesetz nichts mehr wissen wollen. Vertreter eines gesetzesfreien Christentums: ›Gesetz – da stehen wir drüber.‹ Sie nehmen Jesus als den großen »Liberalen« für sich in Anspruch, als den Revolutionär für eine neue Welt ohne Gesetz. Jesus geht es um die »weit größere Gerechtigkeit«. Aber damit hat er das Gesetz nicht durchgestrichen, er hat es auf einen gemeinsamen Nenner gebracht: die Liebe. Sie ist die Erfüllung des Gesetzes. Man kann nicht das Gesetz gegen die Liebe ausspielen. Gesetzlosigkeit dient nicht der Liebe, sondern lässt sie ausbrennen. Missachtung des Gesetzes dient nicht dem Frieden, sondern gefährdet ihn. Gesetz und Liebe gehören zusammen.

Jesus geht es um die »weit größere« (wörtlich: »überfließende«) Gerechtigkeit. Das Bild vom »Überfluss« bringt die Sache treffend zum Ausdruck, um die es geht. Man stelle sich einen Brunnen vor: Wenn das Wasser heraussprudelt und über den Brunnenrand fließt, ist die Schale oft gar nicht mehr zu sehen. Das Gefäß tritt zurück vor dem »Überfluss«. So tritt in der »überfließenden« Gerechtigkeit das Gesetz vor dem »Überfluss« der Liebe zurück, ohne dass es aufgelöst wäre.

Im Grunde kann man das, was hier gemeint ist, nur im Blick auf Jesus verstehen. Er geht weit über das hinaus, was sein muss, er geht tiefer hinein in das, was von Gott her sein soll, er geht Gottes Willen auf den Grund. Er ist die nicht rechnende, wahrhaft überfließende Gerechtigkeit Gottes. Er kommt aus dem Überfluss der Liebe, in der sich Gott an Welt und Mensch verschwendet.

Gesetz und Liebe – die Spannung ist nicht aufzulösen, solange wir Menschen dieser Erde sind und es bleiben wollen. Die Spannung ist uns aufgegeben. Sie ist das »Spannende« unseres christlichen Lebens. Gesetz – ja! Das Gesetz der Liebe. Gesetzestreue – allerdings! Im Überfluss der Liebe.

14,127f

Verkrümmt und aufgerichtet

Die Geschichte einer Frau – als Evangelium (Lk 13,10–17). »Ihr Rücken war verkrümmt, und sie konnte nicht mehr aufrecht gehen« (11). Solche Frauen gibt es auch bei uns. Sie gehen krumm, und das kommt nicht von ungefähr, das hat seinen Grund. Wen wundert's, wenn man für alles den Buckel hinhalten muss. Das kennen wir doch: ›Die Mütter sind an allem schuld.‹ Wenn aus den Kindern nichts wird, trifft's die Mütter. Wenn die Jugend der Kirche ade sagt, sind die Mütter daran schuld. Was wird nicht alles auf dem Rücken der Frauen ausgetragen!

»Ihr Rücken war verkrümmt ...« – Wen wundert's, wenn man immer wieder geduckt und gedeckelt wird: ›Du kannst das nicht!‹ ›Schweig, davon verstehst du nichts!‹ ›Halt's Maul, du dumme Gans!‹ Dann wird man schließlich immer kleiner, und wenn man nicht nur mit solchen Schlagwörtern getroffen wird, sondern schließlich auch die Fäuste zu spüren bekommt, das kann einem das Rückgrat schon brechen. Wenn die Statistiken recht haben, wird bei uns in jeder fünften Ehe die Frau geschlagen.

Die gekrümmte Frau wird von Jesus entdeckt. Er sieht sie, wie sie gebeugt ist nach unten. »Er rief sie zu sich und sagte: ›Frau, du bist von deinem Leiden erlöst‹« (12). Er lässt sie nicht in der Ecke des Teufels oder der Sünderin stehen, er ruft sie zu sich, in die Mitte. Er stärkt ihr den Rücken. Das ist wie eine Erlösung, wie eine Befreiung. Der Bann ist gebrochen: »Frau, du bist von deinem Leiden erlöst.«

Jesus hat keine Berührungsängste: »Er legte ihr die Hände auf. Im gleichen Augenblick richtete sie sich auf und pries Gott« (13). Sie wissen doch, wie das ist, wenn Kinder sich gestoßen haben. Dann schreien sie und laufen zur Mutter. Und die Mutter legt die Hand auf die Beule. Das tut gut, das heilt, das gibt Kraft. Oder wenn jemand die Hand über den anderen hält: Dann kann man sich aufrichten. Dann sieht man auf einmal die Sonne. In dem Augenblick, in dem Jesus der Frau die Hand auflegt, kann sie sich aufrichten. Der aufrechte Gang! Die Frau kann erhobenen Hauptes in die Sonne schauen. Gott sei Dank! *14,129ff*

Herzensanliegen

Fragen über Fragen, und das in der Heiligen Schrift. Dort erwarten wir Antworten. Stattdessen gibt sie uns Fragen auf, sie stellt uns in Frage. »Wie sollen sie nun den anrufen, an den sie nicht glauben? Wie sollen sie an den glauben, von dem sie nichts gehört haben? Wie sollen sie hören, wenn niemand verkündigt? Wie soll aber jemand verkündigen, wenn er nicht gesandt ist?« (Röm 10,14f).

Eine ganze Kette von Fragen. Wir spüren, alles gehört zusammen: den Herrn anrufen, glauben, hören, verkündigen, senden. Alles greift ineinander wie die Glieder einer Kette. Eine Traditionskette. Der Glaube fängt nicht beim Nullpunkt an. Er ist nicht einfach aus der Luft gegriffen. Er hat seinen Ursprung nicht in uns; er kommt nicht aus uns, er kommt zu uns. Er ist nicht unser Einfall. Er kommt durch Gottes Wort auf uns zu. Nicht ohne die Vermittlung von Menschen. Die spielen in dieser Kette von Glaube, Hören, Verkündigung und Sendung eine wichtige Rolle.

Wird Deutschland ein Missionsland? Woran liegt's? Liegt es an denen, die nichts hören oder nicht hören wollen? Liegt's an uns, die wir verkündigen? Paulus betont in dem kurzen Text (Röm 10,8–10) dreimal: »Wer mit dem Herzen glaubt und mit dem Mund bekennt ...« Das ist ihm offensichtlich sehr wichtig. Das Wort ist nicht eine papierne Sache, es möchte uns ans Herz gehen, ins Herz treffen, zum Herzensanliegen werden. Es möchte nicht nur in den Kopf. Wir denken zu oft, der Glaube sei vorwiegend eine Sache des Kopfes. Der ist wichtig, klar. Aber wenn das Wort Gottes nicht ins Herz kommt, dann kann der Mund auch nicht überfließen. Es will uns unter die Haut gehen, ins Herz.

Das ist die Brücke zum anderen. Das Wort will sich nicht im Herzen verkriechen, einkuscheln. Es will weitergehen, die anderen erreichen. Paulus sagt in einem Atemzug: »Wer mit dem Herzen glaubt und mit dem Mund bekennt ...« Das Wort will heraus zu den anderen. Aber mit dem Blut unseres Herzens! Dann kommen die Leute und fragen: »Wie ist das eigentlich mit dir und deinem Glauben?« Lebe so, dass du gefragt wirst, las ich vor einigen Tagen. Das ist es. So gewinnt unsere Verkündigung Hand und Fuß.

14,98.100f

Der innerste Punkt

Alles, was ihr in Worten und Werken tut, geschehe im Namen Jesu, des Herrn« (Kol 3,17). Es geht um alles, um unser ganzes Leben. Alles steht auf dem Spiel. Vielleicht denken Sie: Ist das nicht zu gewaltig oder gar gewalttätig, so total? Schwarz-Weiß-Malerei? Wir sind gewohnt zu differenzieren. Aber bei allem Wissen im Detail weiß am Ende kaum noch jemand, was das Ganze soll. Was hat das alles für einen Sinn?

Es gibt Situationen, da sammeln sich die unterschiedlichen Lebenslinien und Erfahrungen wie in einem Brennpunkt: Du bist mein Ein und Alles. Da geht es nicht mehr um dieses oder jenes Detail, sondern ums Ganze, nicht um etwas von mir, sondern um mich, ums ganze Leben: die Lebensentscheidung!

»Alles, was ihr in Worten und Werken tut, geschehe im Namen Jesu, des Herrn ...« Mit anderen Worten: ›Jesus, du bist mein Ein und Alles.‹ Damit ist das Ganze auf den Punkt gebracht, auf den Bezugspunkt Jesus Christus. Mit ihm steht und fällt unser Dienst. Wir sind das, was wir von ihm her sind, nicht mehr und nicht weniger.

Von Rabbi Jizchak Meir ist diese Weisheit überliefert: »Wenn einer Vorsteher wird, müssen alle nötigen Dinge da sein, ein Lehrhaus und Zimmer und Tische und Stühle, und einer wird Verwalter, und einer wird Diener und so fort. Und dann kommt der böse Widersacher und reißt den innersten Punkt heraus, aber alles andere bleibt wie zuvor, und das Rad dreht sich weiter, nur der innerste Punkt fehlt.« Der Rabbi hob die Stimme: »Aber Gott helfe uns, man darf's nicht geschehen lassen!«

Auf den »innersten Punkt« kommt es an, auf die Mitte, in der die Speichen zusammenkommen und zusammengehalten werden, in der die Last, die das Rad zu bewegen hat, sich bündelt. Unser Problem ist nicht so sehr, den »Betrieb an sich« auf Touren zu halten, sondern darüber zu wachen, dass der »innerste Punkt« nicht abhanden kommt. Das ist Jesus Christus. Ohne ihn ist die Last nicht auszuhalten. Der innerste Punkt ist durch nichts zu ersetzen. Er allein rechtfertigt unsere Existenz. Eine Speiche kann notfalls fehlen im Rad, der »innerste Punkt« nicht.

14,106ff

Haben, als hätte man nicht

Paulus sagt: »Wer hat, der verhalte sich so, als hätte er nicht ...« (vgl. 1 Kor 7,29). Wir sprechen anders: ›Wer hat, der hat.‹ – ›Was man hat, das hat man. Wer weiß, was kommt.‹ – ›Hast du was, dann bist du was.‹ Schließlich meint der Mensch, er sei um so mehr, je mehr er hat. Und am Ende hat er dann nicht mehr die Dinge, sondern die Dinge haben ihn. Er besitzt nicht mehr, sondern ist besessen. Er ist nicht mehr Besitzender, sondern Besessener. Das ist die moderne Form der Sklaverei. Man kann sie überall antreffen, man muss nicht weit gehen, vielleicht nur zu sich selbst. Man denkt: Wenn ich das habe, dann habe ich alles. Man sieht etwas und ist ganz gefangen davon: Das muss ich haben.

Nun sagt Paulus: »Wer hat, der verhalte sich so, als hätte er nicht.« Da behalten die Dinge zwar ihr Gewicht, aber sie verlieren ihr Übergewicht. Sie sind nicht mehr alles. Paulus sieht über die käuflichen Dinge hinaus, er sieht auf den Herrn. Und von ihm her gesehen, bekommt alles andere einen neuen Stellenwert. So wichtig ist es nicht mehr, es gibt Wichtigeres. Paulus sieht, wie zerbrechlich die Dinge sind. Das kann doch nicht alles sein! Er lenkt hin zu dem, was mehr ist als alles, jenseits der Dinge.

»Wer sich die Welt zunutze macht, verhalte sich, als nutze er sie nicht ...« (1 Kor 7,31). Wie soll man das verstehen? »Macht euch die Erde untertan ...«, so heißt es auf den ersten Blättern der Bibel. Sollen wir nicht herausholen, was herauszuholen ist? Nach dieser Devise haben wir in den letzten Jahrzehnten gewirtschaftet. Was dabei herauskommt, sehen wir. Am Ende steht der ausgeplünderte Planet.

Die Welt nutzen, als nutze man sie nicht ... Da wird eine innere Distanz zur Welt sichtbar. Die Welt ist nicht alles. Darum muss man nicht alles von ihr erwarten. Darum muss man nicht unersättlich herausholen, was herauszuholen ist. Es gibt mehr, über die Welt hinaus. Paulus blickt über die Welt hinaus auf den Herrn. Weil er ihn im Blick hat, darum muss ihm die Welt nicht als Gottesersatz dienen. Darum kann er sie getrost lassen. Darum kann er sie in ihren Grenzen lassen. *10,89f*

Von Gott angenommen

Das Entscheidende im Leben können wir uns nicht selbst geben. Dass wir absolut geliebt und angenommen sind, trotz unserer Grenzen und über den Tod hinaus, das ist nicht zu machen. Das können wir uns nicht einreden! Das können wir uns nur sagen lassen von dem, der über den Dingen steht und über der Welt, der Schuld und Tod überragt. Das ist geschehen. Dafür steht der Name Jesus Christus. In ihm hat Gott uns angenommen.

Kaum zu glauben! Nicht zu fassen! Ein Geschenk des Himmels. Hat das etwas mit dem Leben zu tun? Und ob! Wir wissen doch, was das bedeutet, ob ein Kind von den Eltern angenommen ist oder nicht. Das ist lebensentscheidend. Ahnen Sie, was das heißt, ob ich mich von Gott angenommen weiß oder nicht? Das ist lebensentscheidend. Das ist wie ein Vorzeichen vor der Klammer, es betrifft das Ganze.

Lange bevor eine Mahnung oder gar ein Befehl ergeht, darf ich mir das sagen und gesagt sein lassen: Du bist geliebt, du bist angenommen. Jeder von uns kann sich das sagen (und es ist gut, dass er das tut, dass er diese Wahrheit tief in sich hineinlässt): Ich bin angenommen. Wert und Anerkennung muss ich mir nicht selbst verschaffen; ich brauche sie mir nicht von anderen zu erbetteln oder zu erzwingen. Sie sind mir von Gott geschenkt. Ich bin ihm trotz meiner Grenzen und Erbärmlichkeiten liebenswert genug. Darum darf ich der sein, der ich bin. Ich brauche anderen und mir selbst nichts vorzumachen. Ich darf mich annehmen, ohne rot zu werden, ohne Wehleidigkeit und Selbstbemitleidung. Wer sich selbst madig macht, wird kaum einen anderen annehmen und erst recht nicht bei sich aufnehmen können. Wer sich selbst nicht riechen kann, ›stinkt‹ auch den anderen.

Wir sind von Gott angenommen. Das ist das erste und wichtigste. Alles weitere kommt von dorther. Als Angenommene können wir einander annehmen. Als Getragene können wir einander tragen. *10,92ff*

Grund zu lachen und zu singen

Wer Rückzug in eine private Innerlichkeit propagiert, kennt Jesus nicht. Von ihm heißt es: »Durch ihn ist alles geschaffen«, das All hat in ihm Bestand (vgl. Kol 1,16f). Gott geht es im Namen Jesu Christi um das All, den ganzen Kosmos, um die Welt, und wir dürfen sie nicht zum Teufel gehen lassen.

Und es geht ihm um alle. Wo Christus regiert, da »gibt es nicht mehr Griechen oder Juden, Beschnittene oder Unbeschnittene, Fremde, Skythen, Sklaven oder Freie, sondern Christus ist alles und in allen« (3,11). In *allen*, auch und gerade in den letzten.

Wir können uns in der Kirche manches leisten, und wir leisten uns ja auch einiges; eins dürfen wir uns um der Nachfolge Jesu willen nicht leisten: von den Armen und Notleidenden verachtet zu werden. Sie nämlich sind die Privilegierten bei Jesus, sie müssten es auch bei uns sein. Wir werden schließlich unsere intellektuellen Bezweifler eher überstehen als die sprachlosen Zweifel der Armen und ihre Erinnerungen an unser Versagen.

Was uns im Innersten zusammenhält und die Welt, das darf man nicht auseinanderreißen, das gehört um Gottes willen zusammen. Gottesdienst im Alltag der Welt. Ein Gottesdienst, der Mensch und Welt nicht nur zur Sprache, sondern auch zum Singen bringt. »Singt Gott in eurem Herzen Psalmen, Hymnen und Lieder, wie sie der Geist eingibt« (3,16). Mancher hier denkt vielleicht: »Denen wird das Singen schon noch vergehen.« Um Gottes willen nicht! Zu viele in der Kirche jammern und klagen und machen ein mieses Gesicht. Als ob wir nichts mehr zu lachen hätten! Als ob die Welt nicht mehr zu retten wäre! Sie ist gerettet! Und wir dazu! »Ihr seid von Gott geliebt ... Ihr seid in Gottes Gnade« (3,12.16). Darum haben wir allen Grund zu lachen und zu singen.

14,108f

Freude – Geschenk des Himmels

Ich versuche, in Worte zu fassen, was eigentlich nicht zu fassen ist: die Freude! Hoffentlich gelingt's, dass ich »die Trauernden Zions erfreue, ihnen Schmuck bringe anstelle von Schmutz, Freudenöl statt Trauergewand, Jubel statt der Verzweiflung« (Jes 61,3).

Die Verse klingen wunderbar. Wer möchte sich nicht von Herzen freuen? Wer möchte nicht, dass die Belastungen von ihm abfallen, dass er frei wird, befreit zum Leben. Was kann man da machen? Die Freude ist nicht zu machen (noch weniger als das Wetter). Man kann sie weder anderen noch sich selbst vormachen. Das wäre dann nichts als Mache, leicht zu durchschauen wie der Zweckoptimismus vieler Politiker. Man kann sie auch nicht verordnen, wie beim Fototermin: ›Bitte recht freundlich …‹ ›Nun lacht doch mal …‹

Die Freude kommt nicht auf Befehl, sie stellt sich ein. Sie macht sich von selbst bemerkbar, sie spricht für sich. Wer sich von ihr ergreifen lässt, der strahlt – wie die Sonne. Ein Geschenk des Himmels!

Ein junger Mann kommt zu einem Rabbi mit der Frage: »Was kann ich tun, um die Welt zu retten?« Der Weise antwortet: »So viel, wie du dazu beitragen kannst, dass morgen die Sonne aufgeht.« – »Aber was nützen dann all meine Gebete und meine guten Taten, mein ganzes Engagement?«, fragt der junge Mann. Darauf der Weise: »Sie helfen dir, wach zu sein, wenn die Sonne aufgeht.«

So ist das mit Gottes Geist: wie ein Sonnenaufgang. Seine Strahlen sind »auf mir, denn der Herr hat mich gesalbt« (Jes 61,1). Wir können den Geist nicht machen, er ist auch kein Produkt der Kirche. Er ist ein Geschenk des Himmels, Gottes. Und ich stelle mir vor: Er umgibt mich wie Sonnenstrahlen, hell und warm. Er befreit zum Leben. Ich verfüge nicht über ihn. Er gehört mir nicht. Ich gehöre ihm. Er sieht mich, begleitet mich, ich bin ihm wichtig. Wage ich, davon auszugehen, dass mich die Kraft des Gottesgeistes belebt, erleuchtet, erwärmt? *16,151f*

Gott sei Dank

Eins zu neun, ein eindeutiges Ergebnis. Alle sind gesund geworden, die Aussätzigen, alle zehn. Neun sind mit heiler Haut davongekommen, dem einen ist die Heilung unter die Haut gegangen. Neun gehen nach Hause und sagen: »Glück gehabt.« Einer kommt zu Jesus zurück und sagt: »Gott sei Dank«, ein Samariter ausgerechnet, kein Frommer (vgl. Lk 17,11–19).

Viele sagen heute, stolz und selbstbewusst: »Ich will niemandem ›danke‹ sagen müssen.« Doch diese Rechnung scheint nicht aufzugehen. Wer sich nichts mehr schenken lassen will, der ist im Grunde arm dran. Wenn wir denken: Alles ist machbar, alles ist käuflich, dann wird das Käufliche im Handumdrehen alles. Es erfasst alle Bereiche, auch die menschlichen Beziehungen. Alles wird berechenbar, geschieht mit Berechnung. Wir denken: Anderes gibt's gar nicht mehr; und wir verlieren den Sinn für das Unverdiente und Unbezahlbare. Aber das Entscheidende im Leben ist unbezahlbar. Aller Kaufkraft zum Trotz leben wir letztlich von dem, was wir nicht kaufen und machen können. Es wird uns geschenkt. Wer sich beschenken lässt, der hat allen Grund zu danken.

Es gibt doch Zeiten in unserem Leben, von denen wir sagen: Da bin ich wirklich glücklich gewesen. Vielleicht sind wir einem Menschen begegnet, dem wir rückhaltlos vertrauen. Oder wir waren in Sorge um unser Leben: ein dummes Geschwür, das uns ängstigte. Und nun sagt der Arzt: Alles in Ordnung, harmlos. Dann können wir wirklich von »Glück« sprechen. Oder wir erleben ein gutes Wort, einen liebevollen Blick, einen vertrauensvollen Händedruck, einen gelungenen Abend, das Licht des neuen Tages – kostbare Erfahrungen. Sind sie unser Werk, unsere eigene Leistung? Vielleicht ist uns aufgegangen: Das habe nicht ich gemacht; das ist im Grunde gar nicht zu machen, nicht mit Geld und guten Worten. Ein Geschenk des Himmels! Vielleicht denken Sie jetzt an bestimmte Menschen und sagen: Dem verdanke ich viel. Vielleicht sind Sie in solchen Erfahrungen auf Gott gestoßen und sagen mit Bedacht: Gott sei Dank! Gott sei Dank, dass du da bist; Gott sei Dank, dass wir ein Zuhause haben; Gott sei Dank, dass ich lebe. *13,144ff*

Nun danket alle Gott

»Nun danket alle Gott ...« Das können heute viele nicht mitsingen. Sie sagen: Danken – wofür? Keine Ursache! Was immer wir brauchen, alles wird produziert und vermarktet und ist für Geld zu haben. Danken? Es kostet doch mein gutes Geld, es wird mir nichts geschenkt.

Wem nichts geschenkt wird, wer sich nichts schenken lässt, der hat für nichts zu danken. Für ihn steht alles im Preis-Leistungs-Verhältnis. Auch die zwischenmenschlichen Beziehungen. Auch sie werden verrechnet. Doch diese Rechnung geht nicht auf. Eigenartig: Wir schaffen uns immer mehr Dinge an, und trotzdem werden viele unter uns das Gefühl nicht los, leer auszugehen, um das Eigentliche im Leben betrogen zu sein. So dicht liegt das nebeneinander: Fülle und Leere, Sattsein und Unzufriedenheit, Reichtum und Angst, Erfolg und Resignation. Wir spüren, dass man die käuflichen Lebens-Mittel nicht überfordern darf: Den Sinn des Lebens können sie nicht hergeben.

»Nun danket alle Gott ...« Das können heute viele nicht mitsingen. Aus einem ganz anderen Grund. Sie möchten lieber schreien, laut schreien vor Schmerzen, aus Angst und Verzweiflung, schreien über Unrecht und Gewalt. Können wir singen, wenn andere schreien? Können wir sagen: Wir singen für sie mit, stellvertretend? Das hat die Konsequenz, dass wir wirklich an ihre Stelle treten, dorthin, wo die Aussätzigen unserer Gesellschaft sind, die Ausgesetzten, die Versager und die Verbrauchten, die Behinderten und die Vorbestraften, alle, die der Lächerlichkeit, der Verachtung und der Willkür ausgesetzt sind.

Gott ist in Jesus an die Stelle derer getreten, die schreien. Er hat Aussätzige geheilt, Blinden die Augen geöffnet. Wo Menschen dem Tode nahe oder verfallen waren und ihre Hoffnung begraben hatten, da schuf er Leben. Er gab ihnen Grund, Gott für das Leben zu danken, auch im Angesicht des Todes, über den Tod hinaus. Darum kommen wir zusammen und feiern den Dank, die Eucharistie. Gott sei Dank, dass er uns Christus geschenkt hat. Gott sei Dank, dass er da ist. Gott sei Dank, dass er begonnen hat, die Welt zu heilen. Er gibt uns allen Grund, Gott für das Leben zu danken. *13,148ff.147f*

OKTOBER

Signale der Freiheit

Leitwort Freiheit

Freiheit – dieses Wort bewegt unsere Lebensgeschichte und die Menschheitsgeschichte. Wir können unsere persönliche Freiheit nicht abgesondert von der neuzeitlichen Entwicklung unserer Gesellschaft bedenken. Wenn wir von unseren demokratischen Freiheitsrechten Gebrauch machen, dann nehmen wir wie selbstverständlich in Anspruch, was in Jahrhunderten vor uns erstritten und erarbeitet worden ist. Zudem haben wissenschaftliche Forschung und Entdeckerkraft zusammen mit den Möglichkeiten technischer Entwicklung unseren Freiheitsraum in vielerlei Hinsicht geweitet. In diesem Wagnis der Freiheit sind allerdings auch ungeahnte Ängste und Gefahren aufgebrochen. Die dürfen wir nicht überspielen, wenn wir uns und den Menschen nach uns die Freiheit erhalten wollen.

Keine Frage: Freiheit ist ein Leitwort unseres Lebens. Es hat unter uns einen guten Klang. Jeder nimmt es für sich in Anspruch. Es geht uns oft sehr schnell über die Lippen, zu schnell – oder?

»Freiheit Wort / Das ich aufrauhen will / Ich will Dich mit Glassplittern spicken / daß man Dich schwer auf die Zunge nimmt / und Du niemandes Ball bist.« (Hilde Domin)

Freiheit, das Wort darf nicht zum Spielball werden. Dann sagt es am Ende nichts mehr, wird nichtssagend und leer, vor den eigenen Karren gespannt, wie es einem gerade passt.

Wissen wir, was wir meinen, wenn wir »Freiheit« sagen? Man kann mit dem Wort Etikettenschwindel treiben. Dann sagt man Freiheit und meint im Klartext Willkür oder Eigennutz. Freiheit und Freiheit ist nicht dasselbe. Um so wichtiger, dass Christen wissen, was sie meinen, wenn sie »Freiheit« sagen. Die Bibel spricht nicht von einer Allerwelts-Freiheit, sondern von einer ganz bestimmten Freiheit, von der herrlichen Freiheit der Söhne und Töchter Gottes. Christen sind zur Freiheit berufen, nicht trotz ihres Glaubens, sondern aufgrund ihres Glaubens. Gott bürgt für Freiheit. *14,110f*

Der Weg zur Freiheit

Freiheit, das Wort ist ein Inbegriff menschlicher Sehnsucht. Daher beschäftigt es alle Religionen. Man kann die Religionen der Welt danach unterscheiden, wie sie den Weg zur Freiheit suchen. Bei den Urvölkern heißt es: Du musst die Götter besänftigen, du musst ihnen Opfer darbringen und dich von ihrem Neid loskaufen, dann kannst du frei leben. Das Judentum zur Zeit Jesu sagt: Du musst das Gesetz erfüllen, dann bist du wirklich frei! Religiöse Bewegungen der Antike wie die Mysterienkulte und die Gnosis sagen: Du musst Reinigungsstufen durchschreiten, dann gewinnst du die Freiheit in vollkommener Vergeistigung. Die stoische Philosophie lehrt: Du musst Abstand wahren, deine Wünsche zurücknehmen, dann wirst du weise und frei. Die asiatischen Religionen sehen in Meditation und Askese den Weg zur Freiheit, einer Freiheit vom Ich und von der sichtbaren Welt. Je mehr Menschen durchschauen, wie sehr gerade die hoch entwickelte Industriegesellschaft sie gefangen nimmt und um die ersehnte Freiheit bringt, umso mehr beeindruckt sie gerade dieser Weg.

Der christliche Glaube sagt: Der Weg zur Freiheit ist die Liebe. Eine überraschende Auskunft! Wir werden genau hinhören müssen, was sie meint. Sie hat ihren Grund, keinen anderen Grund als Gott selbst. Die Liebe ist *der* Weg zur Freiheit, denn all unsere Freiheit verdankt sich der vorgängigen, freigewagten Liebe Gottes zu uns. Sie kommt dort zur Reife, wo wir in Freiheit das Experiment der Liebe wagen.

Viele meinen, sie seien frei, wenn sie tun können, was sie wollen, und wenn sie nur das zu tun haben, was sie möchten. Dieses Freiheitsverständnis verfehlt sein Ziel. Es ist viel zu einseitig vom Ich her gedacht, von den eigenen Bedürfnissen und Interessen. Unabhängigkeit ist zweifellos ein Element von Freiheit. Treibt man sie auf die Spitze, führt sie zur Isolation. Der einzelne Mensch oder Staat sieht dann schließlich nur noch sich selbst, seinen Nutzen, seine Interessen. Eigeninteresse und Eigennutz werden zum Maßstab der Freiheit. Der Mensch ist aber zunächst nicht auf Unabhängigkeit und Isolation angelegt, sondern auf Beziehung. Er lebt von Beziehungen, die ihn befreien, in denen er frei bleibt und andere befreit. *14,112f*

Sich von Gott emanzipieren?

Unsere neuzeitliche Geschichte ist von einem wichtigen Wort geprägt: Emanzipation! Das kennen wir alle: Emanzipation des Bürgers, Emanzipation der Jugendlichen, Emanzipation der Frau. Zu deutsch heißt das: sich lösen aus der Handhabe anderer, sich befreien aus der Verfügungsgewalt von Menschen. Das ist ein wichtiger Vorgang. Kein Mensch kann den anderen als sein Eigentum betrachten. Keiner darf über ihn verfügen wollen. Keiner hat das Recht, Menschen zu »manipulieren« (dasselbe Wort!). Emanzipation: ja, auch in der Kirche – wenn es um die Befreiung aus den Händen der Herrschaften dieser Welt oder aus der Macht der Verhältnisse, um Befreiung von uns selbst geht.

Aber wenn der Mensch sich von Gott emanzipieren will, wenn er sich seiner Hand entzieht – das hat Folgen. Wer trägt uns dann, wenn die Hand Gottes nicht mehr da ist? Tragen wir uns selbst? Ob wir uns da nicht gefährlich überheben? Wer sind wir denn? Woher kommen wir?

Die Bibel erzählt das auf den ersten Seiten in ganz einfachen Bildern. Gott formt den Menschen aus »Erde vom Ackerboden«. Das ist der Stoff, aus dem wir kommen, nicht himmlisch, sondern ganz und gar irdisch, von der Erde aufgehoben, wie aus dem Nichts. Da kommen wir her. Keiner von uns hat sich selbst gemacht. Wir sind allemal Empfangene – aus Gottes Hand. Wir sind und bleiben uns selbst vorgegeben. – Manchmal sagen wir: Das Leben ist hart. Du musst es teuer erkaufen, es wird dir nichts geschenkt. Stimmt das so? Wer von uns kann sich das Leben erkaufen? Es wird ihm geschenkt. Wir kommen aus Gottes Hand. Das ist die Wahrheit.

Wer das nicht mehr weiß, der meint schließlich, er müsse sich selber schaffen. Das wird böse enden. Er gerät noch und noch in Abhängigkeiten von sich und von anderen. Er verwickelt sich in heillose Zwänge, kommt unter die Tyrannei der eigenen Leistung. Frei bleibt er nur, wenn er nicht vergisst, woher er kommt und wer ihn trägt. Es gibt letztlich nur einen Weg, der Manipulation durch Menschenhand zu entgehen: Wir dürfen uns der Hand Gottes anvertrauen. Er trägt uns. Die Herrschaft Gottes allein kann letztlich die Herrschaft von Menschen über Menschen beenden.

18,174ff

Angesichts tödlicher Gefahr

Der Radius der Freiheit und damit auch der Verantwortung hat sich in unserer Zeit ausgeweitet wie nie zuvor. Wir können zum Beispiel durch direkte Eingriffe in den erblichen Bauplan neue Lebewesen schaffen. Bald wird es soweit sein, dass wir Menschen züchten können. Der Mensch als Produkt seiner selbst! Freiheit des Forschens, Freiheit der Fortentwicklung unserer Möglichkeiten: ja. Ohne diese Entfaltung unserer geistigen und menschlichen Quellen würden wir verkümmern. Doch die Frage bleibt: Dürfen wir alles, was wir können?

Grenzen zu setzen und Halt zu machen, selbst in den Dingen, die wir als Erfolg für uns verbuchen – das kann ein ganz neuer Wert für die Welt von morgen sein. Selbstbeherrschung und Selbstbeschränkung sind der Preis der Freiheit. Sie ist nur im Verzicht auf Maßlosigkeit zu gewinnen und zu erhalten. Woher nehmen wir die Kraft dazu?

Eine uralte Sage aus Griechenland erzählt von der Heimfahrt des Odysseus nach dem Krieg in Troja. Sie ist voller Abenteuer. Eines davon ist dieses: Das Schiff der Heimkehrenden muss an der Insel der Sirenen vorbeifahren. Diese Fabelwesen, halb Mensch, halb Vogel, mit großen Krallenfüßen, ziehen mit ihrem bezaubernden Gesang die Seefahrer an, um sie dann umzubringen. Die Insel ist übersät mit Skeletten. Odysseus ist gewarnt. Er befiehlt allen Leuten auf seinem Schiff, sich die Ohren mit Wachs zu verstopfen. Er allein will die Ohren offenhalten. Aber seine Gefährten müssen ihn fest an den Mastbaum des Schiffes binden. Als das Schiff sich der Insel nähert, ertönt der Zaubergesang der Sirenen. Aber Odysseus, der sich in Freiheit an den Mast gebunden hat, besteht die tödliche Gefahr.

Die Christen der ersten Jahrhunderte haben diese Sage oft aufgegriffen. Sie sahen in Odysseus ein Bild des wagemutigen Menschen, der bewusst mit offenen Sinnen die Gefahren bestehen will, die auf der Fahrt des Lebens lauern. Nur der wird die Gefahren bestehen, der in Freiheit selbst feste Bindungen eingeht. So wie Odysseus sich an den Mastbaum des Schiffes gebunden hat, so binden sich die Christen an das Kreuz Jesu Christi. Das Kreuz ist *der* Ort der Freiheit. *14,119ff*

Wo wir unser Herz geben

Der Name Gottes bürgt für Freiheit. Das hat Israel erlebt, vor allem im Aufbruch aus Ägypten. Die Befreiung aus der Sklaverei durch Gottes Tat ist das Ursprungsereignis dieses Volkes. Darum sind »Gott« und »Freiheit« für Israel untrennbar miteinander verbunden. Gott unterdrückt die Menschen nicht, er schenkt ihnen Freiheit. Seine Herrschaft engt das Leben nicht ein, sondern bringt es zur Entfaltung.

Israel hat sehr genau festgehalten, dass es seine Existenz nicht eigener Leistung verdankt, sondern der schöpferischen Initiative Gottes: »Ich bin Jahwe, dein Gott, der dich aus Ägypten geführt hat, aus dem Sklavenhaus ...« (Ex 20,2). Die Freiheit des Volkes zu seinem besonderen Weg ist nur von diesem Hintergrund her zu verstehen. Und die Gebote kommen von da her. Sie sind nicht Voraussetzung der Freiheit, sie wollen den Aufbruch in die Freiheit schützen. Ist das Volk so frei, der Gabe Gottes zu entsprechen und seine Erwartungen einzulösen?

Die Propheten erinnern an diese Freiheit, rufen sie dem Volk ins Gewissen, wenn sie im Trott der Gewohnheit unterzugehen droht, damals wie heute. »Wenn die Propheten einbrächen / durch die Türen der Nacht / mit ihren Worten Wunden reißend / in die Felder der Gewohnheit ... / würdest Du hören? ... / Wenn die Propheten aufständen / in der Nacht der Menschheit / wie Liebende, die das Herz der Geliebten suchen, / Nacht der Menschheit / hättest Du ein Herz zu vergeben?« (Nelly Sachs).

Das ist die entscheidende Frage in Sachen Freiheit: »Hättest Du ein Herz zu vergeben?« Freiheit ist nicht an ein bestimmtes Territorium gebunden, das man anderen abjagen und gegen sie mit Waffengewalt verteidigen kann. Freiheit ist ein Lebensraum. Er entsteht überall dort, wo wir unser Herz geben, dem anderen und Gott. *14,115f*

Befreiung aus Ägypten

Exodus – Auszug aus Ägypten. Da kommt Israel her. Die Befreiung aus Ägypten hat Israel als ein Ja zum Leben erfahren, als göttliche Zusage eines von Knechtschaft befreiten Lebens. Der Name Gottes bürgt für Freiheit. Der Weg in die Freiheit ist lang, er geht durch Wasser und Wüsten, durch Entbehrungen und Versuchungen (»Wären wir doch in Ägypten geblieben ...«, Ex 16,3). Befreiung ist nicht im Handumdrehen zu haben, man muss sie sich etwas kosten lassen. Sie fordert uns auf Leben und Tod.

Ägypten ist überall, wo Menschen unter innerer und äußerer Fremdherrschaft leiden, wo sie verelenden oder ausgebeutet werden. Wir sind gerufen, aus solchen Gefangenschaften auszubrechen und anderen den Aufbruch zu ermöglichen. Man kann nicht sagen: »Unrecht und Unterdrückung – das hat im Grunde nichts mit dem Glauben zu tun.« Das kann man im Ernst nicht sagen, wenn man die alte Befreiungsgeschichte des Auszugs aus Ägypten hört. Man kann nicht sagen: »Den Christen geht es im Grunde um ganz anderes, rein Inneres, nicht um Knechtschaft oder Freiheit.« Das kann man nicht sagen, wenn man an Jesus glaubt. Die Befreiungsgeschichten der Bibel verbieten uns das.

Israels Befreiung aus der Knechtschaft Ägyptens sammelt sich für uns in der Geschichte des einen Israeliten Jesus von Nazaret, der Gottes Sohn ist. er hat die alte Befreiungsgeschichte eingelöst. Er hat sie nicht nur einfach fortgeschrieben, er hat sie erlöst. Auf seine Weise! Ägypten ist ihm nicht erspart geblieben. Auch er wurde ein Opfer von Gewalt und Unterdrückung. Auch ihm stand das Wasser bis zum Halse. Aber er ist weder den Soldaten der mörderischen Mächte wunderbar entkommen, noch erst recht hat Gott vom hohen Thron herab mit Blitz und Donner und himmlischen Heerscharen eingegriffen. In seiner Befreiungsgeschichte ertrank niemand in dunklen Wasserfluten; die Wogen schlugen über ihm zusammen. Keiner kam zu Tode, nur er selbst! Keiner starb seinetwegen, er starb für die anderen. »Für euch und für alle.« Das ist der Weg zum Leben in der Auferstehung. *1,37f*

Ich habe euch zu mir getragen

Israel hat sehr genau festgehalten, dass es seine Existenz nicht eigener Leistung verdankt, sondern der schöpferischen Initiative Gottes. »Ich bin Jahwe, dein Gott, der dich aus Ägypten geführt hat, aus dem Sklavenhaus...« (Ex 20,2). Alle Freiheit des Volkes zu besonderer Existenz und Sozialgestaltung lebt von dieser bleibenden Vorgabe. Jahwe ist es, der das Stöhnen des unfreien, geknechteten Volkes hört. Er führt es heraus und voran. Er ist bahnbrechend für den Weg des Volkes.

Der Adlerspruch (Ex 9,4) sammelt die vielen Erlebnisse des Exodus in einem Bild auf Jahwe hin als dem Hort der Freiheit: Ich habe euch zu mir getragen! Das Gottesvolk soll nicht bei den bloßen Fakten stehenbleiben, sondern die Augen offenhalten für den, der seine Geschichte wirkt. Er trägt es zu sich wie auf Adlerflügeln; schützend, bergend führt er es zielstrebig in die Freiheit. Er beflügelt es, damit es nicht ins Flattern gerät.

Doch sind die Adlerflügel nicht die schlimmsten Fänge, die uns gefangen halten? Ist das nicht die letzte große Knechtschaft, aus der der Mensch sich befreien muss? Viele haben so gedacht und denken so. Emanzipation heißt dann: sich befreien aus Gottes mancipium = Eigentum, aus seiner Hand. Das ist leicht gesagt. Aber was geschieht, wenn uns Gottes Adlerflügel nicht mehr bergen, wenn uns seine Hand nicht mehr trägt? Dann sitzt uns auf einmal die Angst im Nacken. Dann reden wir von Fortschritt und übersehen, dass uns die Angst jagt. Nicht nur zum Guten, sondern eben auch zum Bösen haben wir Fortschritte aus Freiheit erzielt: Zugleich mit der Anerkennung der Menschenrechte ist auch die Folter perfekter geworden; die Methoden der Unterdrückung und Ausbeutung haben sich verfeinert, und das 20. Jahrhundert, das eines der fortschrittlichsten hätte sein können, ist voller Unfreiheit, Mord und Gewalt, das Jahrhundert der Flüchtlinge und Vertriebenen.

Emanzipation: ja – von den Herren und Herrschaften dieser Welt, von der Macht der Verhältnisse und von uns selbst. Aber in keines anderen Namen als dem Namen Gottes. Er ist der Garant der Freiheit. Wer sich aus seinen Adlerflügeln befreien will, gerät ins Flattern. *1,39.43f*

Alle sind zur Freiheit berufen

Jesus verkündet nicht nur die Freiheit der kommenden Gottesherrschaft, er fängt umgehend damit an: Er setzt sich an einen Tisch mit den Zöllnern und Sündern, lässt Frauen und Kinder an sich heran, Soldaten der Besatzungsmacht und die verachteten Samariter. Allen gibt er die Chance eines neuen Anfangs, auch denen, die sich selbst längst aufgegeben haben, auch den Rückfälligen (wie dem Petrus). Denn Gott, so verkündet er, »lässt seine Sonne aufgehen über Bösen und Guten« (Mt 5,45). Er lockt uns in eine Freiheit, die alle Spielregeln unterläuft, mit denen wir uns gegenseitig blockieren und Angst machen. »Wenn einer deinen Mantel von dir fordert, so gib ihm auch dein letztes Hemd, wenn er dich mit auf den Weg holt, geh gleich zwei Meilen mit ihm; wenn er dich auf die rechte Backe schlägt, halte ihm auch die andere hin« (vgl. Mt 5,39-41). Seid so frei, sagt er, und setzt euch auf den letzten Platz, statt nach dem ersten zu schielen; seid so frei, zu leihen, ohne zurückzufordern, seid so frei, siebenmal siebzigmal zu vergeben!

So offenbart er unter uns das Geheimnis Gottes: Alle sind zur Freiheit der Töchter und Söhne Gottes berufen, Juden und Heiden, die Nahen und die Fernen, Sklaven und Freie, Männer und Frauen. Hier darf keiner mehr über den anderen herrschen, weil Gott allein herrscht, und das heißt: Es herrscht die Liebe.

Christus ermutigt uns, Freiheiten zu wagen, die in unserer Gesellschaft immer mehr an den Rand gedrängt oder verraten werden:

- die Freiheit, Mensch zu bleiben und sich nicht »wie ein Herrgott« zu gebärden;
- die Freiheit, das kleinkarierte »Jeder ist sich selbst der Nächste« zu durchbrechen und im anderen den Nächsten zu erkennen;
- die Freiheit, sich zugunsten anderer einzuschränken und zurückzunehmen;
- die Freiheit, Leiden anzunehmen und am Leiden anderer mitzutragen;
- die Freiheit, sich Schuld einzugestehen und um Vergebung zu bitten.

Sind wir so frei? *14,116f*

Frei, um für andere da zu sein

Der Name Jesus steht für Freiheit. Das zeigt sich besonders in zwei bewegenden Handlungen am Ende seines Lebens. Er erhebt sich vom Mahl und wäscht seinen Jüngern die Füße: Das habe ich gewollt, und das ist mein Testament, so sollt ihr einander dienen (vgl. Joh 13,12–17). Und im Zeichen des Brotbrechens und des Friedensbechers sagt er: Das bin ich für euch; so gebe ich mich für euch hin, damit ihr das Leben habt. In diesen Ohnmachtsgesten offenbart er, wozu die Freiheit fähig ist, wenn sie sich als Liebe versteht.

Hier vor allem wird das Profil christlicher Freiheit deutlich, im Unterschied etwa zu liberalen oder bürgerlichen Freiheitskonzepten, die heute weitgehend die Öffentlichkeit bestimmen. Hier wird deutlich, an welcher Stelle ein Christ dem Konzept der »Selbstverwirklichung« widersprechen wird. Weil christliche Freiheit aus der Liebe kommt, kann sie sich niemals auf Kosten anderer durchsetzen wollen, die Gott ebenso unverwechselbar liebt. Christliche Freiheit ist mit jener Selbstverwirklichung unvereinbar, die selbstherrlich die Durchsetzung der eigenen Interessen betreibt und die Verantwortung für andere und für das größere Ganze ausblendet. Eine solche Art von Selbstverwirklichung ist fast immer Fremdbelastung, ja Fremdzerstörung. Sie schlägt schließlich in die mörderische Einsamkeit dessen um, der nur noch sich selbst kennt. Solche Selbstverwirklichung, so lautstark sie auch propagiert wird, ist im Grunde Angst vor Verantwortung und Einbindung, Willkür auf Kosten anderer. Sie ist spießbürgerlich kleinkariert.

Statt dessen bedeutet Freiheit gerade, dass wir im Gegenüber zu anderen und in Verantwortung mit ihnen Menschen werden, die so frei sind, dass sie sich selbstlos für andere verschenken können. Christliche Freiheit meint jenes Selbstbewusstsein, aus dem die Fähigkeit wächst, selbstlos für andere einzutreten. Wenn wir uns im Namen Gottes selbst verwirklichen, dann wird sich das darin zeigen, dass wir zunehmend mehr Energie freisetzen, für andere da zu sein, ihre Not und Sehnsucht zu erspüren. *14,118f*

Ungeahnte Möglichkeiten

Vieles im Leben können und müssen wir kaufen. Darum haben wir unsere Kaufkraft stark entwickelt. Wir kaufen, was zu kaufen ist. Aber: Nicht alles ist käuflich. Vieles ist unbezahlbar: Liebe ist unbezahlbar. Der Mensch ist unbezahlbar. Gott ist unbezahlbar.

Während unsere Kaufkraft in den vergangenen Jahren ständig gestiegen ist, sind wir in dem, was unbezahlbar ist, immer ärmer geworden. Es ist eigenartig: Wir können uns alles Mögliche kaufen, und trotzdem werden viele unter uns das Gefühl nicht los, leer auszugehen, um das Wichtigste im Leben betrogen zu sein. So dicht liegt das nebeneinander: Fülle und Leere, Sattsein und Unzufriedenheit, Reichtum und Angst, Erfolg und Resignation. Wenn Lebens-Mittel zum Lebens-Zweck, zum Lebens-Sinn werden, dann sitzen wir in der Sonne des Wohlstandes und gehen ein vor Kälte. Das ist doch kein Leben!

»Der Mensch lebt nicht vom Brot allein ...« Im Gegenteil, er stirbt am »Brot allein«. Wenn er nur aufs Brot aus ist, aufs käufliche Brot, dann geht er schließlich bei lebendigem Leibe zugrunde. So kann er nicht Mensch bleiben. Es gibt Alternativen, Möglichkeiten, anders zu leben. Wie denn? So, dass das Unbezahlbare in unserem Leben stärker zum Zuge kommt als das Käufliche. Dazu möchte uns der Glaube ermutigen. Er eröffnet uns Wege, das zu verwirklichen.

Ein Weg sind die evangelischen Räte, Ratschläge, die das Evangelium gibt: Gehorsam, Ehelosigkeit, Armut. Darin liegt eine Möglichkeit des Evangeliums. Für manche ist es *die* Möglichkeit ihres Lebens, die Möglichkeit, anders zu leben: christlicher, menschlicher.

Man kann von diesen drei evangelischen Räten nicht reden, ohne von Gott zu reden. Sie stehen und fallen mit dem Glauben an Gott. Von ihm her erhalten sie ihren Sinn und ihren Wert. Sie sind unbezahlbar – wie Gott. Wer nur vom Kaufen her denkt, wird den Kopf schütteln: »Wie kann man nur ...« Wer dagegen einen Sinn hat für das Unbezahlbare, wird nachdenklich. Er wird bedenken, was diese Möglichkeit christlichen Lebens für ihn bedeuten kann und ob sie vielleicht seine Möglichkeit werden könnte. *9,125f*

Gott schenkt mir diese Freiheit

Wenn jemand sich ganz auf Gott einlässt und ihm sein Leben überlässt, dann kann er getrost viele Dinge lassen, wie der Mann, der den Schatz seines Lebens findet und alles für ihn hergibt (vgl. Mt 13,44). Er wird frei wie kaum jemand sonst. Er muss keine Angst mehr um sich selbst haben, er hat den Rücken frei. Für ihn wird wichtig, was andere als unwichtig ansehen; und es wird unwichtig, was anderen ihr »Ein und Alles« ist.

Macht! – Macht hat ihren Wert. Sie gibt uns die Möglichkeit, etwas zu machen. Viele denken: »Man kann doch nicht leben ohne Einfluss, ohne Position, ohne Macht.« Doch, das geht! Ich brauche nicht erst etwas aus mir zu machen, um etwas zu sein. Gott bin ich schon so wertvoll genug. Und wo die Herrschaft Gottes ganz ernst genommen wird, da fällt die Herrschaft von Menschen über Menschen. Da finden sich Menschen, die sagen: »Für mich gibt's nur eins: das gemeinsame Hören auf den einen Herrn. Das ist *der* Gehorsam. Und nun lass' ich Macht und Position um Gottes willen. Ich bin so frei. Gott schenkt mir diese Freiheit.«

Ehe! – Die Ehe ist gut! Wir alle verdanken uns unseren Eltern. Ohne sie wären wir nicht. Die Ehe ist gut; alles ist sie nicht. Und es ist gefährlich, wenn jemand zum anderen sagt: »Du bist mein Ein und Alles!« Da wird er ihn bitter enttäuschen, das kann er nicht halten. Alles ist er nicht. Die Ehe ist nicht alles. – Da gibt's Menschen, die sagen: »Nichts gegen die Ehe! Aber alles ist sie nicht. Und nun lass' ich die Ehe um Gottes willen. Gott ist mein Ein und Alles. Ich bin so frei. Gott schenkt mir diese Freiheit.«

Besitz! – Besitz ist gut, wir gebrauchen ihn zum Leben. Viele denken: »Man kann doch nicht leben, ohne etwas persönlich zu besitzen. Das gibt's doch gar nicht!« – Doch, das gibt's: Menschen, die sagen: »Nichts gegen den Besitz. Aber – das soll alles sein? Das kann doch nicht alles sein. In allem ist etwas zu wenig. Gott ist mein Ein und Alles. Und nun lass' ich den Besitz um Gottes willen. Ich bin so frei. Gott schenkt mir diese Freiheit.« – Wenn Gott hinter mir steht, dann habe ich Rücken und Nacken, Hände und Herz frei. Dann kann ich mich ganz den anderen zuwenden. Dann kann ich wirklich anders leben. *9,126f*

Wem gehöre ich?

Es gibt eine Kette von Fakten, die die Menschheit gefangen hält: Sünde – Gesetz – Tod – Tyrannei des Todes. Adam steht am Anfang dieser Unheilskette: Der Mensch, der selbstmächtig nach dem Leben greift und im Tod endet. Sein »Ungehorsam« ist nicht ein Bubenstreich, sondern Grundhaltung dessen, der sich selbst genug ist, sich selbst gehört.

In dieser Grundbefindlichkeit des Menschen hat es eine Wende gegeben. Sie trägt einen Namen: Jesus Christus. Er gehörte nicht sich selbst, sondern Gott. Sein Gehorsam hat die Tyrannei des Todes gebrochen. »Wie durch den Ungehorsam des einen Menschen die vielen zu Sündern wurden, so werden durch den Gehorsam des einen die vielen zu Gerechten gemacht werden« (Röm 5,19). Ungehorsam – Gehorsam ist darum seit Adam – Christus die alles entscheidende Grundfrage: Wem gehöre ich, mir selbst oder Jesus Christus, dem Tod oder dem Leben?

Jesus ist in seinem Gehorsam nichts erspart geblieben. »Als er auf Erden lebte, hat er mit lautem Schreien und unter Tränen Gebete und Bitten vor den gebracht, der ihn aus dem Tod retten konnte, und er ist erhört und aus seiner Angst befreit worden. Obwohl er Sohn war, hat er durch Leiden den Gehorsam gelernt« (Hebr 5,7f). In den Schreien und Bitten ist er ganz drin. Seine gesamte irdische Existenz ist in diese Leiden-schaft einbezogen, nicht nur die Nacht von Getsemani. Er erlebt das menschliche Dasein, indem er es erleidet.

Der freien Entscheidung zum Menschsein mit allen Konsequenzen ist er sein Leben hindurch treu geblieben, er hat sie mit seinem Leben besiegelt. Sein Tod ist das letztwillige, letztverbindliche Ja zur Realität des endlichen menschlichen Daseins. Darum wird Jesu Gehorsam – von ihm ist nur an drei, allerdings zentralen Stellen des Neuen Testaments ausdrücklich die Rede: Phil 2,8; Röm 5,19; Hebr 5,7 – mit seinem Leiden und Tod zusammengebracht. Jesus ist seinem Vater gehorsam, indem er gehorsam zu seiner irdischen Existenz steht. In diesem Gehorsam hat er das Heil gesucht und gefunden, ist er »der Urheber des ewigen Heils geworden« (Hebr 5,9). In diesem Gehorsam ist das Heil zu suchen und zu finden. *3,132f*

Gehorsam, der Fleisch und Blut hat

Der Gehorsam Jesu ist kein abstraktes, weltentzogenes Prinzip, er hat Fleisch und Blut. Wie der Gehorsam gegenüber seinem Vater in einzelnen Situationen seines Lebens von der Versuchung bis zum Kreuz Gestalt gewinnt, so auch der Gehorsam, mit dem er – Mensch unter Menschen – seinem irdischen Dasein und damit sich selbst treu bleibt und gerade so seinen Gehorsam zum Vater bewährt.

Man ist versucht zu denken: Wenn Jesus sich letztlich »Gott allein« verpflichtet weiß und vom Willen Gottes lebt (vgl. Joh 4,34), dann ist sein Weg festgelegt; er ist durch ein inneres Hören und Sagen so mit dem Vater verbunden, dass er immer schon im voraus weiß, was er zu tun hat; sein Gehorsam ist immer schon im voraus fix und fertig.

Die Evangelien vermitteln ein anderes Bild: Jesus begegnet konkreten Menschen in konkreten Situationen (in Alltagssituationen zumeist, weniger in Gottesdienst- oder institutionalisierten Lehrsituationen); sie fordern ihn heraus zu einem bestimmten Wort oder Verhalten (sein Wort ist so davon geprägt, dass wir es in den Evangelien nur dann recht erschließen können, wenn wir nach dem »Sitz im Leben« fragen).

Jesus ist bei Simon zu Gast (Lk 7,36–50). Eine Sünderin nähert sich ihm unter Tränen: »Sie trocknete seine Füße mit ihrem Haar, küsste sie und salbte sie mit dem Öl.« Der Pharisäer Simon ist empört: »Wenn er wirklich ein Prophet wäre, müsste er wissen ...« Jesus wendet sich ihm zu: »Simon, ich möchte dir etwas sagen ...«, und er erzählt das Gleichnis von den beiden Schuldnern. Jesus kommt nicht mit einem fertigen Predigtkonzept. Er entdeckt Gottes Willen in der konkreten Situation und spricht ihn im Gleichnis aus. Das Leben der Menschen mit seinen Enttäuschungen und Hoffnungen ist wie ein Text, aus dem Gottes Wille spricht und entziffert wird. Ein Gehorsam, der nicht gefügig die Hände in den Schoß legt und alles über sich ergehen lässt, sondern hörend und sehend wahrnimmt, wo sich Gottes Wille regt. Ein »sehender«, vorausschauender Gehorsam.

3,133ff

Gott mehr gehorchen als den Menschen

Wenn Jesus die Situation wahrnimmt, so bedeutet das nicht, dass er sich ihr anpasst und sich den faktischen Gegebenheiten unterwirft. Er weiß, dass »was Gott will« und »was die Menschen wollen« zweierlei ist (vgl. Mt 16,23). Er praktiziert, was Petrus und die Apostel später bekennen: »Man muss Gott mehr gehorchen als den Menschen« (Apg 5,29). Der Maßstab seines »Ungehorsams« gegenüber diesen Autoritäten ist die Autorität Gottes. Wo Gott und um Gottes willen der Mensch auf dem Spiel steht, da müssen die anderen Autoritäten zurücktreten.

Im ersten Wort, das Jesus spricht, nennt er Gott seinen Vater (Lk 2,49). Er steht von Anfang an in einem einzigartigen Verhältnis zu Gott. Darum überschreitet er menschliche Bindungen und menschliches Verständnis. Seine Mutter hat letztlich kein Recht über ihn. Das Familienband muss einer anderen Bindung weichen. Gottes Wille allein ist maßgebend. Für Jesus ist auch das Gesetz keine letzte Instanz mehr. In den Antithesen der Bergpredigt (Mt 5,21–48) stellt er sein Wort dem Gesetz gegenüber. Er erhebt den Anspruch, Gottes Willen neu zu verkündigen. Der neuen Einsicht in den Willen Gottes entspricht ein neuer (nicht letztlich am Gesetz orientierter) Gehorsam.

Jesus entlarvt die religiösen Autoritäten seines Volkes, die Schriftgelehrten und Pharisäer (vgl. Mt 23). Er scheut nicht den offenen Konflikt mit ihnen über das Gesetz. Er gilt als »Freund der Zöllner und Sünder« (Mt 11,19). Er isst mit ihnen und setzt sich auch sonst über Reinheitsvorschriften weg: »Nichts, was von außen in den Menschen hineinkommt, kann ihn unrein machen, sondern was aus dem Menschen herauskommt, das macht ihn unrein« (Mk 7,15). Vor allem hält er sich nicht an die Sabbat-Kasuistik: Er heilt am Sabbat Kranke; er stellt den Menschen in die Mitte, nicht das Gesetz (vgl. 3,1–6); er lässt seine Jünger Ähren abreißen: »Der Sabbat ist für den Menschen da, nicht der Mensch für den Sabbat« (2,27). Im »Ungehorsam« gegenüber fragwürdigen Autoritäten bewahrt er den Gehorsam gegenüber seinem Vater und seinem Weg zu den Menschen. Er »kennt« den Vater und weiß sich seinem Willen verpflichtet.

3,136f

Der Wille des Vaters im Himmel

Vom Willen des Vaters sprechen das Herrengebet (Mt 6,10) und Jesu Gebet in Getsemani (26,42). Zum Abschluss der Bergpredigt heißt es: »Nicht jeder, der zu mir sagt: Herr! Herr!, wird in das Himmelreich kommen, sondern nur, wer den Willen meines Vaters im Himmel erfüllt« (7,21). Die Bedingung für den Einlass ist klar formuliert: Gehorsam gegenüber dem Willen des Vaters. Was heißt das?

Zunächst: Mit dem Herr-Sagen ist's nicht getan. Man kann sich mit dem Namen Christi die Sache Christi vom Leibe halten. Offenbar geschieht das gar nicht so selten: »Viele werden an jenem Tag zu mir sagen: Herr, Herr, sind wir nicht in deinem Namen als Propheten aufgetreten, und haben wir nicht mit deinem Namen Dämonen ausgetrieben und mit deinem Namen viele Wunder vollbracht?« (22). Sie werden nicht müde, den Namen Christi im Munde zu führen; und doch sagt er: »Ich kenne euch nicht!« (23).

Mit dem Herr-Sagen ist's nicht getan. »Christus« will übersetzt sein ins Leben. Das ist mit Worten allein nicht zu machen. Das entscheidende Kriterium bei dieser Übersetzung ist der Gehorsam gegenüber dem Willen des Vaters. Wie dieser Gehorsam aussieht, sagt die Bergpredigt. Sie zeigt die Alternative des Willens Gottes zur gängigen Praxis, sie führt auf einen neuen, befreienden Weg: Da muss man nicht Gleiches mit Gleichem vergelten, da kann man die andere Backe hinhalten, das Böse durch das Gute überwinden (5,38–42). Da muss der Feind nicht Feind bleiben, da kann man in ihm den Menschen entdecken, über den Gott seine Sonne aufgehen lässt (43–48).

Die Weltgerichtsszene (25,31–46) stellt allen unmissverständlich vor Augen, wie Gottes Wille getan wird: »Was ihr für einen meiner geringsten Brüder getan habt, das habt ihr mir getan ... Was ihr für einen dieser Geringsten nicht getan habt, das habt ihr auch mir nicht getan.« – Hier ist nicht »blinder«, sondern »sehender« Gehorsam gefragt, ein Gehorsam, der den Nächsten sieht, der unter die Räuber gefallen ist, der in ihm den Ruf Gottes hört, wo immer er ihn erreicht auf dem Weg von Jerusalem nach Jericho (vgl. Lk 10,25–37). *3,150ff*

Unvermeidlicher Konflikt

Jesus ist den Menschen ganz nahe gekommen. Über alle Schranken und Hindernisse wandte er sich vorbehaltlos allen zu, gerade den Leidenden, Verlorenen, Verstoßenen und Vergessenen. Er ging zu den Zöllnern und Sündern und sagte ihnen: Gott ist auch für euch da. Er nahm den Menschen die Last, sich selbst rechtfertigen zu müssen, er ließ sie in Gottes Barmherzigkeit aufatmen. Diese seine Verkündigung und sein Verhalten brachten ihn ans Kreuz.

Denn er traf damit vielerorts auf eine grundsätzlich andere Einstellung, auf Menschen, die in sich selbst verschlossen waren, die sich durch eigene Leistungen und Gesetzeswerke selbst sichern und rechtfertigen wollten. Jesus stellte sie in Frage. Die Gegner stellten ihn in Frage. Die Heilungen am Sabbat vor allem waren der Stein des Anstoßes. Jesu »Ungehorsam« gegenüber dem Sabbatgebot führte zum Beschluss, ihn umzubringen (3,6).

Der Konflikt, der in die Passion führt, ist nicht irgendeine Auseinandersetzung, die per Malheur mit dem Tod endet. Es ist der Konflikt zwischen »alter« und »neuer« Schöpfung, zwischen dem sich selbst verfallenen Leben und dem »Sein für die anderen«. Das Kreuz ist Ausdruck dieses Konfliktes und zugleich Symbol des Gehorsams Jesu.

Jesus ist der Auseinandersetzung nicht ausgewichen, er hat sie herausgefordert und sich ihr bewusst gestellt: Er »entschloss sich, nach Jerusalem zu gehen« (Lk 9,51).

Dem widerspricht nicht, dass die Evangelien immer wieder betonen, Jesus habe diesen Weg gehen »müssen«. Offenkundig ist dieses »Müssen« nicht ein Fatum, ein dunkles Geschick, das über ihn verhängt ist. Es deutet vielmehr auf den unvermeidlichen Konflikt hin, dem Jesus sich stellen »muss«, wenn er dem vom Vater gewiesenen Weg zu den Menschen treu bleiben will. Er wird nicht von der Macht des Schicksals überrollt, er geht in den Tod, er gibt sein Leben (Mk 10,45; Joh 10,18). Gerade das wollen die wiederholten Leidensansagen zum Ausdruck bringen: Jesus hat nicht blind oder resigniert die Waffen gestreckt; er wusste, was ihm bevorstand. *3,137f*

Selbstverwirklichung durch Gehorsam (1)

Gehorsam und Selbstverwirklichung – scheint es – schließen sich aus. Selbstentfaltung – heißt es – ist nur in dem Maße zu erreichen, wie der Gehorsam überflüssig gemacht wird. Wenn ich auf die Entscheidung eines anderen – »Fremden« – hin lebe und handle, werde ich dann nicht »überfremdet«, mir selbst »entfremdet«, »fremdbestimmt«? Kommt es demgegenüber nicht gerade darauf an, dass ich zu mir selbst finde? Ich kann doch anderen, die zu mir kommen möchten, nur begegnen, wenn ich bei mir selbst »zu Hause« bin. Also: Wie komme ich zu mir selbst? Wie finde ich meine Identität?

Diese Frage, das ist eine Grundaussage des Glaubens, kann ich nicht mit mir selbst beantworten. Ich kann nicht allein zu mir selbst finden. Mit narzisstischer oder gar autistisch-egoistischer Selbstverwirklichung ist es nicht getan. Die Mitte meines Lebens liegt nicht in mir selbst. Wer darum bei sich selbst stehenbleibt, kommt nicht weit: »Du wärest bald am Ende mit mir, wenn ich nicht eins wäre mit dem, der keine Grenzen kennt« (Paul Claudel). Andererseits: Auch Gott kann mir nur begegnen, wenn ich bei mir selbst zu Hause bin.

In einem Gebet des Nikolaus von Kues (De visione Dei 7) sagt Gott dem Beter: »Sis tu tuus, et ego ero tuus – Sei du dein, und ich werde dein sein.« Und der Beter antwortet: »Herr, du hast es in meine Freiheit gelegt, dass ich mein sein kann, wenn ich es nur will. Gehöre ich darum nicht mir selbst, so gehörst auch du nicht mir. Du machst die Freiheit notwendig, da du nicht mein sein kannst, wenn ich nicht mein bin. Und weil du das in meine freie Entscheidung gelegt hast, zwingst du mich nicht, sondern erwartest, dass ich mein eigenes Sein erwähle ... »

Meister Eckhart rät: »Nim din selbes war, un swa du dich vindest, da laz dich!« Das Sich-Lassen korrespondiert dem Sich-Finden. Es gibt offenbar eine dialektische Spannung zwischen Ich-Stärke und Sich-Lassen, Selbstverwirklichung und Sich-Freigeben. *3,153f*

Selbstverwirklichung durch Gehorsam (2)

Wenn diese Spannung konstitutiv ist für das Leben des Christen (vgl. Mt 16,25), sind damit die beiden »Versuchungen« abgewehrt, die darin liegen, einen der zwei Pole zu verabsolutieren.

Ich-zentrierte Selbstverwirklichung führt zur völligen Selbstentfremdung. Genau das ist es, was (vor allem von Paulus) mit »Sünde« und »Tod« bezeichnet wird. Der Versuch, durch eigene Leistung seine Identität zu finden und sich selbst zu genügen, verkennt die eigene Realität, ist Raubbau am Leben und endet mit Tod. Der Mensch ist versucht, sich das Leben selbst machen zu wollen, selbstmächtig, eigenmächtig. Absolut »ungerechtfertigt« verlangt er in seiner Angst, zu kurz zu kommen, von sich selbst das Absolute: Er stellt sich unter den Zwang, der Mächtigste sein zu müssen. Er rüstet auf, nach innen und außen. Der Wille zur Macht treibt ihn angstbesessen immer höher hinaus und lässt ihn zugleich die anderen heruntermachen. Neurosen (auch die kirchlichen) sind Ausdruck mangelnder Fähigkeit, sich frei zu geben – aus Angst. Der Mensch bleibt in sich, selbst verkrümmt und verschlossen. So haben die Väter das tragische Unwesen der Sünde beschrieben (»cor curvatum in seipsum – das in sich selbst verkrümmte Herz«).

Zu lösen ist die Angst um sich selbst letztlich nur durch den Glauben, dass der wahre Herrscher über den Menschen nicht der Mensch ist, sondern Gott. Wer Gottes Herrschaft unter dem Eindruck der »Reiche der Welt mit ihrer Pracht« (Mt 4,8) aus den Augen verliert, ist auf der Stelle genötigt, den Teufel anzubeten. Es gibt eine Freiheit, die einzig in dem Glauben begründet ist, dass Gott allein Herr ist: »Vor dem Herrn, deinem Gott, sollst du dich niederwerfen und ihm allein dienen« (10). Die Anbetung Gottes ist die Freiheit des Menschen. Oder im Hinblick auf Christus gesagt: Die Anbetung der Ohnmacht Gottes im Gekreuzigten ist die befreiende »Macht« des Menschen. *3,154f*

Selbstverwirklichung durch Gehorsam (3)

Aber auch die andere Wahrheit will zu ihrem Recht kommen: Gott erwartet, »dass ich mein eigenes Sein erwähle«. »Gehöre ich darum nicht mir selbst, so gehörst auch du nicht mir« (Nikolaus von Kues). Der Gehorsam dispensiert – selbst in der Gottesbegegnung – nicht von der eigenen Verantwortung. »Die wahre Freiheit ist ein erhabenes Kennzeichen des Bildes Gottes im Menschen: Gott wollte nämlich den Menschen ›in der Hand seines Entschlusses lassen‹ (Sir 15,14), so dass er seinen Schöpfer aus eigenem Entscheid suche und frei zur vollen und seligen Vollendung in Einheit mit Gott gelange. Die Würde des Menschen verlangt daher, dass er in bewusster und freier Wahl handle, das heißt personal, von innen her bewegt und geführt und nicht unter blindem innerem Drang oder unter bloßem äußerem Zwang« (Zweites Vatikanisches Konzil, Gaudium et spes 17).

Man kann das Risiko der eigenen Existenz und Verantwortung nicht umgehen. Die eigene Einsicht und der eigene Wille sind kein Übel, das durch den Gehorsam gebrochen werden müsste. Sie haben ihren unersetzlichen Wert, gerade auch im Vollzug des Glaubens. In diesem Sinne ist der christliche Gehorsam nicht »blind« (»Befehl ist Befehl!«), sondern sehend, vorausschauend. Blinder Gehorsam mag vordergründig (dem Befehlenden oder gar auch dem Gehorchenden) als der bequemere Weg erscheinen, er ist in Wirklichkeit nicht zu verantworten! Er lässt die eigene Verantwortung los, ist also im wahrsten Sinne des Wortes verantwortungs-los.

Wenn die beiden Worte »nim din selbes war« und »laz dich« den Spannungsbogen markieren, in dem menschliches und christliches Leben reift, dann kommt in der Entwicklung eines Menschen alles darauf an, dass er sich dieser Spannung stellt. Das ist das »Spannende« des christlichen Lebens. Offenbar gibt es Stufen in diesem dynamischen Reifungsprozess. Das »nim din selbes war« wird vor der Lebensmitte ein größeres Gewicht haben als nachher. Das »laz dich« wird mit zunehmendem Alter an Bedeutung gewinnen müssen, auch als Einübung ins Sterben.

3,155ff

Christlicher Gehorsam heute

In unserer Zeit, in der Emanzipation und Selbstbestimmung mehr behauptet als verwirklicht werden, ist der christliche Gehorsam herausgefordert als die Möglichkeit des Lebens, sich von Gott im Namen Jesu Christi »freien« zu lassen und – in Freiheit ganz ihm und seiner Herrschaft zu gehören, in Freiheit auch und gerade der konkreten Kirche zu dienen, ohne die Augen vor ihren Kalamitäten zu verschließen.

In unserer Zeit mit ihren Vermassungstendenzen und sich häufenden Hörigkeiten ist der christliche Gehorsam herausgefordert, *die* Freiheit und Erlösung zu bezeugen, die dem geschenkt wird, der Gott mehr gehorcht als den Menschen oder gar den Verhältnissen, eine Freiheit, die die Tyrannei der »anderen Götter« und den Terror der »Mächte und Gewalten« entlarvt.

In unserer Zeit des Narzissmus und der autistisch-egoistischen Selbstverwirklichung ist der christliche Gehorsam herausgefordert zu bezeugen, dass die Wurzel der Freiheit in der Möglichkeit des Menschen liegt, sich zu lassen, dass der das Leben gewinnt, der es verliert.

In unserer Zeit, in der die Sucht, der Mächtigste sein zu wollen, immer globalere Formen annimmt, ist christlicher Gehorsam herausgefordert zu bezeugen, dass die Anbetung Gottes den Menschen davor bewahren kann, vor der Macht in die Knie zu gehen.

In unserer Gesellschaft, die weitgehend auf Kosten anderer (und der Natur!) lebt und der Not ganzer Völker den Rücken kehrt, ist christlicher Gehorsam herausgefordert, das Stöhnen der Schöpfung wahrzunehmen (vgl. Röm 8,22) und die Schreie derer zu hören, die »unter die Räuber gefallen sind«.

In unserer Zeit, die sich dem (oft genug selbst produzierten) Tod nicht stellt, sondern ihn wegstellt, ist der christliche Gehorsam herausgefordert als die Möglichkeit, sich ins Leiden und Sterben einzuüben und im Verlieren des Lebens (des »Ich«) das Leben (das wahre »Selbst«) zu gewinnen – im Namen des Gekreuzigten. *3,175f*

Vor dem Gewissen (1)

Wenn heute vom Gewissen die Rede ist, denken die meisten an die eigene, persönliche Entscheidung: »Das muss jeder mit seinem Gewissen ausmachen. Mein Gewissen – das ist meine Sache; da hat mir niemand reinzureden.« Unter der Hand wird aus dem Gewissen die eigene persönliche Ansicht oder Gewissheit. Der Einzelne setzt sich selbst das Maß. Und er merkt gar nicht, wie schnell er zum bloßen Spielball öffentlicher Meinungen wird. Oft genug ist das, was er sein eigenes Gewissen nennt, nur ein modisches Ich von der Stange. Das kann's doch nicht sein.

Gewissen – das ist wie mit der Sprache: Sie ist in uns angelegt. Und doch kommen wir erst zum Sprechen, weil andere mit uns gesprochen haben. Das Gewissen ist von Anfang an in uns da, aber es kommt erst im Austausch mit anderen zur Entfaltung. Dabei kann es durch äußeren Druck entstellt werden und durch innere Leere verflachen. Aber es ist nie ganz auszulöschen.

Das Gewissen ist die tief eingewurzelte Urerinnerung an das Gute und Wahre. Jeder und jede von uns ist ansprechbar auf das, was gut ist. Jeder und jede hat eine Antenne für das, was wir im Schuldbekenntnis aussprechen, dass wir »Gutes unterlassen und Böses getan« haben. Mag sich auch noch so viel Schutt darüber gelegt haben: unerledigte Aufgaben, verdrängte Entscheidungen und unterdrückte Schuldgefühle – ganz tief drinnen wissen wir alle, was böse ist und was gut ist. Das Gewissen sagt es uns. Und wir sind gut beraten, darauf zu hören, um uns treu zu bleiben und die Wahrheit unseres Lebens nicht zu verraten.

Unser Gewissen bedarf der Vergewisserung in Gottes Weisungen. Nicht wir bestimmen, was gut und böse ist; das ist uns vorgegeben durch Gott. Wahrheit ist mehr als das, was der Einzelne für richtig hält. Sonst geht sie unter in einem Allerlei von Meinungen, die das Gewissen nur als Feigenblatt für Beliebigkeit missbrauchen. Die Wahrheitsfrage ist *die* Gewissensfrage. Wo sie in Vergessenheit gerät, stumpft das Gewissen ab und verwahrlost. Das kann zur tödlichen Gefahr einer ganzen Gesellschaft werden.

16,173

Vor dem Gewissen (2)

Das Gewissen meldet sich wie eine Stimme, die sich letztlich der fremden und eigenen Verfügung entzieht. Darum sagen wir: »Das muss ich vor meinem Gewissen verantworten.« – »Vor meinem Gewissen«, das heißt: Ich stehe vor ihm wie vor einer letzten Instanz. Niemand darf sich als Richter über das Gewissen eines anderen aufspielen, noch kann jemand sein Gewissen an einen anderen abtreten. »Wer gegen sein Gewissen handelt, verliert seine Seele«, sagt das Zweite Vatikanische Konzil.

Zwischen dem Gewissensspruch eines Gläubigen und den Weisungen Gottes in der Tradition der Kirche besteht grundsätzlich kein Gegensatz. Es kann aber im konkreten Fall durchaus zu erheblichen Spannungen kommen. Das Gewissen kann den einzelnen Christen zu einer Handlung verpflichten, die mit einer kirchlichen Weisung nicht übereinstimmt. Es ist die »letzte maßgebliche Norm der persönlichen Sittlichkeit« (Enzyklika Veritatis splendor). Das Gewissen ist die so innere Grenze der sichtbaren Kirche. Die Kirche umgekehrt als Gemeinschaft der Glaubenden ist der Anwalt des Gewissens und fordert es heraus.

Übrigens: Zur Frage des irrigen Gewissens gibt es eine wichtige Bemerkung des heiligen Thomas von Aquin in seinem Kommentar zu den Sentenzen des Petrus Lombardus. Dort geht es um die Frage, was zu tun sei, wenn man im Gehorsam gegen das eigene Gewissen in Konflikt gerät mit der offiziellen Kirche. Darf man dem Gewissen folgen, auch unter Androhung der Strafe der Exkommunikation? Petrus Lombardus vertritt die Meinung, der Christ dürfe nicht gehorchen, wenn die Kirche ihn zu etwas verpflichten wolle, was dem Gewissen widerstreite; wenn ihn die Kirche aber durch Androhung der Exkommunikation zwinge, dann solle er gehorchen. Thomas von Aquin ist ausdrücklich anderer Ansicht. Er erkennt einen Gewissenszwang nie als berechtigt an, auch nicht, wenn die Kirche ihn mit der schwersten Strafe der Exkommunikation belegen würde. Dann sei das ein Fehlspruch des Gerichtes. Wenn das Gewissen den Anspruch nicht anerkennen kann, dann gilt: Eher *muss* der Mensch in der Exkommunikation sterben! (Vgl. Sen. II 2, d. 38, q. 2 art. 4). *16,173f*

Gewissen und Kirche

Allzu schnell wird die Kirche gegenwärtig auf die Seite derer gestellt, die das Gewissen missachten. Dabei hat gerade sie im Laufe ihrer Geschichte wesentlich dazu beigetragen, eine Kultur des Gewissens und der Personenwürde grundzulegen und zu entfalten. Aber auch das andere ist zu sagen, dass sie nicht selten in Widerspruch zu ihrer eigenen Tradition geraten ist und gerät. Zu ihrer Geschichte gehören auch die Methoden der Inquisition und die Verfolgung Andersdenkender, gehören der Fall Galilei und der Fall Jeanne d'Arc – und nicht nur sie.

Zwischen dem Gewissensspruch des Einzelnen und dem Glauben der Kirche besteht grundsätzlich kein Gegensatz. Dabei kann es im konkreten Fall durchaus zu erheblichen Spannungen kommen. Das Gewissen kann den einzelnen Christen zu einer Handlung verpflichten, die gegen die kirchliche Lehre steht. Dieser Gewissensspruch darf aber nicht selbst zur Norm erhoben werden. Der Einzelne allein hat ihn zu verantworten.

Das Gewissen ist die innere Grenze der Kirche. Die Kirche umgekehrt als Gemeinschaft der Glaubenden ist der Anwalt des Gewissens und fordert es heraus. So ist das Wort von Kardinal Newman zu verstehen: »Wenn ich genötigt wäre, bei Trinksprüchen nach dem Essen ein Hoch auf die Religion auszubringen, dann würde ich gewiss auf den Papst trinken, jedoch zuerst auf das Gewissen und dann erst auf den Papst.« Der Papst ist dem Gewissen nicht entgegengesetzt, er hat es zu verbürgen und dafür einzustehen. Spräche er gegen das Gewissen, »dann würde er Selbstmord begehen«, sagt Newman. Der Primat des Gewissens und der Primat des Papstes sind zusammengebunden im Primat der Wahrheit. Ihr haben beide zu dienen.

Kirche ist nicht zuerst für sich selber da. Sie hat die Pflicht, in der Welt Anwalt des Gewissens zu sein. Gerade in diesem Jahrhundert ist sie oft unter schweren Verfolgungen für die Wahrung der Menschenrechte und der Menschenwürde eingetreten. Nicht selten ist sie in Ländern der »Dritten Welt« die einzige Institution, die den Stimmlosen ihre Stimme leiht und denen ins Gewissen redet, die Unrecht tun. *4,58f*

Schuld und Verantwortung

Die Frage nach der Schuld ist die Frage nach meiner Verantwortung. Wo ein Mensch die Verantwortung für sich und seine Taten nicht mehr anerkennt, setzt er seine Menschlichkeit aufs Spiel. Sich der eigenen Schuld zu stellen, ist ein äußerster Akt der Freiheit. Wer sich zu seiner Schuld bekennt, wagt es, seine Verantwortung auch dort noch wahrzunehmen, »wo man heute vielfach nur biologische, wirtschaftliche oder gesellschaftliche Zwänge am Werke sieht und wo man sich unter Berufung auf diese Zwänge gern von jeglicher Verantwortung dispensiert« (Gemeinsame Synode [Würzburg], Unsere Hoffnung 1,5). Darum wächst, je mehr wir unsere Schuld im Angesicht Gottes als Sünde begreifen, zugleich der Mut, dazu zu stehen. Deshalb können wir als Christen nicht auf den Begriff »Sünde« verzichten.

Ein Blechschaden ist in der Regel schnell aus der Welt zu schaffen. Man entschuldigt sich und beseitigt ihn mit Hilfe der Versicherung. So ist es mit vielen Störungen und Verletzungen, die wir uns im Alltag zufügen: Man entschuldigt sich, und die Sache ist erledigt.

Es gibt aber Verletzungen, die dringen in eine Tiefe, die keine Entschuldigung mehr erreicht, weil ein Schaden entstanden ist, der nicht wiedergutzumachen ist. Man kann nicht sagen: »Ich habe ihr Kind überfahren. Entschuldigen Sie, ich hatte es eilig.« Es gibt Verletzungen, die uns im Lebensnerv treffen. Wir spüren ganz genau, wann das eintritt: an dem langen, bohrenden Schmerz, den eine tiefe Kränkung auslöst; an den Wutausbrüchen (»Ich könnte den umbringen!«).

Gerade diese Gefühlsreaktionen zeigen, dass wir im Kern unserer Person getroffen sind. Die Tränen der Wut sagen besser als jedes Wort, dass hier unbehebbarer Schaden entstanden ist: Es ist zum Heulen! Darum verbietet uns der Respekt vor dem menschlichen Leiden, die kleinen Karambolagen des Alltags mit solch tiefen Beschädigungen der Lebensmöglichkeiten auf eine Stufe zu stellen. Wer allerdings bei jeder Kleinigkeit von Schuld/Sünde spricht, entwertet die Maßstäbe durch eine Art moralischer Inflation. *12,26f*

Feinfühligkeit

Das Gewicht menschlicher Schuld lässt sich nicht an den äußeren Auswirkungen, am »Materialschaden« allein ablesen. Je näher wir einem Menschen stehen, desto aufmerksamer werden wir mit ihm umgehen. Wir erspüren, was ihn freut und was ihn schmerzt. Umgekehrt wünschen wir uns von ihm dieselbe Feinfühligkeit. Jeder kennt das: Je tiefer wir miteinander verbunden sind, desto feiner wird das Gespür füreinander. Das gilt auch für Störungen und Belastungen. Nachlässigkeiten und Lieblosigkeiten, die ein Außenstehender noch für harmlos und nebensächlich halten mag, können für die Betroffenen selbst schon tief verletzend sein. Innerhalb von Freundschaft und Liebe hat eben vieles einen anderen Stellenwert als außerhalb: schon »Kleinigkeiten« haben im Guten wie im Bösen ein anderes spezifisches Gewicht.

Daran wird neuerlich sichtbar, weshalb wir als Christen auf das Wort »Sünde« nicht verzichten können, wenn wir uns selbst ernst nehmen wollen. Denn durch den Glauben stehen wir in einer besonderen Beziehung zu Gott und untereinander. Gott selbst hat dieses Beziehungsnetz geknüpft. Wer darin lebt oder doch zu leben versucht, wird deshalb alles anders bewerten als der, der nicht darin geborgen ist. Wer sich von Gott geliebt glaubt und diese Liebe unter seinen Mitmenschen zu leben beginnt, entwickelt ein anderes Gespür für das, was recht ist. Er wird es an der Erwartung Gottes selbst und an dessen Willen messen. Seine Antennen haben eine andere Erdung und Richtung.

Deshalb bezeugen gerade große Christen mit Nachdruck: Je tiefer sie sich Gott und den Menschen verbunden wissen, desto klarer erkennen sie ihre Grenzen, ihr mangelndes Vertrauen, ihr Versagen als Sünde. Was für Nichtglaubende eher eine Kleinigkeit sein mag und wie eine Übertreibung klingt, kann für die Betroffenen selbst zentrales Thema ihrer Geschichte mit Gott und den Menschen sein. *12,27f*

Gefahr, sich den Tod zu holen

Es gehört zum Wesen der Schuld, dass sie sich uns in ihrer Tragweite verschleiert, bis die falsche Entscheidung gefallen und es zu spät ist; dann erst offenbart sie ihr zerstörerisches Wesen.

Das beginnt damit, dass unsere Schuld uns in die Isolierung treibt. Wir führen selten so intensive und lange Selbstgespräche wie nach einem offenkundigen Versagen. Die Scham verschließt uns den Mund, wir ängstigen uns, ins Gerede zu kommen. Nur in einem sehr geschützten Raum, bei einem Menschen, dem wir voll vertrauen können, wagen wir auszusprechen, was wir angerichtet haben. Und dann mag uns – endlich – der Schmerz einholen, der große Jammer, das heulende Elend über das, was nicht mehr zu ändern ist. Solche Tränen kommen aus der Trauer, und die Trauer zeigt, dass wir mit dem Tod in Berührung gekommen sind.

Sünde ist falsches Leben; denn alle Weisungen, gegen die wir uns versündigen, haben nur unser Leben im Sinn: »Leben und Tod lege ich dir vor, Segen und Fluch. Wähle also das Leben!« (Dtn 30,19). Alle zehn Gebote und gerade das erste unter ihnen formulieren nicht einen willkürlichen Gotteswillen, sondern jenen fürsorglichen Gotteswillen, der alles, was nach menschlicher Erfahrung Menschenleben schützt, zu unseren Gunsten aufgreift und in Geltung setzt. Nur deshalb will Gott keine fremden Götter neben sich, weil sie die Menschen um das Leben betrügen. Weil er ein »Liebhaber des Lebens« ist, betrachtet sich Gott als Anwalt aller seiner Geschöpfe, und deshalb behandelt er alle Schuld, die wir einander zufügen, als gegen sich selbst gerichtet. Die Überlieferungen der Bibel sind voll von sehr realistischen Warnungen vor der Gefahr, dass wir uns selber den Tod holen. »Ihr habt nicht gewollt«, ruft Jesus seinen Zeitgenossen zu (Lk 13,34). Ihr habt euch den angebotenen Lebenschancen verschlossen. Ihr hört nicht auf den Lockruf Gottes, nicht auf den Ruf im eigenen Gewissen und nicht in den Zeichen der Zeit.

12,28f

Annahme des Schattens

Eine neue Kultur der Vergebung kann nur gedeihen, wenn wir lernen, uns selbst anzunehmen. Der Gott, der wünscht, dass ich meinem Bruder verzeihe, will auch, dass ich in seinem Namen mit mir selbst versöhnt bin. Er ist es, der mich befähigt, mich selbst anzunehmen.

»Nichts kann erlöst werden, was nicht zuvor angenommen worden ist«, sagt Irenäus von Lyon († 215) im Blick auf die Menschwerdung Jesu. Das gilt auch für unsere Menschwerdung im Geist Jesu. Gerade meine Schwächen, meine Grenzen, meine Narben, gerade meine unreifen Wünsche oder Ängste und Empfindlichkeiten müssen von mir angenommen werden, wenn sie erlöst werden sollen. Erlösung heißt ja nicht, dass die Narben meiner vergangenen Leiden überkleistert werden, sondern dass sie verwandelt werden und zu leuchten beginnen, wie die Wundmale des Auferstandenen auf den Osterbildern.

Wir sprechen von der Annahme des Schattens. Was ist gemeint? Immer wieder haben wir Entscheidungen zu treffen. Das bedeutet zugleich, dass wir andere Möglichkeiten ausschließen oder minderbewerten – aufgrund eigener Einsicht oder aufgrund von Umwelteinflüssen und Erziehung. Diese scheinbaren oder wirklichen »Unwerte« (Dunkles, Primitives, Minderwertiges, aber auch alles, was nicht realisierbar war und deshalb auf der Strecke blieb) werden zum »Schatten«. Sie führen ein Randdasein in uns. Sie sind jedoch als Energien zu betrachten, die plötzlich eine Eigendynamik entwickeln können. Je starrer und angestrengter ein Mensch bestimmten Idealen nachhängt und andere Lebensmöglichkeiten verwirft, in um so bedrohlicheren Formen kann ihm sein Schatten eines Tages begegnen. Häufige Schatteninhalte sind Lust am Zerstören, sexuelle Wünsche, Unglaube, Besitz- und Machtstreben, Gewalttätigkeit.

Es gehört großer Mut dazu, die dunklen Seiten seiner Person als wirklich vorhanden anzuerkennen und Fühlung mit ihnen aufzunehmen. Das ermöglicht erst, die wertvollen Lebenskräfte, die der Schatten auch enthält, zur Entfaltung kommen zu lassen. Eins jedenfalls ist lebensgefährlich: so zu tun, als sei der Schatten nicht da. *12,51f*

Die Macht des Bösen

Die Erforschung der menschlichen Psyche und der Gesetze des gesellschaftlichen Zusammenlebens hat in unserem Jahrhundert neue Einsichten in die Voraussetzungen menschlichen Versagens gebracht: in die Struktur von Macht und Aggression, Angst und Sexualität; in die Risiken der seelischen Entwicklung in allen großen Lebensabschnitten; in die Rolle der öffentlichen Meinung und der herrschenden Ideologien für das moralische Urteilsvermögen des Einzelnen. Wir müssen für alle diese Einsichten dankbar sein, auch wenn sie uns anregen, unsere bisherigen Vorstellungen zu überdenken. Dies gilt besonders für die Neigung, alles Böse bei einem einzelnen Menschen oder auch in der Geschichte der Menschheit aus einer einzigen Wurzel zu erklären. Ist es wirklich »der Ungehorsam«? Ist es wirklich »der Stolz«? Ist es nicht – dahinter – die Angst, die uns in immer heillosere Verstrickungen treibt, in den Strudel aus Scham und Stolz, Unsicherheit und Verhärtung, der uns dann erst den äußeren Schaden anrichten lässt?

Wer über die Wurzeln des Bösen nachdenkt, muss dies mit Zurückhaltung tun wie die Bibel. Wir stehen ja in einem Schuldzusammenhang, der auch noch unser Nachdenken über die Schuld verfinstert. Jeder von uns wird in eine Welt hineingeboren, die bereits »unter der Macht des Bösen steht« (1 Joh 5,19), in eine Geschichte von Schuld und einem geradezu tragischen Misstrauen gegenüber Gott, wie es die biblische Erzählung vom Sündenfall beschreibt (Gen 3 und 4). Keiner kann sich diesem Schuldzusammenhang entziehen. Jeder trägt im Laufe seines Lebens aktiv zu dem bei, was er bei seinem Eintreten in die Welt schon vorfindet.

Es gibt auch für den Glauben das Geheimnis des Bösen (2 Thess 2,7); wer hier besserwisserisch daherreden zu können meint, ist in Wahrheit ahnungslos. Er übersieht vor allem, dass der Glaube sich nicht auf seine Sündenkenntnis verlässt, sondern vielmehr auf Gott, von dem wir bekennen: »Er hat uns der Macht der Finsternis entrissen und aufgenommen in das Reich seines geliebten Sohnes. Durch ihn haben wir die Erlösung, die Vergebung der Sünden« (Kol 1,3). *12,29f*

Gerechtigkeit, nicht Schrägverteilung

Max Horkheimer hat als Quintessenz seiner kritischen Theorie von der Sehnsucht gesprochen, »dass der Mörder nicht über das unschuldige Opfer triumphieren möge«. Seine »Sehnsucht nach dem ganz Anderen« ist die Sehnsucht nach universaler Gerechtigkeit für die Welt. Sie spricht aus jenem Teil des Buches Exodus, das nähere Bestimmungen zu den Zehn Geboten enthält: »Ich lasse die schuldige Person nicht als gerecht dastehen« (Ex 23,7). Nicht nur die Liebe, auch die Gerechtigkeit ist stärker als der Tod. Sie bürgt für die Gewissheit der Maßstäbe, mit denen wir das Gute gut und das Böse böse nennen. Sie fordert uns heraus in unserer Lebensverantwortung vor Gott. Sie ermuntert uns zum Widerstand gegen ungerechte Verhältnisse, zum Aufstand für die Gerechtigkeit.

Gerechtigkeit meint anderes als Almosen. Der Unterschied ist folgenreich. Dom Helder Camara hat wiederholt auf folgende Diskrepanz hingewiesen: Wer freigebig an die Armen Brot austeilt, gilt als Heiliger. Wer sagt, dass Arme ein Recht auf Brot haben, gilt als gefährlich. Dieser Gefahr kann niemand entgehen, der sich der Gerechtigkeit verpflichtet weiß. Auf sie sind wir durch den Text verwiesen: »Du sollst das Recht deiner Armen nicht beugen in ihrem Rechtsstreit« (Ex 23,6). Diesen Satz haben wir heute im Weltmaßstab auszulegen. Mit zunehmender Deutlichkeit erfahren wir, dass die Grenzen der wirtschaftlichen Expansion, die Grenzen des Energieverbrauchs eine wirtschaftliche Entwicklung aller Länder auf jenes Niveau, das wir gegenwärtig haben und genießen, nicht zulassen. »Wenn alle Menschen einen skandinavischen Lebensstandard hätten, könnte die Erde nur 500 Millionen Einwohner tragen« (Aussage der Vertreterin Schwedens bei einer gemeinsamen Konferenz von UNCED und WHO).

Was heißt Gerechtigkeit, wenn es von vornherein unmöglich ist, dass alle Menschen unser »Niveau« erreichen? Das ist Schrägverteilung im Weltmaßstab! Sie ist noch viel ungeheuerlicher als die Schrägverteilung in unserem Land. Wenn wir uns in den Entwicklungsfragen so engagieren würden wie in den Verteilungskämpfen im eigenen Land, wären wir in Sachen Gerechtigkeit ein Stück weiter. *1,121f*

Sind wir am richtigen Platz?

Wir dürfen uns nicht mit einem familiären oder binnenkirchlichen Miteinander zufrieden geben. Was von Jesus ausgeht, betrifft die ganze Gesellschaft, ihre Leitbilder und ihre Organisation. Würde die Kirche von ihrer sozialen Praxis an der Seite der Armen abrücken, verlöre sie ihre Identität. Alle so genannten Heilswege, denen die Aufmerksamkeit für soziale Zusammenhänge und die praktische Solidarität fehlen, sind Holzwege. Solidarität zeigt, wohin der Christ gehen muss, um bei Christus zu sein.

Ohne Optionen würden wir uns aus dem Anspruch des Evangeliums stehlen. *Die* Option des Evangeliums ist eindeutig: für die Armen und Schwachen. Für sie vor allem ist Gott »schwach« geworden, für sie hat er eine besondere »Schwäche«. Die Kirche kann sich manches leisten, aber sie kann es sich nicht leisten, sagt die Würzburger Synode, von den »Armen und Kleinen« verachtet zu werden. »Sie nämlich sind die Privilegierten bei Jesus, sie müssen auch die Privilegierten in seiner Kirche sein. Sie vor allem müssen sich von uns vertreten wissen. Deshalb sind in unserer Kirche gerade alle jene Initiativen zur Nachfolge von größter Bedeutung, die der Gefahr begegnen, dass wir in unserem sozialen Gefälle eine verbürgerlichte Religion werden, der das reale Leid der Armut und Not, des gesellschaftlichen Scheiterns und der sozialen Ächtung viel zu fremd geworden ist ... Wir werden schließlich unsere intellektuellen Bezweifler eher überstehen als die sprachlosen Zweifel der Armen und Kleinen und ihre Erinnerung an das Versagen der Kirche« (»Unsere Hoffnung«).

Mit der vorrangigen Option für die Armen fragt die Kirche sich und unsere Wirtschafts- und Sozialordnung, was sie für die Menschen übrig haben, die auf den untersten Stufen der sozialen Skala leben müssen. Sie ist sich selbst nur treu, wo sie sich an die Seite derer stellt, die sich bisher nicht selbst gehören, weil ihr Leben zum Mittel für die Zwecke anderer gemacht worden ist. Die christliche Solidarität mit den Armen ist in der gleichen Würde und gemeinsamen Berufung aller Menschen zum vollen Menschsein begründet. Die Armen sagen uns, wohin wir als Christen gehören, um vor Ort zu sein. Sind wir am richtigen Platz? *1,111ff*

Das Menschenrecht auf Wahrheit

Die Gerechtigkeit wird oft als Frau dargestellt, die mit verbundenen Augen eine Waage in der Hand hält. Justitia soll die Personen nicht sehen, die den Rechtsstreit führen. Nicht Ansehen, Sympathie oder Antipathie, sondern allein die vorgebrachten Argumente und Beweise sollen zum Urteil führen. Was aber, wenn die Argumente und Beweise der Parteien nicht der Wahrheit entsprechen, wenn Wichtiges verschwiegen wird? 80% der Jugendlichen hierzulande meinen, von Politikern nur betrogen zu werden. Die Nachrichten sprechen täglich von Betrügereien, Skandalen, übler Nachrede, Rufmord, von der Verstrickung der Parteien in die Interessen einflussreicher Lobbys, von der Bestechung von Abgeordneten, von Korruption, Schmiergeldaffären. Auch in unserem persönlichen Leben gibt es Klatsch, Diffamierungen, falsche Kompromisse, Schönfärberei und Irreführung.

Unsere Informationen beziehen wir größtenteils über die Medien aus zweiter oder dritter Hand. Je mehr Hände sie durchlaufen hat, desto mehr Manipulation hat der Wahrheit zugesetzt. Kurzum, wir leben in einem Klima des taktischen Umgangs mit der Wahrheit, also ihrer Zersetzung, der Verlogenheit. Die Wahrheit ist der Beliebigkeit preisgegeben. Sie wird entsprechend der individuellen Logik eigener Bedürfnisse und der allgemeinen Logik der Ökonomie zurechtgestutzt.

Die Rechtssätze aus dem Bundesbuch (Ex 23,1–13) erinnern uns daran, dass wir einander die Wahrheit schulden. »Die Wahrheit ist zumutbar« (Ingeborg Bachmann). Es gibt so etwas wie ein Recht, ein Menschenrecht auf Wahrheit. Die Opfer von Entrechtung und Lüge allerorten fordern, dass ihre Wahrheit zu ihrem Recht komme, so schrecklich sie auch sei.

Wahrheit verlangt, sich einzumischen und Farbe zu bekennen, auch wenn man Nachteile einstecken muss. Der jüdische Rabbi Nachman aus Bratzlav sagt dazu: »Der Sieg kann die Wahrheit nicht ertragen, und selbst wenn das, was wahr ist, klar vor seinen Augen liegt, du wirst es zurückweisen, weil du ein Sieger bist. Wer immer die Wahrheit selbst haben will, muss den Geist des Sieges austreiben; nur dann kann er sich rüsten, die Wahrheit zu bewahren.« *1,122f*

NOVEMBER

Im Todesschatten

Vom Umgang mit Idolen

Eigentlich ist es nur ein Spiel. Fußballspiel. Aber längst ist daraus Ernst geworden. Nicht nur wegen der Millionen, die Sponsoren investieren und Spieler verdienen. Nicht nur wegen der Milliarden, die die Spiele am Bildschirm verfolgen. Der Ernst betrifft die Erwartungen gegenüber den Stars. Was wir selbst nicht zu leisten vermögen, das erwarten wir von den Idolen, die selbst wiederum mit unseren Erwartungen spielen. Im Idol legen wir ein irreales Maß an uns selbst. Die Erhebung reicht soweit, dass die großen Stars vergöttert werden.

Sind das Anmerkungen eines verbitterten Bischofs, der beklagt, dass der Papst zwar immer mehr Heilige ernennt, aber immer weniger sie verehren? Nein, was mich bewegt, ist das Unmenschliche, das hinter dem Starkult steckt. Das Unmenschliche gegenüber den Stars und das Entmenschlichende gegenüber uns selbst.

Erwartungen sind befreiend, wo sie uns herausfordern. Sie sind aber erdrückend, wo sie gnadenlos am Erfolg hängen. Wir sollten Menschen nicht einfach ausstreichen, wenn sie unsere Erwartungen nicht erfüllen. Früher oder später scheitern wir alle nur zu oft an unseren Ansprüchen. Dann ist die Haut nicht mehr so glatt, der Körper nicht mehr so schön. Dann kommt es darauf an, mit Behinderungen und Schwächen leben zu lernen und ihren Sinn zu verstehen: Sie sind Wegweiser zur Realität. Sie sorgen dafür, dass wir nicht abheben, sondern mit den Füßen auf dem Boden bleiben.

Genau darin unterscheiden sich Heilige von Idolen. Sie sind keine ethischen Hochleistungsathleten. Wer sie so darstellt, behandelt sie nicht anders als Fußballgötter. Heilige sind Menschen, die die Wirklichkeit umarmen. Die ganze Wirklichkeit ist gemeint – nicht nur das Schöne und Gute, sondern auch die Schattenseite. Franziskus schreibt in seinem Testament, dass er zu Anfang seiner Bekehrung einen Aussätzigen geküsst habe. Wovon er sich zuvor nur abgestoßen fühlte, das habe er damals als süß empfunden. Auch von Ignatius ist bekannt, dass er immer wieder kranke Menschen umarmte. Wir sollten Verlierer nicht ausstreichen, wir sollten sie umarmen. *16,171f*

Mitten im Leben

»Mitten im Leben sind wir vom Tod umfangen ...« Das bedeutet nicht etwa nur, dass wir plötzlich sterben können. Das besagt vielmehr, dass der Tod eine Realität, eine Macht in unserem Leben ist.

»Wenn einer sich vornähme, das Wort Tod nicht mehr zu benützen, auch kein anderes, das mit dem Tod zusammenhängt, mit dem Menschentod oder mit dem Sterben der Natur. Ein ganzes Buch würde er schreiben, ein Buch ohne Tod, ohne Angst vor dem Sterben, ohne Vermissen der Toten, die natürlich auch nicht vorkommen dürften, ebenso wenig wie Friedhöfe, sterbende Häuser, tödliche Waffen, Autounfälle, Mord. Er hätte es nicht leicht, dieser Schreibende, jeden Augenblick müsste er sich zur Ordnung rufen, etwas, das sich eingeschlichen hat, wieder austilgen, schon der Sonnenuntergang wäre gefährlich, schon ein Abschied und das braune Blatt, das herabweht, erschrocken streicht er das braune Blatt ...« (Marie-Luise Kaschnitz). Spüren wir, was geschieht, wenn man das Wort Tod streicht? Das ganze Leben wird eine einzige Lüge! »Mitten im Leben sind wir vom Tod umfangen ...«

In vielfacher Gestalt greift der Tod in das Leben ein: Krankheit, Leid, Erfolglosigkeit, sozialer Tod, Tod auf Raten (Heroin, Alkohol), Rentnertod, Altern. Das sind nicht nur Zeichen und Vorboten des Todes, sondern Wirklichkeiten des Todes mitten im Leben. Der Tod mitten im Leben hat viele Namen. Das Leben stirbt nicht auf einmal ab, es wird uns nach und nach, Stück für Stück genommen, wir müssen es lassen (oder: dürfen es hergeben). Die Furcht vor dem Tod wirkt in unser Leben hinein. Woher sonst kommt das verbreitete Ausweichen und Sich-Wegdrücken vor dem Tod, wenn er nicht da wäre? Wir sind »sterblich«. Das ist ein Charakteristikum unseres Lebens.

Der Tod ist in der Verschlossenheit und Leere unseres Alltags fortwährend anwesend. Er bereitet sich vor: in den kleinen Verraten des täglichen Lebens, dort, wo wir aufgeben und uns kompromittieren lassen, dort, wo Hoffnungen sterben und wir Hoffnungen sterben lassen. Wir bringen andere und uns um – das Leben. *10,141f*

Hinterbliebene

Wir alle sind Hinterbliebene. Erinnern Sie sich noch, als Sie zum ersten Mal einen Toten gesehen haben? Eine Erfahrung, die man nicht so leicht vergisst. Es geht uns nahe, wenn wir den eigenen Namen unter einer Todesanzeige in der Reihe der Hinterbliebenen lesen. Wir alle sind Hinterbliebene. Daran denken wir nicht gern. Wir sehen uns lieber anders. Wir beziehen uns nicht auf die, die waren, sondern auf die, die kommen werden. Wir bestimmen unseren Standort in der Geschichte nicht von den Toten her, sondern von den kommenden Generationen, denen wir den Weg bereiten. Die Toten in Ehren – uns geht's um die Lebenden, um das Leben vor dem Tod, nicht um das Leben nach dem Tod.

Können wir so leicht über die Toten hinweg zur Tagesordnung übergehen? Können wir dem gegenwärtigen Leben Sinn zusprechen, wenn wir ihn den Toten versagen? Was wäre das für ein Sinn, der nur den jeweils Lebenden gegeben oder nur in der Zukunft zu finden ist, der nicht wirklich allen gilt, die je das Licht der Welt und ihre Dunkelheit erblickt haben!

Die kommenden Geschlechter in Ehren: Was ist mit den vergangenen? Gehören sie nicht zu uns? Wir selbst werden bald schon zu ihnen gehören! Was ist mit den fünfundsiebzig Milliarden Menschen, die bisher auf der Erde gelebt haben? Was ist mit den vielen, die spurlos verschwunden sind, deren Name in keinem Lexikon steht? Was ist mit denen, die vom Tod überfallen wurden, bevor sie bedacht hatten, was aus ihrem Leben hätte werden können? Was ist mit denen, die einfach »liquidiert« wurden, die für nichts und wieder nichts gestorben sind?

Kann das Glück der Enkel über das Leid der Väter und Mütter hinwegtrösten? Hier lassen uns die sozialen Botschaften mit ihren Verheißungen im Stich; sie lassen die Toten im Stich und erweisen sich gerade dadurch als unsozial. Was ist das für eine Gesellschaft, die auf dem Rücken der Toten ihr Glück genießen will! Ist das der verheißene Fortschritt an Menschlichkeit, oder schreitet hier – im Vergessen der Toten – die Unmenschlichkeit fort? Schwindet mit dem Sinn für die Toten der Sinn für das Leben? *13,171ff*

Was ist mit den Toten?

Was ist mit den Toten? Diese Frage geht jeden Menschen an. Die Christen entziehen sich ihr nicht. Wir sprechen von der Auferstehung der Toten. Nehmen wir damit den Mund nicht reichlich voll? Sind wird nicht in Gefahr, die Fragen totzureden, die der Tod stellt? Gewiss, die Gefahr ist groß, mehr zu sagen, als wir sagen dürfen. Aber es gibt auch die andere Gefahr, daß wir weniger sagen, als wir sagen dürfen und müssen.

»Wir glauben an die Auferstehung der Toten.« Ich kann das nicht weniger direkt, nicht weniger anstößig formulieren. Ich will Ihnen ohne Umschweife sagen, wie ich darüber denke. Dass Christen an die Auferstehung der Toten glauben, hat seinen Grund. Der Grund ist Jesus Christus. Er hat sich mit dem Tod und seinen Vorboten – mit Angst, Krankheit und Schuld – nicht abgefunden. Er ergriff Partei für das Leben; er heilte und ermutigte, wo er konnte; er litt mit den Trauernden. Wo Menschen dem Tod nahe waren und all ihre Hoffnungen begraben hatten, da schuf er Leben. Er spürte die Mächte des Todes mitten im Leben auf – und geriet deshalb in Konflikt mit ihnen. Ihm blieb der Tod nicht erspart – sein furchtbarer Tod –, aber selbst im Tod hielt er sich an den, für den er gelebt hatte, an Gott, den Gott der Lebenden, nicht der Toten. Gott hat ihn dem Tod entrissen. Von Jesu Tod ist – Gott sei Dank – mehr zu sagen als von jedem anderen Tod: In ihm hat Gott sich auf den Tod eingelassen. Seit Golgota hat es der Tod mit Gott zu tun; er muss ihm das letzte Wort lassen. Gott ist der Tod des Todes.

Er ist das Leben der Toten. Jesus Christus gehört zu den Toten, zu unseren Toten. Er hat ihr Los geteilt. Wie er einer von uns geworden ist, so ist er einer von ihnen geworden. Er ist, um es in einem Bild der alten Kirche zu sagen, hinabgestiegen zu den Toten. In ihm hat Gott sich mit den Toten verbündet. In Jesu Auferweckung hat er ihnen allen Leben geschenkt. Das ist der Grund, der uns Christen an das Leben der Toten glauben lässt. Gott lässt uns im Namen Jesu Christi für die Toten hoffen. Wir haben es zu guter Letzt nicht mehr nur mit dem Tod zu tun, sondern mit »Gott, der die Toten zum Leben erweckt und das, was nicht ist, ruft, dass es sei« (Röm 4,17). *13,173f*

Hast du Freunde unter den Toten?

Wenn Christen der Toten gedenken, tun sie es im Gedächtnis des Todes und der Auferstehung Jesu Christi. Sie feiern das Mahl, das er im Angesicht des Todes mit seinen Jüngern hielt. In den vergangenen Jahren und Jahrzehnten ist die Einsicht gewachsen, dass wir dieses Mahl nicht als einzelne feiern, sondern miteinander und füreinander. Dieser soziale Sinn der Eucharistie endet nicht bei den Lebenden. Die vielbeschworene Solidarität wäre nur halb gewonnen, wenn sie vor den Toten haltmachte. Darin bewährt der Glaube in der Feier der Eucharistie seine ganze soziale Kraft, dass er die Toten beim Namen nennt und im Gedächtnis bewahrt. »Herr, gedenke derer, die uns im Zeichen des Glaubens vorangegangen sind; gedenke aller, um deren Glauben niemand weiß als du.« Das wird die Kirche auch dann noch beten, wenn wir alle längst zu den Toten gehören.

Nutzt es den Toten, wenn wir an sie denken, »die Messe für sie feiern«? Zahlt sich das aus? Nutzt es dem Freund, wenn ich an ihn denke? So kann man nicht fragen; so greift man am Glauben und an der Liebe vorbei ins Leere. Was ist das für ein Denken, das die Toten zu Bettlern macht, denen wir Almosen zahlen müssen! Die rechnerische Geschäftigkeit, mit der man sich nicht selten über die Toten hermacht, ist eher vom Teufel als von Gott. Als könnten wir sie, als könnten wir uns von ihnen loskaufen. Für kein Geld in der Welt!

Wozu dann das Totengedächtnis? Wir betonen heute nachdrücklich, dass der Tod das Leben endgültig abschließt. Das ist wahr, aber ist es die ganze Wahrheit? Wir machen doch auch eine andere Erfahrung, dass ein Leben offenbleibt und sich auswirkt, dass es mit dem Tod nicht einfach nur abgeschlossen ist. Dieses Leben, auch das der vielen Namenlosen, stellt sich den Hinterbliebenen als Aufgabe. Es wirkt sich aus, in der Erinnerung, im Gedächtnis des Leidens, das uns in Pflicht nimmt, im Tun des Guten, das offen- oder liegengeblieben ist. Zu den Toten gehört auch, was wir aus ihrem Leben machen. »Hast du Freunde unter den Toten?«, fragt Max Frisch in seinem Tagebuch. *13,175f*

Das unbegreifliche Leid

Gott will nicht ohne uns oder jenseits unserer Geschichte Gott sein. Er steht ganz auf unserer Seite und leidet mit uns. Er ist dorthin gekommen, wo wir sind, wo Blinde und Lahme sind, Besessene und Aussätzige, wo Sünder und Sünderinnen sind und verlorene Söhne, wo man hungert und friert, ausgestoßen ist und verlassen, wo man Gerechte verurteilt und kreuzigt. Er hat den Beweis seiner Göttlichkeit nicht dadurch erbracht, dass er mit majestätischem Wink von oben herab alles regelt, sondern so, dass er auch dem Ärmsten noch Bruder wurde und in seinen Ängsten und Ausweglosigkeiten neben ihm steht.

Warum ...? Das ist nicht nur unsere Frage, das ist auch seine Frage: ›Warum, o Gott, warum hast du mich verlassen?‹ Jesus hat diese Frage nicht beantwortet, er hat sie neu gestellt. Er hat sie nicht durchschaut, sondern durchlitten. Gott ist aus dem Leid der Welt nicht herauszuhalten. Er selbst ist unmittelbar davon betroffen. Er lässt sich in Mit-Leidenschaft ziehen, er leidet mit. Das Leid ist kein Zeichen der Abwesenheit Gottes. Er selbst ist uns im Leiden nahegekommen.

Mit-Leidenschaft Gottes. Gott leidet mit. Damit stehen wir letztlich vor dem Geheimnis Gottes. Die Unbegreiflichkeit des Leids weist uns hin auf die Unbegreiflichkeit Gottes. »Gott in seinem unerforschlichen Ratschluss ...« Es gibt kein Licht, das die finsteren Abgründe des Leids erhellt, als Gott selbst. Und ihn findet man nur, wenn man ja sagt zu seiner Unbegreiflichkeit, ohne die er ja nicht Gott wäre (Karl Rahner). Vielleicht kann die Ungeheuerlichkeit des Leidens uns helfen, unser allzu naives Bild vom »lieben Gott« zu ändern und uns dazu führen, dass wir Gott Gott sein lassen, ihn in seiner Unbegreiflichkeit anerkennen.

Glauben ist kein Frage-Antwort-Spiel. Gott erfüllt nicht etwa nur all unsere Fragen. Er geht weit über unseren Horizont: »Wie unergründlich sind seine Entscheidungen, wie unerforschlich seine Wege! Denn wer hat die Gedanken des Herrn erkannt? Oder wer ist sein Ratgeber gewesen?« (Röm 11,33f). Darum gibt es im Glauben Fragen, mit denen wir nie an ein Ende kommen, mit denen wir leben müssen. *10,131f*

Nacht, bergend und beängstigend

Alle Religionen können als Antwortversuch auf das Dunkel des Lebens gelesen werden. Sie stellen sich der Provokation, die aus der Erfahrung der Nacht und Finsternis in Mensch und Kosmos erwächst. Das zeigt sich vor allen Dingen in ihren Riten und Bräuchen. Die Mysterien des Asklepios, des Gottes der Heilkunst, verlangen den Abstieg in die Tiefe, in den dunklen fruchtbaren Schoß der Muttererde. In Pergamon führt heute noch im Asklepios-Heiligtum ein dunkler langer Schacht in den unterirdischen Raum, in dem Heilschlaf und eine Art Psychotherapie praktiziert wurden. Viele alte Kulturen wissen von der Generations- und Regenerationskraft der Höhlen. Nur wer in die Tiefe geht und die Tiefpunkte des eigenen Lebens und der geschichtlichen Situation zu durchschmerzen wagt, wird ganz werden, heil und erlöst.

Nacht, darin verbirgt sich also beides: Sie ist in ihrer Undurchschaubarkeit beängstigend und voller Gefahr, Inbegriff des Zerstörerischen, Wirkungsbereich der Dämonen. Sie ist aber auch bergendes Dunkel, der mütterliche Schoß voll schöpferischer neuer Möglichkeiten, Raum zur Regeneration.

Die Nacht spielt in der christlichen Liturgie eine zentrale Rolle. Wir feiern die Heilige Nacht, in der Jesus geboren wurde. In der Nacht, in der er verraten wurde, haben Fußwaschung und Eucharistie ihren Platz. Ihr folgt die Karfreitagsfinsternis. Das Osterlicht leuchtet in der Nacht der Welt. Gerade diese nächtlichen Liturgien, das Zusammenspiel von Dunkelheit und Licht üben eine große Anziehungskraft aus. Viele, die das ganze Jahr über nicht zur Kirche kommen, fühlen sich von diesen Liturgien angesprochen und gestärkt.

Aber Dunkelheit und Kerzenschimmer allein sind noch keine Botschaft. Wer die nächtlichen Liturgien des Christentums von Grund auf verstehen will, muss nach den Begründungen fragen. Er darf nicht bei der Form stehen bleiben, er muss weiterfragen nach dem Inhalt. Was hat der christliche Glaube zum Umgang mit den Schattenseiten des Lebens zu sagen? *1,178f*

Du brauchst dich nicht zu fürchten

Schon das Alte Testament hat den Gegensatz von Licht und Dunkel in Hymnen, im Rahmen der prophetischen Heilsverheißung (besonders bei Jesaja), in Gebetsbitten und Klagen formuliert, auch in weisheitlich geprägten Texten. Gott hat Tag und Nacht erschaffen. Er hat die Nacht in sein Schöpfungswerk eingeordnet. Er verfügt über Licht und Dunkel. Das Dunkel stellt keine Grenze für seinen Machtbereich dar.

Dunkel und Nacht sind im Alten Testament Kontraste zum Licht, aber keine widergöttlichen Mächte. Es widerspricht dem Dualismus zwischen einem lichten Gott und seinen dunklen Gegenspielern. Gottes Gegenwart kennt keine Grenzen. Auch die finsteren Mächte, die Dämonen, sind ihm unterworfen. Und im Dunkel der Gefangenschaft und Unfreiheit, der Unterdrückung und Hilflosigkeit ist Gott anwesend.

Für diesen Glauben steht das Wort des Psalmisten »Du brauchst dich nicht zu fürchten vor dem Schrecken der Nacht« (91,5). Selbst in der Nacht der völligen Orientierungslosigkeit, im Abgeschnittensein von allen menschlichen Beziehungen ist Gott dem Menschen nahe. Er ist uns gegenwärtig wie dem Volk Israel als wolkenspendende Säule in der Hitze des Tages und vor allem als erhellende Feuersäule in der Dunkelheit der Nacht.

Gott kommt uns entgegen bei Licht und in Dunkelheiten. Er geht mit uns tags und nachts. Sowohl unsere Vernunft wie unser Unbewusstes, unsere Gedanken wie unsere Träume sind das Medium seiner Ankunft. Wir brauchen uns vor den Schrecken der Nacht nicht zu fürchten. Wir können darauf zugehen, Nachtwanderungen wagen. Wir können uns mit unseren Ängsten auseinandersetzen. Wir dürfen diesen Streit wagen. Wir dürfen unsere Traurigkeit zulassen und uns Zeit zum Trauern nehmen. Wir können Einsamkeit riskieren und Angst zugeben. Und wir können füreinander den Nachtdienst übernehmen, nicht nur im Krankenhaus. *1,179f*

Der wahre Morgenstern

Sich der Dunkelheit stellen, das gilt auch für die Kirche. Viele sehen heute schwarz, wenn sie Kirche hören. Nicht ohne Grund. Wo ist da Licht? Die Kirchenväter sagen: So wie in der Natur der Mond in der Nacht das Licht von der Sonne des Tages aufnimmt und in die Nacht einstrahlt, so soll die Kirche das Licht Christi in der Nacht der Welt und der Menschheit aufnehmen und reflektieren. Der Mond aber, so sagen die Väter, kann dies nur tun, wenn er im Rhythmus der Zeiten abnimmt vom Vollmond zum Neumond, um neu voll und strahlkräftig zu werden.

So muss auch die Kirche im Laufe der Zeiten um der Nacht der Menschheit willen abnehmen und sterben in ihrer jeweiligen geschichtlichen Gestalt. Indem sie sich in das Dunkel der Geschichte und des gelebten Augenblicks wagt mit dem Risiko, davon verschlungen zu werden, kommt das Licht durch, das in der Finsternis leuchtet.

»Die Nacht ist vorgedrungen, der Tag ist nicht mehr fern. / So sei nun Lob gesungen dem hellen Morgenstern. / Auch wer zur Nacht geweinet, der stimme froh mit ein. / Der Morgenstern bescheinet auch deine Angst und Pein«. So singt Jochen Klepper in der finstersten Zeit des zwanzigsten Jahrhunderts. Gemeint ist »jener wahre Morgenstern, der in Ewigkeit nicht untergeht: Unser Herr Jesus Christus, der von den Toten erstand« (Exsultet).

Wir wissen doch, wie das ist, wenn wir sagen: »Da geht mir ein Licht auf!« Das ist eine kostbare Erfahrung. Die kann man nicht machen, nicht erzwingen. Etwas »leuchtet uns ein«. Man kann es empfangen, als Geschenk, als Gnade. Wenn das geschieht, dann strahlen wir.

Mit Jesus Christus ist der Menschheit ein Licht aufgegangen. Mit ihm ist der Welt das Licht aufgegangen, »um allen zu leuchten, die in Finsternis sitzen und im Schatten des Todes« (Benedictus). »O Licht, viel heller als der Tag ...«, singt das Osterlob. Wem dieses Licht einleuchtet, der ruft aus: »Mensch, da geht mir ein Licht auf!« Und er kann zum Lichtblick werden, für die Welt. *1,180f*

Was machen wir mit der Angst?

Euer Herz sei ohne Angst ...« Christi Wort in Ehren, aber wir haben Angst. Viele haben eine panische Angst, zu kurz zu kommen, etwas zu verpassen. Tausend Ängste, die uns bedrängen ... Angst, dass mein Leben keinen Sinn hat, dass ich leer ausgehe. Angst, dass ich versagen kann (»Versager«) und dem nicht gerecht werde, was man von mir fordert. Angst, den anonymen Mächten (Entwicklungen, Trends, Institutionen, Verwaltungen) hoffnungslos ausgesetzt zu sein. Angst um die Zukunft der Kinder. Angst, für kommende Generationen Verantwortung zu übernehmen, für das Leben der Kinder. Angst vor dem Altwerden, Angst, abtreten zu müssen. Angst, dass mein Leben ein Ende hat und dass ich sterben muss.

Was machen wir mit der Angst? So tun, als wäre sie nicht da? Sie nicht ernst nehmen, verharmlosen, verdrängen? Jammern? Klagen? Standhalten? Fassung wahren? Aber wie? Die beste Garantie gegen die Angst scheint immer noch der Besitz zu sein. Deshalb setzen wir alle Mittel in Bewegung, um immer mehr zu haben. Wir bauen mit allen möglichen Mitteln Dämme gegen die Angst. »Geld beruhigt«, sagen wir. Hat der Wohlstand die Angst gelöst?

Was machen wir mit der Angst? Angst heißt: Es wird enger um uns herum, man wird in die Enge getrieben! Wie bekommen wir Luft? Wie bekommen wir weiten Raum, um leben zu können? Manchmal lese ich auf frommen Plakaten: »Wer glaubt, hat keine Angst!« Das mag schon sein. Sicher hat der Glaube mit der Angst zu tun, und sicher hat die steigende Angst mit dem schwindenden Glauben zu tun. Aber: Der Glaube verharmlost die Angst nicht, er weiß: Mensch sein bedeutet Angst haben. Ich kann die Angst nicht verleugnen. Vielleicht ist mein Glaube zu schwach. Mich tröstet, dass Jesus Angst gehabt hat. So sagt es das Evangelium: »Und er betete in seiner Angst noch inständiger, und sein Schweiß war wie Blut, das auf die Erde tropfte ...« (Lk 22,44). In seiner Angst findet er einen Engel, der ihn stärkt. Weiß Gott, das ist ein Engel, ein Geschenk des Himmels, wenn man in der Angst jemand findet, an den man sich halten kann, der trägt. *10,68ff*

Du bist bei mir

Sie kennen wohl alle diese Erfahrung: Das Kind erwacht aus schweren Träumen, findet sich allein, von Nacht umgeben, namenloser Angst ausgeliefert. Die Mutter kommt, setzt sich ans Bett, und was sie sagt, ist auf der ganzen Welt im Grunde dasselbe: »Hab keine Angst, es ist alles in Ordnung, es ist wieder gut.«

Ist dieser Trost eine Lüge? Alles ist noch da, was Angst macht: die Nacht, die Dunkelheit. Hat der Trost einen Grund, der trägt? Nicht das Wort allein, die Stimme, die Mutter selbst! Sie ist da. Ein Engel.

Ich denke zurück: Meine erste Erinnerung. Folgendes Bild steht mir vor Augen: Lungenentzündung (mit etwa vier Jahren). Ich wache auf aus Fieberträumen, meine Mutter sitzt am Bett, hält meine Hand und sagt: »Hab keine Angst. Es wird wieder besser ...«

Ahnen Sie, was Glauben ist? Ich bin überzeugt: Gott steht am Ursprung der Welt und meines Lebens. Nicht ein dunkles Schicksal, nicht ein Urnebel nur, sondern Gott, Gott in Person. Und er nimmt mich wie ein Vater (wie eine Mutter) bei der Hand und sagt: »Hab keine Angst, es wird gut.« Ihm kann ich meine Angst sagen: »Aus tiefer Not schrei' ich zu dir ...« »Du, Herr, du hast mich beim Namen gerufen. Du bist bei mir. Darum brauch' ich keine Angst um mich selbst zu haben.« Hier liegt die Kostbarkeit des Gebets: Ich darf meine Angst und Not Gott sagen.

Gott ist vor aller Angst, als der Grund des Seins, als die Liebe, die tiefer im Leben drinsitzt als alle Angst. Ich kann nicht tiefer fallen als in seine offenen Hände. Seine offenen Hände – das sind die Hände des Gekreuzigten. Das lässt mich hoffen, trotz allem, was mich ängstigt.

Es gibt viel zu Verneinendes in der Welt – das grundlegende Ja ist gesprochen: Jesus Christus. Es gibt viel zu Verneinendes in der Kirche – das grundlegende Ja ist gesprochen: Jesus Christus. Es gibt viel zu Verneinendes in uns selbst – das grundlegende Ja ist gesprochen: Jesus Christus. Gottes endgültiges Wort zur Welt und zu mir ist nicht ein »Nein«, sondern ein »Ja«. Das lässt uns hoffen – gegen alle Angst. *10,70ff*

Vertröstung?

Sind wir eigentlich noch bei Trost? Vielen erscheint die Situation trostlos, nicht nur im Blick auf die Welt, sondern auch im Blick auf das eigene Leben. Traurigkeit hat sie überfallen. Sie wissen nicht, wie es weitergehen soll: mit den verfehlten Lebensentscheidungen, mit den zerbrochenen Beziehungen, mit den Kalamitäten, in denen sie stecken, mit den eigenen Grenzen. Wie werden wir fertig mit diesen Erfahrungen?

Wer kann denn trösten? Es gibt den billigen Trost, den kennen wir alle. Wir sitzen in der Klemme, und dann kommt jemand und sagt: »Es ist doch alles gar nicht so schlimm. Kopf hoch, alter Freund! Es wird schon wieder werden.« In kritischen Situationen können solche Sprüche noch trostloser machen. Mit billigem Trost ist niemandem gedient.

Man hat lange Zeit den christlichen Glauben mit Vertröstung gleichgesetzt, als ob es ihm im wesentlichen um Vertröstung über die Rätsel des Lebens mit einem Ausgleich im Jenseits ginge. Das ist nicht der christliche Glaube. Der widerspricht gerade einer billigen Vertröstung aufs Jenseits. Aber er widerspricht ebenso sehr einer nicht minder schlimmen Vertröstung mit dem Diesseits. Wie kommt es eigentlich, dass sich immer mehr Menschen mit ihren selbstgemachten »Tröstern« eindecken? Dass sie den Trost in der Flasche suchen, in all den Waren, die uns die Trostfabriken in ihrem Sortiment anbieten? Vertröstungen auf das Diesseits, das bringt nichts. Der Kater hinterher ist meist größer als die Misere vorher.

Es gibt nicht nur die Vertröstung. Es gibt nicht nur den billigen Trost. Es gibt den kostbaren Trost. Wer ihn erfahren hat in Situationen der Trostlosigkeit, weiß davon zu erzählen. Da wird uns der Blick geöffnet. Die Trostlosigkeit ist ja dadurch gekennzeichnet, dass wir nur noch unsere Probleme sehen und darauf fixiert sind. Der kostbare Trost weitet den Horizont, macht uns aufmerksam auf unsere Möglichkeiten, die wir fast ganz übersehen und vergessen hätten. Diese neuen Möglichkeiten können wir wahrnehmen, ganz zu schweigen von den ungeahnten Möglichkeiten Gottes mit uns. Gottes Möglichkeit, mehr noch: Seine Wirklichkeit in uns ist der Heilige Geist. Ihn nennen wir den Tröster. *20,170f*

Gewaltsyndrom und Friedenstraum

Die biblische Urgeschichte duldet keine Entlastung: Nichts treibt den Menschen ursprünglich zur Gewalt, er selbst trägt für sie die Verantwortung. Und das nicht nur im sozialen, sondern auch im kosmischen Bereich. Denn die Schöpfung Gottes war anfangs vollkommen gut. Dass tatsächlich Gewalt in ihr vorherrscht, geht auf die Sünde des Menschen zurück. Sie verfestigt sich gleichsam, gerinnt zu Mustern und Strukturen, die seine Freiheit fesseln. Ein Gewaltsyndrom entsteht, eine sich selbst verstärkende Dynamik der Gewalt, die den einzelnen fortreißt, Verantwortlichkeit untergräbt, Schuld anonymisiert.

Gleichwohl wird nicht dem Fatalismus das Wort geredet. Die Allgegenwart der Gewalt bedeutet biblisch weder Heil- noch Hoffnungslosigkeit, und das gerade deshalb nicht, weil in letzter Instanz der Mensch für sie verantwortlich ist. Indem die Bibel darauf besteht, dass er schuldig ist, plädiert sie für seine Freiheit. Die Kompromisslosigkeit, mit der der Mensch angesichts der Gewalt zum Schuldigen erklärt wird, hat darum ihr Gegenstück in der überschwenglichen Hoffnung auf eine gewaltfreie Welt, wie sie in den Friedensvisionen der Bibel zum Ausdruck kommt.

Aus der Sicht der Bibel besteht demnach ein Entsprechungsverhältnis zwischen dem verlorenen Paradies und dem verheißenen Frieden, aber es führt kein Königsweg von Eden nach Jerusalem, der Stadt des Friedens. Die Vision von den umgeschmiedeten Schwertern entstammt einer Situation, die alles andere erwarten ließ als einen Frieden ohne Waffen. Der davidisch-salomonische Traum von einer wirtschaftlich-militärischen Großmacht Israel ist ausgeträumt. Nicht aber der Traum eines dauerhaften und weltumspannenden Friedens. Aus der Erfahrung von Not und Tod, Vernichtung und Vertreibung zieht die prophetische Theologie Israels keine depressiv-resignative oder zynisch-nihilistische Konsequenz. Sie formt statt dessen ihr Gottes- und Weltbild um. Das Unterste wird zuoberst gekehrt, aus der militärischen Stärke wird Schwäche und aus der Schwäche eine unüberwindbare, unbesiegbare Kraft, die Kraft des Gewaltverzichts. *17*

Was das Kreuz offenbart

Das Kreuz offenbart zum einen den Gewaltverzicht Gottes, der eben keine Legionen von Engeln schickt. Es entlarvt zum anderen die Gewalttätigkeit des Menschen. Denn was die entfesselte Menge antreibt, die lauthals Jesu Tod fordert, das lauert in uns allen. Wer sich heute sicher sein kann, im Falle des Falles nicht mitzubrüllen, der werfe den ersten Stein auf die Juden von damals. An dieser Stelle allerdings verfallen Christen oft genug der »Kunst« menschlicher Selbsttäuschung: das Kreuz Jesu, von Gott bejaht, um den Verblendungszusammenhang aufzureißen, der die Gewaltförmigkeit menschlicher Zivilisation verschleiert, wird umgedeutet in den Beweis jüdischer Kollektivschuld. Diese selbstgerechte Schuldzuweisung des Menschen ist typisch für die Weigerung des Menschen, sich selbst im Spiegel der Menge zu entdecken, die sich aufgeilt am Schauspiel eines elenden Sterbens. Ist es möglich, dass Unschuld und Wehrlosigkeit menschliche Blutgier anstacheln, anstatt sie zu mäßigen? In der Tat. Das Kreuz Jesu zeigt es.

Beweist es auch, dass Gewaltverzicht einer selbstmörderischen Illusion entspringt? Sein Tod am Kreuz erweist Jesus doch anscheinend als blauäugigen Schwärmer, der vergebens auf die Macht der Liebe setzt. Doch diese Sichtweise scheitert an den Passionsberichten: Sie alle zeigen einen Mann, der weiß, was er tut, keinen Träumer. Nirgendwo schimmert Jesu Erwartung oder Hoffnung durch, der Verzicht auf Gewalt werde seine arglistigen Ankläger oder die rasende Menge umstimmen. Weshalb akzeptiert er dennoch seinen Tod? Etwa um die Machtlosigkeit der Liebe zu demonstrieren? Das wäre wirklich masochistisch. Aber Jesus will weder leiden noch scheitern, um Leiden und Scheitern zu glorifizieren. Er will den Willen Gottes tun. Darum nimmt er das Leiden und den Tod an. Er leidet und stirbt nicht, weil Leid und Tod schön wären und in sich wertvoll, sondern deshalb, weil die Verhältnisse in der Welt »jenseits von Eden« so sind, wie sie sind. Das soll und muss zur Anschauung gebracht werden. Wer sehen will, kann jetzt sehen. Er sieht am Kreuz Gott und den Menschen, Gewaltlosigkeit und Gewalt in einem Bild. *17*

Die Kraft der Gewaltfreiheit

Der christliche Glaube enthält weder ein politisches Programm noch ein strategisches Konzept, um die Welt zu verbessern. Gleichwohl verträgt er sich nicht mit politischer Abstinenz. Noch der zurückgezogenste Eremit wird betend am politischen Geschick Anteil nehmen, da er sich glaubend einlässt auf Gottes Liebe zu seiner Schöpfung. Wo Christen direkt politisch tätig sind, unterliegen sie der Pflicht, mit politischer Vernunft eine Politik zu entwerfen und zu gestalten, die den Geist der Gewaltlosigkeit in dieser Welt zum Zuge kommen lässt.

Das hört sich vielleicht nach romantischer Wunschpolitik an, die sich die scharfen Konturen der Wirklichkeit weichzeichnet. Aber das ist nicht gemeint. Christen wissen, dass Macht in der Politik notwendig ist, aber sie wollen die Macht in den richtigen, in guten Händen wissen. Denn davon hängt ab, wie die Geschichte ausgeht. In der Johannes-Offenbarung, die das beschreibt, empfängt das geschlachtete Lamm »Macht, Reichtum und Weisheit, Kraft und Ehre, Herrlichkeit und Lob« (5,12). Dank seiner stillen, aber konzentrierten Energie verwandelt das Lamm die Welt und macht »alles neu«.

Gewaltfreiheit ist daher eine aktive Haltung und eine schöpferische Kraft. Sie ist vom Willen getragen, Leben zu achten und zu entfalten. Im Grenz- und Notfall mit der gezielten und kontrollierten Anwendung von Gegengewalt vereinbar, strebt gewaltfreie Politik vorrangig danach, Strukturen zu schaffen, die der Erhaltung und Entfaltung des Lebens dienlich sind, Frieden sichern und fördern. Strukturen entstehen oder vergehen nicht aus sich heraus. Es sind immer Menschen, die sie durch ihr Tun oder Lassen aufrechterhalten oder verändern. Wo die Lust an der Gewalt Denkweisen und Verhaltensmuster erzeugt, die sich in Strukturen verfestigen, wo ungerechte Strukturen Gewalt konservieren und revolutionäre Gewalt provozieren, wo Gewalt Leben zerstört und vernichtet: Überall dort braucht es den Mut, die Standfestigkeit und die Phantasie von Menschen, die im Geist der Gewaltlosigkeit Widerstand leisten und sich weigern, sich den herrschenden Spielregeln zu unterwerfen. *17*

Finsternis und Todesschatten

Was von Johannes dem Täufer gesagt wird, gilt in überbietender Weise von Jesus. Er ist gesandt, »um allen zu leuchten, die in Finsternis sitzen und im Schatten des Todes, und unsere Wege zu lenken auf den Weg des Friedens« (Lk 1,79). Eine Kurzfassung der ganzen Jesus-Geschichte, ein Stenogramm des christlichen Friedensauftrages.

»Finsternis und Todesschatten« – ein Zitat schon aus alttestamentlichen Zeiten, aus einer Situation der Ausweglosigkeit und Verzweiflung. Man stöhnte unter den Großmächten. Man lebte in Kriegsangst. Man hoffte auf den Retter aus dem Hause Davids. Sind es nicht zwei genau treffende Stichworte auch für die heutige Situation?

Das Lukasevangelium versteht sich im ganzen als Einladung, den Wegen des Friedens nachzugehen, die Jesus geht. Er wendet sich den Wehrlosen und Armen wohlwollend zu. Er ist für sie Gottes Seligpreisung in Person. Noch in der Stunde der Passion lehnt er die Gewalt ab und heilt dem Geschlagenen das Ohr an. Sein Frieden basiert nicht auf Waffen. Er gründet in entwaffnender Liebe. Deshalb entrüstet er sich über die Reichen und die Mächtigen, die nur herrschen und also unterdrücken (Lk 22,24–30). Er kommt als einer, der dient und vergibt.

Die Jünger, die zu ihm gehen (wie die Hirten), werden auf diesen Weg des Friedens gerufen. Und wie schwer fällt ihnen das Nachgehen! Wie oft möchten sie mit dem Schwert dreinschlagen und Gewalt mit Gegengewalt beantworten! Er aber sagt (und lebt): »Hört auf damit!« (Lk 22,51).

Entsprechend sendet Jesus seine Jünger aus mit klarem Auftrag: »Wenn ihr in ein Haus kommt, so sagt als erstes: Friede diesem Hause« (Lk 10,5). Und dieser Friede wird dort, wo man ihn einlässt, konkret – in der Versöhnung, in der Krankenheilung, im Sieg über böse dämonische Mächte. Da gilt dann stets neu: »Heute ist diesem Haus das Heil geschenkt worden« (Lk 19,9). *15,86ff*

Einüben in Sterben

Wie hat Jesus das Leben gewonnen? Im Tod! In der Hingabe seiner selbst! Er hat sein Leben verströmt, bis zum Tod am Kreuz. Dieses Leben hat Gott angenommen, dem hat er in der Auferweckung recht gegeben. In dem Maße, wie wir es wagen, aus uns selbst herauszugehen, uns zu verschenken, lassen wir jetzt schon den Tod hinter uns. »Wir wissen, dass wir aus dem Tod in das Leben hinübergegangen sind, weil wir die Brüder (und Schwestern) lieben. Wer nicht liebt, bleibt im Tod« (1 Joh 3,14). Ein Hinübergehen vom Tod zum Leben.

Im Namen Jesu Christi spricht der Apostel von einem Geschehen, das sich hier und jetzt in unserem Leben und bei uns ereignen kann. Jetzt kann das andere Leben beginnen. Das wahre Leben berühren wir im Exodus, indem wir über uns selbst hinausgehen, schon jetzt! Wir entdecken das Leben dort, wo wir uns wegwagen von uns selbst, uns selbst zurücklassen, uns fallenlassen. Das geht nicht ohne Sterben. So wird Liebe Einüben in Sterben, in ein Sterben, das den Weg frei macht, zu neuem Leben.

Da reichen unsere biologischen Vorstellungen offenbar nicht mehr aus. Danach werden wir zunächst geboren, und später müssen wir sterben. Hier ist der Weg umgekehrt. Aus dem Tod gehen wir hinüber ins Leben, und zwar nicht erst am Ende des Lebens in ein Leben nach dem Tod. Der Prozess vom Tod zum Leben kann sich in unserem alltäglichen Leben vollziehen.

Das geht nicht ohne Schmerzen. Das Sterben im Leben betrifft uns nicht nur am Rande, sondern im Innersten unserer Existenz. »Wer sein Leben retten will, der wird es verlieren; wer aber sein Leben verliert um meinetwillen, der wird es gewinnen« (Mt 16,25). So paradox es klingt: Nur der gewinnt das Leben, der die Hingabe des Lebens wagt.

Dieses Wagnis hat eine entscheidende Voraussetzung: Ich darf mich unbedingt geliebt glauben und muss darum keine Angst mehr um mich selbst haben. Wenn ich den Rücken frei habe, dann kann ich »mein Leben verlieren« in der Münze des Alltags. Dann kommt der Prozess vom Tod zum Leben in Gang, hier und jetzt in unserem Leben. *10,145f*

Vom Tod zum Leben

In dem Maße, wie wir es wagen, aus uns selbst herauszugehen, uns zu verschenken, lassen wir jetzt schon den Tod hinter uns. »Wir wissen, dass wir aus dem Tod ins Leben hinübergegangen sind, weil wir die Brüder (und Schwestern) lieben ...« (1 Joh 3,14). Vom Tod zum Leben hinübergehen. So wird der Tod unterlaufen. So wird das neue Leben gewonnen.

»Wer das Leben um meinetwillen verliert, wird es gewinnen« (Mt 16,25). Man rettet nur das, was man gibt. Das ist die Grundwahrheit unseres christlichen Lebens. »Wenn man dich zum Friedhof trägt, kümmert dich nicht mehr das, was du hast. Mitnehmen kannst du nur das, was du gegeben hast.« Man rettet nur das, was man gibt.

Dort wird Ostern dann nicht nur behauptet, sondern erfahren. Ostern gewinnt so nicht erst später Bedeutung, sondern schon jetzt, im Prozess unseres irdischen Lebens. Es beginnt nicht erst jenseits der Grenzen unseres Daseins, sondern schon diesseits. Die Glaubwürdigkeit unserer Hoffnung über den Tod hinaus hängt mit dem Sichtbarwerden des neuen Lebens im Diesseits zusammen.

Was der Mensch am meisten braucht, kann er nicht selbst herbeiführen, er muss sich führen lassen, vom Tod zum Leben. Er verfehlt das Leben, wenn er es sich selbst besorgen will. Die Kompetenz zum Leben wächst mit dem Mut, sich lieben zu lassen, sich von Gott unbedingt lieben zu lassen.

Die Liebe, in der wir aus uns selbst herausgehen und uns lassen, diese Liebe und der christliche Osterglaube gehören untrennbar zusammen. Eine alte theologische Tradition spricht von der Armut Jesu, mit der er den Tod überlistete. Er hatte am Ende nichts mehr, was dieser ihm hätte rauben können, er hatte alles gegeben. »Darum hat ihn Gott über alle erhöht und ihm den Namen verliehen, der größer ist als alle Namen« (Phil 2,9). So ist er der Christus geworden, so hat er das Leben gewonnen. Tod zum Leben! *10,147f*

In deine Hände mein Leben

Und er gab seinen Geist auf«, heißt es am Ende der Passion nach Johannes (19,30). Jeder weiß, was das heißt, wenn jemand seinen Geist aufgibt. Geist ist Leben. Hat Jesus sein Leben aufgegeben am Schluss? Ist das das letzte Wort?

Es ist ein himmelweiter Unterschied, ob jemand nur aufgibt oder ob er sich gibt. Im letzten Fall ist nicht einfach nur Schluss, Kapitulation. Das Leben bekommt auch im Tod eine Richtung. Jesus hat nicht einfach nur aufgegeben, er hat sich gegeben, in andere Hände, in die Hände des Vaters: »Vater, in deine Hände lege ich meinen Geist.«

Jesus hat uns die Herrschaft Gottes eröffnet. Sie ist Inhalt seines Lebens. Von A bis Z geht es ihm um Gott, vom ersten bis zum letzten Wort. Das erste Wort Jesu im Lukas-Evangelium heißt: »Wusstet ihr nicht, dass ich in dem sein muss, was meinem Vater gehört?« (2,49). Und das letzte Wort: »Vater, in deine Hände lege ich meinen Geist« (23,46). Das ist Jesu Leben. Er kehrt den Weg Adams um. Der Mensch will sein wie Gott. Er denkt schließlich, er könne sich selber tragen. In seinem Emanzipationsdrang will er sich schließlich auch von Gott emanzipieren. Gott wird Mensch, um dem Menschen zu zeigen, worauf es ankommt: Er kann sich getrost Gott überlassen: »Vater, in deine Hände ...«

In der Komplet, dem Abendgebet der Kirche, kehrt dieses Wort mehrmals wieder: »Herr, auf dich vertraue ich, in deine Hände lege ich mein Leben.« Dieses Wort ist mir in den letzten Jahren immer wichtiger geworden. Ich sehe meine Hände, was sie tragen können und was nicht, was sie ausrichten und was sie anrichten. Je mehr ich das wahrnehme, desto mehr hilft es mir, wenn ich am Ende eines Tages sagen kann: »Herr, in deine Hände lege ich mein Leben.« Das ist wie eine Einübung ins Loslassen, ins Schlafen. Und der Schlaf ist eine Einübung ins Sterben.

Ich wünsche mir, dass ich das am Ende meines Lebens sagen kann: »Herr, in deine Hände lege ich mein Leben.« Mehr brauchen wir am Ende eigentlich nicht zu wissen, das genügt als Summe des Lebens.

14,174.176ff

Auferweckung aller Toten

Christi Auferweckung in allen Ehren – ist sie so einmalig, dass sie nur ihn betrifft? Nein, sagt Paulus (vgl. 1 Kor 15,12–22), das gerade nicht, es betrifft die Toten. Das Leben des gekreuzigten und auferstandenen Christus ist untrennbar mit dem Schicksal der Toten verbunden, mit uns, die wir bald schon zu ihnen gehören. Wiederum spitzt der Apostel den Gedanken zu: Was wäre, wenn ... Was wäre, wenn die Toten nicht auferweckt werden? Die Antwort: »Dann ist auch Christus nicht auferweckt worden!« Dreimal unterstreicht er das mit unerbittlicher Radikalität (13.15f). Entweder gilt auch uns, was Christus ans Licht gebracht hat, oder alles ist aus! Es gibt keine Hoffnung auf Christi Sieg über den Tod, wenn es keine Hoffnung für die Toten gibt. Mit Christus ist der Anfang gemacht (er ist »der Erste«, 20), aber die Auferweckung ist mit ihm nicht zu Ende.

Paulus denkt so: Wir sind Adamskinder, darin ist die ganze Menschheit eingeschlossen. Wir sind auf dem Weg vom Leben zum Tod; das verbindet uns alle, das gehört zum menschlichen Geschick. Sind wir nur Adamskinder?

Nein, es gibt noch eine andere Genealogie. In unserem Leben ist mehr, als wir von Adam und Eva her mitbekommen haben, mehr als die Destination vom Leben zum Tod. Christus ist in der Taufe in unser Leben eingetreten. Sein Weg ist in unseren Weg eingezeichnet, sein Weg vom Tod zum Leben. »Denn wie in Adam alle sterben, werden in Christus alle lebendig gemacht werden« (22). Auferweckung der Toten!

Adam – Christus! Hier geht es nicht etwa nur um unser privates Schicksal, sondern um alle Menschen. Nur in dieser universalen Perspektive wird man der Osterbotschaft des Paulus gerecht. Er fragt zunächst nicht: ›Was ist mit mir privat nach dem Tod?‹, sondern: ›Was ist mit den anderen nach dem Tod, mit den Menschen, die vor uns gelebt und gelitten haben? Was ist mit der ganzen Menschheit, die von Adam herkommt?‹

Die universale Auferweckung der Toten ist Ausdruck des Glaubens an die Gerechtigkeit Gottes. Sie ist stärker als der Tod, sie wird allen Menschen gerecht. *20,102f*

Sterbliches und ewiges Leben

Wer an Gott glaubt, der muss nicht selber Gott sein wollen. Er spielt sich nicht auf zum Macher des Lebens, er maßt sich nicht an, über Menschenleben zu verfügen und ihm Gewalt anzutun. Er weiß, dass er sich nicht sich selbst verdankt. Gott steht am Anfang unseres Lebens, und er gibt unserem sterblichen Leben eine neue Perspektive.

Wir können es drehen und wenden, wie wir wollen: Das Leben ist sterblich. »Alles, was ist, hat ein Verfallsdatum. Was immer man lieben mag, man liebt etwas, das sterben muss« (Madeleine Delbrêl). Können wir dem standhalten? Darin ist der christliche Glaube einmalig, auch im Vergleich zu anderen Religionen: Er hat den Mut, die Frage nach dem Leben auch im Tod zu stellen. Es ist wahr: Mitten im Leben sind wir vom Tod umfangen. Der Tod steckt als Realität im Leben. Aber auch das gilt: Mitten im Tod sind wir vom Leben umfangen – so wahr Jesus als Erster von uns von den Toten auferweckt ist: »Ich glaube an die Auferstehung der Toten und an das ewige Leben.«

Ewiges Leben ist nicht einfach die gestreckte Zeit. Da hat eine andere Stunde geschlagen, da wird unserem sterblichen Leben eine neue Perspektive geschenkt. Sie greift aus bis dorthin, wo Gott die Tränen von unseren Augen abwischt, wo die mundtot Gemachten Lieder singen und alle, wirklich alle zu ihrem Recht kommen. Dann hat das dunkle Geschäft des Todes abgewirtschaftet, es ist bankrott.

Nehmen wir den Mund zu voll? Christen sind schlechte Buchhalter. Sie bilanzieren nicht nur und sagen nicht nur, was der Fall ist und was man bei korrekter Kalkulation erwarten kann. Sie gehen aufs Ganze. Sie begnügen sich in ihrer Sicht des Menschen nicht mit dem »Nichts als«, sie sind Anwälte des »Mehr als«. Wehe uns, wenn wir allzu bescheiden werden und nur noch sagen, was Sache ist. Der Verrat am Leben beginnt mit dem Verrat an der Sprache. Christen lassen sich von niemandem darin übertreffen, groß vom Menschen zu denken, vom ersten Augenblick an. Darum sind sie unerbittlich, wenn es ums Leben geht, erst recht, wenn es ans Leben geht. *16,38f*

Lebenssucht und Todesangst

Manche meinen, das »ewige« Leben bereits hier auf Erden in der Tasche zu haben. Sie lassen sich einfrieren in der Hoffnung, dass sie den Zeitpunkt erleben, an dem sie nicht mehr sterben müssen. Einzelne Gentechniker behaupten, es gäbe Unsterblichkeitsgene. Man müsse sie nur entsprechend manipulieren, dann werde der Mensch wie ein Perpetuum mobile ewig leben. Ein Forscher sagt, »Krankheit, Altern und Sterben werden keine Mühsal mehr sein«. Er spricht von »göttlichen Genen«.

Es ist unglaublich, wie viele Leute solch dubiosen Vorstellungen auf den Leim gehen. Ständig werden die Christen in ihrem Glauben angefragt – nichts dagegen, das kann heilsam sein. Wer hinterfragt eigentlich wahnwitzige Wissenschaftler mit ihren unsinnigen Vorstellungen?

Wo das »jenseits des Todes« schlechterdings als Vertröstung verdächtigt wird, da wird das Diesseits trostlos. Denn wer tröstet dann diejenigen, die wir mit bestem Willen nicht trösten können, wer tröstet die längst Verstorbenen, wer tröstet die Opfer, wer tröstet die, die leer ausgehen – wer?

Keine Frage, es gibt eine fragwürdige Vertröstung auf das Jenseits, aber es gibt die noch viel fatalere Vertröstung mit dem Diesseits. Wenn das Leben vor dem Tod alles ist? Dann wird es zur »letzten Gelegenheit«: Ja nichts verpassen, alles jetzt! Tempo, Tempo! Die Zeit tickt. Das erleben wir heute mit allen Konsequenzen der Lebenssucht und Todesangst, der Hektik und Überforderung. Das ist mörderisch. Menschen wollen dem Tod auf eigene Faust entkommen und sich verewigen – und verfallen ihm um so sicherer. Ewiges Leben, das ist nicht einfach die gestreckte Zeit, eine Art Perpetuum mobile des Gehabten, eine Verjenseitigung des irdischen Lebens. So stellen sich das die vor, die hier schon alles haben; sie möchten es immer haben, anderes fällt ihnen nicht mehr ein als ihre private Seligkeit. Ostern heißt nicht, dass es endlos damit weitergeht. Ostern heißt neuer Mensch und neue Schöpfung. Da hat eine andere Stunde geschlagen. Gott wird die Tränen von unseren Augen abwischen. Die auf der Strecke Gebliebenen kommen zu ihrem Recht. Das dunkle Geschäft des Todes ist ein für allemal bankrott (Offb 21,1-5).

16,42f

Mit dem Tod konfrontiert

Es ist nicht selbstverständlich zu leben. Einmal ist es soweit – »Wir kommen alle einmal dran ...«, »Gegen den Tod ist kein Kraut gewachsen ...« – das weiß jeder. Nur, wie erträgt man das? Was mache ich, wenn ich mitten im Leben plötzlich mit dem Tod konfrontiert werde? Wenn ich erfahre: Es geht auf Leben und Tod?

»Weil die Menschen gegen den Tod kein Heilmittel finden konnten, sind sie, um glücklich zu werden, darauf verfallen, nicht mehr daran zu denken« (Blaise Pascal). Um darüber wegzukommen, fliehen viele in die Geschäftigkeit: ›Arbeiten und nicht verzweifeln.‹ Oder, etwas hausbackener: »Jeder ist seines Glückes Schmied« – und, versteht sich: »Jeder ist sich selbst der Nächste. Drum rette sich, wer kann.«

Wenn das Ende im Ungewissen verschwindet, wird man auf Nummer Sicher gehen und sich vom Leben nehmen, was immer man kriegen kann. Dann ist jeder vollauf beschäftigt, sich sein Podest zu zimmern, die Stufen höher zu kraxeln und im Gedränge um den Platz an der Sonne die Ellbogen einzusetzen. Er versucht, sich seine eigene kleine Unsterblichkeit zu bauen. Oder man sagt sich: »Ist doch alles egal. Gut leben, möglichst lange, dann plötzlich tot umfallen, Schluss – aus – weg! Nach uns die Sintflut.« Weitergehende Fragen verbannt man in Stunden des Trübsinns: moralischer Kater! Dagegen gibt es Pillen. Spüren wir, wie der Sinn für das Leben verflacht, wenn der Tod nicht mehr wahrgenommen wird?

Auf Leben und Tod! Das ist unsere menschliche Situation – kurz und bündig auf den Nenner gebracht. Es geht nicht nur ganz allgemein um das Leben. Es geht auch um den Tod, um unseren und der anderen Tod. Ostern steht für ein ganz bestimmtes Leben, für ein Leben, das durch den Tod hindurchgegangen ist. *10,32f*

Gericht und Erbarmen

Von Jahr zu Jahr säst du die Menschen aus; sie gleichen dem sprossenden Gras. Am Morgen grünt es und blüht, am Abend wird es geschnitten und welkt« (Ps 90,5f). Das ist unser Leben, voller Gegensätze, ausgespannt zwischen Blühen und Welken, Jungsein und Altwerden.

Die Uhr tickt, die Zeit vergeht. Vergeht nur die Zeit? Gelegentlich höre ich mein Herz klopfen, und ich denke: Da schlägt eine Uhr in dir, unaufhaltsam. Auch sie läuft ab. Ich spüre: Nicht nur die Zeit vergeht, ich vergehe. »Unser Leben währt siebzig Jahre, und wenn es hoch kommt, sind es achtzig ... Rasch geht es vorbei, wir fliegen dahin« (10). Vorbei wie im Flug. Warum ist das so? Der Psalm gibt darauf eine Antwort, die uns anstößig klingen mag: »Denn wir vergehen durch deinen Zorn, werden vernichtet durch deinen Grimm« (7). Der zürnende Gott! Haben wir, aufgeklärt wie wir sind, ihn nicht längst verabschiedet? So kann man doch nicht mehr von Gott reden! Wie denn? Der liebe Gott, der zu allem Ja und Amen sagt, der billige Jakob im Himmel? Der kann's doch auch nicht sein!

Zorn? Wir neigen dazu, die Vergangenheit zu verklären. Aber wenn man ehrlich zurückblickt auf sein Leben, dann kann man auch traurig werden oder gar zornig. Was richten wir schon aus, und was richten wir an? Was haben wir getan, und was haben wir nicht getan – »Gutes unterlassen und Böses getan«? Am Anfang stehen große Pläne, am Ende sind wir zufrieden, wenn's grad so läuft, wie's läuft. Viele Vorsätze – viele Kompromisse, notwendige, aber auch faule. Das sollte Gott kalt lassen? Gott dank nicht. Er gerät in einen heiligen Zorn. Der ist die andere Seite seiner leidenschaftlichen Liebe.

Die jüdische Frömmigkeit lässt Gott deshalb zu sich sprechen: »Erschaffe ich die Welt im Zeichen des Erbarmens, wird ihr Sündigen groß sein; im Zeichen des Gerichts, wie könnte da die Welt bestehen? Darum: Ich erschaffe sie im Zeichen des Gerichts und im Zeichen des Erbarmens, so möge sie bestehen.« So möge sie bestehen, so möge unser Leben bestehen. Altwerden und Sterben sind Gericht und Erbarmen. Es ist schön, dass wir leben. Ist es nicht auch gut, dass es ein Ende hat mit uns, so wie wir sind? *16,143f*

Unsere Zuflucht

Unerbittlich konfrontiert uns Psalm 90 mit der Vergänglichkeit, aber das geschieht auf der Grundlage eines erstaunlich warmen Grundakkords, im Du des Vertrauens: »Herr, du – warst unsere Zuflucht von Geschlecht zu Geschlecht« (1).

Es ist viel wert, wenn wir eine solche Zufluchtsstätte haben, erst recht, wenn die Sonne sinkt und die Schatten länger werden. Da ist es viel wert, dass wir wissen, wo wir hingehören. Du Herr – unsere Zuflucht. So ist das Leben nicht mehr nur Rückkehr zum Staub, sondern Heimkehr. Wir müssen nicht verrotten wie Früchte am Baum, die bei der Ernte vergessen werden. In Gottes Scheunen ist Raum für uns.

»Herr, du warst unsere Zuflucht von Geschlecht zu Geschlecht.« Es ist mir wichtig, dass da steht: »von Geschlecht zu Geschlecht«, von Generation zu Generation. Ich denke an meine Eltern und Großeltern, Menschen, die in den Jahren damals fest standen, als viele umkippten. Sie lebten aus diesem Vertrauen, sie hatten in Gott ihre Zuflucht. Was wäre ich ohne sie, was wären wir ohne die Generationen vor uns? Wenn das die Eltern ihren Kindern mitgeben könnten: Du, Herr, unsere Zuflucht von Geschlecht zu Geschlecht. Dieses Grundvertrauen durchzieht den Psalm von A bis Z, von der ersten bis zur letzten Zeile.

Der Psalm mündet in die Bitte: »Unsere Tage zu zählen, lehre uns! Dann gewinnen wir ein weises Herz« (12). Die Tage zu zählen, das ist nicht selbstverständlich. Es will gelernt sein, von Gottes Gnaden. Oft sagen wir: »Unsere Tage sind gezählt.« Es ist ein Zeichen von Weisheit, wenn wir sie selbst zählen können, ein Zeichen innerer Freiheit, die Tage wie kostbare Perlen anzuschauen und zu empfangen, dankbar in der gegebenen Frist. *16,145f*

Tage wie kostbare Perlen!

Was kommt auf uns zu?

Lernt aus dem Vergleich mit dem Feigenbaum! Sobald seine Zweige saftig werden und Blätter treiben, wisst ihr, dass der Sommer nahe ist« (Mk 13,28). In der Tat wissen wir! Was wüssten wir sicherer über die Zukunft, als dass nach dem Frühling der Sommer kommt und dann der Herbst, der Winter. Der Kreislauf der Jahreszeiten ist untrüglich und verlässlich. Wir fühlen uns in ihm geborgen. Wir wissen, was auf uns zukommt.

»Genauso sollt ihr erkennen, wenn ihr (all) das geschehen seht, dass es vor der Tür steht« (29). Das »Es«, das vor der Tür steht, bezieht sich auf den vorhergehenden Abschnitt im Evangelium (13,24–27). Es ist nicht mehr das rhythmisch geordnete Spiel der kosmischen Kräfte, sondern ihre Erschütterung, der Abbruch des scheinbar ewigen Kreislaufs der Jahreszeiten. »Es wird sich die Sonne verfinstern, und der Mond wird nicht mehr scheinen, die Sterne werden vom Himmel fallen, und die Kräfte des Himmels werden erschüttert werden« (Mk 13,24f). Das ist das Ende der Geborgenheit im Zeitenlauf. Abbruch der Zeit! Ganz anderes tritt ein.

Einiges bei uns weist auf Erschütterungen unserer Ordnungen hin. Ich brauche nur einige Stichworte zu nennen wie Ozonloch, Treibhauseffekt, Baumsterben ... Und über aller Umweltzerstörung sollten wir nicht die Innenweltzerstörung aus den Augen verlieren, die Neurotisierung unseres Alltagslebens durch Hektik, Pillenschlucken, Drogen ... Die Zeichen der Zeit sind in der Tat unübersehbar. Sie künden nicht den Sommer an, die Erntezeit, sie stehen auf Sturm.

Die Frage lautet nicht nur: Was kommt auf uns zu? Sie geht weiter: *Wer* kommt auf uns zu? »Dann wird man den Menschensohn mit großer Macht und Herrlichkeit auf den Wolken kommen sehen« (26). Also: Nicht nur »*es*« (das Ende) »steht vor der Tür«, sondern »*er* steht vor der Tür«. Er lässt sich durch Katastrophen nicht heraufbeschwören oder herbeizaubern, aber er ist am Ende nicht abwesend, er ermöglicht den neuen Anfang. Das ist die christliche Zukunftsperspektive. Die Erde schießt nicht auf einem unendlichen Zeitstrahl vom Urknall ins Nichts. Sie kommt dort an, wo sie herkommt. Der Menschensohn ist Anfang und Ende.

14,191ff

Wie nahe ist das Ende?

Amen, ich sage euch: Diese Generation wird nicht vergehen, bis das alles eintrifft« (Mk 13,30). Dieser Satz trifft uns heute wie der Schlusssatz vieler Hochrechnungen und Wahrscheinlichkeitsmodelle. Unsere Erde hat nach wissenschaftlichen Berechnungen noch eine Lebensdauer von etwa fünf Milliarden Jahren, bevor sie im Leib der zu einem Roten Riesen verglühenden Sonne verdampft. Aber wie viele Jahre wird es auf dieser Erde noch Geschichte geben, ein Geschehen, das Menschen mitgestalten? Das Ende liegt nicht völlig außerhalb unserer Erfahrung, wir müssen damit rechnen. Und zwar nicht nur persönlich (im Tod), sondern auch global: Welt und Zeit haben ein Ende.

Jesus hat nicht zu chronologischen Spekulationen ermuntert. »Doch jenen Tag und jene Stunde kennt niemand, auch nicht die Engel im Himmel, nicht einmal der Sohn, sondern nur der Vater« (32). Es geht hier wie in allen echten apokalyptischen Reden eben nicht um die Ankündigung einer bestimmten Zeitspanne bis zum nahen Ende. Nicht das nahe Ende, sondern der im Ende nahe Gott ist das Thema.

Die Worte Jesu gelten jeder Generation, die von Katastrophen betroffen ist und fürchtet, dass nun *alles* zu Ende geht. Der Mensch, unter dessen Füßen die Erde wankt – ob durch Erdbeben oder durch Bomben – der Mensch, der die Rhythmen von Aussaat und Ernte zerstört sieht, er fürchtet, dass *alles* aus ist. Für die Betroffenen ist es nicht irgendein Ende, sondern *das* Ende. Ich muss Betroffener sein oder mich betreffen lassen von den Katastrophen. Dann werde ich bald merken, dass es bei diesen Schriftaussagen nicht um die Frage einer möglicherweise enttäuschten Naherwartung geht, vielmehr um die Zusage: »Genauso sollt ihr erkennen, wenn ihr (all) das geschehen seht, dass es/er vor der Tür steht« (29).

Das ist Christen gesagt, die Jerusalem, die Stadt der Verheißung, in Schutt und Asche liegen sehen, die verfolgt werden. Das gilt uns, den vor lauter Krisenmeldungen Verschreckten, denen, die die Erschütterungen der Zeit am eigenen Leibe spüren. Es gilt den Zeitgenossen, die drinstecken in den Ereignissen und nicht wissen, ob sie ihnen entrinnen können. *14,193ff*

Woran wir uns halten können

Himmel und Erde werden vergehen, aber meine Worte werden nicht vergehen« (Mk 13,31). Wer sich an Gottes Wort hält, ist davor bewahrt, sich am Nächstliegenden festzuklammern. Es scheint, als wäre dieser Klammreffekt ein uraltes Erbe unserer Evolution. Die Angst macht kopflos, blind. Wir schauen nicht mehr hin, wir halten uns nur noch fest. Wenn das Leben aus dem Takt kommt und abzubrechen droht, wenn die Verwirrung groß wird und wenn dann jemand sagt: »Seht, hier ist der Messias!, oder: Seht, dort ist er!, so glaubt es nicht! Denn es wird mancher falsche Messias und mancher falsche Prophet auftreten, und sie werden Zeichen und Wunder tun, um, wenn möglich, die Auserwählten irrezuführen« (Mk 13,21f).

Das kennen wir: die Propheten, die den sicheren Untergang vorhersagen und das entsprechend ebenso sichere Heilmittel aus der Tasche ziehen. Da wird die Atomkraft auf einmal zur Rettung vor dem Treibhauseffekt. Da wirbt die Gentechnik mit Erlösung der Menschheit von Hunger und Krankheit. Da sollen die Länder der Dritten Welt noch mehr Kredite aufnehmen, um ihre Schulden abzubezahlen. Meditationstechniken und sogar -maschinen sollen unser krankes Denken wieder in Ordnung bringen. Die Angst treibt den Propheten und Messiassen die Menschen zu, die auf dem wankenden Boden nach Halt suchen.

Gehören auch wir zu den »Ungehaltenen«, die den falschen Propheten und Messiassen nachlaufen, oder halten wir uns an das Wort, das Bestand hat – auch wenn Himmel und Erde vergehen. Die Worte vom Frieden, von der Gerechtigkeit, von der Liebe Gottes zu seiner Schöpfung, die geben uns heute in der Tat Halt gegenüber allen optimistischen Versprechungen und pessimistischen Prophezeiungen.

Am Wort Gottes, das diese Schöpfung ins Dasein gerufen hat, das Gerechtigkeit schenkt und einfordert und den Segen des Friedens über sie ausspricht, können wir uns festhalten, alle menschlichen Worte an ihm messen. Ein rettendes Wort, das durchträgt durch alle Erschütterungen und Brüche. *14,197ff*

Gottes riskante Geduld

Ein Mann hatte in seinem Weinberg einen Feigenbaum; und als er kam und nachsah, ob er Früchte trug, fand er keine« (Lk 13,6). Eine enttäuschende Besichtigung. Was tut da jemand, der vom Ertrag seines Bodens leben muss? »Da sagte er zu seinem Weingärtner: Jetzt komme ich schon drei Jahre und sehe nach, ob dieser Feigenbaum Früchte trägt und finde nichts. Hau ihn um! Was soll er weiter dem Boden seine Kraft nehmen?« (7). Abholzen, das ist die sauberste, die wirtschaftlichste Lösung. Stehenlassen macht keinen Sinn mehr. Drei Jahre sind genug. Er hat seine Chance gehabt. Aber nicht doch: »Herr, lass ihn dieses Jahr noch stehen, ich will den Boden um ihn herum aufgraben und düngen« (8). Vielleicht, vielleicht – wer weiß ... »Vielleicht trägt er doch noch Früchte« (9).

Der unfruchtbare Baum hätte die Axt verdient, der Spaten wird ihm zuteil und noch Dünger dazu. Die Axt, die dem Baum schon an die Wurzel gelegt war, schlägt nicht zu, weil einer dazwischen getreten ist und sie noch für ein Jahr aufhält. Noch ein Jahr des weiteren Bemühens, damit er endlich die gesuchte Frucht trage, endlich!

Gott lässt sich nicht beirren in seiner Liebe zu uns. Christus im Bild des geduldigen Gärtners. Er wartet still und geduldig, bis es wächst, bis die Zweige saftig werden, Blätter treiben und Frucht bringen. Er weiß, dass alles seine Zeit hat, und er lässt die Zeit. Er schenkt dem Baum Ruhe und seine Gunst, das ist Gnade. Er ist nicht aufs Abholzen des unfruchtbaren Feigenbaumes aus, sondern vertraut auf die in ihm schlummernden Möglichkeiten und hegt ihn in riskanter Geduld. Welch einmalige Chance für einen Feigenbaum, der einen solchen Gärtner hat! Welch einmalige Chance für ein Volk, das einen solchen Gott hat! Spielraum ist uns gewährt. Gott gibt uns Raum umzukehren. Er schenkt uns Zeit, obwohl die Zeit drängt. *14,201f*

Gericht – kein harmloses Bild

Vielleicht trägt er doch noch Früchte«, heißt es im Gleichnis vom unfruchtbaren Feigenbaum (Lk 13,6–9), »wenn nicht, dann lass ihn umhauen« (9). Das letzte Urteil über den Baum ist aufgeschoben, nicht aufgehoben. Bringt er Früchte, dann soll er leben, wenn nicht, ist ihm die Axt sicher. Auch die Geduld des Gärtners hat ihre Grenzen. Das Jahr kann ich nutzen und für immer verspielen. Es steht alles auf dem Spiel.

Am Ende also doch die Axt? Das kennen wir: »Wenn du nicht bis da und dahin ..., dann aber ...« Konsequenz ist notwendig, damit wir nicht unser Gesicht verlieren. Wahrt Gott sein Gesicht, seine Heiligkeit? Er hat es gewahrt – das Gesicht des Gekreuzigten ist sein Gesicht! Kein harmloses Gesicht! Kein Gesicht, an dem man sich vorbeidrücken könnte.

Die Frömmigkeit, die vom Bild des unerbittlichen Richters mit dem Schwert in der Hand geprägt wurde, ist oft genug – nach den verständlichen Gesetzen des seelischen Gegenschlags – in eine Religion des »lieben Gottes« umgesprungen. Der ist dann nur die göttliche Bestätigung für alles und jedes, niemals Herausforderung. Der oberste Gutmütige hilft schließlich, die Feigheit vor dem Leben, die Scheu vor harten Bewährungen ewig zu machen. Beliebigkeit und Verkümmerung sind zum Prinzip erhoben. – So nicht! Jesus ist alles andere als harmlos. Wer wollte angesichts des Kreuzes von Harmlosigkeit sprechen?

Deshalb sind auch die apokalyptischen Bilder vom Gericht keine harmlosen Bilder. Sie sprechen von der Scheidung der Gerechten und Ungerechten. Gericht, das ist Scheidung, Unterscheidung, Entscheidung. Von der letzten Entscheidung Gottes her gewinnen unsere vorletzten Entscheidungen ihr Gewicht und ihren Ernst. Gott hat seine letzte Entscheidung besiegelt mit seinem Blut, das vergossen wurde »für euch und für alle«. Das ist die Richtung, in die Gott richtet. Wenn wir uns von ihm dahin richten lassen, dann können wir den Abbruch unseres Zeitenlaufes getrost auf uns zukommen lassen und dem vertrauen, der sagt: »Wenn all das beginnt, dann richtet euch auf, und erhebt eure Häupter, denn eure Erlösung ist nahe« (Lk 21, 28). *14,204ff*

DEZEMBER

Ein Kind lässt hoffen

Bereitet den Weg des Herrn

Bereitet den Weg des Herrn« (Lk 3,4). Da geht's nicht nur um unseren eigenen Weg, nicht nur um das, was wir uns ausdenken und zuwege bringen, um mehr als die Summe unserer Erfindungen und Leistungen. Gott hat sich auf den Weg gemacht. Er ist uns entgegengekommen, so entgegenkommend und zuvorkommend, wie er ist. Dafür bürgt ein Name: Jesus Christus. Er ist der Weg. Auf diesem Weg kommt Gott uns entgegen. Auf diesem Weg können wir ihm begegnen. Er führt uns in die Freiheit. Er eröffnet neue Möglichkeiten. Das dürfen wir anderen sagen und uns selbst gesagt sein lassen: Du hast viel mehr Möglichkeiten, als du ahnst, ganz zu schweigen von den ungeahnten Möglichkeiten Gottes mit dir.

Wenn du nicht weiterkommst und auf der Stelle trittst, wenn du dich verrannt hast oder am Nullpunkt angekommen bist – du brauchst nicht aufzugeben. Gott kommt dir entgegen. Entdecke seine Wege zu dir und zu den anderen. Du kannst ihm den Weg bereiten. Du kannst Steine des Anstoßes aus dem Weg räumen. Du kannst Berge von Vorurteilen abtragen und Täler der Not überwinden helfen. Du kannst einen Weg in die Wüste bauen. Die Welt wird nicht dadurch besser, dass wir sie auf den Kopf stellen und Ausweglosigkeiten breittreten, sondern dass wir gangbare Wege eröffnen.

»Bereitet den Weg des Herrn!« Wer sich darauf einlässt, der hat alle Hände voll zu tun. Er wird dem Kommen Gottes in seinem alltäglichen Leben den Weg bereiten, mit allen Mitteln, die ihm zur Verfügung stehen. So bekommt der Glaube Hand und Fuß. Mitten in der Wüste blitzen Signale der Hoffnung auf. Die Welt bleibt nicht so, wie sie ist, neue Möglichkeiten werden sichtbar.

Der Weg des Herrn führt nicht in die Wolken, aber er führt über uns selbst hinaus zu den anderen. Er verbindet Menschen miteinander. Er führt uns ins Freie, in die Freiheit. »Bereitet den Weg des Herrn!« *18,26ff*

Die offene Wunde Sehnsucht

Sehnsucht – man denkt zunächst, das Wort hat sicher etwas mit »Suchen« zu tun. Aber es kommt nicht von »Suchen«, sondern von »Siechen«. Ein Kranksein, eine Verwundung, die sich in der Sehnsucht ausspricht. Ist das vielleicht eine Grundbestimmung des Menschen, dass er verletzt ist, eine offene Wunde trägt? Wie Jakob nach dem Kampf mit dem Engel ...

In einer Umfrage hat man jüngst die Frage gestellt: »Was ist Ihre tiefste Sehnsucht?« 88 Prozent gaben zur Antwort: »Ich möchte Menschen um mich haben, die ich lieben kann und die mich lieben.« Erfüllt sich diese Grundsehnsucht? Viele sagen aus ihrer Erfahrung: Sie erfüllt sich nicht. Oder: Wenn es Stunden gibt, in denen sie sich erfüllt, dann bricht eine neue Sehnsucht auf, noch stärker: dass die Erfüllung bleibe, dass sie nicht vergehe. Alle Liebe will Ewigkeit.

Die offene Wunde Sehnsucht. Woher kommt das nur? Augustinus, der wie kaum ein anderer die Sehnsucht geliebt und gelebt hat, sagt: Das ist so, weil die Sehnsucht Gottes den Menschen zieht. Ein unerhörtes Wort: »Die Sehnsucht Gottes ist der Mensch.« Von dieser Sehnsucht ist unser Herz getroffen, verwundet, unruhig, bis es in Gott zu Ruhe kommt.

Darum geht's: Ausschau halten nach Gott, ihn suchen, mit leidenschaftlicher Sehnsucht, nicht wie ein Aufpasser, der schaut, dass ja nichts passiert, sondern »wie die Wächter auf den Morgen ...« (Ps 130,6f); nicht wie ein Wissender und Besitzender, sondern wie ein Bettler, der dem anderen sagt, wo etwas Gutes zu finden ist.

»Steig auf einen hohen Berg, erheb deine Stimme, fürchte dich nicht! Sag den Städten in Juda: Seht, da ist euer Gott!« (Jes 40,9). Das ist die Botschaft, die wir verkünden dürfen. Unter den Menschen, die denken: ›Gott? Wir haben ja alles! Was brauchen wir mehr?‹, dürfen wir mit unserer Existenz wie ein Hinweis, ein Lebens-Zeichen sein, eine offene Frage: Das soll alles sein? Die Sehnsucht ist zu groß, als dass sie sich in anderen Menschen letztlich erfüllt, sie ist auf den ganz Anderen ausgespannt. Das Entscheidende kommt noch. Es ist noch längst nicht aller Tage Abend. Der Entscheidende ist im Kommen. *18,17ff*

Wachsam

Wachsamkeit ist das Gebot der Stunde, die Haltung der Christen in dieser Weltzeit. »Es ist wie mit einem Mann, der sein Haus verließ, um auf Reisen zu gehen: Er übertrug alle Verantwortung seinen Dienern, jedem eine bestimmte Aufgabe; dem Türhüter befahl er, wachsam zu sein. Seid also wachsam! Denn ihr wisst nicht, wann der Hausherr kommt, ob am Abend oder um Mitternacht, ob beim Hahnenschrei oder erst am Morgen« (Mk 13,34f).

Türhüter, Wächter sollen wir also sein. Der Wächter traut nicht dem Augenschein. Er vertraut nicht allein einem Sinn, er lauscht, er schnuppert, er tastet, er späht. Er nimmt seine sieben Sinne zusammen. Er will nicht überrumpelt werden. Er will wissen, was tatsächlich gespielt wird und nicht das, was ihm vorgemacht wird. Er weiß, dass man ihn täuschen kann, dass sich andere als Hausherren ausgeben werden, dass man ihm gefälschte Papiere vorlegen wird, dass man versucht, ihn in der Dunkelheit zu umgehen. Er ist Realist.

Der Türhüter steht auf der Grenze zwischen Vertrautem und Fremdem. Die Geborgenheit des Hauses kann er nur halb genießen. Seine andere Hälfte ist unbehaust, dem Fremden zugewandt, aber letztlich dem Hausherrn. Sein Amt ist es, zu gegebenem Zeitpunkt die anderen aufzuwecken, zu stören in ihrem Schlaf. Er muss Alarm schlagen, auch wenn man ihm zunächst keinen Glauben schenkt.

»Seht euch also vor und bleibt wach, denn ihr wisst nicht, wann die Zeit da ist ... Seid also wachsam! Denn ihr wisst nicht, wann der Hausherr kommt ... Er soll euch, wenn er plötzlich kommt, nicht schlafend antreffen« (Mk 13,32.35f). Nehmen wir Christen, nehmen unsere Kirchen dieses Wächteramt wahr? Sind unsere Sinne geschärft, sind wir aufmerksam gegenüber den Täuschungsmanövern unserer Zeit? Suchen unsere Augen in der Dunkelheit den wiederkommenden Herrn? Oder ziehen wir uns, des Suchens und Wartens müde, in unsere Behausung zurück, ins Sichere, ins Bequeme, dahin, wo auch die anderen alle sind? Sind wir bereit, andere zu wecken, aufzurütteln, damit sie mit uns den Herrn empfangen können? *14,199ff*

Sind wir auf dem richtigen Weg?

Gib's auf!«, das ist der Titel einer kleinen Erzählung von Franz Kafka: »Es war sehr früh am Morgen, die Straßen rein und leer, ich ging zum Bahnhof. Als ich eine Turmuhr mit meiner Uhr verglich, sah ich, dass es schon viel später war, als ich geglaubt hatte, ich musste mich sehr beeilen, der Schrecken über diese Entdeckung ließ mich im Wege unsicher werden, ich kannte mich in dieser Stadt noch nicht sehr gut aus, glücklicherweise war ein Schutzmann in der Nähe, ich lief zu ihm und fragte ihn atemlos nach dem Weg. Er lächelte und sagte: ›Von mir willst du den Weg erfahren?‹ ›Ja‹, sagte ich, ›da ich ihn selbst nicht finden kann.‹ – ›Gib's auf, gib's auf!‹, sagte er und wandte sich mit einem großen Schwunge ab, so wie Leute, die mit ihrem Lachen allein sein wollen.«

Menschen fragen nach dem Weg. Sie sind unsicher geworden. Sie haben Angst, den Anschluss zu verpassen. Sie wissen nicht wohin. Keinen festen Weg unter den Füßen haben – das lässt die Knie wanken. Man kommt ins Flattern, rennt hin und her, gerät in Panik und außer Atem. Schließlich weiß man nicht mehr aus noch ein.

Menschen fragen nach dem Weg. Wie reagieren wir? Was antworten wir denen, die festgefahren sind in ihrem Leben, sich in Sackgassen verrannt haben, an Nullpunkten oder Endstationen angekommen sind? – Gib's auf!? Wir haben viele Straßen gebaut: Geschäftsstraßen und Bankverbindungen, Autobahnen und Startbahnen: laut, schnell, ruhelos. Kennzeichen einer mobilen Gesellschaft, in der man ständig in Eile ist, überholt und überholt wird. Geben sie den Suchenden Antwort auf die Frage nach dem Weg?

Leben ist wie das Schreiten auf einem Weg. Manchmal bleiben wir stehen, blicken zurück, schauen nach vorn. Sind wir auf dem richtigen Weg? Wohin sollen wir gehen? »Ich bin ein Sucher / eines Weges. / Sucher eines Weges / für mehr / als mich« (Günter Kunert). Sucher eines Weges, der nicht in den Geschäftsstraßen endet, der weiterführt als vor die eigene Tür und die des anderen. Ein Weg, der über uns selbst hinausführt und über alles, was die Welt uns bieten kann. Die nicht zu stillende Suche, die unendliche Sehnsucht des Menschen bringt uns auf ungeahnte Wege. *10,84ff*

Wenn er käme

Manchmal geht mir ein verrückter Gedanke durch den Kopf. Ich stelle mir vor: Was wir singen und beten, das passierte – tatsächlich! Wir rufen: »Komm, o mein Heiland Jesu Christ!« »Komm, Herr Jesus, komm!« – und er kommt, hier in unsere Mitte. Er ist da. Was dann?

Ich weiß gar nicht, ob uns das so lieb ist, dass er kommt. Bedenken wir überhaupt, worauf wir uns da einlassen mit dem »Komm, Herr Jesus«? Oder ist es uns gar nicht so ernst damit? Vielleicht sagen wir besser: Warte nur, so eilt's nicht. Wir kommen schon noch zurecht.

Oder wir sagen mit Dostojewskis Großinquisitor: »Warum bist du denn überhaupt gekommen? Störe uns wenigstens nicht vor der Zeit. Geh weg und komm nicht mehr wieder ... Komm überhaupt nicht mehr wieder! Niemals, niemals!«

Komm, Herr Jesus! – Komm ja nicht wieder! Das sind wir, das ist unser Glauben, unser Hoffen. Hin und her geht der Ruf: Komm, Herr Jesus! – Komm ja nicht wieder! Dafür – dagegen, pro und contra. Manchmal eher: Komm! Manchmal eher: Komm ja nicht wieder! Beides ist in uns, dicht beieinander, der eine Ruf gegen den anderen. Das sind wir, das ist unsere Welt.

Manchmal treffe ich Menschen, die alles haben und sich doch – manchmal – nicht damit zufriedengeben, die weiterfragen, über das, was sie haben, hinaus ... die gespannt sind: Was haben wir (noch) zu erwarten, was steht uns bevor?

Manchmal begegne ich Menschen, die daheim noch Heimweh haben, die vom Brot allein nicht satt werden, die die Hoffnung nicht aufgeben, den zu finden, der sie begeistern kann, der die Langeweile tötet und den Betrieb entlarvt. Komm, Herr Jesus!

Manchmal treffe ich Menschen, die vom Leben nichts mehr zu erwarten haben – nur den Tod – und die doch noch etwas erwarten, die alles erwarten, nicht vom Tod, sondern von Christus. Komm, Herr Jesus!

18,10ff

Die Wende zum Frieden

Eine neue Art von Herrschaft kommt in Betlehem zur Welt. Gott regiert nicht mit eisernem Zepter von oben herab, er steckt in unserer Haut. Er ist ganz dicht an der Seite der Menschen, er lebt mitten unter uns, nur anders als wir. Er zerbricht, wie der Prophet Jesaja gesagt hat (9,3f), den Stock des Treibers, indem er sich von Pilatus den Rohrstock in die gefesselten Hände stecken lässt. Den Soldatenmantel vernichtet er, indem er sich ihn zum Spott umhängen lässt und mit seinem eigenen Blut tränkt. Das Joch zerbricht er, indem er das Kreuz auf seine Schultern nimmt. Man kann nicht vom Kind in Betlehem sprechen, ohne zu bedenken, welchen Weg Jesus gegangen ist.

Gewalt ist keiner der Namen Gottes. Gottes Stärke ist sein Gewaltverzicht. Erlöst sind wir nicht durch die Macht der Mächtigen, sondern durch den, der als wehrloses Kind zur Welt kam: Jesus Christus. Er ist unser Friede.

Gott Dank haben in unseren Tagen Wörter wie Gewaltprävention, Gewaltverhütung, Gewaltminderung in der Sicherheitspolitik einen ganz neuen Stellenwert bekommen. Nur so werden die uralten Teufelskreise von Gewalt und Gegengewalt, von Demütigung und Rache durchbrochen. Das erste Stück Welt, in dem der Friede Christi Gegenwart werden will, sind wir selbst in unseren Beziehungen. Dort wo wir in Kleinkriege und Stellvertreterkriege verwickelt sind, mit Schlagwörtern aufeinander einschlagen und uns und andere kaputt machen, dort steht der Friede auf dem Spiel. Welche Bilder prägen uns, welche Gedanken leiten unser Handeln? Ist es nicht verrückt, dass wir – frei Haus geliefert – immer mehr Gewalt anschauen, und dann knallt's am Ende. Mit welchen Bildern lassen wir unsere Seele bestrahlen? Wenn die Ur-Bilder des Glaubens durch zerstörerische Bilder abgelöst werden – das hat Folgen. Wir werden uns noch wundern.

Die Wende zum Frieden in Gerechtigkeit, die wir im Weltmaßstab erbitten, beginnt vor der eigenen Tür, in unserem persönlichen Leben. »Und der Friede hat kein Ende«, verheißt der Prophet (Jes 9,6). Unsere Aufgabe ist es, damit vor Ort anzufangen.

Empfangen durch den Heiligen Geist

Von Jesus Christus bezeugen wir im Gloria: »Du allein bist der Heilige, du allein der Herr, du allein der Höchste.« Mit ihm ist Maria untrennbar verbunden. Sie ist die Mutter des Herrn. Ohne sie könnten wir nicht Weihnachten feiern: Jesus Christus ist »empfangen durch den Heiligen Geist, geboren von der Jungfrau Maria«. Durch Jesus gehört die Jungfrau Maria in das Glaubensbekenntnis der Christen. Sie hat ihn zur Welt gebracht. Sie weist uns auf ihn hin. Wenn wir auf sie hören und von ihr sprechen, werden wir immer von ihm zu sprechen haben, auch und gerade in dem weihnachtlichen Glaubenssatz, den wir bedenken wollen: »Empfangen durch den Heiligen Geist, geboren von der Jungfrau Maria.«

Wenn sich in einer Familie Nachwuchs anmeldet, dann sagen wir: Die Eltern erwarten ein Kind. Eigenartig, unser Sprachgebrauch. Wir sagen nicht: Sie machen das Kind (so redet man allenfalls im Straßenjargon), wir sagen: Sie erwarten es. Wir spüren wohl: Ein Kind kann man letztlich nicht machen, man kann es »nur« empfangen, als Geschenk, als ein Geschenk des Himmels; so wie man ja auch die Liebe nicht machen kann. Sie schenkt sich uns, wie ein Wunder.

Und wenn wir nun auf Jesus Christus schauen? Menschen, die ihm begegneten, haben erfahren, was in seiner Auferstehung und Geistsendung vollends offenbar wurde: Er ist das Gottesgeschenk schlechthin. In seinem Leben, in seinem Sprechen und Tun zeigt sich, wes Geistes Kind er ist. Er ist von Geburt her und im Ganzen seines Daseins durch und durch vom Heiligen Geist: »Empfangen durch den Heiligen Geist.« In ihm ist Gott selbst da, in Person. Nicht Josef hat das gemacht, auch nicht Maria. Er ist Gottes, nicht der Menschen Sohn.

Maria ist dadurch groß, dass sie für Gottes Geist ganz empfänglich war. »Mir geschehe nach deinem Wort«, sagt sie, und so geschieht es ihr. So hat sie Gottes Sohn zur Welt gebracht. Sie ist die Urgestalt aller glaubend Empfänglichen, das Urbild der Kirche. Dass wir Christen sind, ist nicht unser Werk, es ist empfangen durch den Heiligen Geist. Selig sind die Empfänglichen. *14,17ff*

Maria und Josef (Nicht nur für Kinder)

Maria ist eine ganz einfache Frau. Sie lebt in der Stadt Nazaret. Sie ist arm und noch sehr jung. Sie ist mit Josef verlobt. Da kommt der Engel Gabriel zu ihr und bringt ihr eine wunderbare Botschaft von Gott: »Du wirst ein besonderes Kind bekommen. Es soll Jesus heißen. Er ist der Retter, den Gott schon so lange versprochen hat. Und Gott selbst wird sein Vater sein.« Erst ist Maria erschrocken. Und dann hat sie gesagt: »Es soll so geschehen, wie Gott es möchte.«

Gott hat bei Maria gezeigt: Wir müssen nicht reich sein und auch nicht besonders klug. Wir brauchen keine großen Worte zu machen. Wir dürfen zuhören. Dann hören wir, was Gott uns sagen will. Maria hat gut zugehört, und dann hat sie ja gesagt zu Gott und dem Kind Jesus. »Mir geschehe, wie du gesagt hast«, antwortet sie, und so geschieht es ihr. So hat sie Gottes Sohn zur Welt gebracht.

»Ganz der Vater!« oder »Ganz die Mutter!« Das hast du sicher schon oft gehört. Vielleicht hast du mehr Ähnlichkeit mit deinem Vater – oder mit deiner Mutter? Beide stecken in dir. Du stammst von ihnen.

Bei Jesus ist das so: Er ist Gottes Sohn. Jesus ist ganz der Vater – er ist von Gottes Art. Und Jesus ist auch ein Mensch, wie wir. So ist er auch ganz die Mutter. Er braucht alles, was Kinder brauchen, um groß zu werden. Ein Zuhause, Essen, Trinken, Spielkameraden, eine Ausbildung und die Liebe der Eltern. Um all das hat sich Josef zusammen mit Maria gekümmert. Josef ist der Mann von Maria. Er ist ein Zimmermann. Josef schreinert Türen, Tische und Stühle für die Leute. Er ist in Betlehem geboren und nach Nazaret umgezogen. Josef hat treu für seine Familie gesorgt. Er hat Jesus liebt gehabt, als wäre er sein eigener Sohn.

So wie Maria zu Gottes Botschaft ja gesagt hat, so hat sich auch Josef auf den Sohn Gottes eingelassen und ihn angenommen, obwohl er nicht sein leiblicher Sohn war. *8*

Er ist einmalig

Jesus ist wirklich geboren, in unserer Welt, nicht scheinbar, sondern tatsächlich. Er ist keine göttliche Idee, menschlich verkleidet. Er ist in Fleisch und Blut eingegangen, er hat Hand und Fuß. Das meint »Inkarnation«: Fleischwerdung. Jesus ist in unsere Welt gekommen, dorthin, wo wir sind, dorthin, wo Schafställe und Futterkrippen stehen, dorthin, wo Menschen hungern und frieren, einsam sind und ausgestoßen, dorthin, wo Sünder und Sünderinnen leben, Aussätzige und verlorene Söhne, dorthin, wo man Gerechte verhöhnt und kreuzigt. In diese unsere Welt ist er geboren. Er hat den Erweis seiner Göttlichkeit nicht dadurch erbracht, dass er von oben herab alles regelt, sondern so, dass er auch dem Ärmsten noch Bruder wird und seine Last teilt. Unsere Welt ist seine Welt. Aber er geht nicht auf in unserer Welt.

Er ist nicht einfach aus seinem Stammbaum abzuleiten. Mit ihm setzt eine neue Geschichte ein, mitten in der alten. Er ist mehr, als Menschen aus sich heraus können. Er ist nicht etwa nur die Gipfelleistung der Menschheit, ein Glücksfall der Evolution. Manche denken, er sei ein Genie. Aber er ist mehr, viel mehr. Es gibt nichts im Schoß der Menschheit, nichts in der menschlichen Potenz, das ihn hervorbringen könnte. Er ist einmalig, von Gott.

Die Jungfrauengeburt ist ein leibhaftiges Zeichen dafür. Mitten in unserer Welt. Jesus ist unvergleichlich, allen unseren Möglichkeiten voraus. Je länger ich ihn mit anderen vergleiche, desto klarer weiß und glaube ich: Er ist einmalig und nicht zu ersetzen. Ohne ihn sähe mein Leben anders aus. Um nichts in der Welt möchte ich auf ihn verzichten. Wie gut, dass es ihn gibt!

Wer an die Inkarnation Gottes in Jesus Christus glaubt, wird der Reinkarnation mit Entschiedenheit widersprechen. Die Geburt, die wir feiern, liegt nicht in ferner Zukunft, sie ist ein für allemal geschehen in unserer Geschichte: Jesus Christus ist einmalig und unwiederholbar. Durch ihn ist auch für uns ein neuer Anfang möglich, nicht später, sondern hier und jetzt, nicht weltflüchtig, esoterisch, sondern leibhaftig.

14,19f

Befreit vom Grössenwahn

Der Mensch, der im letzten nicht gehalten ist, der Gott nicht mehr im Rücken hat, dem sitzt die Angst im Nacken. Die Angst treibt ihn immer höher hinaus. Angstbesessen treibt er nach vorn. Eine Zeitlang haben wir dieses mörderische Unternehmen »Fortschritt« genannt. Heute sind wir damit vorsichtiger geworden. Was schreitet hier fort? Was ist da fortgeschritten? Ist die Menschlichkeit fortgeschritten oder die Unmenschlichkeit?

Der Mensch mit dem Gotteskomplex, besessen von dem Größenwahn, wie Gott zu sein, wird im wahrsten Sinne des Wortes un-menschlich. Am Anfang dieses wahnwitzigen Treibens steht der Drang zur Autonomie und Selbstverwirklichung, und am Ende steht die Selbstvernichtung.

Das hat es noch nie auf der Erde gegeben, das hat erst unsere Generation fertiggebracht: Die Menschheit ist durch Menschen vernichtbar geworden. So weit sind wir gekommen. »Der Tag ist nicht mehr weit«, sagte Teilhard de Chardin, »an dem die Menschheit wählen kann zwischen Selbstmord und Anbetung.« In der Tat, der Tag ist nicht mehr weit.

Was wählen wir? Wählen wir die Anbetung? Wir sind eingeladen, die Anbetung zur Grundhaltung unseres Lebens werden zu lassen. Wir sind eingeladen zu einem Leben, das Gott die Ehre gibt. Das ist der Weg, den un-menschlichen, selbstmörderischen Gotteskomplex zu durchbrechen und Mensch zu werden. »Macht's wie Gott: Werdet Mensch!« Mensch, der die Grenzen seines Menschseins anerkennt und Gott die Ehre gibt.

Der Mensch, der sein Menschsein anerkennt und Gott die Ehre gibt, er wird dem Frieden in der Welt dienen. Das ist der Friedensdienst der Glaubenden. Wir sind zuallererst als Glaubende gefragt, als Menschen, die vom Gotteskomplex befreit sind und ihr Mensch-Sein bejahen. »Macht's wie Gott: Werdet Mensch!« *10,12ff*

Das Licht der Welt

Sie, ich, wir alle haben das Licht der Welt erblickt. Hintergründig dieses Wort! Es weist auf unsere Geburt hin, es deutet an, woher wir kommen: aus der dunklen Bauchhöhle, aus dem Mutterschoß. Höhle, Grotte, Nacht – die Bilder sind uns gerade in der Advents- und Weihnachtszeit vertraut. Sie erzählen auch von unserer eigenen Geschichte. Der dunkle Schoß ist Urbild unserer Herkunft. Er sitzt uns in den Knochen, wenn wir das Licht der Welt erblicken.

»Es werde Licht«, sagt Gott am Anfang der Welt (Gen 1,3). Sein erstes Wort! Licht ist Leben. Gott ist ein Freund des Lebens. Darum möchte er, dass wir das Licht der Welt erblicken und die Wahrheit ans Licht kommen lassen, aufklären und erhellen, wärmen und heilen. Aber die Dunkelheit haben wir nicht ein für allemal hinter uns, wenn wir das Licht der Welt erblicken. Die hat Gott sich und uns nicht erspart.

Vor zweitausend Jahren hat Jesus das Licht der Welt erblickt. Er ist dorthin gekommen, wo wir sind, wo man Gerechte verhöhnt und aufs Kreuz legt. Er steckt in unserer Haut. Und da ist nicht alles Licht, oft genug sieht es ganz finster aus. Er hat das Licht der Welt erblickt – und ihre Dunkelheit.

Merkt man das in der Art, wie wir Weihnachten feiern? Die Erlebnisgesellschaft inszeniert Weihnachten zum Kuschel-Event für Harmoniebedürftige. Sie blendet das Irdische aus und stellt schließlich den Inhalt des Festes auf den Kopf. Statt dass Gott Mensch wird, zur Welt kommt, werden Menschen mit allem möglichen Zauber in weltfremde Träumereien entführt. Was hat das mit dem Ursprung zu tun? Ist es aufrichtig, wahrhaftig? Ist Weihnachten schöne Kulisse, oder ist es Leben? Geht uns ein Licht auf?

Jesus hat das Licht der Welt erblickt – nicht von ungefähr; denn nun kommt der springende Punkt: Er hat das Licht der Welt erblickt, damit wir ihn als das Licht der Welt erblicken. Das Wort wendet sich – an uns. »Das wahre Licht, das jeden Menschen erleuchtet, kam in die Welt« (Joh 1,9), sagt das Weihnachtsevangelium. »In ihm (Christus) war das Leben, und das Leben war das Licht der Menschen« (1,4). *16,28ff*

Licht aus Betlehem

Ohne Licht sieht man nichts, aber das Licht kann man nicht sehen. Nur wenn es sich bricht, nehmen wir es wahr; besonders anschaulich beim Regenbogen: Das Sonnenlicht bricht sich in den Regentropfen. Wenn wir bemaltes Glas in die Hand nehmen, sieht es dreckig aus. »Stained glass«, sagen die Engländer, schmutziges Glas. Wenn wir es gegen die Sonne halten, beginnt es zu strahlen. Bricht sich das Christuslicht in der Welt, in den Menschen, dann leuchtet es, dann kann man es auch heute wahrnehmen.

Viele fragen: Wo denn? Zweitausend Jahre Christentum, und die Welt ist nach wie vor belastet durch Korruption und Affären, zerrissen durch Hunger, Gewalttat und Krieg. Das Christentum selbst hat lange Schatten geworfen, bis heute. Viele verlieren die Lichtspur aus den Augen, die sich von Christus her durch die Jahrhunderte zieht. An das Christuslicht kann man sich halten, wie an Orientierungslichtern bei Nachtwanderungen:

– Jeder Mensch ist Mensch, nicht der eine mehr, der andere weniger, nicht der eine wertvoll, der andere unwert. Jeder Mensch ist Mensch. Er hat nicht nur einen Wert, sondern eine unantastbare Würde. Das kommt von Jesus her. Das ist »Licht aus Betlehem«.

– Die geschlagenen und gescheiterten Menschen, die Armen und Schwachen, die Opfer und Verlierer, die am Boden liegen – manche denken vielleicht: der letzte Dreck, kaputte Typen. Wenn man sie wie die Glasscherbe aufnimmt und gegen das Licht hält, beginnen sie zu leuchten – eine unzerstörbare Würde. Das kommt von Jesus her. Das ist »Licht aus Betlehem.«

– Was ist unser Leben angesichts des Todes? Kein Mensch kommt um diese Frage herum. Wer bringt Licht ins Dunkel des Todes? Das kommt von Jesus her. »Licht aus Betlehem.«

Man kann dieser Lichtspur durch zwei Jahrtausende nachspüren. Und dann kann es geschehen: »Mensch, da geht mir ein Licht auf.« Eine kostbare Erfahrung, wie ein Geschenk des Himmels. Das verdanken wir nicht uns selbst. Es geht mir auf. Das Licht ist in mir, es leuchtet mir ein. Es gehört so zu mir, dieses Christuslicht aus Betlehem, dass ich mir das Leben ohne ihn nicht mehr vorstellen kann. *16,30f*

Die im Dunkeln

Weihnachten feiern heißt sich der Nacht stellen. Wir bekommen es auf neue Weise mit dem zu tun, was finster ist; und auch mit denen, die auf der Schattenseite des Lebens wohnen: »Denn die einen sind im Dunkeln. / Und die anderen sind im Licht. / Und man siehet die im Lichte. / Die im Dunkeln sieht man nicht« (Bertolt Brecht).

Jesus öffnet uns die Augen für »die im Dunkeln«. Die können und dürfen wir nicht übersehen: die durch Erdbeben und Terror, Vertreibung und Flucht im Dunkeln tappen. Ganze Völker, die auf der Schattenseite der Entwicklung stehen und von ihren Schulden erdrückt werden. Wie sollen wir denn von Weihnachten reden, wenn wir die Dunkelheiten verschweigen?

Weihnachten feiern heißt sich der Nacht stellen. Unsere Gesellschaft versucht mit aller Energie bis hin zur Atomkraft, die Nacht taghell zu machen. Alles soll durchleuchtet und ausgeleuchtet werden. Wir meinen, wir seien rundum erleuchtet und aufgeklärt, dabei sieht es oft finster aus. Und viele fühlen sich mit aller Energie hinters Licht geführt.

Sind wir wie jene Schildbürger, die ein Rathaus bauten und die Fenster vergaßen? Zu spät entdecken sie, dass es drinnen finster ist. Was tun? Sie schaufeln Licht in Säcke, um es hineinzutragen – eine erfolglose Mühe. Man muss schon Fenster einbauen, um drinnen Licht zu haben und sich orientieren zu können.

Was ist Weihnachten für uns? Der Versuch, hektisch Licht einzusacken und nach innen zu schütten, um in dem fensterlosen Bau überleben zu können? Licht lässt sich nicht einpacken wie irgendeine Ware im Supermarkt. Wir sind gewohnt, das Licht einzuschalten und auszuschalten, ganz nach Belieben. Es steht zu unserer Verfügung. Aber so können wir die Nacht unseres Daseins und unserer Geschichte nicht erleuchten. Mit aller Energie laufen wir schließlich Gefahr, dass es noch finsterer wird.

Wir brauchen Fenster im Rathaus, Fenster im Haus des eigenen Lebens, in der Seele. Wir müssen die Fensterläden öffnen, damit das Licht in unserer Finsternis leuchten kann. *14,22ff*

Gott steckt in unserer Haut

An Weihnachten geht es nicht um blutleere Spekulationen; es geht um uns. Es geht darum, wie groß oder klein wir Menschen von uns selbst denken und von unserer Welt. Nicht zuletzt um der Menschen willen halten wir uns an Gott. Weihnachten sagt uns: Er steckt in unserer Haut. Wir sagen oft: ›Ich möchte nicht in deiner Haut stecken.‹ Gott hätte das auch sagen können, wahrhaftig. Er hat es nicht getan. Er steckt in unserer Haut. Weder kommt er von oben herab, noch sind wir ihm egal. Er ist ganz einfach mit uns. Auf hebräisch heißt das: Emmanuel. Weil er mit uns ist, deshalb sind wir mehr, als wir haben und aus uns machen, mehr als unser Werk. Gott ist mit uns.

Man kann leicht sagen: ›Gott, das ist doch heute kein Thema mehr. Da sind wir drüber weg‹ – aufgeklärt, wie wir zu sein uns einbilden. Manche begnügen sich mit dem postmodernen Allerlei: Der eine so, der andere so, jeder stellt sich sein religiöses Menü selbst zurecht. Das geht in aller Regel auf Kosten des Menschen.

»Gott ist tot«, ruft der »tolle Mensch« in Nietzsches »Fröhliche Wissenschaft«. Was aber »ist«, wenn Gott tot ist? Der Schrei »Wohin ist Gott?« findet bei Nietzsche ein Echo, das nachdenklich werden lässt. Es lautet: »Wohin denn der Mensch?« Diese Frage stellt sich heute in aller Schärfe. »Wohin denn der Mensch«, wenn er sich von Gott verabschiedet hat? Geht er zum Teufel? Oder vor die Hunde? Er wird heute immer mehr sein eigenes Experiment. Alles wird technisch produzierbar, am Ende auch der produzierende Mensch. Wer dieser Auflösung der Humanität widerstehen will, der kann das, wenn es zum Schwure kommt, nur im Namen Gottes. Im Menschwerden und Menschsein ist Gott uns allemal voraus. Davon versteht er mehr seit Jesu Geburt im Stall. Gott steckt in unserer Haut.

Darüber kann man nur den Kopf schütteln, oder man geht davor in die Knie. Wer anbetend niederfällt, weiß, wem er den aufrechten Gang verdankt. Und er wird vor nichts und niemandem sonst in die Knie gehen. *16,13f*

Franz von Assisi auf dem Weg zur Krippe

Franziskus steht in den Anfängen der bürgerlichen Gesellschaft. Er kennt das Spiel mit der Macht, um Geld und Einfluss. Er könnte es mitspielen. Er wählt einen anderen Weg: Nicht hoch hinaus, sondern ganz tief nach unten – wie Jesus, dem er nachfolgt. Er lässt sich von den Armen umarmen. Leidenschaftlich liebt er in ihnen den »heruntergekommenen« Gottessohn. Durch ihn weiß er sich ermutigt zu einem neuen Leben: arm, gewaltlos, einfühlsam, ganz dicht bei den Kleinen und Unterdrückten.

Die Krippe, die er gegen Ende seines Lebens darstellt, ist alles andere als ein Zeichen sentimentaler Regression; sie ist Ausdruck eines Lebens in der Nachfolge Jesu. Er will da anfangen, wo Jesus angefangen ist. Er will da sein, wo Jesus ist, draußen vor der Tür: »Und sie legten ihn in eine Krippe, weil in der Herberge kein Platz für sie war.« Franziskus will Jesus in seinem Leben Platz machen. Er will den Stall sehen, die Armut spüren.

Stall, Krippe – wissen wir noch, was das heißt? Damit ich immer neu daran erinnert werde, trage ich dieses Kreuz. Es stammt vom Bauernhof meiner Eltern, aus einem Türpfosten im Kuhstall, dicht bei der Futterkrippe.

Franziskus ist in jener Heiligen Nacht nach draußen gegangen, in den Wald. Nicht, um der Kirche den Rücken zu kehren! Er hat die Kirche geliebt. Er hat verfallene Kirchen wieder aufgebaut. Aber er will in dieser Nacht der Schöpfung ganz nahe sein, dicht bei den Pflanzen und den Tieren. Darum dürfen Ochs und Esel an der Krippe nicht fehlen. Franz ist in der Schöpfung zu Hause. Er lässt sich in Gottes Welt beheimaten: der Himmel als Dach überm Kopf, die Erde als Boden unter den Füßen. Im Sonnengesang feiert er das Geheimnis der Krippe in der Schöpfung. Er kennt diese Wahrheit noch, die uns fehlt und deren Mangel uns krank macht.

In seiner Treue zur Erde bezeugt Franziskus, was das Weihnachtsevangelium erzählt: Gott kommt zur Welt. Er ist ganz »eingefleischt« in unserer Welt. Dieser Welt gilt die Verheißung: »Frieden auf Erden!«

10,25f

Kaum zu glauben

Im Grunde ist das eine Ungeheuerlichkeit, wenn es im Weihnachtsevangelium heißt: »Auf Erden Friede« (Lk 2,14). Kaum zu glauben. Schon ein kurzer Blick in die Weltgeschichte von damals bis heute sagt das Gegenteil. Nicht Friede ist auf Erden, vielmehr Unterdrückung und Streit, Elend und Mord. Was Lukas als Präludium seines ganzen Evangeliums schreibt, ist wie eine Kontrastgeschichte zu allem, was ist. Dieser Eindruck verstärkt sich, je näher wir hinschauen.

Vom Mächtigsten in der Welt ist die Rede, dem Kaiser in Rom, dann von seinem Statthalter, dann von Josef und Maria und schließlich von dem neugeborenen Kind. Eine ganz alltägliche Geschichte, von Gott ist zunächst mit keinem Wort die Rede. Was es mit diesem Kind auf sich hat, muss eigens gesagt werden – von Gott her. Das leuchtet nicht ein mit den Augen der natürlichen Vernunft. Das kann man sich nicht selbst sagen. Man muss es sich sagen lassen – wie die Hirten auf dem Feld. Da endlich wird das Kind im Futtertrog zum Zeichen für die Botschaft: »Heute ist euch in der Stadt Davids der Retter geboren; er ist der Messias, der Herr« (Lk 2,11). Dieses unscheinbare Kind ist der Friedensbringer Gottes. So armselig es ausschaut, es ist das längst ersehnte göttliche Kind. Kann der Kontrast stärker sein zwischen den Hoffnungen auf den Weltfrieden für alle und der Ankunft eines solchen Friedensstifters?

In jedem von uns lebt von Kindheit an ein Wissen um wahres Leben, um Frieden und Heil. »Das Kind im Manne« und in der Frau weiß davon ein Lied zu singen – meist nur im Verborgenen und in der Verdrängung, im inneren Exil. Obdachlosenasyl und Futtertrog! Nur wenn wir der Wahrheit des Kindes folgen und »wie ein Kind« werden (18,17), kommen wir wahrhaft zur Ruhe. Wie anders könnten wir Frieden schaffen als so, dass wir den Frieden in uns geboren werden lassen. *15,79ff*

Wo der Weltfriede beginnt

Das Kind im Futtertrog wird von Gott her proklamiert als Retter, als Messias und Kyrios! Drei Ehrentitel, die im jüdischen wie im griechisch-römischen Raum ihre Ursprünge haben – religiös und politisch zugleich. Ganz anders als der Friede, den Augustus schaffte, ist der Friede, den dieser dreifach Genannte bringt. Er beruht nicht auf Waffengewalt und Steuereintreiben. Er kommt in höchst wehrloser Gestalt zur Welt, von der Krippe bis zum Kreuz. Er ist arm dran – und geht doch alle an.

Schon bei der Verheißung seiner Geburt wurde gesagt: »Er wird groß sein und Sohn des Höchsten genannt werden. Gott, der Herr, wird ihm den Thron seines Vaters David geben. Er wird über das Haus Jakob in Ewigkeit herrschen, und seine Herrschaft wird kein Ende haben« (Lk 1,32f). Die ersehnte Friedensherrschaft wird mit ihm beginnen: »Er stürzt die Mächtigen vom Thron und erhöht die Niedrigen. Die Hungernden beschenkt er mit seinen Gaben und lässt die Reichen leer ausgehen« (52f). Seine Friedensbewegung ist ganz anderer Art – eine politische Provokation für alle Gewaltherrscher, die ihren Frieden auf Waffengewalt und Selbstverherrlichung gründen.

Das freilich ist auf Zukunft hin gesagt: Er wird herrschen. Der Anfang hier und jetzt ist unscheinbar und verborgen. Erst von Ostern und Pfingsten her wird vor aller Welt öffentlich, was jetzt nur Maria erfährt und die Hirten. Dann wird es endgültig heißen: »Mit Gewissheit erkenne also das ganze Volk Israel: Gott hat ihn zum Herrn und Messias gemacht, diesen Jesus, den ihr gekreuzigt habt« (Apg 2,26). Er ist der »König der Könige und der Herr der Herren« (Offb 19,16) – allen anderen Herren und Herrschaften zum Trotz und ins Angesicht. Der auferstandene Gekreuzigte wird dann sagen: »Der Friede sei mit euch!« (Lk 24,36).

Aber wie lang ist der Weg bis dahin! In der Weihnachtsgeschichte ist vom Anfang die Rede – im Lichte des gelungenen Endes freilich. Hier beginnt dieser Weltfriede – ganz im Kontrast zu David und Augustus. Hier in der Armut der Krippe bricht sein Reichtum durch. Hier in der Ohnmacht des Kleinkindes kommt die Macht seines Friedens zur Geltung.

15,82ff

Wer ist Herr der Geschichte?

Für jeden, der nicht an Gott zu glauben vermag, ist die Geschichte Jesu eine Geschichte wie jede andere auch. Was ist das schon Besonderes, dass da ein Kind armer Leute arm geboren wird? Die Herrscher dieser Welt kommen und gehen. Einige glauben, Initiatoren des Geschehens zu sein und Herr der Geschichte: ein Auf und Ab von Hoffnungen und Enttäuschungen, von mutigen Initiativen und kläglichem Scheitern. Was ist da Besonderes? Erst wenn einem die Augen aufgehen wie den Hirten, wird eine andere Betrachtung der Weltgeschichte möglich.

Den Glaubenden wird mitten in allen Hin und Her der Plan Gottes sichtbar. Er ist der Herr der Geschichte, er allein. Er ist es, der dem neugeborenen Kind den Namen gibt – und der ist vielversprechend: Jahwe ist Heil und schafft Heil; Gott will Frieden und schafft ihn, auf seine Weise. Von Anfang an ist er der Initiator. Das Kind, das Maria empfängt, ist allein von ihm. Jesus ist der Messias Gottes. Deshalb gehören das »Ehre sei Gott« und »Friede auf Erden« untrennbar zusammen. Das eine ist ohne das andere nicht zu haben. Gottes Wohlgefallen ist entscheidend. Dass der Friede schon auf Erden da ist – »heute« und unwiderruflich, nicht mehr aus der Welt zu schaffen –, das ist Offenbarung. Das kann man sich nicht ausdenken (es sei denn in der Weise trügerischer Sehnsucht). Das kann man selbst nicht machen.

Frieden ist nicht nur möglich, er ist schon wirklich. Doch der Evangelist ist nicht so naiv, zu behaupten, der Friede Gottes sei überall schon manifest. Ganz im Gegenteil. »Auf Erden ist Frieden (bisher nur) bei den Menschen seiner Gnade.« Als Jesus in Jerusalem einzieht, nimmt Lukas diesen Jubelruf bewusst auf – aber in bezeichnender Änderung. Da heißt es nun, beim Triumphzug dessen, den man dann kreuzigt: »Im Himmel Friede und Herrlichkeit in der Höhe!« (19,38). In der Stunde des Kreuzes scheint sich der Friede Gottes von der Erde zurückgezogen zu haben in den Himmel, in die Welt Gottes. Fast scheint es, als könnte es den Menschen gelingen, Gottes Weltfrieden wieder aus der Welt zu schaffen. Aber – Gott sei Dank – Gott ist treu: Was in der Krippe zur Welt kommt, endet nicht am Kreuz. *15,84ff*

Das Leben gehört an die große Glocke

Glocken läuten das Fest der Geburt Christi ein. Gott kommt zur Welt. Das Kind in der Krippe ist der Inbegriff des Lebens. Zu Weihnachten geht es ums Leben, um das Leben in seiner ganzen Ursprünglichkeit, um den Ursprung des Lebens in Gott. Deshalb gehört das Leben an diesem Tag an die ganz große Glocke: Freude über alles, was lebt, Leben schenkt und schützt; Protest gegen alles, was das Leben kaputtmacht.

Um das Leben stand es schlecht damals in Betlehem. Verzweifelt sucht da ein Mann für seine hochschwangere Frau ein Zimmer, in dem sie ihr Kind zur Welt bringen kann. Dass ein Kind zur Welt kommt, war für diesen Tag in Betlehem nicht vorgesehen. Das passte den Leuten nicht in ihren Kram. Für Maria und Josef und für Jesus blieb ein schäbiger Stall. Von Romantik keine Spur. Es fehlte an allem. Nach unseren Maßstäben hat Gott einen Fehlstart ins Leben.

Ein Kind – was ist das schon? Der lästige, leider nicht zu umgehende Anfang menschlichen Lebens? Wir möchten gern fertige Menschen, wie aus dem Ei gepellt, ein Leben ohne Zwischenfälle und Enttäuschungen. Wir möchten große Sprünge machen statt (wie die Kinder) kleine Schritte, dafür haben wir keine Zeit. Wo wir das Kind verdrängen, vergessen wir, dass das Leben klein beginnt, angewiesen auf Liebe und Zuneigung. Auch wenn wir innerlich wachsen, fängt es klein an, wir merken es kaum. Deshalb erstickt so viel Neues in uns, weil wir ihm keinen Raum geben. Wir lassen das innere Wachsen in kleinen Schritten nicht zu und setzen um so mehr auf äußeres Wachstum: immer mehr, immer größer, immer besser.

Erstaunlich genug: Am Anfang unseres Daseins steht das Empfangen, nicht die eigene Tat. Das Leben ist uns vorgegeben, es wird uns geschenkt. Unser Leben ist mehr Gabe als Werk, mehr Geschenk als Tat. Es verdankt sich nicht unserer Leistung, sondern Gott. Wir sind sein Ebenbild, wir sind keine Herrgötter. Aber Töchter und Söhne Gottes sind wir, so wahr Jesus unser Bruder geworden ist. Wir haben allen Grund, diese Botschaft an die große Glocke zu hängen. *14,30ff*

Was sagt der Tannenbaum zu Weihnachten? (1)

Was haben Tannenbäume mit dem Christfest zu tun? In der Geburtsgeschichte Jesu finden wir keinerlei Hinweis auf einen geschmückten Lichterbaum. Wie kommt es, dass ein solcher Baum für uns zum Inbegriff der Weihnacht geworden ist?

Hören Sie dazu eine Geschichte, die mir ein Freund berichtete, als er einmal von einer Fahrt durchs Elsass zurückkam. In der romanischen Kirche von Rosheim traf er den dortigen Pfarrer, und der erzählte ihm Folgendes:

»In dieser Kirche wurde der Weihnachtsbaum erfunden. Das kam so: Die Kinder sollten zu Weihnachten ein Spiel aufführen, ein Spiel in der Art der mittelalterlichen Paradeisspiele. Sie wollten es möglichst realistisch machen. Für das Paradies brauchten sie den Baum des Lebens und der Erkenntnis des Guten und Bösen. Grün sind im Winter nur Nadelbäume. Darum nahmen sie eine Tanne. So begann das Spiel:

Erster Akt: der Sündenfall. Dafür hätte eigentlich ein Apfelbaum hergemusst; aber die Kinder wussten sich zu helfen. Sie hängten Äpfel an die Tannenzweige, verführerisch rote Äpfel. Die Geschichte mit Adam und Eva nahm ihren Lauf ...

Zweiter Akt: Erlösung durch Christus, das Licht des Lebens scheint auf. »Das ewig' Licht geht da herein ...«, so sangen die Kinder, steckten dabei Kerzen auf und ließen den Baum im hellen Lichterglanz erstrahlen.

Dritter Akt: Das Heil kommt auch zu uns. Christus ist das Brot des Lebens. Die Kinder nahmen nichtkonsekrierte Hostien und banden sie an die Zweige: Brot für alle vom Baum des Lebens. Aus den Hostien wurden später gebackene Kringel. So wurde der Weihnachtsbaum erfunden, jedenfalls in seiner ursprünglichen Elsässer Art.«

Der Pfarrer erzählte, als sei er selbst dabei gewesen. Ob es wirklich so war, sei dahingestellt. Sicher ist, dass im Elsass vor etwa vierhundert Jahren die ersten Weihnachtsbäume aufgestellt wurden; und der Zusammenhang mit den mittelalterlichen Paradeisspielen ist wohl auch zutreffend.

18,100ff

Was sagt der Tannenbaum zu Weihnachten? (2)

In der Erzählung des elsässischen Pfarrers wird deutlich, dass der Weihnachtsbaum von seinen Anfängen her ein Instrument der Glaubensunterweisung war. In seiner Symbolkraft soll er uns die Botschaft der Weihnacht verdeutlichen.

Drei Bilder begegnen sich in diesem Baum. Das erste: Adam und Eva unter dem Baum des Lebens und der Erkenntnis des Guten und Bösen und die Verführung durch die Schlange. Von Anfang an, so erzählt die Bibel, wollte der Mensch sein Schicksal selbst in die Hand nehmen. Er wollte leben, als ob es Gott nicht gäbe, als verdanke er sein Dasein sich selbst, als wäre er niemandem Rechenschaft schuldig. Von den Folgen dieser Selbstüberschätzung, vom verlorenen Paradies, von Not und Plage und von Angst vor dem Sterben spricht dieses erste Bild. Es handelt von einer Schuldgeschichte, in die wir seit unserer Geburt verstrickt sind, an der wir täglich selbst mitwirken und aus der wir uns mit eigener Kraft nicht befreien können.

Die Lichter im Baum überstrahlen jedoch dieses dunkle Bild. Sie sprechen von der Erlösung durch Christus, vom Licht, das in der Finsternis leuchtet. Im Holz des Baumes steckt das Feuer. Die aufgesteckten Lichter zeigen es an. Der Baum wird zum Lichterbaum. Er weist hin auf das wahre Licht, auf Jesus Christus. Im Licht seines Lebens bekommt die Welt einen neuen Glanz. Er zerbricht den Teufelskreis einer Menschheit, die nur um sich selbst kreist und um ihre Interessen. Er geht zu den Armen, er predigt den Hoffnungslosen, und er richtet die Gefallenen wieder auf. Er preist die selig, die ihre ganze Hoffnung auf Gott und sein Reich setzen. Er vergibt den Schuldigen und löst die Fesseln tödlicher Schuldverstrickung. Als er an den Kreuzesbaum gefesselt stirbt, sieht es so aus, als sei er am Ende doch schließlich von der menschlichen Schuld überwältigt worden. Aber Gott hat den, der ihm die Treue hielt, nicht verlassen. Er hat ihn aus dem Grab des Todes hinausgeführt in das Licht des Ostermorgens. So wirft der Weihnachtsbaum sein Licht voraus auf den Baum des Kreuzes und auf das Licht des Ostermorgens. *18,102ff*

Das älteste Weihnachtslied

Das älteste Weihnachtslied, das für alle Zeit den Grundakkord von Weihnachten angibt, stammt nicht von Menschen. Nach der Überlieferung des Lukas haben Engel das Evangelium der Heiligen Nacht gesungen. Engel? Ist das ernst zu nehmen? Es scheint nicht schwer, das Ganze lächerlich zu machen. Aber wenn man dann tatsächlich einmal die Engel singen hört ... Da können einem schon die Ohren aufgehen. Das kennen wir doch. Jeder von uns weiß, was das heißt. Und viele haben es erlebt: Situationen, in denen sie die Engel singen hörten. Situationen an der Grenze.

Allerdings, das ist Weihnachten: eine Situation an der Grenze, eine Botschaft, die nicht aus uns kommt, sondern zu uns, von jenseits unser selbst. Das Lied der Engel – ein Lied, das nicht wir erdacht haben: »Heute ist euch der Heiland geboren ...« (Lk 2,11). Heute – euch – der Heiland. Ein Geschenk des Himmels! In der Tat: das Geschenk des Himmels.

Das will uns dieses ursprüngliche Weihnachtslied sagen: Ihr, die ihr alles selbst machen wollt, die ihr schließlich in eurer eigenen Leistung das Heil sucht und euch dabei heillos verrennt – das Heil könnt ihr euch nicht machen. Den Heiland könnt ihr euch nicht machen. Ihr braucht es auch nicht, er ist euch geschenkt.

»Heute ist euch der Heiland geboren.« Heiland – dazu haben wir ihn nicht gemacht. Dazu hat Josef ihn nicht gemacht. Dazu hat ihn letztlich auch Maria nicht gemacht. Dazu hat ihn kein Mensch gemacht. Gott hat ihn uns geschenkt. »Empfangen durch den Heiligen Geist, geboren von der Jungfrau Maria.«

Er ist mehr, als Menschen aus sich heraus fertigbringen; er ist nicht etwa nur eine Gipfelleistung der Menschheit. Er ist mehr als das Produkt seiner Umwelt. Es gibt nichts auf der Welt, das ihn machen könnte. Er kommt nicht aus uns, sondern zu uns. Wir verdanken ihn Gott. Geschenk des Himmels! Diese Botschaft braucht keinen Vergleich mit den Erzählungen anderer Religionen zu scheuen. Weil sie trägt, darum feiern wir Weihnachten. Darum singen wir. Das ist der Grundakkord unserer Weihnachtslieder. *10,17f*

Notenschlüssel unserer Lebensmelodie

Heute ist euch der Heiland geboren« (Lk 2,11). Findet dieser Grundakkord des Weihnachtsevangeliums ein Echo in unserer Lebensmelodie? Oder geben da ganz andere Mächte den Ton an? Erkennen wir, wer uns dirigiert und wohin er uns führt, in welche Richtung unsere Entwicklung geht und die unserer Gesellschaft? Man sagt, die Dinosaurier seien ausgestorben, weil sie sich in eine falsche Richtung entwickelt haben – zu viel Panzer, zu wenig Hirn. Wie dem auch sei: Befinden wir uns nicht insgesamt in der Welt in einer gefährlichen Fehlentwicklung? Ist es nicht erschreckend, dass der größte Teil menschlicher Intelligenz (des Hirns) in den Panzer investiert wird? Dabei geht es nicht nur um die Rüstung. Ist es nicht überhaupt so, dass wir einen dicken Panzer technischen Könnens und allzu aufgeklärten Wissens haben, aber wenig Seele? Eine dicke Decke von allen möglichen Dingen, aber ein verkümmertes Herz? Kann da das Weihnachtslied noch durch? Erreicht es uns heute noch, oder sind wir schalldicht abgeschirmt?

Was bewegt uns? Wer bewegt uns, wohin? Wer gibt den Ton an für die Melodie meines Lebens? Gibt es so etwas wie einen Notenschlüssel? Ist Christus dieser Notenschlüssel für meine Lebensmelodie? Das Weihnachtslied lullt uns nicht ein in irgendwelche Sphärenklänge, es stellt uns Fragen, Fragen an der Grenze, dort, wo man die Engel singen hört. Auch diese Frage: Können wir hier Weihnachtslieder singen, während andere schreien, laut schreien vor Schmerz? Ist das nicht ein Hohn, da zu singen?

Die Frage steht. Keine Antwort kann sie zum Schweigen bringen. Dies sei gesagt: Der uns hier singen lässt, kennt den Schrei, von der Krippe bis zum Kreuz. Sein Lied entführt uns nicht in höhere Regionen, es hält uns dicht am Boden (wo die Hirten lagern). Es schärft unser Ohr für die Schreie der Not nebenan und in der weiten Welt. Es erstickt nicht in diesen Schreien, es nimmt sie auf und dringt durch sie hindurch, weil Er durch die Schreie des Lebens und des Todes hindurchgegangen ist.

Darum sind noch Lieder zu singen jenseits des Todes. Darum dürfen wir nicht aufhören, unser Lied zu singen. »Denn: es ist uns ein Kind geboren, uns zum Heil ein Sohn gegeben ...« *10,18ff*

In der schwärzesten Nacht

Diese Nacht des 25. Dezembers ist eine besondere: eine der längsten, tiefsten Nächte des Jahres. Wintersonnenwende! Jetzt werden die Tage länger und die Nächte kürzer. Was bewegt die Christen, die Gottesgeburt in dieser Nacht zu feiern? Gott kommt – so bekennen wir – in der schwärzesten Nacht zur Welt. Er schaut nicht kurz bei Tageslicht herein, er sucht uns in der dunkelsten Nacht auf. Wäre er einer von uns, wenn er diesen Tiefpunkt gescheut hätte? »Das Licht leuchtet in der Finsternis.« Wer ihn hier sucht, wer sich hier finden lässt, für den werden die Nächte kürzer. Die Mitte der Nacht ist der Anfang des Tages.

Weihnachten feiern heißt, sich der Nacht stellen. Christen reden sie nicht herbei, aber wir weichen ihr nicht aus. Würden wir sie abspalten und verdrängen, dann ist nicht mehr Weih*nacht*en. Wie die Nacht im Wort steckt, so steckt sie in uns, in ihrer ganzen Abgründigkeit.

Fragen wir uns also: Wo erfahre ich Nacht? Schlaflose Nächte, die nicht zu Ende gehen wollen. Wo tappe ich im Dunkeln? Wo sieht's bei mir finster aus? Oder grau in grau, man lebt halt so vor sich ihn, ohne Lichtblicke. Die Schattenseiten des Lebens: Konflikte können Ehe und Familie überschatten und das Leben lähmen, Eltern müssen auf einmal feststellen: Unsere Kinder sind uns fremd geworden, wir verstehen uns nicht mehr.

Was machen wir mit den Nachtseiten unseres Lebens? Stecken wir sie einfach nur weg? Wohin? Oder nehmen wir sie wahr? Der Glaube wird oberflächlich, wenn wir sie ausblenden, gar aus Angst, wir könnten sie Gott nicht zumuten. Gerade in sie hinein ist er geboren, er ist in den Abgründen und Tiefenschichten anwesend. Darin zeigt sich die Stärke unseres Glaubens, dass er sich der Finsternis aussetzt: »Das Licht leuchtet in der Finsternis.«

Sie haben vielleicht Krippenbilder alter Meister vor Augen. Der Stall in der Nacht wird nicht von außen durch Scheinwerfer angestrahlt, sondern von innen her erleuchtet, vom Kind in der Krippe. Mit ihm ist uns ein Licht aufgegangen. Mit Jesus ist uns das Licht aufgegangen. Ob wir die Fenster unserer Seele und unserer Welt offenhalten, dass er uns einleuchtet? *14,21f.24*

Tiefes Erschrecken – große Freude

Das Geheimnis des Neugeborenen, wie es die Weihnachtsgeschichte bei Lukas (2,1–14) verkündet, wird nicht von den Menschen selbst entdeckt, etwa aufgrund irgendwelcher wunderbarer Merkmale. Nicht einmal die Eltern hätten es von sich aus erkannt. Es wäre verborgen geblieben, hätte Gott nicht gesprochen. Sein Wort ist Mitte und Höhepunkt der Erzählung.

Es ergeht an Hirten, an Leute, die nichts gelten und keinen guten Ruf genießen, die sozial und religiös deklassiert sind. Die hier Genannten werden durch nichts hervorgehoben. Sie tun, was alle Hirten tun: Sie sorgen für ihr Vieh, sie wachen bei ihrer Herde. Nichts weist darauf hin, dass sie für eine Begegnung mit Gott besonders geeignet oder vorbereitet wären. Sie sind Letzte, die Erste werden. Der Heiland der Armen und Sünder ist geboren.

Mitten in ihrer alltäglichen, sehr irdischen Arbeit (auf dem Felde!) werden sie von der Herrlichkeit Gottes umstrahlt. Wie sollten sie nicht in große Furcht geraten, da sie so unmittelbar von seiner Gegenwart getroffen sind! Wie sollten sie sich nicht entsetzen, da sie mit ihren Erwartungen und Möglichkeiten am Ende sind und ihnen eine neue Welt aufgeht. Weihnachten ist ohne dieses tiefe Erschrecken nicht zu verstehen. Denen, die von großer Furcht befallen sind, verkündet der Bote Gottes die große Freude. Worte reichen nicht aus, sie zu beschreiben. Es ist die große Freude der Heilszeit. Alle Linien der Erzählung laufen in dieser frohen Botschaft zusammen. Sie kommt nicht vom Menschen, sondern zu ihm. Sie ist nicht von ihm erfunden, sondern empfangen. Gott selbst meldet sich in ihr zu Wort und erschließt, was geschehen ist, in machtvoller Proklamation.

Jedes Wort ist hier wichtig. »Euch«, so lautet die Anrede. Sie meint nicht nur die Hirten, sondern »alles Volk«. Das verheißene Heil ist da, es ist in Jesus zum »Heute« geworden. Wo das Evangelium verkündet wird, da ist »heute«, das »Heute« der Ankunft des Herrn. Gott ruft den Neugeborenen aus als den verheißenen Messias (»in der Stadt Davids«), den Retter und Herrn, und offenbart damit, dass er selbst in ihm zu uns gekommen ist.

18,50f

Aus der Traum?

Ein Gefühl wie Weihnachten! Was ist das eigentlich? Wie eine andere Welt: Der Himmel öffnet sich. Da kann man die Engel singen hören. Erfahrungen an der Grenze – nicht nur auf den Feldern von Betlehem.

Wenig später ist der ganze Glanz verflogen. Kein Engel ist mehr zu sehen, die Hirten sind wieder allein. Alles Alltag. – Ein atemberaubender Szenenwechsel. Wie bringen wir das zusammen: Himmelschöre und unsere dunkle Erde, das strahlende Fest und unseren grauen Alltag?

»Als die Engel die Hirten verlassen hatten …«, so heißt es im Weihnachtsevangelium (vgl. Lk 2,15–20). Also – die Engel sind weg. Was nun? Aus der Traum? Ist Weihnachten vorbei? Ist alles beim Alten? Wo bleibt denn das »Gefühl wie Weihnachten«? Die Hirten haben die Engelbotschaft im Ohr. Sie sind nicht enttäuscht oder verdrossen, sie sind gewiss, dass der Himmel auf Erden zu finden ist. Für sie gibt es nur noch eins: Sie wollen sehen, was ist. »Kommt, wir gehen nach Betlehem, um das Ereignis zu sehen, das uns der Herr verkünden ließ« (15).

Was sehen sie? »Maria und Josef und das Kind, das in der Krippe lag« (16). Was hat das mit Engeln und Himmel, was hat das mit Gott zu tun? Kann Gott sich so sehen lassen? Hier zeigt er sein wahres Gesicht. Er begegnet uns in Augenhöhe, von Mensch zu Mensch. Ein hilfloses Kind ist nicht unbedingt ein überwältigender Gottesbeweis, für viele eher eine Zumutung. Und doch, näher war Gott nie: all denen, die selbst hilflos sind und angewiesen auf Schutz und Wärme; all denen, die leicht übersehen werden und an denen man am liebsten möglichst schnell vorbeigeht; uns allen in unserer Zerrissenheit und unserem Hunger nach Leben.

Gott begegnet uns im Alltag der Welt, nicht erst am Ende der Zeiten und in unendlicher Distanz; er ist schon jetzt mitten unter uns. Im Gewöhnlichen ist er zu finden, der ganz und gar Ungewöhnliche. Gott führt uns nicht aus der Geschichte heraus, sondern tiefer in sie hinein.

16,20f

Von den Hirten lernen

Von den Hirten heißt es im Weihnachtsevangelium (Lk 2,15–20): »Sie eilten hin« (16). Ich möchte mit ihnen gehen. Ich möchte von ihnen lernen, dass kleine Schritte mehr bringen als große Worte. Ich möchte mich von ihnen bewegen lassen. Bewegung, das ist etwas anderes als »Sitzung«. Die beschäftigen uns stundenlang. Und man wird oft in den quälenden Diskussionen den Eindruck nicht los: Es bewegt sich nichts. Bringt uns die Weihnachtsbotschaft auf die Beine, hin zu den anderen Menschen?

Wir können von den Hirten lernen, dass es darauf ankommt, die Sache selbst in die Hand zu nehmen. Sie geben den Fall nicht an eine Kommission weiter. Die hätte getagt, Ausschüsse gebildet und wieder getagt, und schließlich hätte sie die Heilige Nacht vertagt oder verschlafen. So nicht! Die Hirten wissen sich selbst gerufen und gefordert. Was sie hören, erzählen sie weiter (vgl. 17). Sie werden zu Boten der Botschaft, die sie empfangen haben. Sie, die ganz einfachen Leute, die Nicht-Studierten, die Laien, sie sind die ersten Boten des Weihnachtsevangeliums in ihrer Alltagswelt. Gott braucht Zeugen, die mit ihrer Glaubenserfahrung nicht hinterm Berg halten. Erzählen wir, was wir glaubend erleben?

Das »Gefühl wie Weihnachten« in Ehren, es bringt uns auf Spuren, die weit über uns selbst hinausführen. Aber auch der schönste und spannendste Weg beginnt mit dem ersten Schritt. Den müssen wir selbst tun, hinein in unsere alltägliche Welt. Dort ist unser Platz, dorthin sind wir gerufen; aber nicht so, als sei nichts geschehen. Aus den Hirten sind keine Könige geworden, und doch hat sich bei ihnen etwas getan, wie bei Menschen, die dem Leben auf die Spur gekommen sind – in dem neugeborenen Kind. In ihm schenkt Gott uns allen einen neuen Anfang. Wir sind nicht am Ende, weder mit der Welt noch mit der Kirche noch mit uns selbst, mit niemandem. Wir können anfangen. *16,22*

Sterndeuter und Sternsinger (Nicht nur für Kinder)

Du hast sie sicher schon gesehen: die Sternsinger. Vielleicht bist du sogar selbst schon einmal dabei gewesen. In den ersten Tagen des neuen Jahres ziehen die drei von Haus zu Haus und zeigen stolz ihren leuchtenden Stern. Sie stellen sich vor mit ihren langen, bunten Kleidern und vor allem mit ihren klangvollen Namen: Kaspar, Melchior und Balthasar. Einer von ihnen ist schwarz, ein Afrikaner. Sie singen, tragen ein Gedicht vor und sammeln schließlich für Kinder in der »Dritten Welt«, die Hilfe brauchen.

Weißt du, woher die Idee mit den Sternsingern kommt? Die Bibel erzählt von drei Männern, die auf sonderbaren Wegen zu Jesus gekommen sind. Sterndeuter werden sie genannt. Sie haben also einen Blick für das Weltall, sie kennen sich in der Sternenwelt aus. Ein Stern ist ihnen ins Auge gesprungen. Er verheißt etwas ganz Besonderes: die Geburt eines neuen Königs im Land der Juden. Da gibt es für sie nur noch eins: Wir müssen zu ihm hin! Sie brechen von zu Hause auf und folgen ihrem Stern, über alle Grenzen hinweg. Sie suchen und fragen die Leute: »Wisst ihr Näheres?«, und schließlich finden sie ihn in Betlehem.

Hier hat der Stern seinen Dienst getan. Ein neues Licht geht den Sterndeutern auf. Der wahre Stern ist nicht am Himmel zu finden, sondern auf der Erde, in unserem Fleisch und Blut. Gott steckt in unserer Haut, er ist einer von uns, Jesus, unser Bruder. Außer sich vor Freude gehen die drei in die Knie und geben Jesus alles, was sie haben.

Eine Sternstunde, nicht nur für sie. Denn ihr Weg steht im Zeichen alter Verheißungen. Dort heißt es: Am Ende der Tage kommen die Völker aus allen Himmelsrichtungen nach Jerusalem, um Gott anzubeten und ihm ihre Schätze zu bringen. Diese Zeit ist jetzt angebrochen, mit Jesus.

Viele, viele Jahre später hat man den drei Männern Namen gegeben. Damals dachte man noch, dass die Erde aus drei Erdteilen besteht: Europa, Afrika und Asien. So verband man jeden Namen mit einem Erdteil: Kaspar für Europa, Melchior für Afrika und Balthasar für Asien. Die drei stehen also für alle Menschen. Bei Jesus versammelt sich die ganze Welt. Er ist für alle da.

Wo bleibt die Zeit?

Auf dem Regal in meinem Arbeitszimmer steht eine Sanduhr. Von Zeit zu Zeit hole ich sie näher auf den Schreibtisch. Es ist heilsam, sie anzuschauen. Frühere Generationen haben mit der Sanduhr die Zeit gemessen. Heute haben wir Quarzuhren. Bis auf die Sekunde genau geben sie die Zeit an. Man muss sie nicht umdrehen wie eine Sanduhr oder aufziehen wie eine mechanische Uhr. Sie laufen nicht ab, sie laufen immer weiter – endlos. Nach modernem Empfinden ist die Zeit denn auch ein gleichbleibendes Kontinuum: Es geht immer so weiter.

Aber wir machen doch auch ganz andere Erfahrungen: Ein Tag geht zu Ende, ein Jahr, ein Jahrtausend, ein Leben. Unsere Zeit ist befristet. Und nicht nur unsere persönliche Lebenszeit hat ein Ende, sondern die Zeit überhaupt. Das hatten die Menschen früher unmittelbar vor Augen, wenn sie auf die Sanduhr schauten – wie auf Bildern des Barock. Der Sand rinnt aus dem oberen Glas ins untere. Die Zeit verrinnt, wird weniger. Sie läuft ab. Sie geht nicht unendlich lang, ist endlich. Die Zeit ist wie ein begrenzter Vorrat an Jahren, der uns geschenkt ist.

Was machen wir mit der uns geschenkten Zeit? Wir können sie versilbern: Zeit ist Geld. Wir können sie vertreiben oder vertun, wir können sie gar totschlagen. Und wir können sie weiterschenken. Wir können anderen Zeit schenken. Die Zeit kann zum kostbarsten Geschenk werden, das wir füreinander haben. Denn mit der Zeit geben wir nicht nur etwas, sondern uns selbst. Haben wir Zeit dafür?

»Wo bleibt die Zeit?«, fragen wir oft. Die Sanduhr kann uns in dieser Frage zum Zeichen werden. Der Sand, der aus der oberen Schale nach unten rinnt, läuft nicht ins Leere. Die Zeit läuft nicht weg. Sie wird aufgefangen, gesammelt. Ich kann in dem unteren Glas der Sanduhr Gottes Hände erkennen. Sie fangen meine Zeit auf, dass sie nicht im Sande verläuft. Meine Zeit in Gottes Händen.

»Der du die Zeit in Händen hast, / Herr, nimm auch dieses Jahres Last / und wandle sie in Segen. / Nun von dir selbst in Jesus Christ / die Mitte fest gewiesen ist, / führ uns dem Ziel entgegen!« (Jochen Klepper)

16,137ff

Die beste Stunde

Was ist nur passiert in unserem Umgang mit der Zeit? Eigentlich müssten wir doch viel mehr Zeit haben als frühere Generationen: Die Lebenszeit ist verlängert, die Arbeitszeit verkürzt. Und doch heißt's auf Schritt und Tritt: »Keine Zeit!« Es gibt kaum ein Wort, das von den verschiedensten Leuten so gleichlautend gebraucht wird. Wir haben keine Zeit. Die Zeit hat uns.

Könnte es sein, dass wir so leben, wie wir Auto fahren: Die Augen voraus auf die Straße gerichtet, ein flüchtiger Blick in den Rückspiegel, so rasen wir nach vorn. Was um uns herum ist, nehmen wir kaum noch wahr. Wir sind immer schon beim Nächsten und Übernächsten: Wenn ich meine Position erreicht habe, dann ... Wenn das Haus fertig ist, dann ... Wenn die Kinder erst einmal aus dem Gröbsten heraus sind, dann ...

Wer kommt schon ohne Terminkalender aus? Wochen im voraus stellen wir unsere Zeit mit Terminen zu, verkaufen unsere Zukunft. Die Bedeutung eines Menschen wächst in dem Maß, wie er »ausgebucht« ist (eine verräterische Wertvorstellung!). Wir gewöhnen uns an, Termine wahrzunehmen, und außer den Terminen nehmen wir schließlich nichts mehr wahr: nicht die traurigen Augen eines Mitarbeiters, das Zögern in seiner Stimme, das uns sagen könnte, dass das Wichtigste noch gar nicht ausgesprochen ist. Nirgendwo sind wir richtig da, immer auf dem Sprung zum nächsten Termin: zack-zack, dalli-dalli. – Die Zeit läuft weg, sagen wir. Läuft die Zeit weg? Oder laufen wir der Zeit weg, dem Augenblick, der uns jetzt zu leben geschenkt ist?

»Niemals halten wir uns an die Gegenwart«, sagt Blaise Pascal. »Wir nehmen die Zukunft vorweg, als käme sie zu langsam ... Torheit, in den Zeiten umherzuirren, die nicht unsere sind, und die einzige zu vergessen, die uns gehört.« »Jetzt ist immer die beste Stunde« (Paul Claudel).

10,185f

Die Jahre vergehen

Ein Mönch wurde gefragt, wie er bei seinen vielen Beschäftigungen doch so gesammelt sein könne. Seine Antwort: »Wenn ich stehe, dann stehe ich. Wenn ich gehe, dann gehe ich. Wenn ich sitze, dann sitze ich ...« – »Das tun wir doch auch«, fielen ihm die Fragesteller ins Wort. »Nein«, sagte der Mönch, »wenn ihr sitzt, dann steht ihr schon. Wenn ihr steht, dann lauft ihr schon. Wenn ihr lauft, dann seid ihr schon am Ziel ...«

Kann man die Haltung des Mönchs lernen, eintrainieren? Vielleicht ein Stück weit. Im letzten hat sie etwas mit dem Glauben zu tun. Die Zeit hat etwas mit dem Glauben zu tun, weil Gott etwas mit der Zeit zu tun hat. Gott hat Zeit. Er hat sich Zeit gelassen, er hat sich in die Zeit eingelassen. In Jesus Christus ist er unser Zeit-Genosse geworden. Mit ihm ist die Zeit erfüllt. Sie hat ihre Mitte gefunden. Daran können wir uns halten. Wir brauchen nicht die Flucht nach vorn anzutreten; wir brauchen nicht vor der Gegenwart davonzulaufen. Er ist unser Zeitgenosse, auch jetzt in dieser unserer Zeit, die seine Zeit ist.

Jesus hat nur kurze Zeit unter uns gelebt. Aber er hat diese Zeit gelebt wie jemand, der genug davon hat. Er hat sie unbesorgt verschenkt, so freigebig, dass er nun schon über Jahrhunderte Zeitgenosse unzählig vieler Menschen geworden ist und sein wird.

Das Beste, was wir mit der Zeit machen können? Wir können sie verschenken. Wir können anderen Zeit schenken: den alten Menschen, den Kindern. Zeit ist Geld? Zeit ist unbezahlbar. Zeit ist mehr Gabe als Geld, wir können sie zur Gabe machen. Sie kann eines der kostbarsten Geschenke werden. Denn mit der Zeit geben wir nicht etwas, sondern uns selbst.

An einem Kirchenportal fand ich die Inschrift: »Hier stößt Eile auf Zeit.« Gott hat Zeit für mich, und indem ich mir Zeit lasse für ihn, lerne ich, dass die Zeit einen Ursprung hat, eine Mitte und ein Ziel. Wer Gott als den Herrn der Zeit bekennt, der ist nicht mehr ein Sklave der Zeit. Die Jahre vergehen. Gott ist im Kommen.

10,186f

QUELLENVERZEICHNIS

Bei der Quellenangabe unter den Texten bezieht sich die erste Ziffer auf die im folgenden (in alphabetischer Folge) aufgeführten Veröffentlichungen von Franz Kamphaus und die zweite Ziffer auf die jeweilige Seitenzahl. Texte ohne Quellenangabe sind unveröffentlicht.

1 Auf den Punkt gebracht. Biblische Anstöße. Freiburg 1994, 3. Auflage 1995

2 Entschieden leben. Was ich im Taufbekenntnis verspreche. Freiburg 1991, 2. Auflage 1992

3 Gehorsam, in: Johannes Bours – Franz Kamphaus, Leidenschaft für Gott. Ehelosigkeit, Armut, Gehorsam. Freiburg 1981, 8. Auflage 1991

4 Den Glauben erden. Zwischenrufe. Freiburg 2001

5 Der Gott, an den wir glauben. Hirtenwort und Anregungen zu Verkündigung und Glaubensgespräch in der österlichen Bußzeit 1983. Limburg (als Manuskript gedruckt)

6 Gottes Kinder. Gedanken zu Gentechnik und pränataler Diagnostik, in: Frankfurter Allgemeine Zeitung, 18.8.2001 (Nr. 191)

7 Haus Gottes unter den Menschen. Hirtenwort und Anregungen zu Verkündigung und Glaubensgespräch in der österlichen Bußzeit 1985. Limburg (als Manuskript gedruckt)

8 Komm mit zur Weihnachtskrippe. Mit Bildern von Eugen Stross. Freiburg 2000, 2. Auflage 2001

9 Priester aus Passion. Freiburg 1993, 4. Auflage 1995

10 Der Stein kam ins Rollen. Worte, die zum Glauben reizen. Herausgegeben von Paul Deselaers. Freiburg 1996, 3. Auflage 1988

11 Tut dies zu meinem Gedächtnis. Worum es beim Sonntagsgottesdienst geht. Freiburg 1999, 2. Auflage 2000

12 Vergebung der Sünden. Hirtenwort und Anregungen zu Verkündigung und Glaubensgespräch in der österlichen Bußzeit 1984. Limburg (als Manuskript gedruckt)

13 Vom Tod zum Leben. Gesammelte Predigten. Herausgegeben von Paul Deselaers, Mainz 1982, 2. Auflage 1984

14 Was die Stunde geschlagen hat. Worte, die den Mut wecken. Herausgegeben von Hanno Heil. Freiburg 1990, 2. Auflage 1991

15 Was dir zum Frieden dient. Freiburg 1983, 3. Auflage 1985

16 Wenn Gott in die Quere kommt. 60 Predigten und Ansprachen für ein Christsein mit Profil. Freiburg 2000, 3. Auflage 2001

17 Was ist das, was in uns hurt, lügt, stiehlt und mordet? Christliche Gewaltanschauung, in: Frankfurter Allgemeine Zeitung, 2.10.2000 (Nr. 229)

18 Wenn Gott zur Welt kommt. Worte zu Weihnachten.. Herausgegeben von Hanno Heil. Freiburg 1992, 2. Auflage 1993

19 Eine Zukunft für alle. Umkehr zur Solidarität. Mit einem Vorwort von Hanno Heil. Freiburg 1995, 2. Auflage 1996

20 Zwischen Nacht und Tag. Österliche Inspirationen. Freiburg 1998, 3. Auflage 1999

REGISTER